MW01201269

NUEVO MANUAL DE
TEOLOGÍA BÍBLICA SISTEMÁTICA

Una sinopsis teológica para ministros, líderes y creyentes

Dr. Henry Álvarez, MD., EdD., PhD.

Presidente y fundador de Moedim Ministries
and Academic Association, Inc.

Nuevo Manual de Teología Bíblica Sistemática

Copyright © 2016 by Dr. Henry Álvarez, MD., EdD., PhD.

Prefacio

Aunque el término teología bíblica se ha usado de varias maneras, en concreto, sirve para designar un enfoque específico en el estudio de la teología. En un sentido no técnico, puede referirse a una teología devocional (en contraste con la filosófica), o a una teología basada en la Biblia (a diferencia de una que tiene interacción con los pensadores contemporáneos), o a la teología exegética (contrastada por la teología especulativa). Algunas teologías contemporáneas de la perspectiva liberal, caen bajo esta última categoría, como la exegética, aunque su exégesis no representa fielmente la enseñanza bíblica. También, a menudo, sus obras consisten en un reporte que recorre la Biblia y se limita a algún tema principal, como el reino o pacto de Dios (si es teología bíblica del Antiguo Testamento), o a las enseñanzas de Jesús, de Pablo, y de la cristiandad primitiva (si es teología bíblica del Nuevo Testamento).

Técnicamente, la teología bíblica tiene un enfoque más agudo que ese. Trata sistemáticamente con el progreso históricamente condicionado de la autorrevelación de Dios en la Biblia. Cuatro características surgen de esta definición:

1. Los resultados del estudio de la teología bíblica tienen que presentarse en forma sistemática. En esto es como otras áreas de estudios bíblicos y teológicos. El sistema o esquema en el cual se presenta la teología bíblica no va a utilizar necesariamente los mismos razonamientos que la teología sistemática. No tiene que usarlos, ni tampoco los tiene que evitar.

2. La teología bíblica presta atención al contexto histórico en el cual llegó la revelación de Dios. Investiga las vidas de los escritores de la Biblia, las circunstancias que los impulsaron a escribir, y la situación histórica de aquellos para quienes escribieron.

3. La teología bíblica estudia la revelación en la secuencia progresiva en la cual fue dada. Reconoce que la revelación no se completó en un solo acto de Dios, sino que se desarrolló en una serie de etapas sucesi-

vas, usando una variedad de personas. La Biblia es un registro del progreso de esa revelación y la teología bíblica se centra en eso. Por contraste, la teología sistemática mira la revelación como un todo.

4. La teología bíblica halla su fuente de materiales en la Biblia. En realidad, las teologías sistemáticas ortodoxas también lo hacen. Esto no quiere decir que las teologías bíblicas o sistemáticas no pudieran tomar o que no tomen material de otras fuentes, sino que la teología o la doctrina misma no vienen de ningún otro lugar, sino de la Biblia.[1]

---

[1] C. C. Ryrie, *Teología básica*. Miami: Editorial Unilit, 2003, pp. 14-15.

Concepto relevante

La teología sistemática correlaciona los datos de la revelación bíblica como un todo, para poder exhibir sistemáticamente el cuadro total de la autorrevelación de Dios.

La teología sistemática puede incluir los trasfondos históricos, la apologética o defensa de la fe y el trabajo exegético, pero se centra en la estructura total de la doctrina bíblica.

En resumen: la teología es el descubrimiento, la sistematización y la presentación de las verdades acerca de Dios. La teología histórica realiza esto al tomar en cuenta lo que otros han dicho sobre estas verdades a través de la historia. La teología bíblica lo hace al investigar la revelación progresiva de la verdad de Dios. La teología sistemática presenta la estructura total.[2]

---

[2] Ibid., p. 15.

Dedicatoria

Dedicado a ministros, líderes, nuevos creyentes y creyentes amantes de la Palabra.

Tabla de contenido

Introducción general

Esta obra se escribió para cumplir con la necesidad de tener una teología sistemática evangélica práctica, comprensible y actualizada. Sabemos que han aparecido muchos otros textos que han enriquecido los recursos disponibles para la enseñanza de la teología sistemática; pero, debido a que en estos últimos años del siglo XXI se han producido cambios en el mundo teológico y también en el intelectual, político, económico y social, resultó deseable presentar al público evangélico una obra original que tuviese en cuenta dichos cambios.

Uno de los fenómenos de estos últimos tiempos ha sido el incremento en la diversidad étnica y cultural de las personas que estudian teología. Los días en que una mujer que estudiaba teología en un seminario era considerada especial, han dado paso a clases en las que el número de hombres y mujeres estudiantes es mucho más equilibrado. Por mi propia experiencia en Oral Roberts University, donde había un predominio de estudiantes americanos blancos, ahora vemos una gran variedad étnica representativa de estudiantes de todo el mundo. Este fenómeno de oportunidades ha sido paralelo al incremento de escritos sobre teología realizados por cristianos del tercer mundo, cuyo número ha ido creciendo con mayor rapidez que en Europa y los Estados Unidos.

Agradezco al Dr. Hallett Hullinger, quien fuera mi profesor en la escuela de educación en Oral Roberts University (Tulsa, Oklahoma), en especial, por su aporte a la educación adulta. Conocimiento que me estimuló a escribir esta primera edición y que me interesara por investigar algunos otros temas con mayor profundidad. Destacan entre estos, los referidos a la Encarnación, la Trinidad, el destino de los no evangelizados y los atributos de Dios. A los lectores que deseen ampliar estos tópicos, se les anima a investigar los mismos en fuentes paralelas.

De acuerdo al respetado teólogo Erickson[3] (2008), en muchos aspectos, el estado de la teología sistemática en los últimos años del siglo XX había sido paradójica. Mientras que en la década 1960-1970, la teología sistemática estaba en declive y algunos expertos bíblicos sugerían que debía ser eliminada, hoy tiene un gran resurgimiento en las escuelas de teología. El incremento de textos de teología sistemática es una indicación de esta tendencia. Sin embargo, el alejamiento del pensamiento reflexivo y el acercamiento hacia una religión experimental a nivel popular, no augura un buen futuro para la teología.

No obstante, los retos para la fe cristiana, tanto por parte de los competidores religiosos como no religiosos, significan que el razonamiento teológico cuidadoso y la reafirmación son ahora, incluso más importantes que antes.

Se considera que esta obra es accesible de leer y entender, por lo tanto, se publica con la esperanza de que Dios pueda utilizarla para vigorizar la Iglesia y ensanchar el estudio de Su reino a nuevas fronteras.

---

[3] M. J. Erickson, *Teología sistemática* (B. Fernández, Trans., J. Haley, Ed.), segunda edición. Viladecavalls, Barcelona: Editorial Clie, 2008, pp. 11-15.

Rico sin saberlo

En un lugar árido y estéril del estado de Texas, en Estados Unidos, vivía un hombre pobre a quien le afligían las deudas. Cuando ya estaba por perder su propiedad, llegaron dos ingenieros proponiéndole firmar un contrato para hacer una perforación en su patio. Al poco tiempo, una bomba estaba extrayendo gran cantidad de petróleo. Las regalías que recibió lo convirtieron en un hombre adinerado. En realidad, ya era rico; pero él no lo sabía. Vivía en una casa muy humilde que estaba sobre un pozo de petróleo.

¿Qué dirías tú si de pronto encontrases un tesoro enterrado en tu propia casa? El hombre del relato tuvo esa suerte, y hoy tú también la tienes. Existe una riqueza que ningún ladrón te podrá robar, ni por la que tú debas pagar impuestos. Es espiritual, está a tu alcance y te dará las más grandes regalías: la felicidad en el ahora y en la eternidad.

Este tesoro es la Biblia, sagrada Escritura que te ofrece la paz espiritual, el consuelo, el ánimo, la esperanza, los consejos que ayudan a vivir en un mundo convulsionado y a lograr la tan anhelada felicidad del hogar. Todo lo que recibimos de este libro santo es muy valioso.

Además de sus 31.000 promesas y las 360 veces que para darnos aliento y fe, nos repite las palabras: "No temas", la Biblia responde claramente a las más variadas interrogantes que se hace el hombre. Con su lectura, el ejemplo del pasado y la orientación del presente y el futuro, presenta ante nuestros ojos una nueva dimensión y una amplia visión panorámica del propósito de Dios para con nosotros.

Descubre en esta lección la naturaleza, el origen y el propósito del libro de los libros, así como las cinco claves para comprenderlo. Estudia detenidamente las explicaciones que te ofrecemos y al final, contesta el cuestionario de repaso que hacemos, recomendándote que al concluir cada lección, medites en ella y te hagas una autoevaluación.

¿Sabías que la Biblia...?

1. Se denomina también:
   - Sagradas Escrituras.
   - Palabra de Dios.
   - Libro Santo.
   - Carta Divina.
   - Libro de los libros.
2. Significa:
   - Conjunto de libros.
3. Está dividida en 2 grandes secciones:
   - Antiguo Testamento y Nuevo Testamento.
   - Contiene libros subdivididos en capítulos y versículos.
4. Compuesta por 66 libros.
   - 39 en el Antiguo Testamento.
   - 27 en el Nuevo Testamento.
5. Escrita en un período de 1.600 años.
   - Desde 1500 a. C. hasta el año 100 d. C.
6. Escrita por personas de las más variadas posiciones sociales:
   - Reyes, generales, profesionales, médicos, pastores de ovejas, pescadores, profetas, entre otros.
7. Escrita originalmente en tres lenguas:
   - Hebreo - arameo – griego.

La Biblia en español

I. Introducción.
   1. Datos importantes de la Biblia.
      - Contiene 66 libros. Se divide en dos partes: el Antiguo Testamento (39 libros) y el Nuevo Testamento (27 libros).
      - Dios usó alrededor de 40 hombres para escribir la Biblia.
      - El autor de la Biblia es Dios.

- La Biblia fue escrita en hebreo, arameo y griego, por escritores que Dios usó.

- La Biblia es el libro más vendido en todo el mundo. Millones de copias se venden anualmente y se encuentra traducida a los principales idiomas y dialectos.

2. Lo que dice la Biblia de sí misma.

- Acerca de los hombres que Dios usó para escribirla:

  "Porque nunca la profecía fue traída por voluntad humana, sino que los santos hombres de Dios hablaron siendo inspirados por el Espíritu Santo". 2 Pedro 1:21.

- La Escritura fue inspirada por Dios:

  "Toda la escritura es inspirada por Dios". 2 Timoteo 3:16.

- Cualidades de la Biblia:

  "Porque la palabra de Dios es viva y eficaz, y más cortante que toda espada de dos filos; y penetra hasta partir el alma y el espíritu, las coyunturas y los tuétanos, y discierne los pensamientos y las intenciones del corazón". Hebreos 4:12.

- ¿Por qué motivo fueron dadas las Escrituras?

  - "Pero estas se han escrito para que creáis que Jesús es el Cristo, el Hijo de Dios, y para que creyendo, tengáis vida en su nombre". Juan 20:31.

  - "Porque las cosas que se escribieron antes, para nuestra enseñanza, se escribieron a fin de que por la paciencia y la consolación de las escrituras, tengamos esperanza". Romanos 15:4.

  - "Para enseñar, para redargüir, para corregir, para instruir en justicia, a fin de que el hombre de Dios sea perfecto, enteramente preparado para toda buena obra". 2 Timoteo 3:16-17.

- ¿Qué dijo Dios de las Escrituras?

- "El cielo y la tierra pasarán, pero mis palabras no pasarán". Mateo 24:35.

3. Algunas versiones en español: Nueva Versión Internacional, Biblia del Nuevo Mundo, Dios Habla Hoy, Reina Valera Actualizada, Reina Valera 1977, y muchas más.

4. La Biblia fue traducida al castellano en el año 1569 por Casiodoro de Reina y fue revisada por Cipriano de Valera, en el año 1602. También fue revisada en otros años, incluyendo en 1909. Para corroborarlo, abre en las primeras páginas la Biblia que usas y consigue que diga algo similar a lo siguiente: "Versión de Casiodoro de Reina (1569), revisada por Cipriano de Valera (1602) y cotejada posteriormente con diversas traducciones y con los textos hebreos y griegos (1960)".

II. Versión Reina-Valera.

La primera edición de la Biblia traducida por Casiodoro de Reina se publicó en el 1569. Después, Cipriano de Valera revisó en 1602 la traducción de Reina, y desde entonces se conoce este trabajo como la versión Reina-Valera.

Reina-Valera es la versión que las Sociedad Bíblicas han venido distribuyendo para el mundo de habla castellana, desde su fundación, a principios del siglo XIX. En 1893, publicaron la llamada Versión Moderna, traducida por H. B. Pratt, versión que merece el calificativo de ortodoxa. Si el propósito de las Sociedades Bíblicas era que la versión de Pratt tomase el lugar de la versión Reina-Valera, fracasaron en tal deseo. El pueblo de habla hispana, en todo el mundo, continuó mostrando su preferencia por la Biblia Reina-Valera.

El castellano que hablaba Casiodoro de Reina y Cipriano de Valera ha experimentado un cambio muy grande. El lenguaje de la versión Reina-Valera fue revisado en 1862, 1865, 1874, 1890, 1909, 1960, 1995, para llegar a la actual Reina Valera Contemporánea. En 1909 se cambiaron 60.000 palabras por sinónimos más comunes. En 1960, revisión hecha por Sociedades Bíblicas, se introdujeron alrededor de 10.000 cambios de vocabulario para poner el lenguaje al día. Por ejemplo, en la versión de 1909, la palabra "caridad" significaba amor, pero ahora, la misma palabra, se aplica a una persona caritativa, que da limosna a los necesitados; por lo tanto, se ha sustituido la palabra "caridad" por la palabra "amor". En Colosenses 3:5, decía: "Amortiguad, pues, vuestros miembros", y ahora dice: "Haced morir, pues, lo terrenal en vosotros". La palabra "amortiguad" no significa hoy lo que significaba hace cien años.

III.   Breve historia de la evolución de la Biblia

La primera versión o traducción de los libros del A. T. a otra lengua, tuvo lugar alrededor de 250 a. C. El rey Tolomeo II Filadelfo, gran amante de las letras, mandó a traducir para su biblioteca privada de Alejandría, los libros religiosos de los hebreos. La traducción se hizo del hebreo al griego. Pero además de los 39 libros que componen el A. T. hebreo, tradujeron otros 15 libros que no habían sido considerados inspiración divina, por lo que no formaban parte del A. T. Aquella traducción vino a llamarse la Versión Griega Alejandrina o Septuaginta. Septuaginta viene de "setenta", y se debe al número de traductores que intervinieron en ella; alejandrina por haber sido concebida en Alejandría y ser usada por los judíos de lengua griega, en vez del texto hebreo. Esta traducción se hizo para la lectura en las sinagogas de la diáspora, comunidades judías fuera de Israel, y quizá también, para dar a conocer la Biblia a los gentiles.

De la versión griega se hizo una traducción al latín, que vino a ser considerada como la versión Ítala. De los 15 libros apócrifos que formaban parte de la versión griega, 10 pasaron a la versión latina, y fueron excluidos los siguientes 5: La ascensión de Isaías, los Jubileos, la Epístola de Jeremías, tres libros de Macabeos y Enoc.

Dámaso, obispo de Roma, encomendó a Jerónimo, el cristiano más destacado de su época, que preparase una versión de la Biblia, y este se fue a Belén (Israel), en donde estuvo veinte años entregado con gran celo y dedicación, a la tarea que le habían encomendado. De aquel trabajo surgió la Vulgata Latina, que vio la luz alrededor del año 400 d. C. Jerónimo se opuso a que se incluyeran en esta versión los libros apócrifos, y a pesar de esto, algunos que estaban familiarizados con la versión Ítala, ejercieron tanta presión para que se incluyeran los apócrifos en la nueva versión, que finalmente triunfaron.

Bajo el auspicio de Alfonso X, el Sabio, rey de Castilla y Aragón, fue traducida la primera versión al castellano a partir de la Vulgata Latina, siendo conocida como la Biblia Alfonsina (1280). Después, se tradujo en el 1430 el Antiguo Testamento directamente del hebreo y arameo, por un rabino judío, Moisés Arragel (Biblia del Duque de Alba). Luego, en 1553, se tradujo el Antiguo Testamento del hebreo, por Abraham Usqui y Yom Tob Abias (Biblia de Ferrara).

En el primer siglo de la era cristiana existía el A. T. hebreo, compuesto por 39 libros. El A. T. en griego se componía de 54 libros (a los 39 habían agregado 15 libros apócrifos). Los samaritanos tenían un Pentateuco que no coincidía con el de Jerusalén. Tal situación preocupó a los escribas piadosos y respetuosos de las Sagradas Escrituras, decidiendo tomar medidas para la preservación del texto original del A.T. Por tanto, acordaron adoptar todo un texto, un manuscrito fijo, normativo y autorizado de los libros del A. T. que vino a llamarse Texto Masorético. A los defensores o preservadores de aquel manuscrito vinieron a llamárseles masoretas. Los masoretas asumieron la responsabilidad de sacar copias de las Sagradas Escrituras del A. T. y para evitar errores, contaron las palabras de cada libro, y después de copiar un libro, contaban las palabras de la copia, para estar seguros de que no habían omitido ni añadido palabras a la copia. Casiodoro de Reina tradujo los libros del A. T. del Texto Masorético, el cual es la fuente más confiable. Hasta el día de hoy, el Texto Masorético se reconoce como el más fidedigno y digno de confianza de todos los manuscritos que existen del

A. T. Debemos agradecerles a los masoretas su piadoso celo por la preservación y pureza del texto original del A. T.

En la primavera de 1948 se descubrió un tesoro de incalculable valor en relación a la Biblia. A doce kilómetros al Sur de Jericó, en la costa oeste del Mar Muerto, un pastor de cabras encontró en una cueva una serie de rollos manuscritos de casi todos los libros del A. T. En total, se encontraron en varias cuevas, 330 manuscritos. 40 de estos en lengua aramea, unos cuantos en idioma griego y los restantes en hebreo. La mayor parte fueron escritos en piel (pergamino), y los otros en papiro. Se encontraron:

- 14 copias del libro de Deuteronomio.
- 12 copias del libro de Isaías.
- 10 copias del libro de los Salmos.
- 8 copias del libro de Éxodo.
- 7 copias de los profetas menores (que los hebreos agrupaban en un libro).
- 6 copias del libro de Génesis.
- 3 copias del libro de Samuel.
- 3 copias del libro de Jeremías.
- 3 copias del libro de Daniel.

De los demás libros del A. T. se encontraron una o dos copias. Se acepta que los mencionados manuscritos fueron colocados en vasijas donde estuvieron desde alrededor del 150 a. C. Una de las copias del libro de Isaías se encontró intacta y completa. Otros manuscritos se encuentran bastante deteriorados. Este descubrimiento ha puesto de manifiesto la fidelidad del Texto Masorético, así como de la versión Reina-Valera. Los milenarios manuscritos encontrados en las cuevas de Qumrán verifican esta verdad, lo que imparte un alto grado de confiabilidad a nuestra versión Reina-Valera. Y en cuanto al N. T., Casiodoro de Reina lo tradujo de un manuscrito conocido como Texto Receptus, llamado también Texto Bizantino, que era reconocido generalmente como el texto manuscrito más fiel a los originales de los libros del N. T.

Pablo Besson, misionero suizo muy documentado en esta materia, afirma que el Texto Receptus sirvió de base para traducir el N. T. de la versión llamada Peshitta. Esta versión fue hecha alrededor del año 170 de la era actual. Este dato otorga, además, extraordinaria importancia a lo que se refiere a nuestra confianza en la versión Reina-Valera. A la versión Peshitta siguieron la Ítala, la Vulgata y otras, traducidas todas del Texto Receptus. La versión Vulgata traducida por Jerónimo, vino a ser la versión oficial de la Iglesia católica, entre los años 382 al 400 d. C.

Según Sociedades Bíblicas, estas son las versiones de la Biblia en lengua castellana en orden cronológico:

1º. Biblia Alfonsina - 1280.
2º. Biblia del Duque de Alba - 1430.
3º. Biblia de Ferrara - 1553.
4º. Biblia del Oso, Casiodoro de Reina - 1569.
5º. La Sagrada Escritura, Cipriano de Valera – 1602.
6º. Biblia de Felipe Scío - 1793.
7º. Biblia de Torres Amat - 1825.
8º. Biblia de Vence - 1833.
9º. Versión Moderna H. B. Pratt - 1893.
10º. Biblia Nácar-Colunga - 1944.
11º. Biblia Straubinger - 1944.
12º. Biblia Bover-Cantera - 1947.
13º. Biblia de Herder - 1964.
14º. Biblia de Jerusalén - 1967.
15º. Biblia para Latinoamérica - 1971.
16º. Nueva Biblia Española - 1976.
17º. Reina-Valera - 1977.
18º. Sagrada Biblia Magaña - 1978.
19º. Dios Habla Hoy - 1979.

20°.   Nueva Versión Internacional - 1999.

IV.   Versiones y traducciones.

En lo que se refiere al lenguaje, no hay dos traducciones que sean exactamente iguales. Los libros del A. T. fueron escritos en hebreo y arameo. El lenguaje original del A. T. tiene como promedio, una antigüedad de 3.000 años. Los traductores se encuentran a veces con palabras hebreas cuyo verdadero significado resulta difícil de captar o discernir. Por otra parte, en la lengua castellana hay sinónimos o palabras que tienen parecido o mismo significado. Por ejemplo: las palabras maquinar, conspirar, intrigar, urdir y tramar, entran en la clasificación de sinónimos; y el traductor puede emplear la que estime más adecuada. Las palabras aborrecimiento, aversión, odio, saña, desprecio, rencor y maquinar, también son sinónimas para el traductor de lengua castellana. Ahora bien, el sentido del mensaje bíblico es generalmente el mismo, siempre y cuando el traductor, con base a la sinonimia, haya vertido con fidelidad el sentido del texto original.

V.   Los libros apócrifos.

En lo que se refiere al N. T., no hay diferencias entre versiones católicas y evangélicas, pero en el A. T. sí las hay. El A. T., versión evangélica, se compone de 39 libros y las versiones católicas se componen de 46 libros, además de varios capítulos añadidos a los libros de Ester y Daniel. Los siete libros añadidos son Tobías, Judit, Sabiduría, Eclesiástico, Baruc, Primero de Macabeos y Segundo de Macabeos.

¿Por qué se les llama apócrifos? El primero en calificarlos de apócrifos fue Jerónimo, traductor de la Vulgata Latina. Dice un autor católico que el "nombre apócrifo se aplica entre los católicos a escritos de carácter religioso no incluidos en el canon de la Escritura que, si bien no son inspirados, pretendieron tener origen divino o fueron algún tiempo considerados como sagrados" (Verbum Dei, tomo I, p. 299). La palabra apócrifo viene a ser sinónimo de falso. Los evangélicos nunca hemos aceptado los libros apócrifos como inspirados por Dios.

Los libros inspirados que componen el A. T. fueron escritos en hebreo, por profetas hebreos, y dirigidos al pueblo hebreo. El apóstol Pablo afirma, bajo inspiración divina, que la ley de Dios fue promulgada para el pueblo israelita (Ro 9:4), y que Dios encomendó al mencionado pueblo el cuidado o preservación de las Sagradas Escrituras (Ro 3:1-2).

Los libros apócrifos no fueron escritos en hebreo, ni por profetas hebreos inspirados por Dios. Nunca formaron parte del A. T. hebreo. Cuando los mencionados libros entraron a formar parte de la versión griega de la Biblia, los israelitas convocaron un concilio que se reunió en Jamnia, con el propósito de considerar la naturaleza de los libros agregados a la versión griega. Para determinar si un libro es o no inspirado, aquel concilio estableció las bases siguientes:

1º.   El libro debe estar de acuerdo con la ley de Moisés.

2º.   Debe haberse originado en Israel.

3º.   Debe haber sido escrito en hebreo.

4º.   Debe haberse escrito antes de la muerte de Esdras.

Como los mencionados libros no llenaban los requisitos establecidos por el concilio, este determinó que no tenían derecho a formar parte del conjunto de libros inspirados por Dios. Los hebreos siempre han creído que Esdras fue quien fijó, bajo inspiración divina, el canon o catálogo de los libros inspirados del A. T. En términos generales, se puede decir que los libros apócrifos fueron escritos entre el año 150 a. C. y el año 100 d. C., por lo menos dos siglos después de la muerte de Esdras.

En la época de Jesucristo y de los apóstoles, Jerusalén tenía su Biblia hebrea, contentiva de 39 libros. El Vaticano reconoce tácitamente que los libros apócrifos no fueron escritos bajo inspiración divina. A los 39 libros que integran el canon o catálogo hebreo, la Iglesia católica romana les da el calificativo de protocanónicos, y a los siete libros llamados apócrifos les da el nombre de deuterocanónicos.

Algunos de los llamados Padres de la Iglesia hicieron un estudio cuidadoso en relación con los libros inspirados y los no inspirados. En el año 395 d. C. se habían confeccionado 11 catálogos de los libros que se consideraban inspirados por Dios, y en ninguno aparecían los libros apócrifos. Un sínodo convocado en Laodicea, en el año 363 d. C., prohibió la lectura de los libros apócrifos en las iglesias.

En el año 1545 se convocó el Concilio de Trento y dice el historiador católico F. Díaz Carmona, en la página 272 de su Historia de la Iglesia católica romana, que aquel concilio "empezó fijando de nuevo el canon de la Biblia". En efecto, el concilio discutió el problema de los libros apócrifos y acordó excluir de la Vulgata, 3 de los 10 libros que se habían agregado: el tercero y el cuarto de Esdras y la Oración de Manasés. Al afirmar que el concilio fijó de nuevo el canon de la Biblia, se da por sentado que modificó acuerdos de concilios anteriores. En la práctica, como vemos, el hecho de que los apócrifos hayan sido agregados a la versión griega, no transforma su naturaleza, ni le confiere ningún mérito. La evidencia la tenemos en el hecho de que de los 15 libros apócrifos agregados a la mencionada versión, 8 fueron excluidos y la exclusión de esos 8 demuestra que quienes agregaron los 15, procedieron irresponsablemente. Los mismos motivos que tuvieron para quitar los 8, los hay para excluir los 7 restantes. Sin embargo, los libros apócrifos deben considerarse de alto valor histórico y literario.

¿La Biblia es de origen divino o humano?

1. El apóstol Pablo dice en 2 Timoteo 3:16: "Toda la Escritura es inspirada por Dios".

2. En 2 Pedro 1:21 se nos informa: "Porque la profecía no fue traída por voluntad humana, sino que los santos hombres de Dios hablaron siendo inspirados por el Espíritu Santo".

3. Dios usó a los profetas. Hebreos 1:1, indica: "Dios, habiendo hablado muchas veces y de muchas maneras en otro tiempo a los padres por los profetas".

4.	Los escritores cumplían la orden de Dios. Isaías 30:8 afirma: "Ve, pues, ahora, y escribe esta visión en una tabla delante de ellos, y regístrala en un libro, para que quede hasta el día postrero, eternamente y para siempre".

¿Qué significa inspirar?

Un ejecutivo dicta una carta a su secretaria, ¿quién de los dos es el verdadero autor? ¿El que la dicta o quien la escribe? Del mismo modo, los profetas fueron simples instrumentos, escribieron lo que Dios colocó en sus mentes. Jeremías 1:9 declara: "Y extendió Jehová su mano y tocó mi boca, y me dijo: He aquí he puesto mis palabras en tu boca".

¿Qué pruebas hay de su inspiración?

1.	La unidad de su mensaje.

	A pesar de haber sido escrita por casi 40 autores, en un período de 1.600 años su contenido es coherente o congruente.

2.	Su exactitud histórica probada por la arqueología.

	Numerosos hallazgos hechos en Oriente Medio, confirman maravillosamente los relatos bíblicos. Ciudades como Laguis, Hazor, Meguido, Nínive y muchas otras, cuya ubicación eran desconocidas, fueron localizadas y descubiertas.

3.	El fiel cumplimiento de sus extraordinarias profecías sobre:

	- Ciudades, pueblos, naciones y reinos.

	- La historia mundial y eclesiástica.

	- La vida de hombres, mencionada antes de su nacimiento.

	- Acontecimientos con indicaciones precisas de tiempo, año y día.

	- Descubrimientos de nuestro siglo, mencionados hace milenios.

4.	La pureza de su mensaje.

	Su perfecta ley moral, los Diez Mandamientos.

5. La vida transformada de millones de personas que encontraron en la Biblia la revelación de Dios.

¿Cuál es el punto central de la Biblia?

1. La maravillosa persona de Jesucristo es descrita a través de unos 200 nombres (Is 9:6).
2. Solo en el Antiguo Testamento, existen 333 profecías sobre el Mesías (ungido) prometido.
3. El Nuevo Testamento describe el exacto cumplimiento de estas profecías (Lc 24:27).

¿Qué beneficio obtenemos mediante el estudio de la Biblia?

1. Responde las mayores preguntas de nuestra vida.

    De dónde venimos, para qué vivimos, a dónde vamos.
2. Nos aconseja en los problemas.

    Matrimonio - familia - educación - salud - trabajo – amistad.

    El Salmo 119:105 exclama: "Lámpara es a mis pies tu Palabra, y lumbrera a mi camino".
3. Nos ayuda en el desarrollo del carácter.

    2 Timoteo 3:16-17 afirma: "Toda la escritura es inspirada por Dios, y útil para enseñar, para redargüir, para corregir, para instruir en justicia, a fin de que el hombre de Dios sea perfecto, enteramente preparado para toda buena obra".
4. Nos ofrece:

    - Consuelo y esperanza.

    Romanos 15:4: "Porque las cosas que se escribieron antes, para nuestra enseñanza se escribieron, a fin de que por la paciencia y la consolación de las escrituras, tengamos esperanza".

    - Fortaleza y alegría.

    Jeremías 15:16: "Fueron halladas tus palabras, y yo las comí; y tu palabra me fue por gozo y alegría de mi corazón".

- Seguridad y paz.

Salmo 119:165: "Mucha paz tienen los que aman tu ley, y no hay para ellos tropiezo".

5. Nos muestra el camino hacia Dios y la vida eterna.

Juan 17:3: "Y esta es la vida eterna: que te conozcan a ti, el único Dios verdadero, y a Jesucristo, a quien has enviado".

La Biblia es...

1. Luz: ilumina la senda de la vida y orienta sobre el pasado, el presente y el futuro.

    2 Pedro 1:19: "Tenemos también la palabra profética más segura, a la cual hacéis bien en estar atentos como a una antorcha que alumbra en lugar oscuro hasta que el lucero de la mañana salga en vuestros corazones".

2. Pan: alimenta espiritualmente (Mt 4:4).
3. Agua: refresca el alma (Is 55:10).
4. Espada: es el arma en la defensa contra el error (Ef 6:17). Los dos filos recuerdan el Antiguo y Nuevo Testamento.
5. Fuego: da calor y purifica la vida (Jer 23:29).
6. Martillo: mediante la Escritura somos forjados sobre el yunque de Dios (Jer 23:29).
7. Oro: enriquece nuestros conocimientos (Sal 19:10[a]).
8. Miel: endulza la vida (Sal 19:10[b]).
9. Leche: nos ayuda a crecer (1 P 2:2).
10. Semilla: debe producir frutos en quien la lee (Lc 8:11).
11. Espejo: nos muestra los errores (Stg 1:23).

Cinco claves para comprender la Biblia

1. Escudriñarla cada día.

    Pablo, refiriéndose a los habitantes de Berea dijo: "Y estos eran más nobles que los que estaban en Tesalónica, pues recibieron la palabra con toda solicitud, escudriñando cada día las escrituras para ver si estas cosas eran así". Hechos 17:11.

2. Estar dispuesto a obedecerla.

"El que quiera hacer la voluntad de Dios, conocerá si la doctrina es de Dios, o si yo hablo por mi propia cuenta". Juan 7:17.

3. Estudiarla por temas, comparando un pasaje con otro.

"Porque mandamiento tras mandamiento, mandato sobre mandato, renglón tras renglón, línea sobre línea, un poquito allí, otro poquito allá". Isaías 28:10.

4. Recibir la enseñanza de quienes han estudiado con fervor el Libro Santo.

"Enseñándoles que guarden todas las cosas que os he mandado; y he aquí yo estoy con vosotros todos los días, hasta el fin del mundo. Amén". Mateo 28:20.

5. Antes de leerla, orar pidiendo sabiduría al Espíritu Santo.

"Y si alguno de vosotros tiene falta de sabiduría, pídala a Dios, el cual da a todos abundantemente y sin reproche, y le será dada". Santiago 1:5.

El libro de Dios

La Biblia no es un libro más, sino el libro de Dios. Es una carta del Padre Celestial que te ayuda a vivir feliz, pues responde tus preguntas, te muestra los errores, te anima, te fortalece y te señala el camino hacia la vida eterna. Mediante su mensaje llegas a conocer a nuestro Hacedor, logrando una relación personal con Jesucristo, como amigo y Salvador. Es por eso, que este Libro Santo es un tesoro de incalculable valor.

Juan 5:39 ordena: "Escudriñad las escrituras; porque a vosotros os parece que en ellas tenéis la vida eterna; y ellas son las que dan testimonio de mí". Y al final de este divino libro, se nos exhorta: "Bienaventurado el que lee, y los que oyen las palabras de esta profecía, y guardan las cosas en ella escritas; porque el tiempo está cerca". Apocalipsis 1:3.

¡Dejemos que la luz de Dios ilumine nuestra vida, y que Él nos hable cada día! Nosotros le responderemos mediante la oración.

Cuestionario de repaso
Rico sin saberlo

1. La palabra Biblia significa _____ de libros.

2. A través de la Biblia, Dios nos revela Su _____.

3. La Sagrada Escritura fue escrita por:

R:

a) Hombres sabios.

b) Inspiración de Dios.

c) Dios mismo.

4. Nombra 2 pruebas de la inspiración de la Biblia.

R. a)

R. b)

5. El personaje central de la Biblia es _____.

R:

6. La Biblia nos es útil para: _____, _____, _____,

_____.

7. Su estudio nos proporciona:

R:

a) Confusión.

b) Esperanza.

c) Gozo y alegría.

d) Perplejidad.

8. Para aprender de la Biblia debes (Hch 17:11):

R:

a) Leerla de vez en cuando.

b) Escucharla en la iglesia.

c) Escudriñarla cada día.

9. Para comprender la Biblia debemos:

R:

a) Orar antes de leerla o estudiarla.

b) Confiar en nuestra propia sabiduría.

10. El que estudia la Palabra de Dios es considerado:

R:

a) Santo.

b) Bienvenido.

c) Sabio.

Conoce tu Biblia

Para comprender un libro de la Biblia debemos:

1. Leerlo, ubicando el contenido en su perspectiva histórica. Se debe conocer el ambiente cultural, social y religioso de cuándo fue escrito.

2. Tener en cuenta su sitio en la historia de la revelación.

3. Penetrar en la personalidad del autor: conocer su finalidad religiosa y el género literario que adoptó para comunicar su pensamiento.

4. Finalmente, leer el texto desde la perspectiva de la fe.

Como dijimos anteriormente, la Biblia es un tomo que tiene 66 libros, escritos por varios autores, durante un tiempo de 1.600 años (desde 1500 años antes de Cristo, hasta 100 años después de Cristo). Todos los autores fueron inspirados por el Espíritu Santo de Dios (2 Ti 3:15-17). "Toda la Escritura (Biblia) es inspirada por Dios". Todos estos libros forman un solo tomo, que en conjunto nos da la completa revelación de la voluntad de Dios.

Se divide en dos partes: a) El Antiguo Testamento, que se escribió antes del nacimiento del Señor Jesucristo. Casi todo fue escrito en hebreo. b) El Nuevo Testamento, que se escribió durante el siglo después del nacimiento del Señor Jesucristo, y fue redactado en griego y algunos evangelios en hebreo (Mateo y Marcos).

El Antiguo Testamento de divide en 3 partes principales

1. Los libros históricos: son los primeros 17 libros, de Génesis a Ester. Allí encontramos la historia de los israelitas o judíos. También nos hablan de Cristo, pero solo en tipo, figura o profecía. Por ejemplo, el capítulo 6 de Génesis habla del arca de Noé, que es figura o representación de Cristo. Así como el arca fue el único medio de salvación del diluvio, así Cristo es la única salvación del justo juicio de Dios.

2. Los libros poéticos: son los 5 libros que siguen, de Job hasta Cantar de los Cantares. Algunos pasajes hablan de Cristo por alusión, pero en otros dan profecías claras de él. Por ejemplo, Salmos 22 es una descripción profética de los sufrimientos de Cristo en la cruz del Calvario.

3. Los libros proféticos: son los últimos 17 libros, de Isaías hasta Malaquías. Estos profetizan mucho del futuro de los judíos, pero también hablan de Cristo. Vemos que en el capítulo 53 de Isaías dice que los judíos rechazarían a Cristo y que el Hijo de Dios moriría injustamente, pero que al fin triunfaría en gloria.

El Nuevo Testamento también se divide en 3 partes

1. La parte histórica: son los 4 evangelios que comprenden Mateo, Marcos, Lucas y Juan; y el libro de los Hechos de los apóstoles. Nos relatan la vida del Señor Jesucristo y la historia de los primeros creyentes.

2. La parte doctrinal: son las epístolas o cartas, 14 fueron escritas por Pablo, 1 por Santiago, 2 por Pedro, 3 por Juan y 1 por Judas. Explican las doctrinas que el Espíritu Santo les enseñó a los apóstoles y primeros discípulos, según se los prometió el Señor (Jn 14:26).

3. La parte profética: es el libro de Apocalipsis. En él encontramos el curso del mundo hasta su fin y el juicio final de Dios (cap. 20). Termina con una nueva creación.

Contenido de la Biblia

El propósito principal de la Biblia es comunicar el mensaje de Dios al hombre. El Antiguo Testamento habla de que Cristo iba a venir; el Nuevo Testamento, de que Cristo vino y completó su misión, pero que va a volver otra vez. La Biblia nos enseña que somos pecadores (Ro 3:1-23), y que necesitamos un Salvador. Nos revela a Cristo como el que satisface completamente nuestra necesidad de salvación y vida eterna. También nos enseña que podemos ser salvos únicamente por la fe en Jesucristo, y no por nuestras obras, para que nadie se gloríe (Ef 1; 2).

Nos dice, igualmente, que después de ser salvos por Cristo, él vive en nosotros y es nuestro deber y privilegio hacer toda clase de buenas obras que glorifiquen su nombre.

La Biblia es un libro sobrenatural, debido a su singularidad y demostrado al ser único en su continuidad.

- Escrita en un período de 1.600 años.
- Escrita a lo largo de 60 generaciones.
- Escrita por más de 40 autores de todas las clases sociales, incluyendo reyes, campesinos, filósofos, pescadores, poetas, estadistas, eruditos, entre otros.
- Escrita en diferentes lugares: Moisés en el desierto, Jeremías en una celda, Daniel en un palacio, Pablo mayormente dentro de una prisión, Lucas mientras viajaba, Juan escribió Apocalipsis en la isla de Patmos.
- Escrita en diferentes épocas: David en tiempos de guerra, Salomón en tiempos de paz.
- Escrita en tres continentes: Asia, África y Europa.
- Escrita en tres idiomas diferentes: Hebreo, arameo y griego.
- Escrita sin frontera espacio-temporal. Los autores bíblicos escribieron sobre centenares de asuntos controversiales con armonía y continuidad, desde Génesis hasta Apocalipsis.

La Biblia, en comparación con otros libros, también es:

Única en divulgación

La Biblia ha sido leía por más gente y publicada en más idiomas que cualquier otro libro.

Única en traducción

Las traducciones de la Biblia han sido numerosas: a más de 450 idiomas de forma completa y a más de 2.000 de forma parcial, lo que convierte a la Biblia en el libro (o conjunto de libros) más traducido de la historia y se sigue traduciendo. La Septuaginta, comúnmente designada como LXX, es la más antigua versión griega del Antiguo Testamento. El título de "setenta", es en referencia a la tradición de que fue el trabajo de 70 traductores (72 en algunas tradiciones). La traducción fue hecha de la Biblia hebrea en Alejandría, por judíos helenistas, durante el período de 275 a 100 antes de Cristo.

Única en supervivencia

A pesar de haber sido escrita en material perecedero, copiada y recopiada durante centenares de años antes de la invención de la imprenta, podemos tenerla en el siglo XXI. La Biblia ha sobrevivido a través del tiempo, y también a través de la persecución. Por ser obra de Dios, han tratado de destruirla como ningún otro libro en el mundo. Ha sido quemada, prohibida, atacada y criticada por los incrédulos, quienes la han refutado y desprestigiado. A pesar de ello, permanece tan sólida como una roca. Su circulación aumenta, y es más amada y leída como nunca antes.

Única en enseñanza

1. Profecía. Es el único libro que contiene verdadera profecía, específica y referida a hechos histórico por suceder en el futuro distante. El mundo antiguo tuvo diferentes maneras de determinar el futuro, entre ellas la adivinación, pero en toda la gama de la literatura griega y latina, no encontramos nada semejante.

2. Historia. La tradición nacional hebrea excede a todas las demás por la claridad con que describe sus orígenes tribales y familiares. No se compara con la tradición escrita de los pueblos germánicos, griegos, romanos, egipcios, babilonios, asirios y fenicios. Ni la India, ni la China, pueden presentar algo similar, puesto que sus más antiguas memorias históricas son depósitos literarios de tradición dinástica distorsionada, ya que sus reyes eran para ellos semidioses.

3. Personalidades. La Biblia trata con mucha franqueza los pecados de sus personajes. Compárese las biografías actuales y fíjese cómo tratan de encubrir, pasar por alto o ignorar la parte oscura de la gente. La Biblia

dice las cosas como son y presenta a los individuos tal cual son, con sus fortalezas y sus debilidades.

Geografía bíblica

El estudio cuidadoso de la geografía histórica de las tierras bíblicas es importante por dos razones:

1. Estas regiones han ejercido una inmensa influencia sobre nuestro mundo occidental. No solo en detalles como el alfabeto, la metalurgia, la astronomía, medicina, etc., sino fundamentalmente por la herencia de la religión judío cristiana.

2. Para el entendimiento de la Biblia. Resulta necesario el estudio de la geografía para conocer las regiones, ambiente y condiciones donde sucedieron los hechos que la Biblia nos relata.

Países del Antiguo Testamento

Egipto

Situación geográfica.

Región en el noreste de África. Por la variación de sus límites en diferentes épocas, en ocasiones se ha denominado Egipto solamente a la cuenca del Nilo, y a veces a las regiones áridas que se encuentran al este y oeste de dicha cuenca. A aquellas al este, hasta el Mar Rojo, y hacia el oeste, a una distancia indeterminada, cuyas fronteras con la región de Libia son imprecisas. Naturalmente, el límite norte es el mar Mediterráneo; al sur, el límite se ha fijado en distintos lugares, pero por lo general en una de las varias cataratas que conforman el Nilo en su descenso hacia el mar.

Características físicas.

Toda la historia y economía de Egipto han sido siempre dominadas por el Nilo. Una vez al año, a principios del verano, el río se desbordaba y tres meses después sus aguas volvían al nivel acostumbrado. Debido a esas inundaciones, Egipto es una franja fértil en medio de una región desértica.

Características históricas.

Debido a la enorme importancia que tuvo este territorio en todo el desarrollo histórico del cercano Oriente, era de esperarse que se mencionara repetidamente en la Biblia. En época de escasez, Abraham viajó a este país en busca de alimentos. Agar, la esclava de Sara, era egipcia, y también lo era la mujer de Ismael. Una narración paralela sobre Isaac afirma que él también acudió a Egipto en tiempo de carestía. José se estableció en esta comarca y años más tarde, toda su familia vivió allí durante un período de aproximadamente 400 años, hasta el éxodo del pueblo.

Salomón se casó con una princesa egipcia. Empero, ya en tiempos de su hijo Roboam, el faraón Sisac invadió Judá y el reino quedó sometido a Egipto. Desde esa fecha, esta nación fue una potencia preponderante en Israel hasta que el Imperio asirio puso fin a la hegemonía egipcia. Años más tarde, Siria e Israel cayeron ante el poder de Babilonia y esta marchó hacia Egipto, subyugando el poderoso país y manteniendo en él sus fuerzas.

Con la caída de Babilonia, los persas se hicieron cargo de la situación en Egipto por solo 9 años, hasta que Alejandro Magno entró en ese país como "libertador", en el año 323 a. C. (Alejandro fundó la ciudad de Alejandría). De allí en adelante, Egipto fue primeramente una monarquía helénica bajo los tolomeos y luego cayó bajo el poder de Roma y Bizancio. Desde el siglo III d. C., Egipto fue un país predominantemente cristiano con su propia iglesia.

Ciudades principales.

1. Menfis o Noph: antigua capital y metrópolis que no perdió su importancia hasta que Alejandro Magno fundara Alejandría.

2. Zoán: capital de los hicsos, se hallaba cerca del límite oriental del Delta.

3. On o Heliópolis: pueblo sagrado de los egipcios, se hallaba a 9 km al noreste del Cairo.

Babilonia

La civilización tuvo su origen en las llanuras de Sinar. Se extendía entre los ríos Tigris y Éufrates, desde el punto donde más se acercan hasta las playas del Golfo Pérsico, conocido posteriormente como Babilonia.

Situación geográfica.

Región de límites imprecisos en el curso inferior de los ríos Tigris y Éufrates. Al este se encuentra la región montañosa de Elam, y al oeste el desierto de Arabia. Los límites norte y sur son imprecisos.

Características físicas.

Según la historia bíblica, Nimrod fundó esta ciudad, conocida también como Babel, famosa por la construcción de la torre donde se confundieron las lenguas. Cuna del patriarca Abraham, quien vivió en Ur, una de sus ciudades importantes. Uno de sus reyes más famoso fue Hammurabi, cerca de 1595 a. C. Después fue atacada y tomada por los heteos, pero esto no destruyó su hegemonía en el sur de Mesopotamia.

A principios del primer milenio a. C., al surgir el gran Imperio asirio, Babilonia fue conquistada y unida a este. En el año 608 a. C. desapareció el poder de los asirios y Babilonia llegó a ser capital del reino caldeo. Fue esta la época más gloriosa de su historia, que terminó cuando en el 539 a. C. Ciro dirigió a los persas en la conquista del reino caldeo. Babilonia se rindió cuando Alejandro Magno conquistó el Imperio persa.

En tiempo neotestamentario, Babilonia era solo una pequeña población y poco después desapareció completamente. Su importancia, desde el punto de vista bíblico, es mayor durante los tiempos de Nabucodonosor. El esplendor de la ciudad en esa época era extraordinario, y por ello los escritores bíblicos la llaman "la admiración de toda la tierra". Este hábil gobernante construyó los famosos jardines colgantes, de reputación mundial, y edificó una maravillosa ciudad.

Asiria

Situación geográfica.

Se localiza al noroeste de Babilonia, limita al oeste con el desierto sirio y al norte y este por los montes urartianos (armenios) y persas.

Características históricas.

En sus comienzos, Asur era apenas la capital de un pequeño distrito codiciado por sus vecinos. Cuando esta ciudad perdió su importancia, la capital se trasladó a Nínive, situada a la orilla izquierda del Tigris. Con Salmanasar III (858-824 a. C.) comienza lo que se podría llamar el intenso período bíblico de Asiria. Con este rey empiezan los dolores de cabeza para los reinos de Israel y Judá. En el año 853 a. C., Acab, rey de Israel, organiza una coalición contra Asiria, la cual tiene buen éxito y termina con la derrota de Salmanasar III; pero las siguientes intervenciones asirias iban a ser funestas para ambos reinos hebreos.

Con Tiglat-Pileser III sigue el perjuicio de Israel y Judá. Salmanasar V y Sargón II sitian y destruyen a Samaria y producen la ruina total de Israel en el 722 a. C. Después de este triunfo, Sargón arremete contra Acaz y hace de Judá su tributario. De ahí en adelante, hasta la caída de Nínive en el 612 a. C., en todo el cercano Oriente se impone lo que podría llamarse "la paz asiria".

Siria

Situación geográfica.

Porción de tierra situada entre el Mediterráneo y el desierto de Arabia. Al norte se encuentran los Montes Tauro y la curva occidental del río Éufrates.

Características históricas.

En la antigüedad, esta unidad geográfica no constituyó una unidad política hasta el arribo de la monarquía seléucida helenística, fundada por Seleuco I (312-281 a. C). Este gobernaría un reino que se extendía desde el Asia Menor oriental y el norte de Siria, atravesando Babilonia y Persia hasta la frontera con la India. En el año 64 a. C., Pompeyo anexó toda la región a Roma.

Su ciudad más importante fue Damasco, conocida como "la perla del este", de la que se dice es la ciudad más antigua del mundo, y que tiene una historia continua, la cual se extiende desde la época de Uz, (el nieto de Noé), hasta nuestros días. La ciudad, al igual que la llanura circundante, debe su vida y prosperidad a los famosos ríos de reputación bíblica, Abana y Farfar, que se pierden en el desierto arenoso después de recorrer decenas de kilómetros. Fue en esta ciudad donde el apóstol Pablo recibió la visión celestial que cambió completamente su vida.

Fenicia

Situación geográfica.

Larga y estrecha región situada en el extremo este del Mediterráneo, y que se extiende desde ese mar al oeste, hasta las estribaciones de los montes del Líbano al este. Sus límites norte y sur son, respectivamente, el río Oronte y el monte Carmelo.

Características físicas.

Regada por varios ríos, entre ellos el Eleuteros, el Adonis y el Licos, Fenicia era una región fértil que producía cereales y frutas en gran abundancia. Su principal riqueza, sin embargo, eran las maderas que se encontraban en las estribaciones del Líbano, especialmente los cedros.

Hiram, rey de Tiro, suministró a David y a Salomón las maderas necesarias para sus grandes construcciones, como el templo. La riqueza de madera y el hecho de que su territorio estuviera limitado por montañas y por vecinos poderosos, llevaron a los fenicios a dedicarse a la navegación y al comercio.

Características históricas.

Los fenicios se encontraban entre los opresores de Israel en el período de los jueces. Sin embargo, en tiempos de Salomón las relaciones entre este y los habitantes de Fenicia parecen haber sido excelentes. También se unieron a Salomón para establecer un puerto en el Mar Rojo, y para tripular y navegar los lugares mercantes. Después de la división del reino, hicieron alianza con Israel y se apartaron de Judá, cuyos habitantes llegaron a vender como esclavos a los idumeos.

El culto a Baal que en Fenicia florecía, se trataba de ritos ceremoniales a la fertilidad. El dios tomaba diversos nombres en distintas localidades y junto a él había otras deidades, de las cuales las más importantes para la historia del Antiguo Testamento son Astoret y Dagón.

Aparte de la historia bíblica, Fenicia es importante para la historia general y el progreso social, porque se dice que fue allí donde se inventó el alfabeto, del cual se beneficiaron los griegos y otros tantos pueblos. El alfabeto fenicio contaba con veintidós letras, todas consonantes.

Moab y Amón
Moab
Situación geográfica.

Las fronteras de Moab, al sureste y oeste, que comprenden el río Zared, el desierto y el Mar Muerto, son siempre fijas. Al norte, la frontera variaba desde el Armón hasta la terminación abrupta de la meseta, un poco al norte de Hesbón.

Características físicas.

Moab era una meseta con una altura promedio de unos 900 metros sobre el nivel del mar. Gran parte de su superficie era casi desértica. Sus ciclos de población se alternaban con períodos de despoblación. Durante el tiempo de los profetas era una pequeña nación bastante estable, con un alto grado de civilización.

Características históricas.

Los moabitas son descendientes de Lot. En tiempos de Moisés, los moabitas permitieron a Israel pasar por su territorio y hasta les ayudaron con comida; pero según Números 21, no les permitieron transitar por la "carretera del rey", que atravesaba el territorio de sur a norte. Israel luego atacó y venció a los amorreos, entrando por el norte. Cuando Israel descansó en la llanura de Moab, el rey Balac procuró debilitarlo.

Por fin, la mayor parte de los israelitas cruzaron el Jordán y dejaron en territorio moabita a la tribu de Rubén.

En la época de los jueces, el rey Eglón invadió Israel y como resultado de ello, el pueblo sirvió a los moabitas 18 años. El rey David llevaba en sus venas sangre moabita, y Salomón hizo un templo para Quemos (dios moabita), cerca de Jerusalén. Al extenderse el poder de Asiria, Moab quedó como vasallo de ella y años más tarde los árabes borraron su nombre de la historia.

Amón

Situación geográfica.

Tribu de pastores descendientes de Lot, que se estableció entre los ríos Jacob y Arnón y que finalmente ocupó solo el territorio encerrado en la gran curva del Jacob.

Características históricas.

Debido a la estrecha relación de los amonitas con Israel, Dios no permitió a Moisés atacarlos, pero ellos no recibieron con bien a sus hermanos israelitas, y por tanto fueron excluidos del Templo de Jerusalén. Esto provocó, a partir de ese momento, una relación muy agria entre el pueblo de Israel y Amón.

La capital fue Raba-Amón. Para poder posesionarse de ella, los amonitas tuvieron que desplazar a los zomzomeos, una raza de gigantes. Después fueron vencidos por los amorreos, que le obligaron a desplazarse más al este, hacia el desierto. En el tiempo de los jueces, Jefté salió en defensa contra las fuerzas amonitas que atacaron a Israel y logró vencerlos. En los días de David existían muy buenas relaciones entre los dos reinos, hasta que Nahas murió y David le escribió a su hijo tratando de consolidar las relaciones que habían existido en los días de su padre, pero su intento fracasó.

Salomón tuvo mujeres amonitas que inclinaron su corazón hacia Milcón (Maloc), su dios, al que construyó un templo. Finalmente, Judas

Macabeo venció a los amonitas y los sometió. Ezequiel profetizó su destrucción total.

Edom

Situación geografía.

Tierra habitada por los descendientes de Esaú. Se extendía en forma rectangular, desde el Mar Muerto y el arroyo de Zered en el norte, hasta Elat y Ezión-Geber por el golfo de Acaba en el sur, incluye ambos lados del Arabá.

Características físicas.

Era tierra montañosa y quebrada. Parte del Arabá está bajo el nivel del mar y a sus lados hay montañas que tienen una altura de 1.500 metros sobre el nivel del mar.

Características históricas.

Antes de llegar los edomitas, esta tierra estaba habitada por los horeos. Los edomitas eran agricultores y comerciantes. Atravesaban su tierra numerosas caravanas, a las que cobraban peaje y alojamiento. También les vendían el hierro y cobre que extraían de sus minas. Practicaban el politeísmo.

Después del éxodo, Edom prohibió a los israelitas pasar por su tierra. Durante el reino de Saúl hubo guerra entre Israel y Edom. Más tarde, David mató a 18.000 edomitas en el Valle de la Sal. Los profetas, entre ellos Jeremías, anunciaron el juicio de Dios sobre los moradores de esta tierra. Después del cautiverio, algunos edomitas se establecieron en el sur de Judá y allí fundaron un territorio conocido como Idumea.

Judas Macabeo los destruyó y con la llegada del Imperio romano, Idumea y los edomitas desaparecieron de la historia. Herodes Antípater era de ascendencia edomita y se casó con Mariamna, nieta de Juan Macabeo.

Filistea

Filistea abarcaba una zona de unos 80 km a lo largo de la costa mediterránea, es la tierra que va por la costa de Israel, entre Jope y el riachuelo de Gase, a unos 10 km al sur de Gaza. Esta llanura litoral se conoce también con el nombre de la Sefela, región de terreno muy fértil.

Los filisteos, pueblo no semítico, de origen indoeuropeo, ocuparon la parte sur de la costa de Israel. Forman parte de los llamados "pueblos del mar" que habitaban las islas y las costas de mar Egeo. Fueron expulsados de sus territorios al producirse los grandes movimientos migratorios ocurridos al este del Mediterráneo y al sureste de Europa, durante la última parte del segundo milenio a. C.

Durante varios siglos asimilaron la gran cultura egeomicénica y al ser expulsados, invadieron junto con otros pueblos a Egipto. De aquí fueron expulsados por Ramsés III, cerca del 1180 a. C. De su religión solo conocemos el nombre semítico de algunos de sus dioses. En Gaza y Asdod habían templos a Dagón, en Ascalón había uno a Astarte y en Ecrón uno a Baal-zebub. Los filisteos eran conocidos por su fama de agoreros.

La historia de los filisteos puede dividirse en tres períodos:

1. Desde su llegada a Israel, hasta ser derrotados por David (1188-965 a. C.).
2. Desde Salomón, hasta el reinado de Acaz (960-735 a. C.).
3. Desde la dominación asiriobabilónica, hasta la incorporación por los helenos (735-586 a. C.).

En sentido general, los filisteos eran un pueblo de cultura avanzada, tenían un ejército bien organizado y armado. Durante el período de los jueces, gobernaron en Israel hasta la llegada de Samuel y Saúl, quienes lograron detener su avance. Después de la muerte de Saúl, volvieron a dominar gran parte del territorio. Solo fueron expulsados del sur de Israel durante el reinado de David, desde ese momento pasaron a desempeñar un papel muy secundario, iniciándose su decadencia.

Finalmente fueron asimilados, poco a poco, por los fenicios y por los pueblos helénicos. Estos pueblos ocuparon paulatinamente los territorios y los filisteos desaparecieron como entidad racial.

Israel

Situación geográfica.

Situado en el Oriente Medio, a lo largo del mar Mediterráneo, limita con el Líbano, Siria, Jordania y Egipto. Sirve de puente a tres continentes: Europa, Asia y África. A pesar de su limitado tamaño y escasos recursos naturales, Israel ha ejercido una influencia fuera de proporción en la historia del mundo. Su prominente papel en la determinación de la vida religiosa de la humanidad, es sorprendente.

Israel era considerado por muchos el centro de la superficie terrestre. Al norte se encontraban los montes Líbano, el sur llegaba hasta la ciudad de Beerseba; al este, el Mar Muerto y al oeste el Mediterráneo.

Divisiones naturales.

Israel es un país pequeño, pero tiene una configuración muy variada. Se distinguen cinco regiones físicas paralelas, que con cierta modificación, se amplían a lo largo del territorio, ellas son:

1. Llanura marítima:

Se extiende por la costa mediterránea como una franja estrecha que va dilatándose hacia el sur. Es de tierra ondulante y altamente productiva, cuya altura oscila entre 45 y 75 metros.

2. Sefela:

Regada por los torrentes Besor y Sorec, y de suelo muy apropiado para el cultivo de olivos, uvas y granos, Sefela está formada por las ramificaciones de los contrafuertes del altiplano de Judá. Sus ciudades fortificadas eran Laquis, Debir, Libna, Azeca y Betsemes. Era la histórica comarca de disputa entre los israelitas y los filisteos, y en una postrera época entre los grecosirios y los macabeos.

3. Cordillera central o espinazo del país:

Es una continuación de la cordillera del Líbano que se extiende de norte a sur, desde las faldas del Líbano hasta el desierto de Arabia. Esta región se subdivide en: alta Galilea, baja Galilea, la tierra montañosa de Samaria, Judá y Neguev.

4. Valle del Jordán:

Constituye la gran falla geológica que se extiende desde Siria, entre las cordilleras del Líbano y antilíbano, a través de Israel hasta Ezión-Geber. Propiamente dicho, el término se aplica a aquella parte de la quiebra entre los mares Tiberia y Mar Muerto, llamado por los árabes el Ghor, que quiere decir hondonada. Por razones desconocidas, aquí se ha hundido la superficie de la tierra para formar la depresión más profunda del mundo.

5. Altiplanicie oriental:

Es la prolongación del antilíbano. En su conjunto, los montes de esta región son más uniformes, más pendientes y de mayor elevación que los de Israel occidental, alcanzando una altura de 850 m. Las divisiones de esta región son: Basán, Galaad y Moab.

Características físicas.

Puertos: los principales, en orden de importancia, fueron:

- Jope: uno de los centros comerciales marítimos desde tiempos antiguos.

- Aco: puerto de mar de Aser, llamado Tolemaida en los tiempos del N. T. y Acra, en la época de las cruzadas. Se halla a 40 km al sur de Tiro y a 13 km del Carmelo.

- Gaza: había un embarcadero, cerca de la antigua población, del mismo nombre.

- Cesarea: puerto artificial entre Jope y Tiro, construido por Herodes el Grande y terminado a tiempo para llevar el evangelio al Occidente.

Ríos.

Los ríos de Israel forman dos vertientes, la del Mediterráneo y la del Jordán. Los principales son:

El Leontes, Belus, Cisón (después del Jordán es quizás el río más importante de Israel), Sorec, Besor, Sihor, Jacob.

- El Jordán:

8

Único en su género, recorre 64 km desde Hasbany hasta el lago Merom, cuyas aguas atraviesa para luego seguir unos 24 km hasta el mar de Galilea, otro lago alimentado por él. Saliendo de allí, su curso se hace tortuoso y a medida que desciende la quebrada, va en una carrera veloz e impetuosa entre un sinnúmero de meandros, innumerables caídas, cataratas y zigzags, perdiendo profundidad a medida que se acerca al Mar Muerto, en donde van a parar sus aguas. La distancia en línea recta de su trayectoria de Hermón, a su desembocadura, es de 215 km, pero si se toman en cuenta sus múltiples sinuosidades, llega a unos 320 km.

Anchura promedio: de 27 a 45 m. Profundidad: de 1.5 m a 3.5 m.

Montes. Los montes más importantes son:

- El Líbano: que quiere decir, blanco. Se halla al noroeste de Israel. De aquí son los famosos cedros.
- Cuernos de Hattin, al oeste de Tiberia: aquí Jesús pronunció su famoso Sermón del Monte, que incluye las Bienaventuranzas.
- Tabor: extensa y hermosa montaña ubicada al noreste de la llanura de Esdraelón.
- Gilboa: constituye el ramal noreste del monte Efraín.
- Carmelo: aquí fueron escondidos los cien profetas de la impía Jezabel y sustentados por Abdías con pan y agua.
- Eval y Gerizim: montes de Samaria, están separados por vallecitos en cuya entrada se encontraba la antigua Siquem. En estos montes se renovó el pacto, poco después de la conquista.
- Sion y Moria: elevaciones sobre las cuales estaba construida Jerusalén. El arca fue guardada en Sion hasta que Salomón la transfiriera al Templo que había construido sobre el monte Moria.
- Monte de los Olivos: situado a 1.5 km al este de Jerusalén, del cual está separado por el valle de Cedrón.
- Hermón: forma el límite noreste de Israel.

Características históricas.

Cerca del 2300 a. C. los amorreos se hicieron presentes en Israel y en 1900 a. C. entraron los cananeos. Llegaron otros como los horitas, jebuseos e hititas. Políticamente, Israel estaba formado por muchas ciudades-estados. En el siglo XII y XIII ingresaron por las costas las gentes del mar, los filisteos; y por el sur y el este, los israelitas.

Josué presentó dificultades para la conquista y al terminar los israelitas su campaña, aún quedaban sin conquistar Jebús, Ajalón, Saalbim y Gezer en el sur, las ciudades amuralladas a los lados de Esdraelón, como también Aco y Aczib en la costa septentrional, y Bet-Semes y Bet-Anat, en la alta Galilea.

Repartición de Israel entre las doce tribus

Israel fue repartido en forma desigual entre doce tribus. La región transjordánica fue cedida a las tribus aguerridas y ricas en ganado. El resto de las tribus se ubicaron al occidente del Jordán.

- Tribus de Israel oriental: Rubén, Gad, Manasés.
- Tribus de Israel occidental: Simeón, Judá, Benjamín, Dan, Efraín, Manasés, Isacar, Aser, Zabulón, Neftalí.

El reino unido

Después de la muerte de Josué, el pueblo de Israel se encontraba como una débil barca a punto de zozobrar. Nunca había descendido tanto en sus valores morales. Los escritores bíblicos llamaron este período "el tiempo en que cada cual hacía lo que quería". Esta situación, y la influencia de las demás naciones, vinieron a impulsar al pueblo a solicitar a Samuel, último juez de Israel, que les pusiera un rey que dirigiera la nación. Así comenzó lo que conocemos como la época de la monarquía y el reino unido.

Saúl, primer rey de Israel, fue un gobernante incapaz, que se dejó llevar por su propio instinto y por las presiones del pueblo. Como consecuencia, fue desechado por Dios, quien escogió a un humilde pastor en Belén, el gran rey David. Este fue uno de los mejores gobernantes del pueblo. Bajo su reinado, libró a Israel de todos sus enemigos. Conquistó Jerusalén y la convirtió en capital del reino. Muchos pueblos se sometieron a él y preparó el camino, de tal forma que su hijo Salomón reinara sin dificultad.

En el tiempo de Salomón el imperio alcanzó dimensiones tales, que era el más grande de aquella época, extendiéndose desde el lindero meridional entre Israel y Egipto, hasta el curso superior del Éufrates al noreste. Fue tan grande su fama, que la Biblia dice que todos procuraban ver el rostro de este hombre. A él se le debe la obra arquitectónica y religiosa más sublime de aquellos tiempos en Israel, el Templo.

El reino dividido: Israel y Judá

La causa fundamental de la división de los dos reinos fue el ascenso al trono de Roboam, hijo de Salomón. El país se dividió entre el reino del norte o Israel, y el reino del sur o Judá. El reino del norte, dirigido por Jeroboam I, escogió como capital a Siquem, ciudad central y religiosa pero indefensa. Luego, se trasladó a Tirsa y esta fue la capital hasta la fundación de Samaria. De los 20 reyes que tuvo la comunidad de Israel, ninguno hizo lo bueno ante los ojos del Señor. El más malo de todos fue Acab y su mujer Jezabel, ya que introdujeron el culto a Baal en el pueblo. Entre los profetas que ellos condenaron se encontraba Elías, Eliseo, Amós y Oseas.

La caída de Samaria y la deportación del pueblo de Israel sucedió en el 721 a. C. por Sargón II. En el año de su ascenso al trono, el pueblo fue transportado a las provincias de Mesopotamia, y Habor, comarca de Asiria al este del Éufrates.

Reino de Judá o reino del sur

Su primer rey fue Roboam. En sentido general, sus reyes hicieron lo bueno ante los ojos del Señor, con excepción de algunos, entre los cuales se encontraban Ocozías (el peor de los reyes de Judá), Atalía, y Manasés. Los profetas que ministraban en esta comarca fueron: Isaías, Miqueas, Sofonías y Jeremías, entre otros. La caída de Jerusalén (capital de este reino) ocurrió en el año 587 a. C. por Nabucodonosor, rey de Babilonia.

Israel en el Nuevo Testamento

La geografía política de Israel en el N. T. estaba conformada por circunscripciones, monarquías y provincias. Para facilitar el estudio, dividiremos los grupos de provincias en dos partes:

Provincias al Oeste del Jordán.

- Judea: era la más grande de Israel, pues abarcaba el territorio que antiguamente correspondía a las tribus de Judá, Simeón, Dan, y Benjamín. Los romanos pusieron a Herodes como rey de Judá.

- Samaria: era la provincia central de Israel, situada entre Judea y la cordillera del Carmelo. Los samaritanos tenían la reputación de ser gente descontenta que sabían abrigar sentimientos de odio y venganza. Existía una gran división entre judíos y samaritanos. Como los samaritanos se habían mezclado con las naciones paganas, los judíos consideraban que no pertenecían al pueblo santo del Señor, hasta que los expulsaron definitivamente del templo de Dios.

- Galilea: la más septentrional de las provincias occidentales, comprende todos los territorios al norte de Samaria hasta el monte Líbano, extendiéndose de este a oeste entre el mar Mediterráneo, Fenicia y Mar de Galilea. Se llamaba "Galilea de los gentiles", en razón de hallarse poblada de fenicios, árabes, egipcios y sirios. Más tarde, se establecieron allí algunos judíos, entre los cuales se encontraba la familia macabea y algunos patriotas que habían seguido a Matatías. Fue, pues, entre aquella gente, que nuestro Salvador encontró su mejor aceptación, sus primeros discípulos y agresivos misioneros.

Provincias al este del Jordán

- Perea: designada en el N. T. como "la otra parte del Jordán", se aplicaba a la franja de terreno que se extendía a lo largo del Jordán, un poco al sur de Pella hasta Arnón.

-Decápolis: Deca = diez, y polis = ciudad. No era un territorio preciso, por consiguiente, no debe considerarse como una jurisdicción política. En el sentido más limitado de la palabra, se refiere a diez ciudades griegas bajo la protección del gobernador de Siria.

La avanzada del cristianismo en Occidente

Este capítulo es una sinopsis breve de los viajes de Pedro, Pablo y otros apóstoles, a través de los cuales se conquistó Occidente.

Viajes de Felipe y de Pedro

Sus viajes se iniciaron como consecuencia de la efervescente persecución desencadenada sobre la Iglesia, después de la muerte de Esteban. Primeramente, Felipe se dirigió a Samaria, donde tuvo un notable éxito entre los samaritanos. Ellos sirvieron de puente entre los judíos "legítimos" y los gentiles, pues al admitir entre los creyentes a esa raza mixta (samaritanos) en el seno de la Iglesia, la puerta estaba abierta para dar la bienvenida a los gentiles.

De Samaria, el Espíritu Santo impulsó a Felipe a un lugar solitario, entre Jerusalén y Gaza, donde tuvo el memorable encuentro con el etíope. Después de esto, fue arrebatado por el Espíritu hacia Azoto, desde donde se fue a predicar el evangelio a muchas de las ciudades de la llanura marítima, hasta llegar a Cesarea.

El apóstol Pedro comenzó su obra en Lidia, donde curó un paralítico y realizó una obra misionera de gran valor para la Iglesia. De ese lugar se encaminó a Jope, pues fue llamado urgentemente con motivo del fallecimiento de Dorcas, y una vez más el poder del Señor se manifestó a través de él, pues logró resucitarla.

También recibió en esta ciudad la visión celestial donde el Señor le comunicó el propósito de formar un nuevo pueblo compuesto de judíos y gentiles, para que estos disfrutasen igualmente de la plenitud de la salvación. Por último, se dirige a Cesarea para cumplir con el mandato del Señor.

Viajes misioneros de Pablo

- Primer viaje: Asia Menor, vía Chipre. La Iglesia de Antioquía separó a Pablo y a Bernabé para un nuevo ministerio. Acompañados de Juan, salieron al primer viaje misional (47-48 d. C.) desde el puerto de Seleucia hacia Chipre, donde ya se había fundado la Iglesia. Luego, navegaron a Perge de Panfilia y de allí, Juan regresó a Jerusalén. Haciendo una gran gira por Galacia, al sur, establecieron iglesias en Antioquía de Pisidia, Iconio, Listra y Derbe. Regresaron por las ciudades de Asia y volvieron a Antioquía de Siria, donde informaron a la Iglesia. Su estrategia durante esta misión en Asia fue predicar primero en las sinagogas de cada ciudad, y cuando fuese necesario, salir a predicar entre los gentiles. Así se añadían a la Iglesia muchos miembros más. Algunos piensan que Pablo escribió Gálatas en este tiempo.

- Segundo viaje: Europa, vía Asia Menor (49-51 d. C.). El segundo viaje lo emprendió con el objeto de reafirmar las iglesias que se habían establecido en el viaje anterior. En esta ocasión, se hizo acompañar de Silas y cuando llegaron a Listra, invitaron a Timoteo a unirse a ellos. Después de predicar en Frigia y Galacia del norte, llegaron a Troas, donde Pablo tuvo la visión del varón macedonio y donde se les juntó Lucas, el médico. Atravesaron Macedonia y fundaron iglesias en Filipos, Tesalónica, Berea, Atenas y Corinto. Desde Corinto, Pablo escribió 1 y 2 de Tesalonicenses a la joven iglesia donde había tenido un breve, pero eficaz ministerio hacía pocos meses atrás. Después de un año y medio en Corinto, regresó a Antioquía de Siria, pasando por Éfeso y Cesarea.

- Tercer viaje: Éfeso y Macedonia. A pesar de las iglesias que fundó, de los convertidos que congregó, de los milagros que obró y de las innumerables pruebas que soportó, Pablo no estaba dispuesto a dormir sobre sus laureles, y emprendió otro tenaz viaje.

Comenzó, volviendo a las regiones de Galacia y Frigia, donde confirmó a los discípulos y los instruyó respecto a la ofrenda. Este tercer viaje misional (53-58 d. C.) tiene especial interés por el prolongado ministerio del apóstol en Éfeso: "Todos lo que habitan en Asia, judíos y griegos, oyeron la palabra del Señor Jesús" (Hch 19:10).

Seguramente, el alcance del ministerio de Pablo se extendió a través de los que se convirtieron en este importante centro comercial y cultural de la provincia de Asia. Algunos creen que en esta ocasión escribió Filipenses y tal vez, otras epístolas como las de Corintios y Romanos.

-Viaje a Roma: En Jerusalén, Pablo fue apresado por los judíos, quienes estaban celosos por el ministerio que el gran apóstol había realizado entre los gentiles (58 d. C.); de allí, fue trasladado a Cesarea donde presentó su defensa ante el gobernador Félix, ante su sucesor Festo y ante el rey Agripa. Al fin, apeló al Emperador romano (58-60 d .C.).

Después de un viaje azaroso, en el cual naufragó la nave en que viajaban, llegó a Melita donde los habitantes del lugar consideraban que era un dios, porque había salido ileso del veneno de una víbora. Por último, llegó a la capital del Imperio y permaneció prisionero durante dos años en una casa alquilada. Reclusión en la cual recibió visitas, pudiendo así continuar su ministerio. En este lapso, es probable que escribiera Efesios, Colosenses, Filemón y Filipenses. Hay quien opina que Pablo fue puesto en libertad y realizó visitas a otras ciudades como Colosas, Filipos, Nicópolis, Mileto, Creta, Troas y Éfeso. Finalmente, fue nuevamente apresado por Nerón y decapitado (67 d. C.).

Ciudades importantes en los viajes de Pablo

1. Galacia.

El antiguo reino ético de Galacia está ubicado al norte de la gran meseta interior de Asia Menor. Pablo, en su primer viaje misionero, pasó por este lugar donde fundó iglesias en algunas ciudades como Antioquía de Pisidia (en el corazón de Asia Menor); esta ciudad dominaba las rutas comerciales entre Éfeso y el Oriente. Como cede del procónsul romano, gozaba de muchos privilegios, siendo una ciudad de mucha importancia en la época de las visitas de Pablo y Bernabé. Es por eso que el apóstol elige la región de Galacia como punto estratégico de su predicación, porque así lograba conexión con otros pueblos donde pensaba establecer iglesias.

2. Atenas.

Ciudad capital de Ática, en Grecia, situada en el golfo sarónico, a 74 km de Corinto. Atenas era acreditada por su devoción a los dioses, por tanto había allí abundancia de templos, estatuas y altares. Fue la cuna de grandes filósofos como Platón y Aristóteles. Atenas era la más famosa de las tres grandes ciudades universitarias: Atenas, Tarso y Alejandría. Filón, el alejandrino, dijo que los atenienses eran mentalmente los más penetrantes de todos los griegos.

En tiempos de Pablo, era conocido el deseo que tenían los atenienses de oír novedades, pero los pensadores se dividían en dos escuelas de filosofía muy importantes: Estoicos y Epicúreos. Por su énfasis en la razón, como ley suprema de la vida y su enseñanza del panteísmo, el estoicismo, etc., no tenían mucho en común con la doctrina de Pablo.

Cuando Pablo presentó su mensaje en el Areópago, tuvo poco éxito, no obstante cumplió con un deber que para él era más importante que la vida misma. A Pablo solo le importaba una cosa, y esta era que todos oyeran el mensaje da la cruz.

3. Antioquía de Siria.

Ciudad situada sobre el río Orontes, a 26 km del Mediterráneo. Tenía una situación geográfica ideal y llegó a ser la tercera ciudad de todo el imperio; Roma era la primera y Alejandría, la segunda. Casas lujosas adornaban su calle principal (6 km) y los emperadores acostumbraban a contribuir a su belleza general. Aunque Antioquía tuvo fama de ciudad pagana, ocupó también un lugar prominente en la historia del cristianismo.

Antioquía recibió el impacto del mensaje evangélico poco después del martirio de Esteban, y fue allí donde por primera vez se predicó el evangelio a los gentiles, y donde los creyentes fueron llamados cristianos. Fue un centro muy importante de las operaciones misioneras de Pablo, ya que sus características económicas y geográficas permitían el desarrollo mundial del cristianismo.

4.   Corinto.

Ciudad capital de la provincia romana de Acaya, en el territorio de Grecia. Cuando Pablo llevó el evangelio allá, en el año 51 d. C., encontró una ciudad relativamente joven y sin manchas de las arraigadas tradiciones socioculturales que poseían otras ciudades. Por tanto, los corintios estaban más dispuestos a recibir nuevas ideas. Siendo ciudad porteña, visitada continuamente por innumerables marinos que se encontraban lejos de sus hogares, Corinto llegó a ser un centro de inmoralidad, a tal grado, que la palabra "corintizar" era sinónima de fornicar.

La inmoralidad predominaba hasta en la religión. En el templo de Afrodita, la diosa del amor, se mantenían mil sacerdotisas que practicaban la prostitución sagrada. La iglesia de Corinto llegó a ser una de las principales fundadas por Pablo, pero este no dejó de censurarles, ya que la influencia maligna de la depravada ciudad quería penetrar en la iglesia cristiana.

5.   Éfeso.

Ciudad del occidente de Asia Menor y centro importante en la historia de la Iglesia primitiva. Estaba situada entre Mileto y Esmirna. Según Hechos, Pablo visitó Éfeso en dos ocasiones hacia fin de su segundo viaje misionero, cuando iba con prisa hacia Jerusalén.

Éfeso era el centro administrativo y religioso de la provincia romana de Asia. El templo de Diana, es considerado una de las siete maravillas del mundo. Fueron impresionantes la superstición y el ocultismo que florecían a la sombra del culto a esta diosa, cuyas características eran semejantes a las de la diosa oriental de la fertilidad.

Producto del trabajo misionero de Pablo y de otros más, se convirtieron tantas personas a Cristo, que los fabricantes de ídolos vieron en peligro su negocio, provocando el tremendo alboroto relatado en el libro de Hechos.

División del tiempo en el período bíblico

El cambio de los astros fue desde antiguo en los pueblos orientales el fundamento de la cronología o medición del tiempo. En Israel se usaba, sobre todo, el año lunar (354 días = 12 meses de 29 o 30 días uno). Si se hubiera seguido el año lunar sin atención alguna al año solar, las fiestas, a lo largo de unos 40 años, hubieran recorrido del principio al fin todo el año. Para evitarlo se añadía, también en Isreal, ocasionalmente un mes de compensación como se venía haciendo en Mesopotamia; el Antiguo Testamento no dice nada sobre esto. Algunos grupos judíos tenían otras divisiones del año: 1 año = 364 días = 52 semanas de 7 días cada una. Esta división mantenía consecuentemente la división semanal; las fiestas caían cada año en el mismo día de la semana. Pero como no se admitían días de compensación, las fiestas se movían a través del año lo mismo que en el calendario lunar, pero unas diez veces más despacio. Finalmente existió un sistema que dividía el año en 7 partes de 50 días cada una, a las que se añadían cada vez 16 días (cfr.: 50 días de Pascua a Pentecostés).

Como comienzo del año se mencionan primavera y otoño. Una cronología a partir de un punto determinado del tiempo es algo desconocido. Las sumas de años a lo largo de un período (por ejemplo 300 años en Jue. 11:26) son cálculos posteriores. En tiempo de los reyes se contaba según el tiempo de su reinado (1 R. 15:1, 25); después, a partir de un hecho importante (por ejemplo la cautividad: Ez. 1:2; 2 R. 25:27).

El año se dividía en 12 meses (sin contar los meses de compensación). El comienzo del mes se determinaba por la observación de la luna. Los nombres más antiguos de meses conocidos por las Sagradas Escrituras son: Abib (mes de las espigas, Marzo/Abril; Éx. 14:4 y otros), ziv (mes de las flores, Abril/Mayo; 1 R. 6:1 y otros), etanim (mes de la cosecha, Septiembre/Octubre; 1 R. 8:2), bul (mes de las lluvias, Octubre/Noviembre; 1 R. 6:38). Más tarde se contaban simplemente los meses: por ejemplo «el cuarto mes» (Ez. 1:1). Se unía la numeración con los antiguos nombres por medio de glosas; así, por ejemplo, en 1 R. 6:1 se habla del mes ziv, añadiendo «que es el 2 mes». A partir de la cautividad, no antes, empezaron a usarse los nombres asirio-babilónicos de los meses: Nisán (Marzo/Abril; Est. 3:7), iyyar (Abril/Mayo), siván (Mayo/Junio; Est. 8:9), tammuz (Junio/Julio), ab (Julio/Agosto), elul (Agosto/Septiembre; Neh. 6:15), tisrí (Septiembre/Octubre), maresván (Octubre/Noviembre), kisleu (Noviembre/Diciembre; Neh. 1:1), tébet (Diciembre/Enero; Est. 2:16), sabat (Enero/Febrero; Zac. 1:7), adar (Febrero/Marzo; Est. 3:7). Como mes de compensación se añadía o bien un segundo elul o un segundo adar. Estos nombres no fueron suprimidos cuando más tarde se introdujeron los nombres macedonios. El ciclo de 7 días de la semana era independiente del curso del año y del mes. Su comienzo y su final no dependía del comienzo o final de un año o mes. La semana egipcia era de 10 días, y fueron precisamente los hebreos quienes introdujeron la semana de 7 días.

Un reloj de sol.

Los días de la semana no tenían nombre, se numeraban simplemente (cfr. Mt. 28:1), a excepción del sábado y, más tarde, del día anterior, llamado «día de preparación». El día se contaba de salida de sol a salida de sol (cfr. Gn. 1:5); más tarde, de puesta de sol a puesta de sol (de importancia para el cumplimiento de los preceptos sobre el sábado).

Cada séptimo año era año de reposo solemne para los terratenientes, los esclavos, los animales de carga y las tierras, y el año de libertad para los esclavos hebreos. Cada 50 años había un año de jubileo: las familias se reunían, se perdonaban las deudas y se devolvían las tierras a sus dueños originales (Lv. 25:8–17). El día judío comenzaba al atardecer con la salida de las primeras estrellas.

Un panorama de la Biblia

Recordemos que la Biblia es una colección de escritos, conocida también con el nombre de Sagrada Escritura o Libro Sagrado, y es el producto de más de 40 escritores. Ninguno de los autores pensó jamás que lo que ellos habían escrito, iba a perdurar y que llegaría a ser parte del libro más grande de la humanidad.

Cultura y origen.

Todos los autores que escribieron la Biblia, con la sola excepción de Lucas, pertenecen a la raza hebrea. Lucas era griego, pero judaizado. Algunos de ellos, como Moisés y Pablo, eran hombres instruidos, mientras que otros, como Amós (boyero y cultivador de sicómoros) y Pedro (pescador), eran individuos sencillos. No faltan pruebas de que algunos de ellos fueran maestros del arte literario, empezando por Moisés, cuyos escritos fueron compuestos unos trece siglos antes de Cristo. Encontramos en la Biblia, que hubo épocas de actividad literaria separadas por espacios de tiempo más o menos largos, y que esta continuó hasta el primer siglo cristiano, tiempo en que se completó la colección de los libros sagrados.

Lugares donde fue escrita.

Encontramos también que esta diversidad de origen de las Escrituras no se limita a los autores y edades de composición, sino que se extiende igualmente a los lugares donde fueron producidos. La lista de estos lugares incluye Israel, Arabia, Babilonia, Asia Menor, Macedonia, Grecia e Italia, Egipto y la isla de Patmos. La mayor parte de los escritos se produjo en Israel.

Idioma.

En la composición de los libros sagrados se emplearon tres idiomas:

1. Hebreo: antes del nacimiento de Cristo, la religión de los hebreos era esencialmente nacional, aunque no excluía a los que querían abrazarla, imponiéndoseles la condición de que los conversos (prosélitos), se adaptaran a sus ritos. Así, es natural que el A.T. (con excepción de 4 pasajes cortos), fuese escrito en el idioma nacional empleado por los israelitas desde el tiempo en que se remontan nuestros primeros conocimientos de ellos y hasta después del cautiverio.

2. Arameo: después que los habitantes del reino de Israel o Samaria fueron llevados en cautiverio a Babilonia, el rey de Asiria pobló la tierra de colonos que hablaban el arameo, idioma muy parecido al hebreo. Con el transcurso del tiempo, el reino de Judá fue subyugado por Nabucodonosor y muchos de los judíos fueron llevados a Babilonia, cuyo idioma era el arameo. Debido, en parte, a esta influencia y en parte a otras, el hebreo, como idioma del pueblo, desaparecía gradualmente y el arameo iba reemplazándolo. Así, sucedió que el arameo era el idioma vulgar de los judíos en el tiempo de Cristo.

3. Griego: con la venida de Cristo y la prédica de sus discípulos, la religión perdió su carácter nacional y se proclamó universal. Como en ese tiempo el griego era el idioma literario del mundo civilizado y universalmente conocido, era natural que fuese escogido como medio para comunicar las nuevas ideas religiosas. Por tanto, el Nuevo Testamento, que es la historia de este nuevo movimiento religioso y la expansión de su doctrina, fue escrito casi en su totalidad en griego. Este idioma tiene una antigüedad notable, aunque no como la del hebreo y su literatura, la más abundante y variada de la antigüedad.

La lengua del Nuevo Testamento es la *koiné*. En la *koiné*, el ático (uno de los dialectos de la lengua griega) constituye el elemento base, con ciertas influencias de otros elementos como el jónico (otro dialecto griego), en la forma y construcción de la frase. Por tanto, el griego del Nuevo Testamento pertenece al dialecto ático del griego helenístico. El griego helenístico tuvo su origen en Alejandría y se ha conservado en la Versión de los Setenta (Septuaginta).

Origen del Antiguo Testamento

La composición de los escritos que constituyen la Biblia comenzó a la edad en que tuvo su principio la historia nacional de los hebreos. En su condición de esclavitud en Egipto, habían estado sujetos a las leyes de aquella tierra; pero cuando se liberaron, Moisés, su libertador y caudillo, promulgó un código de leyes, que unido a la historia de la Creación y el origen del pueblo judío, así como la historia de su liberación y de su peregrinación rumbo a la tierra prometida, forman la primera parte de los escritos sagrados. Estos escritos fueron compuestos unos 1400 años a. C.

Cuando el gobierno teocrático cambió a monárquico, era natural que como otras naciones, se escribieran las crónicas de sus reyes y lo más sobresaliente de su reinado. Más tarde, la desobediencia del pueblo escogido y su alejamiento de Dios, dio lugar a la voz de los profetas y el que dejaran constancia de sus amonestaciones y de las terribles consecuencias por la continua rebeldía contra Dios. Durante todo este tiempo, la naturaleza religiosa y fervorosa del pueblo hebreo dio origen a un cuerpo respetable de obras poéticas, proverbiales, didácticas y contemplativas, tales como los Salmos, Proverbios, Eclesiastés y Cantares. Así continuó el crecimiento del número de estos escritos, altamente estimados por su contenido, hasta que la nación judía perdió su independencia y a la vez, su propio idioma. Época en que se concluyó la colección de libros que constituyen el Antiguo Testamento.

Composición del Nuevo Testamento

Con la vida pública de Jesucristo comenzó una nueva época de la historia religiosa de los judíos. Él reunió alrededor suyo a un grupo de discípulos que debían propagar su doctrina. Al principio lo podían hacer oralmente, pero con el transcurso del tiempo, ante la proximidad de sus propias muertes y el aumento del número de congregaciones, se hizo necesario que ellos escribieran la historia de la vida y las enseñanzas de su Maestro. A esto se agregó la prolífera actividad misionera de algunos de los apóstoles y discípulos. Al paso que el número de las congregaciones cristianas iba aumentando, fue necesario o conveniente que los apóstoles principales, quienes tras establecer iglesias no podían estar constantemente con sus congregaciones, les escribieran epístolas o cartas para su instrucción y amonestación. Así tuvieron origen los libros del Nuevo Testamento.

Origen divino de la Biblia

Cuando examinamos el testimonio de los escritos mismos a cerca de su origen, encontramos que declaran que no son de una fuente meramente humana, sino que sus escritores fueron influidos por el Espíritu de Dios, de tal manera que sus producciones tienen una autoría divina. A esta influencia divina sobre los escritores de los libros sagrados se le da el nombre de inspiración divina.

Inspiración divina.

La inspiración divina es aquella influencia del Espíritu Santo sobre ciertos hombres escogidos por Dios para enseñar Su voluntad; que a la vez, resguardaba del error la comunicación escrita de todo lo que debía constituir esta revelación divina dirigida para empleo y beneficio del hombre.

Pruebas de la inspiración divina

1. Las profecías.

Las profecías cumplidas son una prueba importante del origen sobrenatural de la Biblia, pues ¿qué hombre puede predecir lo que ha de acontecer dentro de 100 o 200 años y que se cumpla con perfecta exactitud?

Abundan las profecías del Antiguo Testamento que más de 100 años después han tenido cumplimiento. Ejemplo: todas las profecías referentes a Cristo se cumplieron, al pie de la letra, en Isaías 53.

2. La transformación que hace la Biblia al que la estudia y la práctica.

La literatura del mundo comprende muchas obras excelentes, pero ¿en cuál de ellas encontramos la influencia purificadora y transformadora de la Biblia? Todo lo mejor de la literatura, puramente humana, no puede reformar a un alcohólico, ni convertir al ladrón del error de su camino; pero esto lo ha hecho la Palabra de Dios con la bendición divina, no una vez, sino millares de veces. Lo que ha hecho la Biblia en la vida particular de personas, lo ha hecho también para las comunidades y los pueblos del mundo.

3. Prueba de los milagros.

Los milagros, cuyas historias tenemos en la Biblia, especialmente la resurrección de Jesucristo, están confirmados como muchos hechos de la historia, los cuales aceptan los hombres sin discusión alguna. Estos milagros se realizaron públicamente delante de multitudes, en la que muchos eran opositores y estaban listos para descubrir y denunciar cualquier fraude.

4. El testimonio del Espíritu Santo dentro del creyente.

Naturalmente, esta prueba de la inspiración tiene fuerza solo para ciertas personas, pero no por eso es menos importante. Viene un tiempo en la vida religiosa del cristiano verdadero que puede decir con toda sinceridad: "Yo sé que la Biblia es la Palabra de Dios", no por motivo de argumento alguno, sino porque lo siente en su corazón.

5. Estabilidad de la Biblia contra los ataques de sus enemigos.

Otro caso que prueba lo divino de las Sagradas Escrituras es el modo en que ella ha resistido los ataques de sus enemigos. Ha contrarrestado los dardos que contra ella han lanzado los incrédulos, los edictos imperiales que mandaron quemarla y matar al poseedor; saliendo ilesa de todo esto y sin alguna herida o cicatriz, y más bien, aumentando el número de sus defensores y propagadores de su verdad inconfundible.

6. Testimonio de Cristo.

Entre las pruebas del origen divino de la Biblia ocupa un puesto importante el testimonio de Cristo. Su reconocida autoridad y la importancia de su testimonio se atestiguan por su vida, palabras y obras maravillosas, su resurrección y la influencia de sus enseñanzas en la historia humana. Sus palabras son relevantes en la cuestión que nos ocupa. Hablando de la ley de Moisés, Jesús la llamó "Palabra de Dios" (Mt 7:13); en otra parte dijo: "Era necesario que se cumpliese todo lo que está escrito de mí en los profetas y los Salmos y en la ley de Moisés" (Lc 24:44). Hablando de sus enseñanzas, expresó: "Nada hablo de mí mismo, el Padre que me envió, él me dio mandamiento de lo que he de decir, y de lo que he de hablar" (Jn 12:49). A sus discípulos les dijo que el Espíritu Santo traería a su memoria todas las cosas que él les había enseñado, y los guiaría a toda verdad. Dando así autoridad a lo que ellos habrían de escribir de él, en su nombre (Jn 14:26).

Colección y conservación de las Sagradas Escrituras

Necesidad de una colección autorizada.

Como los distintos libros de las Sagradas Escrituras tuvieron su origen en diferentes lugares y épocas, es posible que por lo tanto, se hiciera necesario hacer una colección autorizada de ellas. No encontramos en ninguna parte una lista inspirada de los libros que deban formar dicha colección, la cual, tal y como la tenemos ahora, es el resultado de un crecimiento gradual.

Los rasgos de una colección antes del cautiverio.

Mucho antes de Cristo, los judíos tenían una idea clara de la distinción de los libros inspirados y profanos. Sabían cuáles pertenecían a los inspirados; esto se evidencia por la regla: "solo los libros inspirados debían salvarse de un incendio en día sábado".

Esdras

Después del cautiverio, los judíos purificados por sus sufrimientos volvieron con nuevo interés a su antigua religión. Querían instituir de nuevo sus leyes, ritos y costumbres antiguas. De aquí resultó su interés sin precedentes en la colección y conservación de sus escritos religiosos. Hay pruebas históricas para creer que Esdras hizo la colección de los libros inspirados que se habían escrito hasta su tiempo, a la cual agregó algunos que él mismo escribió. Es también posible que después de su muerte la obra fuera continuada por un colegio de eruditos hasta concluir con el libro de las profecías de Malaquías, que se conoce entre los judíos como el sello de los profetas.

El canon

Canon es un conjunto de libros que merecen ser considerados como inspirados. La palabra se deriva de una voz griega que significa literalmente "caña", de aquí tomó el significado de una vara de medir, de una regla, y finalmente viene a significar lo que sirve para comparar o probar otra; modelo o prototipo que reúne las características que se consideran perfectas en su género.

Se encuentra en el Nuevo Testamento en el sentido de regla, pero no se emplea con referencia a las Sagradas Escrituras. Ireneo, Orígenes y Clemente de Alejandría, quienes florecieron a fines del siglo II y principio del III d. C., daban a la palabra canon casi el mismo significado que tiene actualmente.

Primer uso de la palabra canon para definir las Escrituras.

La primera aplicación directa de ella a las Sagradas Escrituras que conocemos, se encuentra en el primer manuscrito que Anfiloquio añadió a su catálogo de los libros inspirados en el año 380 d. C. Después de esto, la palabra se emplea con mucha frecuencia por escritores eclesiásticos, especialmente por Gerónimo (340-420 d. C.).

Libros apócrifos

Llamamos libros apócrifos al conjunto de ellos que consideramos como no inspirados. Estos libros no se encontraban en el canon hebreo, y aparecieron por vez primera en conexión con los libros canónicos del A. T. en la versión llamada de los Setenta. Esta traducción se hizo bajo la dirección de Tolomeo Filadelfo, quien al construir la biblioteca en Alejandría, quiso tener también la historia de los judíos, mandándola a escribir. Puesto que ellos no consideraban inspirada ninguna de las obras de los hebreos, no debemos extrañarnos de que se incluyera todo tipo de obra literaria, tanto histórica como didáctica, relacionada con la tradición de la nación judía que consideraron con algún valor. Estos libros apócrifos se han seguido publicando en las versiones católicas.

Consideramos que estos libros son de gran valor histórico, pero no de origen divino, pues en ellos se encuentran errores y contradicciones que están en contra de la enseñanza bíblica. Por ejemplo: Tobías. En este libro, el ángel le mintió a Tobías y le enseña que el corazón y el hígado del pez, cuando son quemados, sirven para echar fuera demonios. Asunto muy contrario a las enseñanzas de Cristo y de los apóstoles.

El período intertestamentario

Surgimiento de fariseos y saduceos.

Durante el período intertestamentario, tiempo que medió entre el A. T. y el N. T., los fariseos y saduceos emergieron como las dos sectas religiosas más importantes. Ambas se oponían en casi todo y la rivalidad a menudo alcanzó tintes amargos. Los patriotas que habían estado al lado de Judas Macabeo deseaban tan profundamente la libertad religiosa, que hubieran dado la vida a cambio de ella. A estos se les conocía con el nombre de "hasidim". Tan pronto como consiguieron la libertad religiosa dejaron de luchar, pues no tenían ambiciones políticas. De este grupo salieron los fariseos.

El otro grupo estaba formado por los judíos que veían con buenos ojos la filosofía griega y que la aceptaban, pensando que podían permanecer fieles a la fe de sus padres; pero, muy pronto se apartaron en parte de esa fe. Ejemplo: negaban la existencia de ángeles, así como la preocupación de Dios por los asuntos de los hombres. Estos eran más bien políticos aristocráticos que tenían mucha influencia en los asuntos nacionales. De aquí surgieron los saduceos.

Escribas.

Eran los copistas de los escritos sagrados. Gradualmente, se produjo un cambio en sus funciones, hasta llegar a ser considerados como verdaderos intérpretes de las Escrituras. Pretendían sentir una extrema veneración por los escritos del A. T. Se sentían insaciables de poder y grandeza, considerándose superiores a los demás. Sin embargo, lo más espiritual, esencial, humano y grande en las Escrituras, lo pasaban por alto. Generación tras generación, se multiplicaban los comentarios de sus hombres notables, y sus discípulos estudiaban el comentario en vez del texto. Aún más, era una regla entre ellos que la correcta interpretación de un pasaje tenía tanta autoridad como el texto mismo. Puesto que las interpretaciones de los maestros famosos se consideraban como correctas, la gran cantidad de opiniones que eran tenidas en gran aprecio como la Biblia misma, llegaron a adquirir proporciones enormes. Más tarde, estas interpretaciones llegaron a ser conocidas como las tradiciones de los ancianos. Los escribas eran parte de la secta de los fariseos.

Contenido y finalidad del Nuevo Testamento

El Nuevo Testamento está centrado en la persona, en la historia y en la obra salvadora de Jesucristo. El Nuevo Testamento proclama que Jesús, por medio de su obra en la tierra, por su muerte y su resurrección, y por su presencia activa y continuada en el mundo, ha hecho presente el poder y el amor salvador de Dios. Esta obra realiza una transformación en toda persona, exige un cambio de conducta, pide una respuesta de fe, lleva a una vida de esperanza, promueve la convivencia en una comunidad de hermanos que se distingue por practicar la justicia y vivir en amor.

La Biblia y su estudio

La Biblia es un gran libro. También es un libro grande. Uno puede quedar bien perplejo al abrirla. Por eso, desafortunadamente, mucha gente nunca hace el esfuerzo de leerla a fondo. En esta sección, espero disipar la idea de que la Biblia es una obra fuera del alcance del individuo promedio. La Biblia no fue escrita solamente para el clero, porque es el mensaje de Dios para toda la humanidad. Por eso, quisiera ofrecerte algunas sugerencias que tal vez te ayudarán en su estudio personal.

Que la Biblia fuera escrita por unos cuarenta autores durante aproximadamente 1.600 años, es en sí una maravilla. Es decir, ¿cómo es posible que tantos autores pudieran producir una obra maestra como la Biblia? Todos ellos eran de etnias variadas, hablaban diferentes idiomas, tenían diferentes niveles de educación, vivían en distintos países y bajo distintos gobiernos. La maravilla está en la milagrosa coherencia que la Biblia tiene en sí, pues no se contradice. Un prodigio semejante jamás aconteció en toda la historia de la humanidad, ni antes ni después de la Biblia.

Su importancia.

Si para Dios fue tan importante revelárnosla, ¿no debemos concederle el mismo reconocimiento? Imagina qué pasaría si el Dios Todopoderoso bajara a través de las nubes y apareciera en cierta ciudad para dejar un magnífico libro dorado, y con las mismas regresara al cielo. ¿Qué harían todos? ¿Harían caso al libro? ¡Por supuesto! Muy probablemente, todo científico y filósofo estaría leyéndolo y escudriñándolo día y noche. Aunque Dios no escogió transmitirnos así Su mensaje, no vale menos lo que dice, ni tampoco cambia el hecho de que vino de Él.

¿Dónde comienzo a leer si conozco muy poco la Biblia?

Surgen muchas preguntas en la mente de los que tienen ganas de saber más acerca de la Biblia. Hay quienes intentan leer algo, la abren al azar en cierta página, y empiezan a leer. Otros, deciden comenzar por Génesis 1:1: "En el principio creó Dios los cielos y la tierra". Leen unos capítulos y pronto se cansan porque no les gusta leer, resignándose en aceptar lo que diga su pastor en el servicio dominical. También hay los que prefieren comenzar por el final y buscar en el escatológico libro de Apocalipsis cuándo será el fin del mundo (como si esto fuera lo más importante) y terminan dejándolo por falta de entendimiento. El estudio bíblico de estas maneras fortuitas valdrá muy poco, porque se carece de un plan de acción. Además, es provechoso conocer el trasfondo histórico y cultural para entendimiento de lo que se lee.

¿Leer cuál Biblia?

Mucha gente querrá saber por qué hay tantas Biblias y cuál de ellas se debe usar. La verdad es que hay una sola Biblia, pero existen muchas traducciones y paráfrasis de los manuscritos originales. Hay traducciones que son mejor adaptadas del leguaje original al lenguaje contemporáneo. Por otra parte, hay versiones que representan una interpretación textual, temática o expositiva más que una interpretación literal del texto original. De todas formas, estudia con confianza cualquier versión autorizada; que es aquella que contiene bien definida la verdad central.

Algunos, quizás quieran preguntar: "¿Es lo mismo leer una Biblia católica que una Biblia protestante? La diferencia más evidente es que la Biblia católica tiene libros adicionales, que son llamados libros apócrifos, con las limitaciones que vimos en páginas anteriores. En especial, la referida a la no inspiración divina de Dios en los escritores. Lo que dicen los demás libros es básicamente igual, solamente que son diferentes traducciones.

El Antiguo Testamento

La Biblia se divide en dos secciones o dos testamentos. Como su nombre lo indica, el testamento antiguo fue escrito primero y fue para el pueblo escogido de Dios, los judíos. Narra historia, exige leyes divinas, contiene poesía, salmos y profecías. Nos relata el principio del Universo en que vivimos, además de nuestro propio origen. Nos explica cómo el pecado entró en el mundo. Guarda las antiguas profecías acerca de Cristo, su reino y la salvación que había de venir.

El Nuevo Testamento

El Nuevo Testamento, entonces, es lo que nos atañe directamente a nosotros. Los cuatro libros de Mateo, Marcos, Lucas y Juan tratan de la vida de Cristo, la cual es un modelo para la nuestra. El siguiente libro, Hechos, cuenta la fundación de la Iglesia, la difusión del evangelio, los primeros conversos al cristianismo y el establecimiento de diferentes congregaciones. Los 21 libros siguientes (desde Romanos hasta Judas) son cartas inspiradas por Dios, escritas a cristianos. La mayor parte de ellas son epístolas del apóstol Pablo. El último libro, Apocalipsis, es un libro profético. Fue escrito, originalmente para los cristianos del primer siglo. Aunque con más de dos mil años que han pasado, y con todos los cambios en la sociedad, Apocalipsis sigue siendo un libro vigente en cuanto a las revelaciones actuales.

¿Habrá algún día otro nuevo testamento? Claro que no. El N. T. no fue dado simplemente porque el A. T. quedó inconcluso, sino porque además contenía profecías que no se habían cumplido. Y, más importante aún, el medio de la salvación todavía era un misterio no revelado en aquel entonces. Al Nuevo Testamento no le falta nada; es completo y pleno. Hasta condena con fuertes palabras a cualquiera que anuncie otro evangelio, ¡así sea un ángel! (Gl 1:8-9).

La epístola a los hebreos menciona cuándo un testamento se pone en vigencia: al morir el testador (Heb 9:15-17). Cuando Cristo murió, las profecías mesiánicas del A. T. fueron clavadas junto con él en la cruz (Col 2:14), y comenzó a revelarse el cumplimiento de toda profecía mesiánica en el N. T. Entonces, ¿para qué sirve el A. T.? El libro de Gálatas nos dice que es un ayo para llevarnos a Cristo (Gl 3:24).

El contexto

Un concepto bien, pero bien importante para el estudiante de la Biblia, es el de contexto, debido a tantas ideas falsas que han sido promulgadas por sacar un versículo fuera de este. Por ejemplo, ¿qué si alguien anduviera predicando que todos tenemos que construir un arca o barco gigante? Se pudiera decir que es mandamiento de Dios, citando Génesis 6:14: "Hazte un arca de madera de gofer; harás aposentos en el arca, y la calafatearás con brea por dentro y por fuera".

¿Cuál sería el problema aquí? Por supuesto, el problema es sacar un versículo fuera de su contexto natural. Ese mandato fue dirigido a Noé. Para nosotros, esos versículos relatan la historia y nos enseñan principios, pero no nos dicen qué hacer. Esto es muy fácil de entender; sin embargo, esto podría generar uno de los errores más comunes en la interpretación de la Biblia. Así que, para entender correctamente cualquier pasaje de la Escritura, hay que conocer el contexto, el cual se deduce por las siguientes preguntas: ¿a quiénes fue escrito el pasaje?, ¿cuándo?, y ¿por qué?

Ahora bien, ¿cómo buscar información acerca de la Iglesia? ¿Dónde me dice cómo ser salvo? ¿Dónde leer acerca de la creación del mundo? ¿Y, para leer la historia de los israelitas? ¿Cómo establecer las normas del culto de la Iglesia? ¿Dónde conocer la vida de Cristo? En primer lugar, en las Escrituras y luego en otras fuentes autorizadas. La mayoría de las Biblias presenta al principio de cada libro un preámbulo contentivo de información relativa al mismo, ofreciendo el nombre del autor, fecha de redacción, contenido y aplicación personal.

Ahora bien, ¿Para qué estudiar la Biblia? ¿Por qué es importante la lectura bíblica? Porque ella tiene la respuesta a toda incertidumbre espiritual y da consejos para la vida diaria. Además, ella es la única fuente de toda verdad absoluta. La Biblia dice que vamos a ser juzgados por las palabras de Cristo (Jn 12:48); por tanto, debemos conocerlas bien. Si confiamos solo en lo que nos dice un ser humano, ¡estamos poniendo en riesgo nuestra salvación! Es cierto que Dios utiliza individuos para comunicar el evangelio, pero ellos son solamente nuestros guías. Actualmente, ellos no son fuente de revelación personal. En el caso del eunuco etíope (Hch 8), él estaba leyendo y Felipe vino a guiarle (8:31). Pablo escribió que Dios puso el evangelio en "vasos de barro" (2 Co 4:7), dándonos a entender que nos lo encomendó para enseñar el camino a otros. "¿Y cómo oirán sin haber quién les predique?" (Ro 10:14).

Un buen comienzo

Para un lector principiante, un buen comienzo sería leer una de las cuatro biografías de Jesús en el Nuevo Testamento (el libro de Juan, por ejemplo). Todas son fáciles de leer y requieren solamente unos días de lectura. El comenzar a leerla y escudriñarla con una oración a Dios para que te guíe, te abrirá el entendimiento espiritual. Después, lee la continuación de los evangelios, el libro de Hechos, que habla de los primeros creyentes, de cómo ser salvo, lo que es la Iglesia, cómo llegar a ser miembro de esta, y de la poderosa obra y acción del Espíritu Santo. Luego, estudiando las epístolas, irás aprendiendo más y más de las virtudes cristianas y de cómo aplicarlas a tu vida.

La Biblia nos expone el plan de salvación

El mensaje clave de la Biblia es que Dios nos creó sin pecado, pero que nosotros caímos en este a través de Adán; sin embargo, Él nos dio otra oportunidad y buscó el medio para reconciliarnos de nuevo con Él a través de Su Hijo, Jesús.

Todos estamos conscientes de nuestros propios pecados y de que nadie es perfecto (Ro 3:23). Sabiendo que todos hemos pecado, tenemos que sentir un dolor sincero por haber violado la ley de Dios (Hch 2:37-38) y el deseo de querer reconciliarnos con Él. Para ello, la Biblia dice que primeramente tenemos que creer porque "sin fe es imposible agradar a Dios" (Heb 11:6). ¡Esto quiere decir que ninguna acción de nuestra parte puede agradar a Dios a menos que sea motivada por la fe!

Por tanto, debemos creer con fe que solo a través de Cristo, como Hijo de Dios podemos ser salvos. Después, es necesario confesar su nombre como Señor de nuestras vidas (Ro 10:10). Al que acude a la cruz, Dios le añade a la Iglesia (Hch 2:47), el cuerpo universal de los salvos. Al convertirnos de corazón, siempre tendremos ganas de aprender más y de mejorar nuestra vida, moldeándola conforme a la de Cristo. Jamás cesará el deseo de ser su discípulo.

Haz un estudio detallado de la Palabra de Dios, especialmente del Nuevo Testamento, escudriñándola (Hch 17:11) y deleitándote en la admirable misión de Jesús en la tierra y la poderosa obra consumada en la cruz. ¡Que Dios te bendiga y Su Santo Espíritu te conceda un buen entendimiento de Su Palabra! Al final estarás agradecido a Dios por Su gran misericordia y amor hacia ti.

Cómo estudiar la Biblia

Para la sociedad secularizada y mercantilista en la cual vivimos, es más importante el estudio de las artes, las ciencias, las profesiones, los oficios y las ciencias económicas, que el de las Escrituras. Esta civilización es en gran medida analfabeta en lo que a la Biblia se refiere, y no sabe en realidad lo que se está perdiendo.

El apóstol Pablo nos dice lo siguiente en su carta a los efesios: "Para que habite Cristo por medio de la fe en vuestros corazones, a fin de que, arraigados y cimentados en amor, seáis plenamente capaces [...] de conocer el amor de Cristo, que sobrepasa a todo conocimiento, para que seáis llenados hasta toda la plenitud de Dios". Efesios 3:17-19.

En este pasaje encontramos algo sumamente notable. El apóstol nos dice que el conocimiento del amor de Cristo es superior a cualquier otro. La palabra griega traducida por conocimiento es *gnosis*, que también se puede traducir perfectamente por ciencia. Quiere decir que la ciencia del amor de Cristo supera a toda otra ciencia. Es, sin lugar a dudas, la ciencia suprema, una ciencia que solo se puede adquirir mediante el estudio diario de las Sagradas Escrituras.

Esto significa que la ciencia del amor de Dios, en Cristo, supera a las matemáticas, la física, la química, la electrónica, la cibernética y las ciencias económicas, además de la medicina, la arquitectura y la ingeniería, sin olvidarnos de la computación con todas sus ramas y variedades. El mundo no lo entiende así y le da preeminencia a esas ciencias, prefiriendo permanecer ignorante en cuanto a la ciencia del amor de Dios. Por eso el mundo está como está, en un caos total.

Por esta y otras razones insistimos en el estudio de las Sagradas Escrituras. Porque dicho estudio nos pone en posesión de la ciencia más importante que se pueda concebir: la ciencia o el conocimiento del amor de Dios. Hay otras razones muy importantes también. La Biblia no es un libro común y mucho menos, un libro más. Es la revelación de Dios al hombre. Por medio de ella, el Señor se manifiesta a sí mismo y se da a conocer a los seres humanos. Es un libro inspirado por el Altísimo.

En efecto, Pablo nos dice lo siguiente al respecto: "Toda Escritura es inspirada por Dios, y útil para enseñar, para convencer, para corregir, para instruir en justicia, a fin de que el hombre de Dios sea enteramente apto, bien pertrechado para toda buena obra". 2 Timoteo 3:16-17. Este pasaje está lleno de enseñanzas sumamente importantes, pero destacamos su introducción: "Toda Escritura es inspirada por Dios".

Por su parte, Pedro nos dice lo que sigue: "Conociendo primero esto, que ninguna profecía de las Escrituras procede de interpretación privada, porque nunca la profecía fue traída por voluntad humana, sino que los santos hombres de Dios hablaron siendo inspirados por el Espíritu Santo". 2 Pedro 1:20-21.

Notamos que tanto Pablo como Pedro emplean la palabra inspiración. ¿Qué quiere decir? Quiere decir que tanto los profetas del Antiguo Testamento, como los apóstoles del Nuevo Testamento, escribieron en las Escrituras no lo que a ellos se les ocurrió, sino lo que el Señor los indujo a escribir bajo la dirección del Espíritu Santo. Las palabras escritas son de ellos, pero el mensaje es de Dios.

Recordemos, como dijimos anteriormente, algunas evidencias que indican que la Escritura es un libro inspirado por Dios. La primera prueba de la inspiración de la Biblia es su unidad. Se comenzó a escribir allá por el año 1500 antes de Cristo, y se terminó de escribir alrededor del año 100 después de Cristo. Intervinieron más de 40 autores para escribir los 66 libros que la componen. Pero todos, en todas las épocas y en todas las circunstancias, nos hablan del mismo Dios, del mismo hombre, del mismo problema del hombre que es el pecado, del mismo amor de Dios y de la misma salvación que Él proveyó para que el hombre pudiera solucionar su problema y regresar a la comunión con su

Hacedor. La unidad del mensaje de las Escrituras en sencillamente notable. No existiría si no fuera inspirada por Dios.

La segunda prueba de la inspiración de las Escrituras son sus profecías. Con siglos de anticipación anunciaron cuál sería el desarrollo histórico de Babilonia, del Imperio medopersa, de Grecia y Roma. Con siglos de anticipación dieron detalles acerca de las condiciones que prevalecerían en Europa durante la Edad Media. Con siglos de anticipación pronosticaron las condiciones de los días en que vivimos, asegurándonos hasta las manifestaciones de decadencia moral que existen hoy, señales del fin de este mundo impío y que nos anuncian el amanecer del día en que Dios pondrá fin a todo esto, inaugurando Su reino de amor.

La tercera prueba de la inspiración de las Escrituras es Jesucristo. Se habla de él desde Génesis hasta Apocalipsis. Es el gran héroe de las Escrituras. Más aún, su biografía aparece escrita en las páginas del Antiguo Testamento mucho antes de que él apareciera en este mundo.

Con 500 años de anticipación, el profeta Miqueas anunció que Jesús nacería en Belén, y allí nació. Y 800 años antes de que tuviera lugar su nacimiento, el profeta Isaías señaló que su madre sería una virgen. Con más de 500 años de anticipación el profeta Daniel profetizó que Jesús sería bautizado en el año 27 de nuestra era y que se le daría muerte en el año 31. Todo eso se cumplió matemáticamente. Con 900 años de anticipación, el rey David dijo que sería crucificado y que los soldados se repartirían sus ropas echando suertes sobre ellas, y así sucedió. Sí, Cristo es la prueba irrefutable de la inspiración de las Escrituras, porque indudablemente es el Mesías anunciado en el Antiguo Testamento.

¿Vale la pena estudiar un libro tan asombroso como este? La respuesta es obvia. ¡Claro que sí! Pero, ¿cómo se puede estudiar? En el capítulo anterior: Un panorama de la Biblia, en el aparte: Un buen comienzo, dimos algunas sencillas sugerencias de cómo estudiarla. Profundicemos un poco más, ya que puede hacerse de varias maneras. Complementando las anteriores, diríamos que también se pueden leer las

Escrituras desde el principio hasta el fin, para tener así una visión de conjunto. Sabemos que si se leen 3 capítulos por día y 5 los fines de semana, es posible leer todos los libros de las Escrituras en un año.

Reconocemos que este plan podría no ser viable para algunos. En ese caso, recomendaríamos comenzar a leer los evangelios en el Nuevo Testamento, más Hechos de los apóstoles y los Salmos. Esto nos dará una base para abordar más adelante la lectura de la Biblia en su totalidad.

Otra manera es estudiarla por temas. Hay numerosos temas en las Escrituras: Dios, Jesucristo, el Espíritu Santo, el hombre, el problema del hombre que es el pecado, el tema de la salvación, el arrepentimiento, la confesión, el perdón, la aceptación por parte de Dios, la consagración por nuestra parte. Por supuesto, esta no es una lista completa; es solo una muestra que nos da una idea de la riqueza de temas que hay en las Escrituras.

Para estudiar la Biblia son muy valiosos algunos libros auxiliares, que no son las Escrituras ni las reemplazan, pero que nos ayudan a conocer mejor su contenido y a asimilar sus enseñanzas. Mencionemos entre ellos lo que llamamos concordancias, que nos presentan listas de palabras que aparecen en las Escrituras, en orden alfabético, y todos los pasajes en que figuran esas palabras. También son muy útiles los diccionarios bíblicos, que nos dan una orientación acerca del significado de las palabras, tal como están empleadas en las Escrituras.

¿Cuáles son los resultados del estudio de la Biblia? Muchos por cierto, y valiosos. Para comenzar, llegamos a conocer a Dios: quién es, cómo es, en qué consiste Su amor, qué espera de nosotros, qué podemos esperar de Él. Llegamos a conocer a Jesucristo como nuestro Salvador, y el estudio de las Escrituras ciertamente nos inducirá a hacer de él el Señor de nuestras vidas.

Llegamos a conocer al Espíritu Santo, quien inspiró a los profetas y apóstoles para que la escribieran; al mismo Espíritu que engendró a nuestro Señor Jesucristo en el seno de María, quien descendió sobre los apóstoles en el día de Pentecostés con el fin de habilitarlos plenamente para la tarea que se les había encomendado. Al mismo Espíritu que ha dirigido las vidas de los hombres de Dios a través de los siglos, y que puede transformar completamente nuestra vida si le abrimos la puerta de nuestro corazón y le permitimos obrar en nosotros.

Si estudiamos la Biblia llegamos a conocer la Iglesia de Jesucristo, por qué la fundó y cuál es su misión. Como resultado, nuestra relación con ella será mucho más eficaz. También llegamos a conocer el amor de Dios manifestado en Jesucristo, un amor que no solo será en nosotros un conocimiento intelectual, sino un poder transformador que nos preparará para ser ciudadanos del reino.

Sí, los frutos del estudio de las Sagradas Escrituras son valiosos. Ciertamente vale la pena gozar de ellos. Por eso te estimulamos a conocer, por medio de las Escrituras, el amor de Cristo, como dijimos antes, la ciencia suprema.

Doctrinas básicas de la Biblia

Acá presentamos un compendio de las doctrinas básicas en las cuales nos basamos para regir nuestra fe y conducta. Cada una de ellas ha sido fundamentada en la Palabra de Dios, la Biblia, la cual es la única fuente de revelación para nuestras vidas. Consideramos que esta sinopsis teológica servirá de apoyo tanto al líder, como a la congregación, para entender la visión de sus ministros, lo que contribuirá a la unidad del cuerpo de Cristo. A la vez, es utilizable para discipular a cada nuevo convertido o a todo el que desee hacerse miembro activo del ejército de Dios en la tierra.

Por otra parte, estamos conscientes de que el Señor está revelando mucho de lo que estaba perdido en el pasado, revelación que procede de la Biblia, la Palabra escrita de Dios. Cada una de las revelaciones forman parte de la "restauración de todas las cosas" (Hch 3:21), que preceden a su inminente venida. Ahora bien, las doctrinas básicas son el cimiento de lo que el Señor está restaurando en estos tiempos, por lo que es importante conocerlas y estar claros en cuanto a ellas, para estar prevenidos de "todo viento de doctrina" equivocado (Ef 4:14).

Dejamos a disposición este material, esperando que Dios lo use para Su honra y gloria, como un medio de orientación en la tarea que Él nos encomendó. Algunas presuposiciones:

I.   Lo básico.

Consciente o inconscientemente, cada persona opera basándose en algunas presuposiciones o supuestos. El ateo que dice que no existe un Dios, tiene que creer esa presuposición básica. Y al creerla, entonces mira al mundo, la humanidad y el futuro de una manera totalmente diferente que el teísta. El agnóstico, no solo afirma que no podemos tener conocimiento de lo divino, sino que también tiene que creer esto como punto básico de su forma de mirar el mundo y la vida. Si podemos tener conocimiento acerca del Dios verdadero, entonces el sistema entero del agnóstico sufre derrota. El teísta cree que existe un Dios, presentando evidencia confirmatoria para respaldar esa creencia, pero básicamente, cree.

El trinitario cree que Dios es una triunidad. Esta es una creencia sacada de la Biblia. Por lo tanto, él también cree que la Biblia es verídica. Esto, entonces, queda como la presuposición decisiva. Si la Biblia no es verídica, entonces el trinitarianismo es un error y Jesucristo no es quien afirmó ser. No llegamos al conocimiento acerca de la Trinidad o de Cristo por medio de la naturaleza o de la mente humana. Y no podemos estar seguros de que lo que aprendemos en la Biblia acerca del Dios triuno es cierto, si no creemos que la fuente misma que utilizamos es confiable. De modo que la creencia de que la Biblia es verídica, es la presuposición básica. Esto se va a tratar en forma completa en los temas sobre la inspiración e inerrancia.

II. Las interpretaciones.

Si nuestra fuente de información es tan crucial, entonces también debe ser muy importante para nosotros la manera en que la consideramos y la empleamos. La teología precisa y depende de una exégesis sana. Hay que realizar estudios exegéticos antes de desarrollar una sistematización teológica, así como es necesario fabricar ladrillos antes de poder construir un edificio.

1. La necesidad de la interpretación clara e imparcial.

Necesitamos afirmar aquí la importancia de la interpretación imparcial como la base de una exégesis correcta. Al darnos la revelación de sí mismo, Dios quiso comunicar (no oscurecer), la verdad. Por lo tanto, emprendemos la interpretación de la Biblia, presuponiendo el uso de las reglas normales de interpretación. Recordemos que cuando se usan símbolos, parábolas o tipos, estos dependen de un sentido literal como la base de su propia existencia, y la interpretación de estos tiene que ser siempre controlada por el concepto de que Dios se comunica en forma normal, clara o literal. El ignorar esto resultará en la misma clase de exégesis confusa que caracterizó a los intérpretes patrísticos y medievales.

2. La prioridad del Nuevo Testamento.

Aunque las Escrituras, en su totalidad, son inspiradas y provechosas, el Nuevo Testamento tiene prioridad como fuente de doctrina. La revelación del Antiguo Testamento fue preparatoria y parcial, mientras que la revelación del Nuevo Testamento fue culminante y completa. La doctrina de la Trinidad, por ejemplo, aunque está presente en el Antiguo Testamento, no se revela hasta el Nuevo Testamento. Además, pensemos en cuánta diferencia existe entre lo que enseñan el Antiguo y el Nuevo Testamento sobre la expiación, la justificación, y la resurrección. Al decir esto no estamos minimizando las enseñanzas del Antiguo Testamento, ni tampoco sugiriendo que es menos inspirado, pero sí afirmamos que en la revelación progresiva de Dios, el Antiguo Testamento ocupa un puesto anterior cronológicamente y, por tanto, ocupa teológicamente un lugar preparatorio. La teología del Antiguo Testamento tiene su lugar, pero es incompleta sin la contribución de la verdad del Nuevo Testamento.

3. La legitimidad de los textos de comprobación.

Los liberales y los partidarios de la teología de Barth han criticado a menudo a los conservadores por utilizar textos de comprobación para establecer sus conclusiones. ¿Por qué hacen esto? Simplemente, porque el citar textos bíblicos resultará en conclusiones conservadoras, no liberales. Ellos alegan que es una metodología ilegítima y no propia de la erudición, pero no es más ilegítimo que el usar notas de referencia en una obra erudita.

Por supuesto, los textos bíblicos han de usarse en forma apropiada, y lo mismo hay que decir de las notas de referencia. Se deben usar para decir lo que realmente significan, no deben usarse fuera de contexto, no se deben usar en parte cuando la totalidad cambiaría el significado; y los textos de comprobación del Antiguo Testamento, en particular, no se deben forzar para que sirvan de apoyo a una verdad que solamente se reveló después en el Nuevo Testamento.

III. Los que sistematizan.

1. La necesidad de un sistema.

La diferencia entre la exégesis y la teología consiste en el sistema que se usa. La exégesis analiza, la teología correlaciona esos análisis. La exégesis relaciona los significados de los textos, la teología interrelaciona esos significados. El exégeta se esfuerza en presentar el significado de la verdad; el teólogo, el sistema de la verdad. La meta de la teología, sea la teología bíblica o la sistemática, es la sistematización de las enseñanzas en consideración.

2. Las limitaciones de un sistema teológico.

Las limitaciones de un sistema teológico deben coincidir con las limitaciones de la revelación bíblica. En su deseo por presentar un sistema completo, los teólogos a menudo se ven tentados a llenar los espacios en la evidencia bíblica con la lógica o con implicaciones que pudieran no ser justificadas.

La lógica y las implicaciones tienen su lugar apropiado. La revelación de Dios es ordenada y racional, así que la lógica tiene un lugar apropiado en la investigación científica de esa revelación. Cuando las palabras se combinan para formar oraciones, esas oraciones adquieren implicaciones que el teólogo tiene que tratar de entender. Pero, cuando la lógica se usa para crear la verdad, por decirlo así, entonces el teólogo será culpable de llevar su sistema más allá de las limitaciones de la verdad bíblica.

Algunas veces, esto es motivado por un deseo de darles respuestas a preguntas que las Escrituras no contestan. En tales casos (y hay varios de estos en la Biblia), la mejor respuesta es el silencio, no una lógica hábil, ni implicaciones casi invisibles, ni un ansioso sentimentalismo. Ejemplos de áreas que se prestan particularmente a esta tentación, incluyen la soberanía y la responsabilidad, el alcance de la expiación, la salvación de los bebés que mueren, etcétera.[4]

Veamos, a continuación, 14 doctrinas básicas para la fe cristiana, las cuales están desarrolladas en 14 lecciones. Comencemos con la lección número 1.

[4] C. C. Ryrie, *Teología básica*. Miami: Editorial Unilit, 2003, pp. 16-18.

Lección 1

Doctrina ortodoxa de la Biblia

El origen sobrenatural de la Biblia.

La Biblia es un fenómeno que puede explicarse de una sola manera: es la Palabra de Dios. No es la clase de libro que el hombre escribiría si pudiese, o que podría escribir si quisiese.

El conjunto de las pruebas del carácter sobrenatural de la Biblia presenta una exhibición casi inagotable de consideraciones que, si se observan con objetividad, nos obligan a concluir que este libro no puede ser producto del hombre. Aunque no se puede hacer una relación exhaustiva, algunas de las muchas características sobrenaturales de la Biblia son aquí enumeradas:

1. La probidad de sus autores.

Los que afirmaron ser inspirados, poseían un carácter moral y espiritual de lo más elevado. ¿Quién acusaría a Moisés, a Pablo, a Isaías o también al Señor Jesucristo, de ser personas de dudosa dignidad? Al menos hay dos factores que hacen del todo improbable que ellos fueran unos mentirosos, además del nivel de ética que predicaban. Una es el hecho de que continuamente pueden apelar a sus lectores, en cuanto a la verdad que proclaman (Hch 2:22; 26:25-26); la otra, es que la mayoría de ellos sellaron sus palabras con su sangre. Estaban dispuestos a morir por la verdad que enseñaban.

2. La continuidad y secuencia fluida de su contenido.

Uno de los hechos más sorprendentes y extraordinarios respecto a las Escrituras es que, aunque fueron escritas por más de 40 autores que vivieron a lo largo de un período de más de 1.600 años, la Biblia es no obstante, un libro y no una simple colección de 66 libros. Sus autores proceden de los más diversos lugares y situaciones de la vida; hay reyes, campesinos, filósofos, hombres de estado, pescadores, médicos, eruditos, poetas, cobradores de impuestos, rabinos, pastores y agricultores. Vivieron en diferentes lugares (tres continentes: Asia, África y Europa) y por tanto, con diferentes culturas y experiencias existenciales, fueron completamente distintos en carácter. Escribieron en tres idiomas distintos (hebreo, arameo y griego), con una gran variedad de estilos literarios y de contenido, al tratar sus escritos los asuntos más controvertidos: leyes civiles, penales, éticas y sanitarias; rituales, tratados didácticos, historia, poesía religiosa y lírica, parábolas y alegoría, biografía, correspondencia personal, memorias y diarios personales, profecía y escritos apocalípticos.

Debido a los obstáculos de continuidad, la Biblia, por fuerza natural, debería ser la más heterogénea, inconmensurable, discordante y contradictoria colección de opiniones humanas que el mundo jamás haya leído; pero por el contrario, la Biblia es exactamente un diseño homogéneo, ininterrumpido, armonioso y ordenado relato de la historia completa de los tratos de Dios para con el hombre.

La continuidad de la Biblia puede ser contrastada en su secuencia histórica, que comienza con la creación del mundo presente hasta la creación de los nuevos cielos y la nueva tierra. El Antiguo Testamento revela temas doctrinales, tales como la naturaleza del propio Dios, la doctrina del pecado, la de la salvación y el programa y propósito de Dios para el mundo como un todo, para Israel y para la Iglesia. La doctrina está progresivamente presentada desde sus principios en forma de introducción, hasta su más completo desarrollo. Uno de los temas continuados en la Biblia es la anticipación, presentación, realización y exaltación de la persona más perfecta de la tierra y los cielos, nuestro Señor Jesucristo.

El relato de tan fascinante libro, con su continuidad de desarrollo, exige un milagro mucho mayor que la inspiración en sí misma. ¿De qué otra manera podríamos explicar esta unidad?

3. La evidencia histórica.

Cantidad de pruebas fehacientes, a través del registro de eventos y personajes históricos, apoyan su veracidad. Afirmaciones históricas encontradas en las Escrituras han provocado la publicación de volúmenes acerca de la confirmación arqueológica de su autenticidad.

Otra prueba que tenemos radica en las diferencias importantes del cristianismo con otras doctrinas: su mensaje no consiste solo en pensamientos teóricos, sino también en hechos históricos. El evangelio sostiene que Dios ha intervenido en la historia de maneras concretas. La Biblia refrenda estos hechos que sirven de fundamento de Su revelación. Dios ha hablado y ha actuado y la Biblia así lo atestigua. Mientras que las historias del hinduismo, como las del paganismo de la antigüedad, son mitos que no pueden sostenerse a la luz del análisis histórico. Algunos intentan decir lo mismo de las historias del cristianismo. Sin embargo, los mismos autores bíblicos, que sabían distinguir entre mitos y hechos históricos, sostienen que son verídicos (2 P 1:16).

El cristianismo, sin embargo, no es la única religión que pretende ser histórica en este sentido. Como muestra de otras religiones supuestamente históricas, podríamos señalar el Islam o el Mormonismo. Nuestra acusación contra ellas es más seria aún que el caso de los mitos. Las historias que narran y que sirven de supuesto soporte a sus creencias, han sido inventadas por el fundador de la religión en cuestión, sin base alguna en la verdadera historia y sin el apoyo de documentos, restos arqueológicos y demás herramientas de la historicidad. Es de observar también, que en ambos casos, la "revelación" fue dada a un solo hombre, en contraste con la revelación bíblica. La cual fue dada a lo largo de muchos siglos a una variedad de personas.

Por otro lado, recibieron revelación acerca de lo que siglos atrás había ocurrido (supuestamente) en la historia; pero, lo plantean sin poder alegar ningún testimonio documental o arqueológico. Todo depende de su propia palabra. Así el libro mormón narra la historia "verídica" de poblaciones y civilizaciones antiguas de América, que en realidad no han dejado ni rastro de su existencia. Todo es producto de la fértil imaginación de Joseph Smith. Mahoma, por su parte, volvió a escribir la historia de muchos de los personajes bíblicos; pero lo hizo a partir de cero. Es decir, no hay ningún documento anterior a Mahoma que apoye sus exposiciones.

En cambio, los escritores bíblicos siempre narran hechos, o bien contemporáneos, o documentados por otros autores (los libros Crónicas y Reyes), o son testigos, o han hecho una investigación histórica de rigor (Lc 1:1-3; Hch 2:32). De hecho, en contraste con Joseph Smith y Mahoma, los apóstoles nunca pretendieron ser los inventores de una nueva religión. No eran teólogos, sino testigos. Por eso, la palabra testigo es empleada frecuentemente por Jesucristo y por los mismos apóstoles para describir su función (Lc 24:48; Hch 1:8-22; 3:15; 5:32; 10:39; 26:16; 1 P 5:1).

4.   Confirmación de los escritores extrabíblicos.

El testimonio más sorprendente de todos los autores no cristianos de los primeros siglos nos llega de la pluma del historiador judío Flavio Josefo. Su libro *Las antigüedades de los judíos*, apareció en Roma en el año 75 aproximadamente, del cual entresacamos el siguiente texto sobre el ministerio del Señor Jesucristo.

"Y sucedió que más o menos en esta época un tal Jesús, un hombre sabio, si es que en verdad podemos llamarlo un hombre, fue obrador de hechos maravillosos, el maestro de hombres que reciben la verdad con placer. Llevó tras sí a muchos judíos y a muchos griegos también. Este hombre era el Cristo. Y cuando Pilato lo hubo condenado a la cruz debido a la acusación que le formularon los principales hombres de entre ellos, aquellos que lo amaban desde el principio, continuaron amándolo; porque él apareció vivo a ellos al tercer día, habiendo hablado los profetas divinos todas estas cosas maravillosas y otras mil acerca de él; y hasta ahora la tribu de los cristianos, llamados así por causa de él, no ha desaparecido".

5. La fecha de redacción de los libros.

Evidentemente, podemos afirmar que cuánto más antiguos son, tanto más se acercan a los hechos narrados, y menos podemos dudar de su autenticidad. Son muchos los factores que contribuyen a establecer la fecha de redacción de los mismos.

5.1. Evidencias internas del libro:

5.1.1. Si el libro fue dirigido a un grupo de personas en circunstancias determinadas. Estos detalles circunstanciales constituyen una primera evidencia en cuanto a la fecha. Es, por ejemplo, el caso de las epístolas del apóstol Pablo.

5.1.2. Si el libro es exacto en su información histórica, tanto más probable es que fue escrito en fecha muy próxima a los hechos narrados. Ejemplo, el libro Hechos.

5.1.3. Si un libro narrativo termina de una forma abrupta, es de suponer que el autor acabó allí porque escribía en aquel mismo momento. Considerar esto en el final del libro Hechos.

5.2. Evidencias externas del libro:

5.2.1. Las referencias de otros autores. Si un libro del Nuevo Testamento es citado por otro autor en el año 100, esto nos sirve de tope para la fecha de su redacción. Podemos decir, en este sentido, que los padres apostólicos que escribían entre el año 90 y 160, citan casi todos los libros del Nuevo Testamento.

5.2.2. La cantidad de manuscritos antiguos que han llegado hasta nuestros días.

6. Los manuscritos que sobreviven y su fecha.

Existen cuatro mil manuscritos griegos del Nuevo Testamento, desde pequeños fragmentos de algún libro hasta textos completos. Podemos afirmar que este cuerpo de documentos constituye una evidencia para la autenticidad del Nuevo Testamento cien veces más importante que las que existen para cualquier otra obra literaria de la antigüedad.

Aunque quizás, por otro lado, pueda resultar desconcertante para algunos, sabemos que el manuscrito más antiguo que tenemos de la totalidad del Nuevo Testamento data de mediados del siglo IV. En seguida nos preguntamos: ¿qué seguridad puede haber en cuanto a la autenticidad del Nuevo Testamento, si el manuscrito completo más antiguo data de trescientos años después de su supuesta fecha de redacción? La respuesta es que por varias razones podemos tener muchísima seguridad.

6.1. En el estudio de manuscritos antiguos, trescientos años es poca cosa. A fin de entenderlo, consideremos algunos ejemplos:

- Julio César escribió *Guerra de las Galias* aproximadamente en el año 60 a. C. El manuscrito más antiguo que actualmente conocemos data de 850 d. C., un espacio de tiempo de nueve siglos. En total, existen solo diez manuscritos griegos.

- Tito Livio escribió *Historia de Roma* en el año 10 d. C. De los 142 libros, hoy solo existen 35. El manuscrito más antiguo data de finales del siglo IV, un lapso de casi cuatro siglos, pero solamente contiene tres de los libros. Existen unos 20 manuscritos más.

- Tácito escribió *Historias* alrededor del año 100 d. C. Únicamente tenemos dos manuscritos de ellas, y de los catorce libros que él escribió solo nos han llegado cuatro y parte de un quinto. El manuscrito más antiguo es de 850 d. C., o sea, un espacio de setecientos cincuenta años.

- Los tiempos son aún mayores en el caso de los historiadores griegos. Los manuscritos que tenemos, tanto de Tucídides, como de Heródoto, datan de principios del siglo X d. C., a unos 1.400 años de la fecha de redacción. De la *Historia de la guerra del Peloponeso*, de Tucídides solo tenemos ocho manuscritos. Es con estos datos que debemos comparar los 4.000 manuscritos y tres siglos de espacio del Nuevo Testamento.

6.2. Debemos subrayar también que tenemos textos fragmentarios más antiguos. Entre los muchos que hay anteriores a 350 d. C. podemos destacar los siguientes:

- Los papiros Chester Beatty contienen los cuatro evangelios, Hechos, las epístolas de Pablo y Hebreos. Es decir, la mayor parte del Nuevo Testamento, y datan de la primera mitad del Siglo III.

- El fragmento John Rylands, del año 130 d. C. aproximadamente, contiene Juan 18:31-32. Fue descubierto en Egipto y solo dista de unos 30 a 35 años de la redacción original.

- Hace unos años atrás, el padre O'Callaghan anunció el hallazgo de un pequeño fragmento del evangelio de Marcos procedente de la cueva 7 de Qumran. Previamente a su identificación, el fragmento había sido fechado por los expertos en 50-75 d. C. La autenticidad de este hallazgo goza actualmente de una aceptación casi universal. Posteriormente, el mismo O'Callaghan ha podido identificar dos pequeños fragmentos con textos de 1 Timoteo, Hechos, Santiago, Romanos, 2 Pedro, juntamente con otros fragmentos de Marcos. La importancia de estos textos es incalculable. Quiere decir que, actualmente, disponemos de pequeños fragmentos procedentes del mismo momento en que escribían los apóstoles.

- En cuanto a los manuscritos del Antiguo Testamento, podemos decir lo siguiente: los judíos los preservaron como ningún otro manuscrito ha sido preservado jamás. Con su *masorah* (parva, magna y finalis), llevaban la cuenta de cada letra, sílaba, palabra y párrafo. Tenían clases especiales de hombres dentro de su cultura, cuya exclusiva misión era preservar y transmitir estos documentos con fidelidad prácticamente perfecta. ¿Quién contó jamás las letras, sílabas y palabras de Platón o Aristóteles, de Cicerón o de Séneca? Estas minuciosas prescripciones son como sigue:

1°. Un rollo de las sinagogas debe estar escrito sobre pieles de animales limpios.

2°. Preparadas por un judío para el uso particular de la sinagoga.

3°. Deben estar unidas por tiras, sacadas de animales limpios.

4°. Cada piel debe contener un cierto número de columnas, igual a través de todo el códice.

5°. La longitud de cada códice no debe ser menor de 48 líneas, ni mayor de 60; y el ancho debe ser de 30 letras.

6°. La copia entera debe ser rayada con anticipación; y si se escriben tres palabras sin una línea, no tienen valor.

7°. La tinta debe ser negra (ni roja, verde, ni de ningún otro color), y debe ser preparada de acuerdo a una receta definida.

8°. Una copia auténtica debe ser el modelo, de la cual el transcriptor no debiera desviarse en lo más mínimo.

9°. Ninguna palabra o letra, ni aún una jota, debe escribirse sin que el escriba haya mirado al códice que está frente a él (no de memoria).

10°. Entre cada consonante debe mediar el espacio de un cabello o de un hilo.

11°. Entre cada nueva *parashah*, o sección, debe haber el espacio de 9 consonantes y entre cada libro, 3 líneas.

12°. El quinto libro de Moisés debe terminar exactamente con una línea; aun cuando no rige la misma exigencia para el resto.

13°. Además de esto, el copista debe sentarse con vestimenta judía completa.

14°. Lavar su cuerpo entero.

15°. No comenzar a escribir el nombre de Dios con una pluma que acaba de untarse en tinta.

16°. Y si un rey le dirigiera la palabra mientras está escribiendo, no debe prestarle atención.

Además, para preservar el correcto texto de consonantes, cada copista tenía que aceptar entre otras las siguientes reglas:

1°.   Contar, exactamente, cuántas veces una palabra aparecía en todo el Antiguo Testamento o en porciones de él.

2°.   Tenía que tomar nota de la diferencia que había entre dos oraciones de sonido similar.

3°.   Contar las veces que una palabra venía al principio, al medio o al final de una oración.

4°.   Determinar cuál era la letra central de la Torah (la Ley); y al final del Antiguo Testamento, mostrar cuántas veces aparecía cada letra en todo el libro.

La misma ausencia de manuscritos antiguos, cuando se toman en cuenta las reglas y precisión de los copistas, confirma la confiabilidad de las copias que tenemos en la actualidad. El mismo cuidado extremo que se daba a la transcripción de los manuscritos se halla también en el fondo de la desaparición de las copias más antiguas.

Cuando un manuscrito había sido copiado con la exactitud prescrita por el talmud, y había sido debidamente verificado, la copia era aceptada como auténtica y considerada como de igual valor a cualquier otra copia. Si todas eran exactamente correctas, la edad no significaba ventaja para un manuscrito; al contrario, la edad era una positiva desventaja, puesto que con el paso del tiempo un manuscrito estaba expuesto a sufrir mutilaciones o deterioro. Una copia deteriorada o imperfecta era condenada de inmediato como inadecuada para ser usada. Este es un fenómeno inigualado en la historia de la literatura. Ninguna otra obra de la antigüedad ha sido transmitida con tanta precisión.

Cabe aquí hablar de los rollos del Mar Muerto. Están compuestos de unos 40.000 fragmentos inscritos. De estos fragmentos, se han reconstruido más de 500 libros. Se descubrieron muchos libros y fragmentos extrabíblicos que arrojaron mucha luz sobre la comunidad religiosa del Qumran. Estos fueron encontrados en una cueva a 12 km al sur de

Jericó, por un pastor beduino, en varias vasijas de gran tamaño que contenían rollos de cuero, envueltos en tela de lino. A causa de que las vasijas estaban cuidadosamente selladas, los rollos se conservaron en excelente condición durante casi 1.900 años.

El impacto de este descubrimiento consiste en la exactitud del rollo de Isaías (125 a. C. con el texto masorético de Isaías, 916 d. C.), que es 1.000 años posterior. Esto demuestra la desacostumbrada precisión de los copistas de la Escritura durante un período de más de mil años.

6.3. En cuanto a la pregunta de por qué Dios permitió que los manuscritos originales de los escritores sagrados se perdieran, debemos considerar las siguientes cuestiones:

6.3.1. Si todavía existiesen, serían adorados como reliquias, de la misma manera que el pueblo de Israel hizo con la serpiente de bronce (Nm 21:8; 2 R 18:4).

6.3.2. En todo caso, nunca desaparecería la duda de si aquellos, en realidad, son los manuscritos originales.

6.3.3. Aún más, ¿qué pasaría si el tenedor de aquellos manuscritos los hubiera falsificado astutamente y de ese modo estuviera en condiciones de reclamar autoridad bíblica para errores mortales? Podemos concluir que en la ausencia de los manuscritos originales ha obrado la sabiduría divina.

7. La canonicidad.

Consiste en el proceso de debate y selección por el cual los libros fueron incorporados en el Nuevo Testamento. La palabra griega canon, significa "una regla, norma o vara de medir". El Nuevo Testamento se compone de 27 libros diferentes, cada uno de los cuales fue escrito en momentos y circunstancias únicas, por una diversidad de autores. El estudio de cómo se llegó a la aceptación de estos 27 libros, y al rechazo de otros, es sumamente aleccionador y arroja mucha luz sobre la autenticidad del Nuevo Testamento actual.

Ya en tiempos de los apóstoles, las iglesias empezaron a conocer la actuación subversiva de sectas heréticas, tanto de procedencia judía (los judaizantes que Pablo denuncia en Gálatas y en otras partes), como gentil (diferentes protognósticos, como los que causaban confusión entre los colosenses o los lectores de las epístolas de Juan). Esta proliferación de grupos tendenciosos, con sus evangelios fraudulentos y enseñanzas seudoortodoxas, a primera vista parece respaldar a los escépticos que mantienen que es imposible distinguir entre lo que Jesucristo verdaderamente enseñó y lo que decían de él diferentes grupos rivales. Pero al contrario, esta situación es la que nos garantiza la pureza de la tradición apostólica. Por causa de la amenaza de estas herejías, la Iglesia tuvo que establecer un listón muy alto de exigencias para determinar si un texto verdaderamente llevaba el sello apostólico.

Fue la misma amenaza herética la que hizo necesaria la agrupación de las Escrituras del Nuevo Testamento en una sola colección, a fin de garantizar una transmisión fiel de la enseñanza apostólica futura. A la vez, las iglesias debían tener mucho cuidado para distinguir entre las tradiciones verdaderas y las falsas. Ningún texto fue admitido solo por pretender ser apostólico o por pretender incluir dichos de Jesús. Las iglesias querían tener garantías en cuanto a su procedencia, y sobre todo, asegurar que se confirmara con la fe "una vez dada a los santos" y llevara la marca de la autoridad espiritual de los apóstoles. Los criterios para aceptar un libro como inspirado podrían formularse así:

1°. ¿Es autoritativo? Es decir, ¿habla el autor de parte de Dios y con Su autoridad?

2°. ¿Es profético? O sea, ¿fue escrito por un profeta, un hombre de Dios del círculo apostólico?

3°. ¿Es auténtico? O, ¿se está seguro de su autoría o de su autoridad? Los padres de la Iglesia si dudaban, lo desechaban.

4°. ¿Es dinámico? ¿Tiene poder de Dios para transformar a las personas o es un mero libro religioso carente de vida?

5°.   ¿Fue recibido, reunido y usado? Es decir, ¿fue aceptado por el pueblo de Dios?

6°.   ¿Está de acuerdo con la doctrina de los apóstoles? (Hch 2:42).

Algo que debe recordarse es que la Iglesia no creó el canon de los libros incluidos en la Biblia, sino que reconoció lo que el Espíritu Santo había señalado por medio de los apóstoles y el sentido espiritual de los líderes cristianos durante los períodos apostólicos. Estos fueron inspirados por Dios.

7.1. Factores que determinaron la necesidad del canon del Antiguo Testamento.

El sistema judaico de sacrificios concluyó con la destrucción de Jerusalén y del Templo, en el año 70 d. C. Los judíos fueron esparcidos y se vieron en la necesidad de determinar qué libros constituían la Palabra de Dios autorizada. La causa de ello fue la existencia de muchos escritos extraescriturales y de la descentralización. Los judíos llegaron a ser un pueblo de un libro, lo que los mantuvo unidos. El cristianismo comenzó a florecer y de la misma forma, a circular muchos escritos de los cristianos. Los judíos necesitaban urgentemente poner a estos en evidencia y excluirlos de sus escritos y de su uso en las sinagogas.

Cabe preguntarnos, ¿conservamos todavía el mismo Antiguo Testamento que usó Jesús? Josefo, historiador judío y contemporáneo de los apóstoles (37 d. C.), enseñó que no se agregaron libros a las Escrituras hebreas después de la época del rey persa Artajerjes (464 - 424 a. C.). Esto fue cuando ministraban Esdras, Nehemías y Malaquías. La razón que dio es esta:

"Porque la sucesión exacta de los profetas cesó [...] nadie se ha atrevido a agregarles ni quitarles, ni alterar algo de su contenido [...] solo 22 libros contienen el registro de todos los tiempos y se aceptan como divinos" (Contra Apión 1:8).

Este historiador incluyó 22 libros en vez de 24, porque combinó Rut con Jueces y Lamentaciones con Jeremías. Para evitar que hubiera dudas, registró la lista específica de los 22 libros del canon hebreo.

7.2. El concilio de Jamnia y el canon.

Un concilio oficial de judíos se reunió en Jamnia (pueblo cerca de Jope, Israel) por el año 90 d. C. El propósito de su convocatoria fue ratificar el canon antiguo testamentario que por aquel entonces ya tenía unos 500 años de haber sido formulado. En sus deliberaciones, cinco libros recibieron un trato especial porque en ese entonces se ponía en duda su canonicidad, pero nuevamente cada uno pasó la prueba y quedó dentro del canon. En cuanto a las razones para la posible exclusión de algunos libros: Ester, Proverbios, Eclesiastés, Cantar de los Cantares y Ezequiel, recomendamos consultar la obra: *La Biblia, cómo se convirtió en libro*, de Terry Hall, páginas 75 y 76.

El concilio de Jamnia nos demuestra el cuidado que se puso para asegurar que solo los libros inspirados por Dios pertenecieran al canon y que lo que recibieran las generaciones siguientes fuese producto de intensa reflexión. El concilio no eliminó ningún libro de la lista aprobada, pero rechazó otros que fueron propuestos para su inclusión en el canon.

7.3. ¿Por qué los libros apócrifos aparecen en la Septuaginta?

El rey Tolomeo Filadelfo, gran amante de las letras, propuso reunir en su biblioteca de Alejandría toda la sabiduría del mundo antiguo. Y con tal propósito mandó a traducir, del hebreo al griego, los libros de carácter religioso del pueblo israelita. A Tolomeo no le interesaba si los libros religiosos de los hebreos eran o no inspirados. La cuestión fue que a los 39 libros del Antiguo Testamento hebreo agregaron otros más.

Las razones para no incluirlos en nuestras Biblias se basan en los siguientes hechos:

1º.   Los judíos no reconocieron el valor inspirado de los libros apócrifos en tiempo del Señor.

2°. El Señor y los apóstoles citan muchísimos pasajes sacados de casi todos los libros del Antiguo Testamento, pero no de los apócrifos.

3°. No son inerrantes (exentos de error). Al leer los libros hallamos narraciones que no se ajustan a la historia y algunas fábulas fantásticas. También se descubren errores doctrinales, morales, históricos y geográficos. La presencia de estas equivocaciones hace imposible que sean inspirados por Dios.

He aquí una breve lista de algunos de los errores más obvios:

1. Tobías 5:6: "Hay dos jornadas de camino entre Ecbátana y Ragués, pues Ragués está en la montaña y Ecbátana en el llano". En realidad, Ecbátana se hallaba mucho más alta que Ragués, a 2.000 m de altura y los km que separaban a ambas ciudades eran 300.

2. Tobías 6:5, 9, 17: El ángel recomienda el uso de costumbres paganas.

3. Tobías 12:9: Enseña la salvación por obras, a través de las limosnas.

4. Judit 1:1, 7,11; 2:14: Aseveran que Nabucodonosor era rey de Asiria.

5. Judit 9:13; 10:11-23: Pide que Dios asista en formular una buena mentira para engañar al enemigo.

6. Sabiduría 10:14: Afirma que el diluvio vino por culpa de Caín.

7. Sabiduría 11:17: Enseña que la Creación fue realizada por Dios usando la materia ya existente, en vez de ser formada de la nada.

8. Eclesiástico 12:6-7: Prohíbe la caridad a los malos.

9. Baruc 1:1: Asevera que el autor, secretario de Jeremías, escribió su libro desde Babilonia, cuando en realidad se encontraba en Egipto (Jer 43:17).

10. 2 Macabeos 12:41-46: Aprueba las oraciones y sacrificios expiatorios por los muertos.

1. 2 Macabeos 14:42- 46: Honra el suicidio.
12. 2 Macabeos 15:12,16: Da su aprobación a la intercesión de los santos muertos a favor de los vivos.
13. Adiciones a Daniel 3:38: Afirma que "ya no hay, en esta hora, príncipe y profeta, ni caudillo". En realidad, Daniel, Jeremías y Ezequiel vivían y ejercían su ministerio profético.

Los mismos autores no reclaman inspiración divina, sino que presentan sus propias ideas. Cuando leemos los libros canónicos del Antiguo Testamento, de inmediato resaltan frases que se usan con mucha frecuencia, tales como: "Así dice Jehová", "habló Jehová a...", "vino a mí palabra de Jehová" y "Jehová el Señor ha dicho así". Estas, y otras expresiones, son pruebas de que el mensaje no era de autor humano, sino que fue recibido directamente de Dios. Lo que el autor dijo o escribió no se originó en su mente, sino que fue una comunicación divina.

El hecho irrebatible es que esas frases se hallan por lo menos 3.800 veces, conformando una de las bases que apoyan la doctrina de la inspiración del Antiguo Testamento. Solo los libros inspirados son canónicos. Por eso los primeros padres de la Iglesia, al hacer la evaluación de un libro, siempre buscaban tales enunciados. Si no se encontraban, se dudaba de la inspiración, y por ende, de su canonicidad.

En cambio, en los libros apócrifos uno busca en vano encontrar semejantes declaraciones. Ninguno de sus autores afirma escribir bajo inspiración divina. Esta evidencia interna brilla por su ausencia. Como muestra, 2 Macabeos 15:38: "Si la narración ha sido buena y bien dispuesta, esto es lo que he deseado; mas si ha sido mediocre o imperfecta, es porque no podía hacerlo mejor. Pues sabemos que el placer de los lectores depende del arte con que se dispone el relato y se cuentan los hechos". ¿Puede ser esto inspirado por Dios?

Encontramos, en otro libro, evidencia de ser producto del genio humano. En Eclesiástico, compuesto en hebreo alrededor del año 180 a.

C., su autor fue "Jesús, hijo de Sira", en hebreo, Josué ben Sira (51:30). Alrededor del año 130 a. C., su nieto tradujo el libro al griego. En su prólogo afirma: "Mi abuelo Jesús, después de haberse dado intensamente a la lectura de la Ley, los profetas y otros libros de los antepasados y haber adquirido un gran dominio sobre ellos, se propuso también el escribir algo en lo tocante a la instrucción y sabiduría, con ánimo de que los amigos del saber lo aceptaran y progresaran más todavía en la vida según la Ley". Jesús, hijo de Sira, escribió su libro después del estudio intensivo de los libros canónicos y lo compuso, no siendo inspirado por Dios, sino por su propia determinación. Eclesiástico 51:30, culmina así: "Sabiduría de Jesús, hijo de Sira". Encontramos, entonces, que es la sabiduría de Jesús, hijo de Sira la que está escrita, la cual se basa en el estudio de la Palabra inspirada de Dios.

Alguien escribió que "existe una falta de convicción de autoridad divina en los apócrifos. Cuando uno pasa de los libros canónicos a los apócrifos, es como dar un paso de la luz del sol de la inspiración divina a la luz artificial de la vela de la sabiduría humana que a veces es muy tenue".

7.4. Los libros apócrifos no son proféticos.

No fueron escritos por profetas o portavoces de Dios. Y para ser canónico, un libro tenía que haber sido escrito por un profeta reconocido por el pueblo de Dios. Todos los eruditos reconocen que los apócrifos fueron escritos después de la época de Esdras y Malaquías (200 a 30 a. C.). Así que todos ellos surgieron en la época en que no existían profetas. Este hecho es reconocido incluso por el mismo autor del 1 Macabeos: "Tribulación tan grande no sufrió Israel desde los tiempos en que dejaron de aparecer profetas" (9:27). Así que cuando los libros apócrifos se escribieron, Dios no hablaba por profetas, sino por la Escritura ya inspirada y aceptada.

7.5. Los libros apócrifos no son creíbles.

Estos libros se clasifican bajo el género literario de "ficción religiosa".

En vez de ser relatos serios de eventos históricos, narran sucesos increíbles que se acercan a la fantasía. Jerónimo, el mayor erudito bíblico en su día, clasificaba los libros apócrifos como "deuterocanónicos", o de segundo rango, y los católicos de hoy hacen la misma distinción. Aclaramos, no estamos en contra de la publicación de la literatura apócrifa judía como material útil para la investigación histórica y literaria, siempre que se publique en volumen independiente a la Biblia y sean consideradas como tales.

8. Por el volumen de sus ediciones, distribución e impacto en el mundo.

La Biblia se considera el libro más importante jamás escrito. Millones de copias de la Escritura han sido publicadas en todas las principales lenguas del mundo, y no hay una sola lengua escrita que no tenga al menos una porción impresa de la Biblia. A pesar de ello, ha sido el libro más atacado de todos los tiempos, y ha sobrevivido a muchos esfuerzos hechos para destruir todas sus copias. ¿Qué otro libro ha soportado tantas críticas, manteniéndose además como el libro más publicado año tras año?

Voltaire, el escéptico francés del siglo XVIII, expresó con jactancia las palabras siguientes: "Cien años después de mi época, las únicas Biblias existentes sobre la tierra serán las que se encuentren entre los libros raros que solo un anticuario estudiará". Prosiguió, diciendo que las obras de él se encontrarían en todos los hogares. Contrario a su opinión, cincuenta años después de su muerte, la Sociedad Bíblica de Ginebra compró la casa en que vivió y la transformó en una Casa Publicadora de Biblias. Doscientos años más tarde, en la Nochebuena de 1933, el gobierno inglés pagó $ 510.000 al gobierno soviético por un manuscrito de la Biblia griega, el Códice Sinaítico. Ese mismo día, un ejemplar de la primera edición de un libro de Voltaire se vendió en París por 11 centavos. Esto no prueba que la Biblia sea la Palabra de Dios, pero muestra de manera muy real que la Biblia es única.

9. Por su poder transformador.

Sigue cambiando la vida de las personas, incluso en la actualidad. Tanto criminales violentos, como personas de idoneidad pacífica, son tocados y cambiados por su mensaje. Millones son los que han recibido esperanza, consolación y aliento en sus horas más negras. ¿Qué otro libro hay que haya cambiado tantas vidas de una manera positiva? "Porque la palabra de Dios es viva y eficaz, y más cortante que toda espada de dos filos; y penetra hasta partir el alma y el espíritu, las coyunturas y los tuétanos, y discierne los pensamientos y las intenciones del corazón". Hebreos 4:12.

10. La perdurable actualidad de la Biblia.

Como ninguna otra literatura en el mundo, la Biblia invita y estimula a una constante relectura. Aun para quienes están familiarizados con ella, a través de sus páginas siempre se descubren nuevas joyas de la verdad, por su elevado recurso moral, así como por su sentimiento conmovedor, pues nunca deja de tocar el alma sensible. Es como si hubiese sido escrita ayer y su tinta aún estuviera fresca. No envejece jamás, supera al tiempo y es actualizada por siempre.

De ningún otro libro, sino de la Biblia, puede decirse verdaderamente que su mensaje es perennemente fresco y efectivo, lo que a la vez demuestra el carácter y origen divino de la Biblia.

11. Por el cumplimiento detallado de cientos de profecías.

Una y otra vez, el Nuevo Testamento afirma un exacto cumplimiento del Antiguo Testamento, como en: Mateo 1:22-23; 4:14-16; 8:17; 12:17-21; 15:7-9; 21:4-5, 42; 26:31, 56; 27:9-10, 35. Estas referencias procedentes del evangelio de Mateo son típicas de lo que se difunde por todo el Nuevo Testamento.

En la Biblia se puede encontrar un gran cuerpo de profecías relativas a naciones en forma individual, a Israel, a todos los pueblos de la tierra, a ciertas ciudades, a la venida de quién sería el Mesías y al futuro escatológico. El mundo antiguo tuvo maneras diferentes de determinar lo porvenir, conocidas como adivinación. Pero, en toda la gama de la literatura griega y latina, no hallaremos verdadera profecía específica referente a un gran hecho histórico por suceder en el futuro distante, ni profecía alguna referente a un Salvador que se levantaría entre los humanos, a pesar de que en dicha literatura se emplean las palabras profeta y profecía.

¿Dónde hallamos un registro profético que presente una exactitud del cien por ciento en el cumplimiento detallado de sus anuncios? Hay centenares de profecías bíblicas que ya se cumplieron y que pueden verificarse históricamente. La profecía contra Tiro es un ejemplo. Esta ciudad se encontraba en la costa mediterránea, al occidente de Damasco. Actualmente, es un punto equidistante entre Beirut, Líbano, Haifa e Israel. Sabemos que Ezequiel escribió en Babilonia en el 597 a. C. En la siguiente porción de Ezequiel 26, hay por lo menos siete profecías específicas para Tiro:

1°. Muchas naciones estarían en contra de Tiro (v. 3).

2°. Nabucodonosor destruiría lo que quedara en la orilla del mar (v. 8).

3°. Quedaría como peña lisa, como piedra completamente plana (v. 4).

4°. Los pescadores tenderían sus redes en su lugar (v. 5).

5°. Los escombros se echarían en medio de las aguas (v. 12).

6°. Nunca sería reconstruida (v. 14).

7°. La ciudad destruida nunca sería hallada (v. 21).

Doce años después de la profecía, el rey Nabucodonosor de Babilonia atacó Tiro. La resistencia fue tan fuerte que no se logró la conquista inmediata, sino que tuvo que ser sitiada por trece años. Al cabo de este período, Nabucodonosor logró penetrar por las puertas y encontró una ciudad casi despoblada. Durante el bloqueo, casi todos los habitantes la habían abandonado y se habían trasladado por barco a una isla pequeña que se encuentra a aproximadamente un kilómetro de la costa. Allí edificaron una ciudad fortificada. Los babilonios destruyeron la ciudad original en el 573 a. C., pero no hicieron nada con la nueva, ya que no tenían barcos para llegar a ella. La ciudad nueva en la isla tuvo una historia de unos 250 años. Los habitantes nunca reedificaron la ciudad original.

En 333 a. C., Alejandro Magno llegó, en su plan de conquista, al sitio original de la ciudad y se enfadó porque no encontró barco para ir hasta la isla. Sin embargo, no se dio por vencido. Dio órdenes a sus tropas para que tomaran los escombros de la ciudad vieja y construyeran una calzada de 60 m de ancho que conectara la isla con tierra firme. Los habitantes de la isla se resistieron, saboteando la obra. De noche deshacían lo que los griegos habían hecho durante el día. Ante esto, Alejandro mandó edificar torres protectoras frente a los obreros, pero de noche eran quemadas. Llegó el día en que se acabaron los escombros de la primera ciudad. Entonces, el conquistador mandó excavar los cimientos de todos los edificios para que se usara hasta el polvo. Por fin, después de siete meses de trabajo, el ejército de Alejandro Magno llegó a la ciudad. Inmediatamente, mataron 8.000 personas y vendieron a 30.000 como esclavos.

La Tiro moderna se encuentra donde antes estaba la isla y es ahora el extremo de una península. Los turistas que llegan al sitio de la primera ciudad pueden ver a los pescadores tendiendo sus redes, porque es un lugar ideal para ello. Ningún profeta bíblico se equivocó. Sin duda alguna, siempre acertaban. Ante esto nos preguntamos: ¿Cuáles son las probabilidades matemáticas de que todas las profecías de la Biblia se cumplieran en todos sus detalles? La respuesta a esta pregunta es: un número más grande que la cantidad estimada de todas las estrellas.

Para demostrarlo, se hizo un cálculo tomando solo 8 profecías. Su conclusión fue que únicamente existía una probabilidad en un número con 26 ceros de que se cumplieran. La verdad es que no podemos imaginarnos un número tan grande. A ver si lo podemos ilustrar. Visualicemos toda la superficie del estado de Texas cubierta con monedas de dólar de plata, a una profundidad de casi un metro. Ese estado tiene una superficie total de casi 419.414 km^2. Ahora, imaginemos que una de esas monedas está pintada de rojo. Pongamos a una persona con los ojos vendados para que seleccione una moneda de cualquier punto del estado. ¿Cuáles serían las probabilidades de que atinara en el primer intento y encontrara la moneda roja? Serían iguales a las del cumplimiento exacto de las ocho profecías bíblicas.

12. La perennidad de sus principios.

Aunque muchos de los libros de la Biblia fueron escritos en los comienzos del conocimiento humano, los principios expuestos en ella, nunca han sido contradichos o superados (Sal 119:89, 152; Mt 24:35; 1 P 1:23). Como referencia, tenemos la promulgación de la Ley (Ex 20). La lectura de los Diez Mandamientos revela que estos presentan principios fundamentales de valor permanente y no solo de aplicación a un pueblo, en un momento concreto. Una declaración de justicia así, solamente pudo brotar de la autoridad de Dios, lo que la eleva por encima de la mera relatividad, según las conveniencias del egoísmo o de las costumbres humanas.

13. La Biblia como obra literaria.

Es razonable y de esperarse que Dios, al comunicarse con el hombre, enviase Su mensaje en forma escrita. ¿De qué otra manera podría este ser meditado, aplicado y preservado para lectura de todos en todos los tiempos? En general, las observaciones de los eruditos del mundo, ya sean a favor o en contra, han estado de acuerdo en que como literatura, la Biblia es sin igual.

Además de ser considerada una obra literaria, la Biblia es también sobresaliente por su contenido. No solamente contiene historia gráfica, sino profecía en detalle, la más bella poesía y drama, relatos de amor y de guerra, principios y valores relacionados con la verdad, y un abanico de consejos aplicables a la vida diaria. La variedad de la producción está resaltada en la multiplicidad de las materias que contiene.

Es evidente, sin embargo, que esta superioridad de la literatura de la Biblia no puede ser atribuida a sus autores humanos. Con pocas excepciones, estos eran hombres comunes, fruto de épocas que no habían recibido ninguna preparación secular para la tarea que asumieron. Aún más, la Biblia representa tres centésimas del total existente de la literatura griega y romana; sin embargo, ha atraído y concentrado sobre sí más pensamiento y ha producido más obras explicativas, ilustrativas, apología tocante a su texto y exegética, que toda la literatura griega y romana juntas.

Cada era ha sido testigo de que gran parte de su literatura ha quedado relegada al olvido, mientras que la Biblia permanece. Esta, como ningún otro libro ha hecho o podría hacer, ha llegado a todas las razas o pueblos sin importar nacionalidad, procedencia o naturaleza. Como prueba de esto está el hecho de que la Biblia, o porciones de la misma, han sido traducidas a todas las lenguas escritas.

14. La verdad sin prejuicios de la Biblia.

Contrariamente a cualquier bibliografía, la Biblia registra y señala, sin vacilar, el pecado y la debilidad de los mejores hombres, para que sus vidas sirvan de ejemplo a otros. La Biblia no trata de encubrir, pasar por alto, o ignorar la parte sombría de la gente, presentando tan solo aquello que le podría adornar, sin ser aleccionador o de inspiración para quienes lo leen.

15. La Biblia y el monoteísmo.

Estrechamente relacionado con el punto anterior, está el hecho de que casi universalmente la humanidad ha practicado las abominaciones de la idolatría con una obstinación que está lejos de ser accidental. El pueblo judío, del cual proceden las Escrituras, humanamente hablando, no era inmune a esta tendencia. Desde los días del becerro de oro en el éxodo y a través de los siglos, los israelitas siempre estuvieron cayendo una y otra vez en la idolatría, a pesar de la abundante revelación de Dios con respecto a ella y al castigo ofrecido. La historia de la Iglesia está manchada por la adoración de imágenes tomadas del paganismo, aunque encarecidamente el Nuevo Testamento previene al creyente de apartarse de la idolatría y la adoración de ángeles. Bajo esta premisa, ¿cómo podría suponerse que hombres —y aun Israel— sin la dirección divina, pudiesen escribir un texto que catalogara la idolatría como una de las mayores y más repugnantes ofensas contra Dios? La Biblia no es el libro que el hombre hubiese escrito, aun si hubiese querido.

16. La doctrina trinitaria.

La doctrina bíblica de la Trinidad sostiene que Dios es uno en esencia, pero que existe eternamente en tres personas distintas: Padre, Hijo y Espíritu Santo. Indudablemente, este es uno de los más grandes misterios que el pueblo judío aún no ha podido dilucidar por revelación divina. La doctrina alcanza más allá del límite del entendimiento humano, aunque es fundamental en la revelación celestial. Sería contradictorio pensar que el hombre ha inventado un Dios tan grande al que ni siquiera puede comprender bien, presentando, además, otra indiscutible evidencia en cuanto al origen sobrenatural de la Biblia.

17. El plan de salvación.

¿Qué ser humano inventaría un plan de salvación que desacredite todos los méritos humanos para darle la gloria a Dios? Desilusionaría su egocéntrica vanidad y lo más trascendental, su mente no podría concebir la profundidad del sacrificio de Jesús, con respecto al precio de sangre de su humanidad divina y el perdón de pecados pasados, presentes y futuros de todos los hombres.

18. La ética de la Biblia.

Las religiones de los gentiles se ocupaban muy poco o nada de los asuntos morales; sus sacerdotes no hacían referencia a una vida pura. Más bien, sus religiones eran frecuentemente promotoras de las inmoralidades y vicios más bajos. En este sentido, podemos decir que la ética de la Biblia es sobrenatural, tanto es su origen, como en su santo carácter. Por un lado, presenta una exposición categórica del fracaso ético del hombre, así como los juicios que por esto pesan sobre él, nada común en otras religiones. Por el otro lado, expone principios éticos desconocidos e impopulares en su tiempo. Puede servirnos de ilustración lo prescrito en el Antiguo Testamento sobre la esclavitud. En su día, la legislación mosaica no solo suavizaba aquella lacra social, sino que tendía a eliminarla. Recordemos también el tratamiento a las viudas y los huérfanos (Ex 22:22-23).

19. La Biblia es el libro de Dios.

En un sentido, es el libro de Dios, puesto que Él mismo y no otro, reclama su autoría. Abundan los textos en la Escritura que atestiguan una revelación especial de Dios, quien de muy variadas maneras habla a Sus siervos para comunicarles Su mensaje. Una de las frases más repetidas del Antiguo Testamento es: "Y dijo Dios". Y aunque el testimonio que una persona da de sí misma no es decisivo, porque puede ser falso, sin embargo, también puede ser verdadero y, de acuerdo con un elemental principio de procedimiento legal, tal testimonio no puede ser desechado a priori. A menos que pueda probarse fehacientemente su falsedad, la información que aporta siempre es de valor irrenunciable. En cuanto a las continuadas afirmaciones de la propia Escritura de ser el libro de Dios, no hay ninguna prueba en contra y sí muchas a favor, tal como hemos estado considerando.

Desde otro punto de vista, podemos afirmar que es el mensaje de Dios para el hombre y no del hombre para el hombre. Contrariamente a lo que da de sí la naturaleza humana, la Biblia se proyecta totalmente para glorificar a Dios, y no tiene otro propósito que honrarle. En este sentido también es el Libro de Dios.

Esbozo de la doctrina cristiana básica

Lo que sigue a continuación es un esbozo de la doctrina cristiana básica. Es breve, preciso e informativo. Como en cualquier aprendizaje, debes empezar por lo básico. Esta base es el cimiento de tu vida cristiana. Si aprendes lo que hay aquí, estarás bien informado y serás capaz de comprender aún más. Todo lo que debes hacer es afianzarte en lo fundamental y a partir de esto, cultivar tu camino cristiano. Recuerda que un edificio no puede ser más sólido que su cimiento. "Por tanto, dejando ya los rudimentos de la doctrina de Cristo, vamos adelante a la perfección". Hebreos 6:1.

1. Cuál versión de la Biblia.

Si no tienes una Biblia, es ineludible que adquieras una lo antes posible. Ella es imprescindible en tu vida cristiana. Afortunadamente, existen varias traducciones o versiones muy calificadas en español; citamos algunas de las más empleadas, todas basadas en los manuscritos hebreos y griegos:

a. Reina-Valera en sus ediciones 1960, 1977, 1989 o 1995. La más popular entre los protestantes y evangélicos de habla hispana, por su precisión y riqueza de vocabulario y literario.

b. Biblia de las Américas, sigue fielmente los originales; de lectura algo difícil.

c. Dios habla Hoy, es una Biblia en versión popular.

d. Traducción libre. Es muy ventajosa para principiantes, pero debiera acompañarse de otra versión autorizada, como base para un estudio serio.

2. Cómo buscar los pasajes en la Biblia.

a. Primero el nombre del libro (a veces abreviado). Luego el capítulo, y después los versículos.

- Por ejemplo: Génesis 1:26-28. Significa que debes buscar el libro de Génesis, capítulo 1, versículos desde el 26 al 28.

- 1 Corintios 15:24-28. Significa que debes buscar la primera carta de Pablo a los corintios, capítulo 15, versículos del 24 al 28.

b. Algunos libros, como la carta de Judas, constan de un solo capítulo, por lo que se omite numerarlo: Judas 5, significa el versículo 5, de dicha carta.

3. Más información acerca de la Biblia.

a. Como hemos dicho con anterioridad, la Biblia consiste en 66 libros: 39 del Antiguo Testamento (A. T.) y 27 del Nuevo Testamento (N. T.). Como mnemotecnia: $3 \times 9 = 27$.

b. El Antiguo Testamento tiene 23.214 versículos. El N. T. tiene 7.959 versículos.

c. La Biblia requirió cerca de 1.600 años para escribirse.

d. Los primeros en traducir la Biblia al español fueron probablemente los albigenses, grupo heterodoxo del siglo XII; no se han conservado manuscritos.

e. La primera traducción completa al español fue acabada en 1280, bajo el auspicio del rey Alfonso X. La primera traducción protestante fue realizada por Casiodoro de Reina y Cipriano de Valera, y publicada en Basilea (Suiza), en 1569.

f. La primera traducción al español hecha en el continente americano, fue la Biblia de Vence, publicada en México, en 1831.

g. Hasta 1997, la Biblia había sido traducida total o parcialmente a casi 2.200 lenguajes y dialectos, poniéndola al alcance de más del 90 % de la población mundial.

h. Los libros de la Biblia fueron divididos en capítulos por Stephen Langton en 1228. Los libros del A.T. fueron divididos en versículos por Rabbi Natán, en 1448 y los del el N. T. por Robert Estienne (también conocido como Stephanus), en 1551.

i. El A. T. tiene cinco divisiones principales:
   - El Pentateuco: Génesis a Deuteronomio.
   - Libros históricos: de Josué a Ester.
   - Libros poéticos: de Job al Cantar de los Cantares.
   - Los profetas mayores: de Isaías a Daniel.
   - Los profetas menores: de Oseas a Malaquías.

j. El N. T. tiene cuatro divisiones principales:
   - Evangelios: Mateo a Juan.

- Historia: Hechos.
- Epístolas: Romanos a Judas.
- Profecía: Apocalipsis.

4. Por qué confiar en la Biblia.

a. La Biblia es textualmente pura en un 98,5 %. Esto significa que a lo largo de los siglos que involucró todo el proceso de su copia reiterada, solamente cabe una duda del 1,5 % del texto. No existe ninguna otra obra, entre los escritos de la antigüedad, que se aproxime a la precisión y exactitud de transmisión que se halla en los documentos bíblicos.

b. El 1,5 % del texto sobre el cual hay dudas, no afecta en absoluto la doctrina. Estas erratas son llamadas variantes textuales y consisten principalmente en modificaciones de palabras y ortografía.

c. La Septuaginta, traducción del A.T. hebreo al griego, realizada entre los siglos III y II a. C., da testimonio de la confiabilidad y consistencia del A. T. cuando se la compara con los manuscritos hebreos existentes. Por ejemplo:

- Los rollos del Mar Muerto descubiertos en 1947, también dan fe de la confiabilidad de los manuscritos del A. T.

- Los rollos del Mar Muerto son antiguos documentos que fueron escondidos en cuevas del desierto de Judea, hace aproximadamente 2.000 años.

- Entre ellos había copias completas o fragmentos de casi todos los libros del A. T. Entre ellos, había una copia completa del libro de Isaías.

- Antes de descubrirse los rollos del Mar Muerto, el manuscrito más antiguo existente del A. T. hebreo databa de aproximadamente 900 d. C. y constituía el llamado Texto Masorético (del hebreo *Masorah*, tradición). Los rollos contenían manuscritos bíblicos 1.000 años más antiguos.

- La comparación entre ambos grupos de manuscritos demostró una exactitud de precisión, a pesar de las reiteradas copias. Ante esto, muchos críticos se vieron obligados a guardar silencio.

d. El N. T. tiene el apoyo de más de 5.000 manuscritos griegos, actualmente en existencia, con 20.000 más en otros idiomas (traducciones antiguas al siríaco, latín, copto, etc.). Parte de la evidencia manuscrita incluye manuscritos copiados menos de un siglo después de haberse escrito los originales. La variación textual en el N. T. es inferior al 1 %.

e. Fechas estimadas de producción de los documentos del N. T.
   - Cartas de Pablo: 48-66 d. C.
   - Mateo: 70-80 d. C.
   - Marcos: 50-65 d. C.
   - Lucas y Hechos: 60-65 d. C.
   - Juan: 80-100 d. C.
   - Apocalipsis: 96 d. C.

f. Algunos de los principales manuscritos existentes del N. T. son:
   - El manuscrito John Rylands, escrito hacia 130, es el fragmento del N. T. más antiguo conocido.
   - El papiro Bodmer II (entre 150 y 200).
   - Los papiros Chester Beatty (200), contienen gran parte del N. T.
   - El Códice Vaticano (325-350), contiene casi toda la Biblia.
   - El Códice Sinaítico (350), contiene casi todo el N. T. y más de la mitad del A. T. en versión griega.

g. Ninguna otra obra antigua puede presumir de tener copias tan próximas al tiempo de su escritura. Para la Biblia, tal diferencia es de 50 años. Como comparación, para Platón o Aristóteles la diferencia se mide en siglos.

h. La profecía y las probabilidades matemáticas de su cumplimiento:
   - Las probabilidades de que Jesús cumpliese 48 de las principales 61 profecías concernientes a él, son de 1 en 10.157.

- En comparación, el número total de electrones estimado en todo el universo conocido es de aproximadamente 1.079; es decir, un uno seguido de 79 ceros.

Inspiración e inerrancia

La Biblia es inspirada por Dios. Esta inspiración significa que Dios, a través del Espíritu Santo, hizo que los autores humanos de la Biblia plasmasen en papel la exacta revelación que quiso dar acerca de sí mismo. Es Dios quien inspiró (2 Ti 3:16) a los profetas y los apóstoles (2 P 1:21), Sus instrumentos. La Biblia, además, carece de todo error en los manuscritos originales y es absolutamente confiable en todos los aspectos a los que se refiere. El verdadero cristiano acepta la inspiración y autoridad de la Biblia.

Exactitud científica comprobada en la Biblia.

1. La forma esférica de la Tierra (Is 40:22).
2. La Tierra no está colgada de nada (Job 26:7).
3. Las estrellas son innumerables (Gn 15:5).
4. Existencia de valles en los mares (2 S 22:16).
5. Existencia de manantiales y fuentes en los mares (Gn 7:11; 8:2; Pr 8:28).
6. Existencia de caminos (corrientes oceánicas) en los mares (Sal 8:8).
7. El ciclo del agua (Job 26:8; 36:27-28; 37:16; 38:25-27; Sal 135:7; Ec 1:6-7).
8. Los seres vivos se reproducen según su especie (Gn 1:21; 6:19).
9. La naturaleza de la salud, la higiene y la enfermedad (Gn 17:9-14; Lv 12-14).
10. El concepto de entropía que indica que la energía disponible se está agotando (Sal 102:26).

La inspiración de la Biblia.

La Biblia es la revelación divina al hombre. Veamos cómo sucedió su inspiración:

1. ¿Quién inspiró las profecías de la Biblia mediante el Espíritu Santo?

   "La profecía no fue en los tiempos pasados traída por voluntad humana, sino que los santos hombres de Dios hablaron siendo inspirados del Espíritu Santo". 2 Pedro 1:21.

   El Espíritu de Cristo inspiró a los profetas para que toda la Biblia fuera un libro cristiano. Léase también 1 Pedro 1:10-11.

2. ¿Qué parte de la Biblia es inspirada por Dios?

   Toda la Escritura es inspirada divinamente (2 Ti 3:16).

3. ¿Quién reveló el futuro a los profetas mediante inspiración del Espíritu Santo? "No hará nada el Señor Jehová, sin que revele su secreto a sus siervos los profetas". Amós 3:7.

4. ¿Reconocieron los profetas que sus mensajes eran de Dios?

   Ciertamente. Veamos algunos ejemplos:

   - David dijo: "El Espíritu de Jehová ha hablado por mí, y su palabra ha sido en mi lengua". 2 Samuel 23:2.

   - Jeremías dejó escrito: "Dijo Jehová: He aquí que he puesto mis palabras en tu boca". Jeremías 1:9. Puede leerse también Jeremías 1:4-9.

   - Dios ordenó al profeta Ezequiel: "Les hablarás, pues, mis palabras, escuchen o dejen de escuchar". Ezequiel 2:7.

   - Cuando Zacarías, el padre de Juan el Bautista, habló "lleno del Espíritu Santo", afirmó que Dios había hablado "por boca de sus santos profetas". Lucas 1:67-70.

5. ¿Cómo fue revelado el Apocalipsis al apóstol Juan? [5]

   "La revelación de Jesucristo, que Dios le dio, para manifestar a sus siervos las cosas que deben suceder presto; y la declaró, enviándola por su ángel a Juan su siervo, el cual ha dado testimonio

---

[5] En este ejemplo de los pasos seguidos por los mensajes de Dios dados a los profetas, se observa que Él es la fuente de la verdad. Cristo recibió la verdad del Padre y la transmitió al ángel escogido. El ángel comunicó el mensaje al apóstol Juan, el cual lo pasó al pueblo de palabra y por escrito.

de la palabra de Dios, y del testimonio de Jesucristo, y de todas las cosas que ha visto". Apocalipsis 1:1-2.

El Dr. Lewis Sperry Chafer, en su libro titulado *Teología sistemática*, expone que esta escritura apocalíptica no es la clase de obra que el hombre escribiría si pudiese. En sus páginas están escritos los anales del cielo, de la tierra y del género humano. En la teología, como en la divinidad misma, se contiene lo que fue, lo que es y lo que será. En su primera página se encuentra el principio de los tiempos y el de las cosas, y en su última página, el fin de las cosas y de los tiempos. La Biblia está reconocida mundialmente como la obra literaria de mayor envergadura de todas las épocas.

Sabemos que poetas y novelistas de fama universal, entre ellos los ganadores del Premio Nobel de Literatura, Gabriela Mistral (chilena, 1945), Juan Ramón Jiménez (español, 1956), Miguel Ángel Asturias (guatemalteco, 1967) y otros escritores hispanoamericanos, han ido a beber su divina inspiración en las Sagradas Escrituras.

Hubo en Madrid, en el siglo XVIII, el 16 de abril de 1848 para ser más específicos, un acto tan trascendental que pasó a la historia, pues el célebre orador y escritor Juan Donoso Cortés, al ser recibido como miembro de la Real Academia de las Letras, escogió como tema *La Biblia*. Este discurso, que constituye una de las grandes joyas de la literatura española, se une al de otros grandes poetas que han corrido a aplacar su sed en las fuentes bíblicas inextinguibles, al decir que para ellos fueron impetuosos torrentes, ríos insondables, estrepitosas cascadas, bulliciosos arroyos o tranquilos estanques de apacible remanso.

También tenemos las famosas palabras de don Miguel de Cervantes Saavedra, en su célebre *Don Quijote de la Mancha*, que dice de la siguiente manera: "Y si todavía, llevado de su natural inclinación, quisiese leer libros de hazañas y de caballería, leo en la sacra escritura el de los jueces, porque allí hay verdades grandiosas y hechos tan verdaderos como valientes".

Características de la inspiración divina.

Al hablar de inspiración divina se ha de referir a la influencia del Espíritu Santo sobre los autores bíblicos, quien los capacitó para escribir, libre de error, las verdades de Dios. Se caracteriza por ser:

1. Divina: los que participan de la teoría de la inspiración plantean que los autores de las Sagradas Escrituras recibieron inspiración de un autor prominente de la literatura. Esto es relacionar la inspiración bíblica con clarividencia espiritual y sabiduría humana. Algunos hombres se atribuyen a sí mismos tener este don. Llevar la inspiración de la Biblia a un plano inferior, al humano, le haría igual a cualquier otro libro. Pese a los ataques que la inspiración de la Biblia ha tenido, la expresión: "Y dijo Jehová", aparece más de 2.000 veces; esto reafirma que la Biblia es inspirada por Él, que es inspiración divina, razón por la que Cristo la aprobó.

2. Única: los postulantes de la teoría de la inspiración admiten la inspiración directa de Dios y del Espíritu Santo; se asiente que la inspiración sea solo para los escritores bíblicos.

3. Viva: no significa que Dios tomó las facultades del hombre y le dictaba palabra por palabra, y que a los escritores solo les tocaba escribir. Es viva porque es relevante en cada época y responde a las inquietudes de cada generación.

4. Completa: la teoría de la inspiración expone que Dios solo inspiró a los escritores bíblicos para relevar todos los asuntos doctrinales, y la Biblia es la Palabra de Dios.

5. Verbal: Dios inspiró no solo los pensamientos bíblicos, sino también las palabras, de manera que los guio con Su Espíritu a escoger la palabra o vocablos exactos que el mensaje requería.

Pruebas de la inspiración.

I. Interna:

1. Los profetas y escritores bíblicos reconocían que Dios era quien suministraba el mensaje.

2.	Unidad de pensamiento. Toda ella habla del plan redentor de Dios y su gran personaje es Jesucristo.

3.	Exactitud y seriedad. En la Biblia no encontramos errores, ni absurdos.

4.	Actualidad. La Biblia fue actual ayer, lo es hoy y lo será siempre.

5.	Autoridad y poder.

6.	Profecías cumplidas.

II.	Externa:

1.	La lectura de sus páginas ha cambiado el curso de la historia.

2.	Es indestructible.

3.	Tiene una extraordinaria circulación.

4.	Su lectura y práctica dan paz y gozo.

Además de ello...

1.	Es el único libro considerado como la Palabra de Dios. No es que contiene la Palabra de Dios, sino que es. Razones lógicas, pruebas científicas, descubrimientos arqueológicos y estudios hermenéuticos así lo han confirmado a la Iglesia (Jn 5:39; 2 P 1:20-21; 2 Ti 3:16-17).

2.	Es el único libro en el mundo que señala a la humanidad reglas de fe y conducta como preparación para la vida eterna (Sal 119:11,43-45, 97, 160; Jn 5:24, 20-21; Heb 5:12).

3.	Es el único libro que fue escrito por el hombre bajo la inspiración directa del Espíritu Santo. Por lo tanto es inviolable. Ella misma nos exhorta a:

-	No añadir ni quitar nada a lo escrito (Dt 4:2; Ap 22:18-19).

-	No tenerla en poco (Nm 15:21; 2 S 12:9).

-	No desecharla (1 S 3:1).

-	No invalidarla (Mc 7:13).

-	No adulterarla (2 Co 4:2).

-	No quebrantarla (Jn 10:31).

-	No pervertirla (Jer 23:26).

- No comercializar con ella (Tit 1:10-11; 2 Co. 2:17).

- Reconocer su contenido (Sal 55: 21; Heb 4:12).

- Estimarla (1 S 15:23-26).

- Usarla bien (2 Ti 2:15).

- Aplicarla a nuestra vida (1 Stg 1:23).

Estructura de la Biblia.

El término Biblia viene del vocablo griego *biblos*, que significa libros o conjunto de libros. En latín se traduce como biblioteca (Mt 1:1; Lc 4:17). La Biblia es entonces un conjunto de libros conformados en un solo cuerpo y estructurados en el tiempo de la siguiente forma.

I.   Períodos de su formación.

  1.   Paleotestamentario.

Esta etapa abarca alrededor de 11 siglos, desde el 1500 hasta el 430 a. C. Durante este lapso de tiempo se escribieron los libros que conforman el Antiguo Testamento. Este período se puede subdividir en seis épocas.

- Moisés.

- Josué.

- Jueces.

- Reyes.

- La cautividad.

- La restauración.

  2.   Intertestamentario.

Generalmente, se fija el comienzo de este período por el año 430 a. C. hasta el año 26 o 28 d. C. El Antiguo Testamento lo conforman 39 libros, entre los cuales hay 17 históricos, 5 poéticos y 17 proféticos. Todos juntos forman 929 capítulos. Siendo el versículo más largo Ester 8:9.

  3.   Neotestamentario.

El Nuevo Testamento contiene 27 libros, 4 evangelios, 1 libro de historia, 21 epístolas y 1 de profecías. Todos juntos conforman 260 capítulos. Siendo el texto más corto, Juan 11:35.

Curiosidades bíblicas.

1. La palabra "Señor" se encuentra 1.853 veces, y el nombre "Jehová" se encuentra 6.855 veces.

2. Hasta el presente año, la Biblia se ha traducido a más de 1.661 idiomas, incluyendo lenguas indígenas.

3. Se piensa que la Biblia latina fue el primer libro impreso por Gutenberg, en 1456.

Nombres dados a la Biblia.

I. En el Antiguo Testamento.

1. El Libro de la Ley (Jos 1:9).

2. El Libro de Jehová (1 Cr 16:40).

3. La Ley de Moisés (2 Cr 23:18).

4. La Ley (2 Cr 25:4).

II. En el Nuevo Testamento.

1. La Escritura (Mc 2:10; 15:28; Lc 4:21; Ro 4:3; Gl 4:30).

2. Las Escrituras (Jn 5:39; 1 Ti 5:18; 2 P 3:15).

3. La Biblia. Nombre que en el siglo II d. C. le dieron los cristianos.

Su estructura.

I. Testamentos.

1. La Biblia se divide en Antiguo Testamento y Nuevo Testamento.

2. El término "testamento" procede del latín *testamentum* y del griego *diatheke*, el cual no solo significa testamento, sino también pacto, convenio o alianza (2 Co 3:6-14; Heb 8:13).

II. Subdivisiones de la Biblia.

Ya explicamos que cada testamento (antiguo y nuevo) de la Biblia está dividido de la siguiente manera: libros, capítulos y versículos.

Conclusión

I. La Biblia es la Palabra de Dios.

1. Resulta evidente que fue Dios quien habló "muchas veces y de muchas maneras en otro tiempo a los padres por los profetas" (Heb 1:1).

2. Entonces, la Biblia es el libro de Dios, debido a que es Su Palabra, la cual permanecerá para siempre. Así lo afirma Isaías 40:8: "Sécase la hierba, marchítase la flor; mas la Palabra del Dios nuestro permanece para siempre".

3. Debemos dar a la Palabra de Dios el mismo valor que le dio el patriarca Job: "Del mandamiento de sus labios nunca me separé; guardé las palabras de su boca más que mi comida". Job 23:12.

II. Fascinantes profecías cumplidas.

1. Dios nos asegura que es capaz de revelar el futuro. "He aquí se cumplieron las cosas primeras, y yo anuncio cosas nuevas; antes que salgan a luz, yo os las haré notorias". Isaías 42:9.

2. Dios puede declarar "lo porvenir desde el principio" (Is 46:9-10). Por lo tanto, el que se cumplan las profecías es un poderoso testimonio de la inspiración de la Biblia.

3. ¿Cuál fue la predicción de Dios para la antigua Babilonia?
    "Babilonia, hermosura de reinos y ornamento de la grandeza de los caldeos, será como Sodoma y Gomorra, a las que trastornó Dios. Nunca más será habitada, ni se morará en ella de generación en generación; ni hincará allí tienda el árabe, ni pastores tendrán allí majada". Isaías 13:19-20.[6]

4. ¿Qué dijo el profeta que haría Dios con la ciudad de Nínive?
    Dios pondría a Nínive en asolamiento, y en secadal como un desierto. "Esta es la ciudad alegre que estaba confiada, la que decía

---

[6] También se puede leer Jeremías 51:26-37. El sitio de la antigua Babilonia se halla en ruinas, exactamente como lo predijo Dios.

en su corazón: Yo, y no más. ¡Cómo fue en asolamiento, en cama de bestias! Cualquiera que pasare junto a ella silbará, batirá una mano contra otra mofándose" (Sof 2:13-15).[7]

5. ¿Predijo Dios con exactitud la caída de Egipto? ¿Volvería a ser un poder mundial dominante? "En comparación con los otros reinos será humilde; nunca más se alzará sobre las naciones; porque yo los disminuiré, para que no vuelvan a tener dominio sobre las naciones". Ezequiel 29:15.[8]

6. ¿Cuál fue la predicción de Dios para de Tiro?

"Y robarán tus riquezas y saquearán tus mercaderías; arruinarán tus muros, y tus casas preciosas destruirán; y pondrán tus piedras y tu madera y tu polvo en medio de las aguas. Y haré cesar el estrépito de tus canciones, y no se oirá más el son de tus cítaras. Y te pondré como una peña lisa; tendedero de redes serás, y nunca más serás edificada; porque yo Jehová he hablado, dice Jehová el Señor". Ezequiel 26:12-14.

Tiro era una ciudad de mercaderes que comerciaba con todos los países del Mediterráneo y más allá. Debido a su riqueza, muchas veces se vio envuelta en guerras. Nabucodonosor sitió a Tiro continental y la destruyó, y durante trece años sitió a Tiro insular, pero nunca la pudo conquistar. Al fin, le permitió conservar su reinado en forma medio independiente, manteniendo en la ciudad un comisionado para velar que le pagaran los tributos regularmente.

Tiro continental no fue reconstruido, pero la ciudad isleña siguió existiendo más allá del período persa. Cuando Alejandro el Grande de Grecia amenazó a Tiro, la ciudad rehusó someterse al dominio griego. Entonces, usando las ruinas y desechos de la antigua Tiro continental,

---

[7] Nínive era una gran ciudad. Tenía un perímetro de once kilómetros. Un ladrillo de arcilla del tiempo de Senaquerib menciona quince puertas en los muros de la ciudad. Esos muros eran de veinte metros de alto y catorce de grosor.

[8] Egipto fue la mayor nación del mundo. Se puede leer también Ezequiel 30:4,12-13.

Alejandro construyó un ancho camino hasta la isla y cumplió la profecía de Ezequiel 26:12. Sobre ese camino, su ejército marchó sobre la isla y destruyó la ciudad. Mató a todos los dirigentes y vendió al resto de sus habitantes como esclavos. La ciudad fue reconstruida, pero nunca más llegó a ser lo que fue. Más tarde, en el año 1291 de la era cristiana, fue destruida casi por completo por los sarracenos.

Actualmente, hay una aldea en el norte de esta isla y en parte quedó el camino a tierra firme, que a través de los años ha llegado a tener unos 800 metros de ancho. Todavía se pueden ver dentro del agua algunos restos de la antigua ciudad. Aún hay un muelle de pescadores al norte de la isla. La gran nación de los días de Ezequiel no existe más.

Como conclusión tenemos como aprendizaje, que estas y otras profecías cumplidas nos dicen: "Creed a Jehová vuestro Dios, y seréis seguros; creed a sus profetas, y seréis prosperados". 2 Crónicas 20:20[b].

La Creación en la Biblia

¿Cómo empezó la vida? ¿Quién hizo el mundo? ¿Cómo arribó el hombre a la tierra? ¿De dónde vinieron las flores, los árboles, los animales y los peces? Para hallar la correcta respuesta a estas preguntas debemos ir a la Biblia. Este libro de Dios contiene el registro de Su Creación.

1.   ¿Cuál es el principio del Universo?

"En el principio creó Dios los cielos y la tierra". Génesis 1:1.

2.   ¿Cómo fueron hecho los cielos?

"Por la palabra de Jehová fueron hechos los cielos, y todo el ejército de ellos por el espíritu de su boca". "Porque él dijo, y fue hecho; él mandó y existió". Salmo 33:6, 9.

3.   ¿Cuánto tiempo debía permanecer la Tierra?

"Él fundó la tierra sobre sus bases; no será jamás removida". Salmo 104:5.

4.   ¿Quién fue el creador de todo?

"Levantad en alto vuestros ojos, y mirad quién creó estas cosas; él saca por cuenta su ejército, a todas llama por sus nombres; ninguna faltará. Tal es la grandeza de su fuerza, y su poder y virtud. ¿No has sabido, no has oído que el Dios del siglo es Jehová, el cual creó los términos de la tierra? No se trabaja, ni se fatiga con cansancio, y su entendimiento no hay quien lo alcance". Isaías 40:26, 28.

"Dios, habiendo hablado muchas veces y de muchas maneras en otro tiempo a los padres por los profetas, en estos postreros días nos ha hablado por el Hijo, al cual constituyó heredero de todo, por el cual asimismo hizo el universo". Hebreos 1:1-2.

5.   ¿Cómo se dio a existencia el hombre?

"Formó pues, Jehová Dios al hombre del polvo de la tierra, y alentó en su nariz soplo de vida; y fue el hombre en alma viviente". Génesis 2:7.

6.   ¿Cómo puede entenderse el relato de la Creación?

"Por fe entendemos haber sido compuestos los siglos por la palabra de Dios, siendo hecho lo que se ve, de lo que no se veía". Hebreos 11:3.

7.   ¿Podemos estar seguros de que cada día de la Creación fue un día de 24 horas?

El primer capítulo de Génesis presenta un registro definido del trabajo de cada día de la Creación, y está bien marcada la duración exacta. Al final del primer día, la Biblia dice: "Y fue la tarde y la mañana un día". Génesis 1:5. Así mismo, cada uno de los días restantes de esa semana es señalado. Cada día consta de dos partes, la parte iluminada y la parte oscura. En el plan de Dios, la puesta de sol indica el fin del día. Cada día de la semana de la Creación empezó y terminó con la puesta del sol. Así que fueron días de 24 horas.[9]

---

[9] A veces, se menciona la idea de que en algunas ocasiones un día puede ser un período indefinido de tiempo. Sin embargo, el estudio de los manuscritos hebreos revela que cada vez que la palabra día va calificada por un número definido, indica siempre un día de 24 horas. Eso sucede con los días de la Creación.

8.   ¿Para qué fue creado el mundo?

"Así dijo Jehová, que creó los cielos, él es Dios; el que formó la tierra, el que la hizo y la compuso; no la creó en vano, para que fuese habitada la creó: Yo Jehová, y ninguno más que yo". Isaías 45:18.[10]

9.   ¿Qué elementos básicos de la naturaleza son presentados en el primer capítulo de Génesis?

En el capítulo uno de Génesis, cada una de las leyes va precedida por la frase "Y dijo Dios". Ahí se advierten los siguientes diez pasos:

1°.   Dios creó la luz (v. 3).

2°.   Creó la atmósfera.

3°.   Dios fijó el límite de la tierra y el mar (v. 9).

4°.   Dios fijó las especies del reino vegetal, de modo que cada planta se reprodujera según su especie (v. 11).

5°.   Dios dividió el tiempo en días, meses, años y estaciones mediante la rotación del Sol, la Luna y la Tierra, en sus diversos cursos (v. 14).

6°.   Dios fijó las especies de la vida marina y aérea, para que cada una produjera también según su especie (vv. 20-21).

7°.   Dios fijó las especies del ganado y demás animales, para que cada cual se reprodujera según su clase (v. 24).

8°.   La creación del hombre fue un acto separado y distinto al resto de la Creación (v. 26).

9°.   Dios estableció la ley de la reproducción del hombre y de autoridad sobre lo creado (v. 28).

10°.   Finalmente, Dios le dio al hombre el régimen alimenticio (vv. 29-30).

---

[10] Cuando se leen los últimos capítulos del libro de Job, desde el cap. 38 hasta 42:6, se ven las evidencias del poder creador de Dios. La final confesión de Job reconoce el poder y la sabiduría de Dios.

10.   ¿Cuáles son los principios relativos a la conducta del hombre que se revelan en el capítulo 2 de Génesis?

1º.   Dios estableció el sábado para el reposo espiritual del hombre. Santificó el séptimo día de la semana (vv. 1-3).

2º.   Dios asignó el trabajo al hombre (v. 15).

3º.   Dios fijó cierta restricción para que el hombre manifestara dominio propio y para que reconociera la propiedad divina. El árbol del conocimiento del bien y del mal llegó a ser la prueba de la obediencia del hombre (vv. 16-17).

4º.   Dios instituyó el matrimonio como base de la familia y de la sociedad (vv. 18-24).

Conclusión: la Escritura declara que todo lo hecho por Dios era "bueno en gran manera". El hombre era perfecto. No hay Dios como nuestro Creador. Merece nuestra amante adoración (Is 43:10-13).

¿Se puede entender la Biblia?

Hubo tiempo en que solo los clérigos podían leer la Biblia. Por muchos años la Iglesia romana no permitía a sus feligreses leerla. Desde el Concilio Ecuménico Vaticano II, la Iglesia recomienda que todos lean la Biblia, lo que está de acuerdo con la recomendación de la misma Sagrada Escritura.

1.   ¿Cuál es la primera regla básica para llegar a conocer la verdad?

El Señor Jesús enseñó: "El que quisiere hacer su voluntad, conocerá la doctrina si viene de Dios, o si yo hablo de mí mismo". Juan 7:17.[11]

Regla 1: Estudiar con reverencia la Biblia y con el sincero deseo de conocer y practicar la verdad.

2.   ¿Qué es la verdad?

---

[11] Para poder entender la Biblia debemos estudiarla, como lo recomienda 2 Timoteo 2:15. Hay que pedir la ayuda de Dios, como lo hacía David, según el Salmo 119:18.

Jesús intercedió por sus discípulos: "Santifícalos en tu verdad; tu palabra es verdad". Juan 17:17.

Regla 2: Aceptar la Biblia como la voz de Dios para nosotros. Léase Romanos 10:27-28 y 2 Tesalonicenses 2:13.

3. ¿Cómo puede el estudiante hallar la verdad acerca de un tema en particular?

"¿A quién se enseñará ciencia, o a quién se hará entender doctrina? [...] Porque mandamiento tras mandamiento, mandato sobre mandato, renglón tras renglón, línea sobre línea, un poquito allí, otro poquito allá". Isaías 28:9-10. Léase también 1 Corintios 2:13-14. Recordemos que la evidencia de la verdad divina está esparcida a través de la Escritura. Un pasaje puede ser la clave para abrir el significado de otro pasaje. [12]

4. ¿Qué método usaba Jesús para exponer la verdad?

"Y comenzando desde Moisés, y siguiendo por todos los profetas, les declaraba en todas las Escrituras lo que de él decían". "Y les dijo: Estas son las palabras que os hablé, estando aún con vosotros: que era necesario que se cumpliese todo lo que está escrito de mí en la ley de Moisés, en los profetas y en los salmos. Entonces les abrió el entendimiento, para que comprendiesen las Escrituras". Lucas 24:27; 44-45.

Regla 3: La Biblia es su propio y mejor comentario.

5. ¿En qué sentido los bereanos eran más nobles que los tesalonicenses?

"Y fueron estos más nobles que los que estaban en Tesalónica, pues recibieron la palabra con toda solicitud, escudriñando cada día las

---

[12] Es muy interesante saber que uno de los libros sagrados de los judíos, el Zohar (esplendor), libro escrito por Moisés de León, base de la Qabbalah (tradición), hace el siguiente comentario acerca de Deuteronomio 6:4. ¿Por qué hay necesidad de mencionar el nombre de Dios por tres veces en este versículo? La primera vez, Jehová, porque es el Padre de los cielos; la segunda vez, Dios, porque es un título del Mesías, la vara del tronco de Isaí que ha de venir por David, de la familia de Isaí; y la tercera vez, Jehová, porque es el que nos enseña a caminar aquí en la tierra. "Y estos tres son uno".

Escrituras, para ver si estas cosas eran así". Hechos 17:11. Léase también Juan 5:39.

Regla 4: Debemos investigar la Biblia con perseverancia.

6. ¿Qué amonestación del Apocalipsis muestra lo serio de agregar o quitar algo a la Palabra de Dios?

"Yo testifico a todo aquel que oye las palabras de la profecía de este libro: Si alguno añadiere a estas cosas, Dios traerá sobre él las plagas que están escritas en este libro. Y si alguno quitare de las palabras del libro de esta profecía, Dios quitará su parte del libro de la vida, y de la santa ciudad y de las cosas que están escritas en este libro". Apocalipsis 22:18-19.

Este pasaje no solo quiere decir que no hay que cortar nada del texto escrito de la Biblia, ni agregarle nada, sino también que no hay que hacer una mala interpretación de la Biblia, ni negar las verdades que afirma. Por tanto, debemos dejar que la Biblia hable, y del peso de la evidencia llegar a la conclusión de lo que ella enseña. Léase también Proverbios 30:5-6 y Deuteronomio 4:2.

Regla 5: No se debe quitar ni agregar nada a la Biblia.

Conclusión: recordemos que "las cosas secretas pertenecen a Jehová nuestro Dios; mas las reveladas son para nosotros y nuestros hijos para siempre, para que cumplamos todas las palabras de esta ley". Deuteronomio 29:29. Hay algunos asuntos difíciles de entender en la Biblia (2 P 3:16-17); sin embargo, las verdades esenciales se entienden.

El fundamento de la verdad

En el Sermón de la Montaña, Jesús habló de falsos profetas. Señaló también la insensatez de profesar ser cristiano y no vivir como él. Al concluir el sermón, comparó a los que oyen su Palabra y la obedecen con el hombre sabio que edificó su casa sobre la roca; esta casa soportó lluvias, inundaciones y vientos. En cambio, el que oye su Palabra y no la obedece es como el que edificó su casa sobre la arena. Esta casa no se mantiene en pie.

1. ¿Cómo reaccionó la gente a la doctrina de Jesús?

"Cuando Jesús acabó estas palabras, la gente se admiraba de su doctrina; porque les enseñaba como quien tiene autoridad". Mateo 7:28-29.

2. ¿Cuál es la verdadera base sobre la cual hemos de construir?

"Nadie puede poner otro fundamento que el que está puesto, el cual es Jesucristo". 1 Corintios 3:11.

3. ¿Puede una persona salvarse sin creer la verdad?

"Debemos dar siempre gracias a Dios por vosotros, hermanos del Señor, de que Dios os haya elegido desde el principio para salud, por la santificación del Espíritu y fe de la verdad". 2 Tesalonicenses 2:13.

Pablo recuerda en su epístola que "desde el principio" Dios los había escogido. Esta no es una elección arbitraria. Habían sido elegidos por creer la verdad y fueron santificados mediante el Espíritu Santo.

4. Según el consejo de Pablo a Tito, ¿qué clase de doctrina deben proclamar los predicadores?

"Pero tú habla lo que está de acuerdo con la sana doctrina". "Presentándote tú en todo como ejemplo de buenas obras; en la enseñanza mostrando integridad, seriedad". Tito 2:1, 7.[13]

5. Si una persona rechaza la verdad, ¿cuál será el resultado?

"Con todo engaño de iniquidad en los que perecen; por cuanto no recibieron el amor de la verdad para ser salvos. Por tanto, pues, les envía Dios operación de error, para que crean a la mentira; para que sean

---

[13] La "sana doctrina" debe ser la base de toda exhortación, lo que traerá convicción (Tit 1:9). Al enseñar a Timoteo a predicar la Palabra de Dios, Pablo le anticipa que llegará tiempo en que la gente no querrá oír la "sana doctrina" (2 Ti 4:1-4).

condenados todos los que no creyeron a la verdad, antes consintieron a la iniquidad". 2 Tesalonicenses 2:10-12.[14]

Conclusión:

1. No cerremos nunca los ojos a la verdad (Jn 12:35-36).
2. Jesús mostró la insensatez de rechazar la verdad (Mt 15:14).
3. Las falsas doctrinas trastornan la fe de algunos (2 Ti 2:18).
4. Por lo tanto, debemos poner a prueba lo que creemos mediante la Palabra y el testimonio de todos los profetas, como se nos instruye en Isaías 8:20.
5. No aceptemos la tradición de los hombres como fuente de verdad. Jesús indica que si nos basamos en las doctrinas humanas, nuestro culto sería vano. (Mt 15:3-9).

Código de fe bíblica

1º. Creemos que la Biblia es la Palabra inspirada de Dios a través del Espíritu Santo a hombres escogidos (2 Ti 3:16; 2 P 1:21), quienes la escribieron; y que nosotros, ahora, recibimos su revelación para poder entenderla (Lc 24:13-35; 1 Co 2:12-14).

2º. Creemos que dicha inspiración no fue comunicada verbalmente, sino que el Espíritu dejó margen a los escritores para usar su trasfondo cultural, social y político de la época en el empleo del lenguaje.

3º. Creemos que Dios utilizó no solamente las manos de los hombres que escribieron la Biblia, sino también sus ideas, cultura, temores, anhelos, pero de manera tal, que lo que escribieron fue exactamente lo que Dios quería que quedara registrado. Existe

---

[14] Si alguien rechaza oír la verdad, la oración de esa persona llega a ser abominable (Pr 29:9). Pablo instruye a Timoteo acerca de la importancia de obedecer la doctrina (1 Ti 4:16).

pues, en la confección de las Escrituras un aspecto divino y otro humano; este, igualmente guiado por Dios.

4°. Creemos que la inspiración de la Biblia es verbal, plenaria e inerrable:

- Verbal: por cuanto Dios inspiró no solamente los conceptos, sino hasta las palabras exactas que debían ser utilizadas. Jesús abogó muchas veces con respecto a las palabras aisladas de las Escrituras (Jn 10:34-35), y hasta con los signos de puntuación (Mt 5:18).

- Plenaria: por cuanto la inspiración de las Escrituras se extiende por igual a todas y cada una de sus partes (2 Ti 3:16).

- Inerrable: por cuanto no contiene ningún error. Siendo la Biblia la plena expresión verbal de la voluntad divina, es infalible al expresar el pensamiento de Dios.

5°. Creemos que la Biblia consta de 39 libros en el A. T. y 27 en el N. T., siendo estos los únicos reconocidos como autoridad tanto por Jesús como por la Iglesia primitiva.

6°. Creemos que las palabras exactas que Dios inspiró a los hombres que escribieron la Biblia son aquellas que pertenecen a los idiomas en que fue redactada: hebreo y arameo para el A.T., y griego para la mayoría del N. T. Sin embargo, la Biblia ha sido traducida al español, inglés y muchos idiomas más, contando hoy día con traducciones fieles, que le permiten recibir confiadamente el nombre de Palabra de Dios.

7°. Creemos que la Biblia, como Palabra de Dios, debe ser la norma suprema de la fe y conducta para el cristiano; y toda doctrina debe ser recibida únicamente bajo la condición de que se ajuste a sus afirmaciones (2 P 1:18-21).

Estudio de recapitulación de la Biblia

Texto: 2 Pedro 1:21.

Introducción: Según el diccionario, la palabra doctrina significa "enseñanza" u "opinión". Las doctrinas bíblicas son las enseñanzas acerca de diferentes temas bíblicos. Algunos reducen al mínimo la importancia de estudiar las doctrinas. Pero leyendo las siguientes citas notamos la importancia de esto. (1 Ti 1:3-10; 4:1, 6, 16; 6:3)

I. El origen de la Biblia.

1. La Biblia misma nos dice de dónde vino (2 Ti 3:16-17; 2 P 1:21), fue inspirada por Dios, a través del Espíritu Santo.

2. Esto prueba que detrás de los autores humanos había un autor divino. ¡La Biblia no contiene la Palabra de Dios, es la Palabra de Dios!

II. Tres palabras importantes.

Para comprender cómo llegó la Biblia a nosotros hay que entender estas tres palabras: revelación, inspiración e iluminación. Encontramos estos tres pensamientos en 1 Corintios 2:9-16.

1. Revelación: 1 Corintios 2: 9-11. La única manera de saber lo que está en la mente de otra persona es que esa persona lo revele. La única manera por la cual podemos saber lo de Dios, se debe a que Dios mismo nos lo revela (v. 11), lo cual es hecho por medio del Espíritu Santo (vv. 9-10). El Espíritu Santo reveló las verdades a los escritores de la Biblia.

2. Inspiración: 1 Corintios 2:12-13. No era suficiente para Dios revelar Sus verdades a ciertos hombres. También los inspiró a predicarlas y escribirlas para beneficio de otros. No solo les dio las ideas, sino las palabras con qué expresarse (v. 13), usando el carácter y el vocabulario del autor humano. Es importante recordar que la Biblia fue escrita originalmente palabra por palabra a medida que fue inspirada por Dios. Esto se llama inspiración verbal.

3. Iluminación: 1 Corintios 2:14-16. Se trata del poder para entender la Biblia. El hombre natural, o sea, el que no conoce a Dios, no puede recibir las cosas espirituales porque no ha nacido de

nuevo (Jn 3:5-7). La persona que es templo del Espíritu Santo y está lleno de él puede entender las Escrituras por el estudio y la oración. El Espíritu Santo es el Maestro Divino (1 Jn 2:27).

4. En conclusión, la Biblia fue inspirada por Dios (2 P 1:21). Es el mensaje de Dios para nosotros. ¿Está usted obedeciendo este mensaje?

III. Nuestra confesión de fe (compartida por Moedim Ministry), dice lo siguiente en cuanto a las Escrituras:

1. Creemos que la Biblia fue escrita por hombres inspirados sobrenaturalmente; y que por lo tanto, ella es y será hasta el fin de los tiempos, la única revelación completa y final de la cultura cristiana y la voluntad de Dios al hombre.

2. Creemos que ella es el centro verdadero de la unión cristiana y la norma suprema por la cual toda conducta humana, todos los credos y todas las opiniones deben probarse.

3. Aceptamos la colección de sesenta y seis libros de la Biblia, del Génesis al Apocalipsis, la cual en su forma escrita original no solamente contiene y transmite la Palabra de Dios, sino que es la misma Palabra de Dios.

4. Por inspiración, nosotros damos a entender que los libros de la Biblia fueron escritos por antiguos hombres santos, quienes fueron movidos por el Espíritu Santo en una forma tan definitiva, que sus escritos fueron sobrenatural y verbalmente inspirados y estuvieron libres de error, como ningún otro escrito lo ha sido, ni lo será jamás.

Continuando con esta recapitulación, vamos a explicar la importancia de la Biblia para nosotros, y cómo estudiarla (1 P 1:23). Veamos lo siguiente:

IV. El tema principal de la Biblia.

1. Es Jesucristo (Jn 5:39; Lc 24:27, 44). Para entender la Biblia es necesario que el pecador reconozca a Cristo como su Salvador y le busque en cada página de esta.

2. El tema del Antiguo y del Nuevo Testamento es Jesucristo (1 P 1:10-11).

V. El poder de la Biblia.

1. Según 1 Pedro 1:23, la Escritura es el medio de vida espiritual (Stg 1:18; Sal 19:7). Las almas son nacidas de nuevo por medio de la fe en el mensaje del evangelio. La Palabra es la semilla espiritual usada por el Espíritu para producir el milagro del nuevo nacimiento.

2. Según 1 Pedro 1:25, es el mensaje de los hombres espirituales. El mensaje de la Biblia es salvación por medio del evangelio o buenas nuevas de que Cristo murió por nuestros pecados, fue sepultado y resucitó al tercer día para nuestra justificación (1 Co 15:1-6). El mensaje del evangelio es el poder de Dios para salvación a todos los que creen (Ro 1:16). Es necesario divulgarlo al mundo.

3. Según 1 Pedro 1:22 y 2:1, la Biblia es el medio de limpieza espiritual (Sal 119:9; Jn 15:3; 17:17). Los hombres son purificados por medio de su mensaje, pues revela el pecado y presenta la sangre de Cristo para purificación. De esta manera los pecadores se purifican y los santos se mantienen limpios diariamente. El descuidar la lectura y meditación de la Biblia permitirá que el pecado vaya entrando poco a poco en la vida del creyente.

4. Según 1 Pedro 2:2, su lectura, meditación y comprensión es la manera de crecer espiritualmente (Mt 4:4). La Biblia es el alimento espiritual necesario, su descuido deja el alma hambrienta.

VI. Cómo estudiar la Biblia.

1. Leerla. Un profesor de un seminario bíblico dijo a sus alumnos: "Apunten 3 reglas para guiarles en el estudio de la Biblia". Qué sorpresa al saber que las tres reglas eran: 1) Lea la Biblia. 2) Lea

la Biblia. 3) ¡Lea la Biblia! Es provechoso leer un capítulo o un pasaje o un libro de la Biblia unas siete veces seguidas.

2.   Leerla con oración. Salmo 119:18.

3.   Método de leerla. Cualquier método es eficaz, lo importante es asumir la actitud correcta. El Nuevo Testamento fue escrito expresamente para guiar a los que vivimos en nuestros tiempos.

4.   Meditarla. Salmo 1:1-3 y 119:5. Es el pensar y tratar de entender lo que se lee. Meditar en el idioma hebreo significa articular la palabra en voz baja.

5.   Memorizarla. Salmo 119:11. Todos podemos memorizar unos tres versículos semanales. Por ejemplo, cada semana se pueden escoger tres versículos de la lección o tema tratado. Es conveniente anotar los versículos en tarjetas o en papel, para llevarlos consigo y repasarlos durante el día en los ratos libres.

VII.   Conclusión: la Palabra "vive y permanece para siempre" (1 P 1:23).

Lección 2

Doctrina de Dios

Parte I

Texto: Juan 1:18.

Introducción: Creemos que hay un Dios, y solamente uno, el verdadero y sempiterno Dios. Es un espíritu inteligente e infinito, hacedor y gobernador supremo del cielo y de la tierra; incuestionablemente glorioso en santidad y digno de todo honor, amor y confianza posible.

Creemos que en la unidad de la Deidad hay tres personas: el Padre, el Hijo y el Espíritu Santo, iguales en toda perfección divina y ejecutando oficios distintos, pero armónicos en la gran obra de redención.

I.   La existencia de Dios.

1.   La Biblia no busca probar que Dios existe. Su existencia es un hecho que no necesita comprobación. Génesis 1:1 es ejemplo de ello: "En el principio creó Dios los cielos y la tierra".

2.   El uso de la razón prueba que Dios existe.
-   La Creación tiene que tener un creador. Aunque hay quienes lo afirman, el Universo no pudo haberse creado solo (Ro 1:18-21; Sal 19:1). Dios es el Creador.
-   En todas partes del mundo los hombres creen en algún dios. La mayoría cree equivocadamente, pero cree. Los hombres tienen la necesidad, en lo íntimo de su ser, de creer en Dios. Romanos 2:14-15 explica que los gentiles no tienen la ley escrita en un libro, sino en sus corazones.

3.   No tenemos que probar que Dios existe. Lo aceptamos por fe y por las muchas evidencias. A los que dicen ser ateos, les dejamos el problema de probar que no hay Dios (Sal 14:1). El necio no sabe razonar, es ignorante.

II. La naturaleza de Dios.

1. Dios es Espíritu. Significa que no tiene cuerpo material como nosotros (Jn 4:24). Entonces, no es visible a nuestros ojos (Col 1:15; 1 Ti 1:17). No puede ser percibido con los sentidos del cuerpo, sino con el espíritu. Dios puede revelarse en forma visible si desea. Evidencia: Cristo (Col 1:15).

2. Dios es una personalidad. No es un objeto (como un ídolo), ni es una simple fuerza. Dios tiene las cualidades de una persona.
   - Sus nombres lo demuestran. Fue llamado Padre por considerársele una persona (Mt 11:25).
   - Puede pensar como una persona (Is 55:8-9).
   - Tiene emociones como una persona (Gn 6:6; Dt 6:15; Pr 6:16; Ap 3:19).
   - Tiene voluntad como una persona (Ef 1:5).

3. Dios es uno. La Biblia afirma que hay un solo Dios.
   - Lo leemos en el Antiguo Testamento (Is 44:6-8; 45:5).
   - Igualmente en el Nuevo Testamento (1 Co 8:4; 1 Ti 2:5).
   - La evidencia dice que solo puede haber un Ser Supremo: Dios.

4. Dios es una Trinidad. Este será el tema de la siguiente lección. Lean y estudien los siguientes textos:
   - Antiguo Testamento: Génesis 1:26; 3:22; 11:7; Isaías 6:8.
   - Nuevo Testamento: Mateo 3:16-17; 28:18-20; 2 Corintios 13:14; Juan 14:16.

III. Conociendo a Dios.

1. Gracias damos por el privilegio de conocer al Ser Supremo del Universo. No lo podemos ver, pero lo podemos conocer (Jn 1:18).

2. El Hijo de Dios se encarnó en hombre para revelar a Dios a los hombres.

IV. Conclusión: ¿Conoce usted a Dios? Si reconoció a Cristo como su Salvador, pues conoce a Dios.

Parte II
La Trinidad

Texto: 1 Juan 5:7.

Introducción: Ya vimos que Dios es espíritu, es una personalidad, es uno, y es la Trinidad. "Porque tres son los que dan testimonio en el cielo: el Padre, el Verbo y el Espíritu Santo; y estos tres son uno". 1 Juan 5:7.

I.   Lo que significa la palabra Trinidad.

1.   La palabra Trinidad no se encuentra en la Biblia, pero la enseñanza acerca de ella es muy clara.

2.   Trinidad, según el diccionario, es: "Distinción de tres personas divinas en una sola esencia".

3.   Otro registro dice: "La Trinidad es la unión de tres personas (el Padre, el Hijo y el Espíritu Santo) en una Deidad; de tal manera que los tres son un Dios en cuanto a substancia, pero tres personas en cuanto a individualidad".

4.   La Trinidad es una unidad compuesta por tres personas; no se trata de tres aspectos de una persona, ni de tres dioses.

5.   Cuando la Biblia habla de que hay un solo Dios (1 Ti 2:5), no hay contradicción con la Trinidad. Dios es uno en el sentido compuesto. Ejemplificamos con Génesis 11:6, donde leemos: "He aquí el pueblo es uno". El pueblo fue como uno, pero en realidad fue una unidad compuesta con pluralidad de personas. El único Dios es una diversidad de tres personas.

6.   Realmente, el concepto trinitario es difícil de entender. Los cristianos pueden creer y aceptarlo por fe y porque la Biblia lo enseña.

II. Pruebas de la Trinidad en el Antiguo Testamento.

1.   Génesis 1:26[a]: "Entonces dijo Dios: Hagamos al hombre a nuestra imagen, conforme a nuestra semejanza". Hagamos es un verbo en plural. Algunos dicen que se refiere a una consulta de Dios con los

ángeles, pero Génesis 1:27 lo contradice, pues afirma: "Y creó Dios al hombre a su imagen, a imagen de Dios lo creó; varón y hembra los creó" y no a la imagen de Dios y de los ángeles. Hagamos se refiere a las tres personas de la Trinidad: Padre, Hijo y Espíritu Santo.

2. Génesis 3:22: "Y dijo Jehová Dios: He aquí el hombre es como uno de nosotros". Nosotros = Trinidad.

3. Génesis 11:7: "[...] descendamos y confundamos". Hablando las tres personas de la Trinidad.

4. Isaías 6:8: "¿A quién enviaré (singular-Dios) y quién irá por nosotros? (plural-Trinidad)".

III. Pruebas de la Trinidad en el Nuevo Testamento.

1. En Mateo 3:16-17, la Trinidad es manifestada. El Hijo fue bautizado, el Espíritu descendió como paloma; el Padre habló desde el cielo.

2. En Mateo 28:19, vemos la Trinidad en el bautismo: "bautizándolos en el nombre del Padre, y del Hijo, y del Espíritu Santo".

3. En 2 Corintios 13:14, encontramos la bendición apostólica de la Trinidad.

4. En Juan 14:16, la correlación de la Trinidad. "Yo [Hijo] rogaré al Padre, y os dará otro Consolador [Espíritu Santo]".

IV. Cada uno de la Trinidad es Dios.

1. En Romanos 1:7, el Padre es llamado Dios. "Dios nuestro Padre".

2. En Hebreos 1:8, el Hijo es presentado como Dios. "Mas del Hijo dice: tu trono, oh Dios..."

3. En Hechos 5:3-4, el Espíritu Santo es manifestado como Dios. "Mintieses al Espíritu Santo" (v. 3). "No has mentido a los hombres, sino a Dios" (v. 4).

4. Cada uno es Dios. Entonces, son iguales en naturaleza y esencia.

5. El hecho de que una de las personas se sujete voluntariamente a otra al llevar a cabo alguna obra, no significa que no es Dios.

6. Ejemplo: vemos que para redimir a los hombres, Dios el Padre envió a Dios el Hijo (Jn 20:21); y Dios el Hijo es representado en el mundo por Dios Espíritu Santo (Jn 14:26).

V. Conclusión: El Dios verdadero es una unidad compuesta de tres personas, el Padre, el Hijo y el Espíritu Santo. ¿Cree usted en la Trinidad?

Parte III
Los atributos naturales de Dios

Texto: Hebreos 11:6.

Introducción: Es difícil, o más bien cuasi imposible, definir o describir a Dios. Una de las mejores formas de entender cómo es Dios es estudiando Sus cualidades o características, que son conocidas como atributos. Los atributos de Dios son de dos clases: naturales y morales. Vamos a estudiar algunos de los atributos naturales de Dios que atañen a Su existencia como Espíritu racional e infinito (que no tiene fin, ni límite).

I. Dios es eterno.

1. No tuvo principio, ni tendrá fin (Gn 21:33; Dt 33:27).

2. No fue creado, sino es el Creador. Entonces es completamente independiente y separado de Su Creación.

3. Tiene vida y existencia en sí mismo (Jn 5:26). Es el "Yo Soy" (Ex 3:13-14).

4. Los hombres tienen un principio, pero pueden recibir vida eterna si acepten el plan de Dios para ser salvos (Ro 6:23).

II. Dios es inmutable.

1. Quiere decir que no cambia en Su naturaleza, ni en Su carácter, ni en Sus propósitos. Siendo perfecto, Dios no puede cambiar para mejorar, ni empeorar (Mal 3:6; Stg 1:17).

2. Esa inmutabilidad le da seguridad al creyente en Cristo. Sabe que Dios no va a cambiar de pensamiento en cuanto a su salvación o en cuanto a las promesas expresadas en la Biblia.

3. Basándose en pasajes como Génesis 6:6 y Jonás 3:10, donde dice que Dios se arrepintió, algunos piensan que Dios sí cambia. En estos casos, Dios no cambió Su naturaleza, ni Su carácter, ni Sus propósitos. Solamente cambió Su modo de tratar con ciertos hombres porque ellos modificaron su modo de creer y de vivir. Él juzga a los incrédulos y siempre es misericordioso con los que se arrepienten.

III. Dios es omnipresente.

1. Significa que está presente en todas partes al mismo tiempo (Sal 139:7-10; Jer 23:23-24).

2. Algunos preguntan: "¿Dónde está Dios?" El hecho de que no se vea con los ojos, no quiere decir que no está. Podríamos contestar: "Muéstrame un lugar dónde no está".

3. Para el creyente, la omnipresencia de Dios es un consuelo, porque sabe que Dios está con él por donde quiera que ande.

4. Para el incrédulo es una advertencia, porque no puede escapar ni huir de Dios.

IV. Dios es omnisciente.

1. Quiere decir que lo sabe todo. Él conoce todo lo pasado, lo presente y lo futuro.

2. Nada, ni el más íntimo pensamiento del hombre se esconde de Él (Sal 147:5; Heb 4:13; 1 Jn 3:20).

3. Ya que conoce el futuro, los hombres pueden entregarle sus almas, sus vidas, con toda confianza. Él sabe lo que es mejor para cada quien.

V. Dios es omnipotente.

1. En otras palabras, es el Todopoderoso (Ex 6:2-3).

2. Tiene el poder de hacer cualquier cosa que concuerde con Su naturaleza. Creó el Universo y ahora lo controla con Su poder.

3. Todo está sujeto a Él (Jer 32:17; Mt 19:26).

4. Dios usa Su poder para salvar a los pecadores. ¡Qué consuelo es saber que nadie puede arrebatarnos de la mano de Dios! (Jn 10:27-29).

VI. Conclusión: Después de ver las cualidades o atributos naturales que caracterizan a Dios, nos parece casi imposible el hecho de que haya cristianos que no crean en el Dios verdadero (Heb 11:6). Para amar realmente a Dios, hay que conocerlo en Su esencia, a través de Sus atributos.

Parte IV
Los atributos morales de Dios

Texto: 1 Pedro 1:5

Introducción: Ahora, veremos los atributos morales de Dios. Ellos representan las características que le pertenecen como un Espíritu que es excelso e infinito. Describen lo que Él es en sí mismo.

I. Dios es santo.

1. El tema de la santidad de Dios ocupa un lugar trascendental en toda la Biblia. Por ejemplo: el profeta Isaías lo llamó "Santo" unas 33 veces en su libro. Esta visión de la santidad de Dios es lo que necesitamos hoy día, porque existe la tendencia de negar la terribilidad del pecado. Es el atributo sobresaliente de Dios. Los otros atributos dependen de Su santidad.

2. La santidad de Dios quiere decir que está completamente separado de la maldad y del pecado, y es puro y perfecto (Sal 99:9; Is 6:3; 57:15; Ap 4:8).

3. El Dios Santo odia el pecado y se separa del pecador (Pr 15:9, 26; Is 59:1-2).

4. El Dios Santo demanda la santidad en los hombres (Heb 12:14).

- Los creyentes fueron santificados (o apartados) para Dios en el momento que recibieron a Cristo como Salvador personal (Heb 10:10).
- El creyente debe practicar la santidad diariamente (1 P 1:15-16; 2 Co 7:1).
- Dios disciplina a Sus hijos para que participen de Su santidad (Heb 12:9-10).

II. Dios es justo.

1. Quiere decir que es recto en todo lo que hace. Siempre obra con justicia. Como es santo, tiene que ser justo en todo, porque obra con rectitud (Sal 119:137; 145:17).

2. Manifestaciones de Su justicia:
   - Dios siempre castiga el pecado, la maldad y la rebelión (Sal 11:4-7; Neh 9:33).
   - Dios siempre cumple Sus promesas (Neh 9:7-8).
   - Dios siempre perdona y justifica a quienes se arrepienten y reciben a Cristo Jesús como Salvador. "En el evangelio (la muerte, sepultura y resurrección de Cristo) la justicia de Dios se revela" (Ro 1:17).
   - Dios siempre recompensa a los fieles (Heb 6:10).

III. Dios es amor.

1. El amor de Dios incluye Su misericordia, gracia y bondad.

2. Es el atributo de Dios más difícil de comprender. ¿Cómo es posible que un Dios santo pueda amar a las personas rebeldes, pecadoras y malas?

3. Dios nos ama a pesar de nuestros pecados (Ro 5:6-8).

4. Debemos entender que Dios no ama el pecado, sino al pecador.

5. Si nosotros no amamos como Él ama, no lo hemos conocido en verdad (1 Jn 4:8, 16).

IV. Conclusión: La mayoría de las personas que escuchan esta lección son salvos. Son santos por la gracia de Dios, ¿pero en su manera de vivir, son santos? Acaso, ¿podemos responder a Su Palabra?, la cual dice: "Habéis, pues, de serme santos, porque yo Jehová soy santo, y os he apartado de los pueblos para que seáis míos". Levítico 20:26.

Parte V
Los atributos de Dios y la Trinidad

Texto: 1 Juan 5:7.

Introducción: En estudio anterior hemos aprendido que hay un solo Dios. Y este único Dios comprende tres personalidades que conforman la divina Trinidad. Las tres personas que componen la Trinidad son: Dios el Padre, Dios el Hijo y Dios el Espíritu Santo. En esta lección veremos que cada miembro de la Trinidad posee atributos propios que solamente pueden pertenecer a Dios y efectuar obras que solamente Dios puede ejecutar.

I. Cada uno tiene atributos que corresponden solo a Dios.
    1. Santo: solo Dios puede ser santo. Es decir, completamente separado del pecado y excelsamente puro y perfecto.
    -   Dios el Padre es santo (Mt 5:48).
    -   Dios el Hijo es santo (1 Jn 3:5; Heb 7:26).
    -   Dios el Espíritu es santo. En la Biblia es llamado Espíritu Santo. (Mt 1:18; 3:11; 28:19).
    2. Eterno: solo Dios es eterno, no tuvo principio, ni tendrá fin.
    -   Dios el Padre es eterno (Gn 21:33).
    -   Dios el Hijo es eterno (Miq 5:2; Jn 1:1; Col 1:17). Es el Hijo de Dios Padre desde la eternidad y por la eternidad.
    -   Dios el Espíritu es eterno (Heb 9:14).
    3. Omnipotente: solo Dios puede tener todo poder.
    -   Dios el Padre es todopoderoso (Ex 6:2-3).
    -   Dios el Hijo es todopoderoso (Mt 28:18; Heb 1:1-3).

- Dios el Espíritu es todopoderoso (Lc 1:35:). El poder del Altísimo es el poder del Espíritu Santo.

4. Omnipresente: significa que está presente en todas partes al mismo tiempo.
   - Dios el Padre es omnipresente (Jer 23:24).
   - Dios el Hijo es omnipresente (Jn 3:13). Aun cuando estaba en el cuerpo en la tierra, también estaba en el cielo (Mt 18:20; Col 1:27).
   - Dios el Espíritu es omnipresente (Sal 139:7-12).

5. Omnisciente: quiere decir que lo sabe todo, pasado, presente y futuro.
   - Dios el Padre es omnisciente (Sal 139:1-6).
   - Dios el Hijo es omnisciente (Jn 2:24-25; Col 2:2-3).
   - Dios el Espíritu es omnisciente (1 Co 2:10-11; Jn 14:26; 16:12-13). Vemos que el Espíritu conoce las cosas de Dios y puede enseñarlas.

II. Cada uno ejecuta las obras de Dios.
   1. La Creación: solo Dios puede crear.
      - Dios el Padre es el Creador (Gn 1:1; 2:4).
      - Dios el Hijo es el Creador (Jn 1:1-3; Heb 1:1-2).
      - Dios el Espíritu es el Creador (Gn 1:2; Job 33:4; Sal 104:30).
   2. La Salvación: solo Dios puede salvar.
      - Dios el Padre amó al mundo y envió el Salvador (Jn 3:16; 1 Jn 4:14). Fue provisto por Él.
      - Dios el Hijo es el Salvador. Pagó el precio de la salvación con su sacrificio en la cruz.
      - Dios el Espíritu regenera a los que creen en Cristo (Jn 3:3-5).

III. Conclusión:
   1. Hay un solo Dios compuesto de tres personas. Cada uno de los tres tiene los atributos divinos y puede llamarse Dios (1 Jn 5:7).

2. ¿Conoces a Dios? ¿Te gustaría que alguien te mostrara, de forma sencilla, la evidencia de la existencia de Dios? Que te hablara de Él sin torcerte el brazo, sin presionarte, sin expresiones como: "Simplemente, tienes que creer". ¿Te gustaría conocer las razones que te llevarían a concluir que hay un solo Dios?

Esta lección referida a la doctrina de Dios es una oportunidad para que le des una mirada honesta a la posibilidad de la existencia de un único Dios. Intentaremos contestar la pregunta: "¿Hay un Dios que es poderoso, personal y amoroso? ¿Existe tal Dios?" Tal vez sea algo sorprendente, pero muchas personas creen en Dios no por desesperación o para alcanzar algún deseo, sino como una respuesta honesta a los hechos convincentes que están frente a ellas.

Sin embargo, antes que leas estos hechos, considera lo siguiente: si una persona se opone obstinadamente a la posibilidad de que exista Dios, entonces cualquier evidencia que le den es racionalizada o prejuiciada de antemano. De la misma forma en que si alguien está completamente opuesto a la idea de que el hombre caminó sobre la luna, no habrá suficiente evidencia que le haga cambiar de opinión. Las imágenes satelitales de los astronautas caminando sobre la luna, las rocas lunares de composición extraña, el testimonio de los astronautas, los informes escritos de su misión, junto a cualquier otra evidencia, no tendrán ningún valor, porque la persona ya ha concebido la prematura conclusión de que la gente no puede ir a la luna.

Cuando se trata de la posibilidad de la existencia de Dios, la Biblia dice que hay personas que han tenido suficientes pruebas, pero han suprimido la verdad acerca de Él. A pesar de ello, para quienes quieren conocerlo, Él les dice: "Me buscaréis y me hallaréis, porque me buscaréis de todo vuestro corazón. Y seré hallado por vosotros, dice Jehová". Así que, he aquí algunas razones que apoyan la existencia de Dios:

1º. A lo largo de la historia, en todas las culturas del mundo, la gente ha estado convencida de que hay un Dios. ¿Podría uno decir con algún sentido de lógica, que toda esa gente ha estado equivocada?

Miles de millones de personas que conforman distinta condición social, intelectual, emocional y educacional, llegaron a la misma conclusión de que hay un Creador, un Dios que debe ser adorado. La investigación antropológica ha indicado que entre la gente primitiva más lejana y remota, hay una creencia universal en Dios. Y el concepto original de las historias y leyendas más tempranas de la gente alrededor del mundo, revela la existencia de un Dios, quien fue el Creador. El concepto de un Dios Supremo, parece haber estado originalmente en la conciencia humana, aun en aquellas sociedades que hoy son politeístas.

2º.   La complejidad de nuestro universo, nuestro sistema solar y nuestro planeta Tierra, apunta a un diseñador.

Este diseñador, deliberadamente no solo creó todo lo que existe, sino que lo sostiene hasta el día de hoy. Se podrían escribir aquí páginas y páginas de ejemplos que muestren el diseño de Dios y terminar jamás. Pero aquí, algunos:

Con respecto a la Tierra, esta contiene diferentes elementos en su composición que forman en sí todo un conjunto. Por ejemplo, la biosfera la componen todos los seres vivos (humanos, especies vegetales y especies animales), mientras que la hidrosfera es aquella parte que tiene como composición principal todas las masas de agua que se encuentran en el planeta: lagos, mares, ríos, los grandes icebergs, entre otros. Nuestra atmósfera contiene la mezcla correcta de gases para sustentar la vida. Si la Tierra fuera más pequeña, tener esta atmósfera sería imposible; sería como el pequeño planeta Mercurio. Si la Tierra fuera más grande, su atmósfera contendría hidrógeno libre, como Júpiter. La Tierra es el único planeta conocido que está equipado con una atmósfera adecuada para la vida de las plantas, los animales y los humanos.

La Tierra está localizada a la distancia exacta del Sol. Considera las oscilaciones de temperatura que enfrentamos, aproximadamente entre 0 grados y 30 grados. Si la Tierra estuviera más lejos del Sol, todos nos congelaríamos; y si estuviera más cerca, nos quemaríamos. Solo una variación mínima en la posición de la Tierra con respecto al Sol y la vida en esta sería imposible. La Tierra permanece a una distancia perfecta del Sol mientras gira alrededor de él a una velocidad aproximada de 100.000 km/h. Y la rotación de la Tierra alrededor de su eje permite que toda su superficie sea calentada y enfriada adecuadamente cada día.

La Luna es del tamaño correcto y está a la distancia correcta de la Tierra. La Luna crea importantes mareas oceánicas y movimientos para que el agua de los océanos no se estanque, y sin embargo impide que nuestros gigantescos océanos rebasen los continentes. El agua es incolora, inodora e insípida, y sin embargo ningún ser viviente puede sobrevivir sin ella. El agua no ha sido encontrada en ningún otro planeta pero cubre el 70 % de la superficie de la Tierra. Las plantas, los animales y los seres humanos consisten en su mayor parte de agua, dos tercios del cuerpo humano es agua. Las características del agua están adaptadas en forma única a la vida: tiene el punto de ebullición y de congelamiento inusualmente altos, permitiéndonos vivir en un medio de cambios constantes de temperatura, y manteniendo nuestros cuerpos a unos 37.6 grados constantes.

El agua es un solvente universal. Llena un vaso con agua, agrega una taza de azúcar y no se derramará nada por los costados; el agua simplemente absorbe el azúcar. Esta propiedad del agua le permite llevar miles de elementos químicos, minerales y nutrientes por nuestro cuerpo, aun por los conductos sanguíneos más pequeños. El agua es también químicamente inerte, ya que no afecta la constitución de las sustancias que acarrea. El alimento y los minerales son todos absorbidos y utilizados por el cuerpo, mientras el agua se mantiene como un agente transportador neutro. El agua tiene una tensión superficial única. Esto, combinado con otra propiedad, le permite al agua en las plantas fluir hacia arriba en contra de la gravedad, llevando el agua y los nutrientes portadores de vida hasta la copa de los árboles más altos.

El agua se congela de arriba a abajo y flota, permitiéndoles a los peces que vivan en el invierno. El 97 % del agua de la Tierra está en los océanos; pero, en nuestra Tierra hay un sistema diseñado para suprimir la sal del agua y luego distribuirla por todo el globo. La evaporación toma el agua de los océanos, dejando la sal, y formando nubes que son movidas fácilmente por el viento para dispersarla sobre la tierra, en beneficio de la vegetación, los animales y las personas. Es un sistema de reciclaje y reutilización que sustenta la vida del planeta.

El cerebro humano procesa en forma simultánea una cantidad asombrosa de información. Tu cerebro percibe todos los colores y objetos que ves, la temperatura a tu alrededor, la presión de tus pies sobre el piso, los sonidos a tu alrededor, la sequedad de tu boca y hasta la textura de este libro en tus manos. Además de toda la información sensorial, tu cerebro reconoce respuestas emocionales, ideas y recuerdos. Tu cerebro también lleva un seguimiento de las funciones de tu cuerpo, como tu patrón respiratorio, el movimiento de los párpados, el hambre y el movimiento de los músculos de tus manos. El cerebro humano procesa más de un millón de mensajes por segundo. Afortunadamente, el cerebro evalúa la importancia de todos estos datos, filtrando los que son relativamente de poca importancia. Esta función de filtrado del cerebro es lo que le permite enfocar y operar de forma selectiva. Cuando pensamos en un cerebro que trata con más de un millón de fracciones de información cada segundo, a la par que evalúa su importancia y actúa sobre la información más pertinente, ¿podríamos decir que el simple azar construyó un órgano tan fantástico?

Cuando la NASA lanza una misión del transbordador espacial, se supone que un primate no escribió el plan, sino mentes inteligentes y con conocimiento. ¿Cómo explicamos la existencia de la mente humana?

Solo una mente suprainteligente y con mayor conocimiento que la nuestra podría crear un cerebro humano.

3°.   La improbabilidad de que el simple azar sea la explicación de las características de la vida.

¿Podríamos mirar el monumento nacional Mount Rushmore donde están esculpidos los rostros de Washington, Jefferson, Lincoln y Theodore Roosevelt y creer de alguna forma que surgieron de la casualidad? Aun aceptando un tiempo infinito, el viento, la lluvia y el azar, todavía es difícil creer que algo así, vinculado con la historia, fue formado en forma aleatoria en el costado de la montaña. El sentido común nos lleva a concluir que hubo gente que planeó y esculpió esas figuras. Igualmente, Dios planificó y llevó a cabo la Creación. Como vimos antes, algunas de las pocas complejidades de nuestro mundo como la posición de la Tierra relativa al Sol, algunas propiedades del agua, el cerebro como órgano del cuerpo humano, ¿darían motivo para decir que surgieron por casualidad?

El distinguido astrónomo Sir Frederick Hoyle, con relación a nuestras vidas, ilustró la debilidad del azar con la siguiente analogía: ¿Cuáles son las probabilidades de que un tornado pueda atravesar un depósito de chatarra que contenga todas las partes de un avión 747 y los ensamblara accidentalmente, dejando un avión listo para despegar? Las posibilidades son tan ínfimas como para ser despreciables. ¡Aun si el tornado atravesara una cantidad de depósitos de chatarra suficiente como para llenar el Universo!

En toda la vida observamos la razonable ley de causa y efecto. Cada efecto tiene una causa. Cuando uno considera las complejidades de nuestra vida y nuestro Universo, es razonable pensar que un Creador inteligente y amante proveyó todo lo que necesitamos para la vida. La Biblia describe a Dios como el autor y sustentador de la vida.

4°.   El sentido inherente del bien y el mal de la humanidad no puede ser explicado biológicamente.

Hasta un ladrón se incomoda y se siente agraviado cuando alguien le roba a él. Surge en todos, porque existen sentimientos universales del bien y del mal. Si alguien toma un niño violentamente de una familia y le hace daño, hay ira y repulsión al confrontar el acto, no importando la cultura de la gente. ¿Cómo adquirimos este sentido de lo que está mal?

Cuando analizamos áreas como la valentía, el morir por una causa, el amor, la dignidad, el deber y la compasión, debemos preguntarnos: ¿de dónde vinieron estos sentimientos? ¿Por qué tenemos un sentido de lo que está bien y lo que está mal? ¿Cómo explicamos una ley universal en la conciencia de toda la gente que dice que asesinar por placer es malo? ¿Acaso no tienen todas las personas el entendimiento de que un espíritu humilde que ayuda en la necesidad de otros es una cualidad admirable? La mejor forma de explicar nuestra conciencia es por medio de un Creador amoroso que se preocupa por nuestra conducta y por la armonía de la humanidad. Al crearnos a Su imagen, dejó en nosotros Su carácter ético y moral.

5º.   Dios no solo se reveló en lo que puede ser observado: en el Universo, en la naturaleza y en la vida humana.

Él también se ha mostrado, específicamente, en Su Palabra escrita, la Biblia. Los pensamientos de Dios, Su personalidad, y Sus actitudes solo pueden ser conocidos si Él escoge revelarlos. Cualquier otra cosa sería especulación humana. Estaríamos perdidos si Dios no hubiese querido ser conocido. Pero, Dios quiere que lo conozcamos y nos ha dicho en la Biblia todo lo que necesitamos saber de Su carácter y de cómo relacionarnos con Él. Esto hace que la confiabilidad de la Biblia sea una consideración importante.

Más que refutarla, los hallazgos arqueológicos siguen confirmando la exactitud de la Biblia. Por ejemplo, en agosto de 1993, un descubrimiento en el norte de Israel confirmó la existencia del rey David, el autor de muchos de los Salmos. Igualmente, los rollos del Mar Muerto y otros aciertos de la arqueología, siguen respaldando la exactitud histórica de la Biblia.

La Biblia fue escrita en un lapso de 1.500 años, por más de 40 autores diferentes, en diferentes localidades y en continentes separados, en tres idiomas diferentes, cubriendo diversos temas en distintos puntos de la historia. Y sin embargo, hay una consistencia asombrosa en su mensaje. A lo largo de toda la Biblia aparece el mismo mensaje:

- Dios creó el mundo en que vivimos, y nos creó específicamente para que tengamos una relación con Él.
- Él nos ama profundamente.
- Él es santo y por ello no puede tener relación con gente pecadora.
- Dios proveyó la forma para que nuestros pecados fuesen perdonados.
- Él nos pide que recibamos Su perdón y que tengamos una relación con Él que durará por la eternidad.

Junto con este guion central, la Biblia nos revela específicamente el carácter de Dios hacia nosotros. El Salmo 145 es un sumario típico de la personalidad de Dios, Sus pensamientos y Sus sentimientos para con nosotros. A diferencia de cualquier otra revelación de Dios, Jesucristo es el retrato más claro y específico de Dios. ¿Por qué Jesús? Observa las principales religiones del mundo y encontrarás que Buda, Mahoma, Confucio y Moisés, todos se identificaron como maestros o profetas. Ninguno de ellos alegó jamás ser iguales a Dios. Sorprendentemente, Jesús sí lo hizo. Esto es lo que sitúa a Jesús separadamente de los demás. Él dijo que Dios existe y que podemos conocer a Dios al mirarlo a él. Aunque habló de Su Padre en el cielo, no lo hizo desde una posición de separación, sino de una unión muy próxima, pues Jesús dijo que cualquiera que lo había visto a él, había visto al Padre; cualquiera que podía creer en él, creería también en el Padre.

Él dijo: "Yo soy la luz del mundo; el que me sigue, no andará en tinieblas, sino que tendrá la luz de la vida". Él afirmó tener atributos que pertenecen solo a Dios: poder para perdonar los pecados de la gente, para liberarla de hábitos pecaminosos, para darle vida abundante en la tierra y la vida eterna en el cielo. Y aquí está lo llamativo. A diferencia de otros maestros que hacían que la gente se concentrara en sus palabras, Jesús le señaló a la gente que se enfocara en él mismo. Él no dijo: "Sigan mis palabras y encontrarán la verdad". Él dijo: "Yo soy el camino, y la verdad, y la vida; nadie viene al Padre, sino por mí".

¿Qué prueba dio Jesús para afirmar ser divino? Hizo lo que otras personas no pueden hacer. Jesús realizó milagros, sanó a la gente, a ciegos, cojos, sordos, endemoniados y hasta resucitó muertos. Tenía poder sobre lo material, multiplicó alimentos milagrosamente, y suficientes para alimentar a miles. Realizó milagros sobre la naturaleza, caminó sobre el agua y detuvo en forma instantánea tempestades furiosas. La gente de todas partes le seguía porque él, haciendo lo prodigioso, satisfacía sus necesidades y saciaba sus miserias. Por tanto, si no queremos creer en Jesús por lo que es, entonces, deberíamos creer en él, basándonos en los milagros que operó como Dios.

¿Qué reveló Jesús acerca de la personalidad de Dios? ¿Qué de los pensamientos de Dios, de Sus expectativas y sentimientos hacia la humanidad? Jesucristo mostró que Dios entiende la condición humana, conoce nuestras limitaciones y está consciente de que estamos centrados en nosotros mismos; sin embargo, que desea profundamente una relación con nosotros. Jesús reveló que, a pesar de que Dios nos ve como pecadores dignos de Su castigo, Su amor por nosotros siempre ha estado por encima de nuestra condición corrompida, por eso concibió un plan de restitución. Dios haría que Su Hijo recibiera el castigo que nos correspondía y Jesús aceptó voluntariamente ese plan.

Jesús fue torturado con un látigo de nueve puntas filosas. Una corona de espinas, de cinco centímetros, fue incrustada en su cabeza. Luego, lo sujetaron a una cruz de madera, martillando clavos a través de sus manos y pies. Aunque esos clavos no lo mantuvieron sobre la cruz, su amor por nosotros lo hizo. Jesús murió en nuestro lugar para que nosotros pudiéramos ser perdonados. De todas las religiones conocidas, solo a través de Jesús podemos ver a Dios extendiéndose con amor hacia la humanidad, proveyendo un camino para que tengamos una relación íntima con Él. Jesús muestra un corazón repleto de misericordia que cubre nuestras necesidades y nos acerca hacia él. Por la muerte de Jesús nosotros podemos ser perdonados, aceptados plenamente por Dios, quien dice: "Con amor eterno te he amado; por tanto, te prolongué mi misericordia". Este es Dios, el Dios vivo y verdadero.

La prueba más concluyente de que Jesús es igual a Dios fue el milagro de su propia resurrección. Jesús dijo que tres días después de su muerte volvería de nuevo a la vida. La piedra de casi dos toneladas que sellaba su tumba fue movida sobrenaturalmente, la guardia de soldados romanos bien entrenados solo vio una luz enceguecedora y un ángel. La tumba estaba vacía, solo quedó la vestidura que había envuelto su cuerpo. A través de los años, se han realizado análisis legales, históricos y lógicos de la resurrección de Jesús, y la conclusión más razonable es que se levantó de entre los muertos.

Cualquiera que quiera saber si Dios existe, tan solo debe investigar a Jesucristo, leer acerca de su vida, milagros, enseñanzas, y sin prejuicio alguno, concebir que "de tal manera amó Dios al mundo, que ha dado a su Hijo unigénito, para que todo aquel que en él cree, no se pierda, más tenga vida eterna".

IV. Repaso de la lección: Lee y medita al respecto.
1. Creemos en un único Dios personal, que está cerca del hombre buscando tener una relación íntima y llena de amor con él (Lc 19:10; Jn 3:16).
2. Como persona, Dios posee atributos que lo distinguen de cualquier otro ser que habite el Universo (Ro 16:27).
    - Dios es eterno (Dt 33:27; 1 Ti 1:17).
    - Es santo (Lv 11:45; 1 P 1:17).
    - Es amor (Is 45:21; 1 Jn 1:19).
    - Es justo (Sal 7:11; Is 45:21; 1 Jn 1:9).
    - Es omnisciente (Sal 139:1-4; Jn 2:23-25; 16:30).
    - Es omnipresente (Sal 139:7-12; Mt 18:20).
    - Es omnipotente (Gn 28:3; Ap 19:6).
    - Es inmutable (Mal 3:6; Stg 1:17).
    - Es soberano (1 S 2:6-8; 1 Cr 29:11,12; Mt 6:13).
    - Es el Creador (Gn 1:1; Jn 1:3).
3. Existe un único Dios verdadero que subsiste en tres personas distintas: Padre, Hijo y Espíritu Santo. Estas tres personas participan de la misma sustancia y poseen los mismos atributos, lo que da por resultado que vienen a ser iguales en poder y gloria. Tres personali-

dades que no deben confundirse, ni mezclarse; pero que son una sustancia inseparable (Gn 1:26; Mt 3:16-17; 28:19; 1 Co 14:2-6; 2 Co 13:14).

4. El único Dios verdadero posee una pluralidad de personas. Dios es singular en cuanto a Su sustancia; pero, plural en cuanto a Sus personalidades. Esta pluralidad de personas se demuestra por el uso de nombres, pronombres y verbos en plural, asignados al único Dios verdadero (Dn 7:9, 13-14; Mt 3:16-17; 17:5; 28:19; Hch 7:55-56; Ap 4:5; 5:1, 6-7).

5. Cada una de estas tres personas posee la naturaleza divina. El Padre es Dios (2 R 19:15; Is 44:6). El hijo es Dios (Ro 9:5; Heb 1:8; 1 Jn 5:20). El Espíritu Santo es Dios (Hch 5:3-4; 2 Co 3:17). De manera que no hay tres dioses, sino un solo Dios que subsiste en las tres personas: del Padre, del Hijo y del Espíritu Santo.

6. Las tres personas son distintas entre sí. Las Escrituras abundan en testimonios que demuestran que aunque las tres poseen la misma naturaleza divina; no obstante, sus personalidades están marcadas con ciertas actividades que no son intercambiables, sino exclusivas y que las presentan como distintas entre sí. Por ejemplo: el Padre manda al Hijo a redimir a Su Iglesia, y envía al Espíritu Santo a santificarla. Nunca se dice que el Espíritu Santo haya sido crucificado o que el Espíritu envío al Hijo a santificar (Mt 26:39; 20:23; 27:46; Mc 13:32; Lc 2:49; 12:10; 23:46; Jn 1:18; 5:31-32, 37; 7:37-39; 8:16-18; 14:16-28; 16:28; 20:17; Hch 10:38; 1 Co 15:24, 27-28; Gl 3:20).

Lección 3
Cristología: doctrina de Jesucristo

Parte I
Nacimiento virginal de Jesús

Texto: Isaías 7:14.

Introducción: Es de suprema importancia lo que creemos acerca del nacimiento de nuestro Señor Jesucristo. La creencia que tenemos en cuanto a esto, gobernará nuestras creencias sobre otras doctrinas. El nacimiento virginal de Cristo ha sido llamado correctamente "el fundamento del cristianismo". Al negarlo, es negar también su vida inmaculada, sin pecado, la suficiencia de su muerte por nuestros pecados, y toda la Biblia. Es la doctrina que los modernistas, ateos e incrédulos han atacado más. Encontramos que Dios ha usado solamente cuatro maneras de producir vida humana.

1. Dios creó el hombre (Adán), sin ser engendrado por hombre y mujer.
2. Dios creó a la mujer (Eva) del hombre, sin mujer.
3. Creó a los seres humanos de manera natural (con hombre y mujer).
4. Jesucristo nació de mujer sin hombre. Encarnación en nacimiento virginal.

I. Las profecías del nacimiento virginal de Jesucristo.
1. Génesis 24:16: "Virgen, a la que varón no había conocido". Aquí encontramos como definición de la palabra virgen, el no haber tenido relaciones sexuales.
2. Génesis 3:15: Es el primer aviso del nacimiento del Salvador de la simiente de la mujer. No menciona al hombre.
3. Isaías 7:14: También es una profecía muy clara acerca del nacimiento virginal de Cristo. En una versión moderna en inglés, cambiaron la palabra "virgen" por "mujer joven", pero hay mu-

jeres jóvenes que no son vírgenes (no relación sexual), y ninguna ha sido virgen y madre al mismo tiempo, sino María, la madre de Jesús.

II. La concepción de Jesús. Mateo 1:18-25.

1. Notamos que los versos 18 y 25 explican claramente que José no cohabitó con María sino hasta después del nacimiento de Jesús.

2. Los versos 18 y 20 dicen que Jesús fue "concebido" y "engendrado del Espíritu Santo" y no por José. No tuvo padre humano.

3. Según los versos 22 y 23, Jesucristo nació de mujer virgen, en cumplimiento de Isaías 7:14.

4. Lucas 1:34-35 confirma que nació de mujer virgen.

5. Creemos que José y María vivieron una vida matrimonial normal después del nacimiento de Jesús (Mt 1: 25). Primogénito de María quiere decir primero. No dice unigénito. Además, que tuvieron otros hijos. Mateo 13:55-56 indica esto.

III. La importancia de esta doctrina.

1. Si negamos el nacimiento virginal de Cristo, tenemos que rechazar la Biblia entera. El Antiguo Testamento lo profetizó. El Nuevo Testamento narra la historia del hecho. Cristo dijo: "y la Escritura no puede ser quebrantada" (Jn 10:35).

2. Si creemos que Cristo nació de padre humano, entonces no es hijo de Dios. En Lucas 1:35 el ángel le dijo a María que sería "llamado Hijo de Dios". Si hubiese tenido padre humano, hubiera sido nada más el hijo del hombre, como cualquiera de nosotros. No hubiera sido Dios manifestado en la carne.

3. Si Cristo hubiese tenido como padre a José o a otro hombre, entonces no hubiese podido ser el Salvador (Mt 1:23; Is 7:14), porque genéticamente hubiese nacido con el pecado heredado de Adán.

3.1. En Romanos 5:12 aprendimos que "el pecado entró en el mundo por un hombre". Aunque Eva pecó primero al ser engañada, Adán fue el responsable delante de Dios, por ser cabeza de hogar. Pecó voluntariamente, sabiendo lo que hacía. Entonces, recibimos la naturaleza pecaminosa de nuestros padres. La madre concibe al niño en pecado, es decir, con la naturaleza pecaminosa cuando ha sido engendrado por el hombre (Sal 51:5).

3.2. Por su nacimiento sobrenatural, Jesús fue protegido de la naturaleza pecaminosa. "El Santo ser que nacerá" (Lc 1:35), recibió la naturaleza humana de su madre, pero no fue contaminado por el pecado que se hereda por la simiente del hombre.

3.3. Jesús pudo resistir la tentación y vivir sin pecado. Fue el Cordero de Dios "sin mancha y contaminación" (1 P 1: 18-19). ¡No teniendo pecado, pudo morir por nuestros pecados!

IV. Conclusión: creemos que Jesucristo es el Hijo de Dios, "nacido de mujer" (Gl 4:4), pero no de hombre. Es Dios manifestado en la carne (Is 7:14).

Parte II
Jesucristo

Texto: Romanos 9:5.

Introducción: La segunda persona de la divina Trinidad es Dios el Hijo, o sea el Señor Jesucristo. Él es el tema central de la Biblia. Esta lección tratará de su deidad. Es de mucha importancia entender y creer que el Señor Jesucristo es divino

I. Jesucristo tiene los atributos que solamente Dios puede poseer.

Estudiamos este punto anteriormente, pero ahora repasaremos algunos de sus atributos, como son:

1. Santo. Solamente Dios puede ser santo en sí mismo. El Señor Jesucristo es santo (Heb 7:26; 1 Jn 3:5).

2. Omnipotente. Solamente Dios puede tener todo poder. Jesucristo también tiene todo poder (Mt 28:18; Heb 1:3).

3. Omnipresente. Solamente Dios puede estar en todas partes al mismo tiempo. Aun cuando Jesús estaba en cuerpo en la tierra, estaba también en el cielo. "Nadie subió al cielo, sino el que descendió del cielo; el Hijo del Hombre, que está en el cielo" (Jn 3:13).

4. Omnisciente. Solamente Dios puede saberlo todo (Jn 2:24-25; Col 2:2-3).

II. Jesucristo hace obras y tiene funciones igual a Dios.

1. Creador. Solamente Dios puede crear algo de la nada. Jesucristo es llamado el Creador y sustentador del Universo (Jn 1:3; Col 1:16-17).

2. Perdona el pecado. Solamente Dios puede perdonar el pecado. Cristo tiene ese poder (Mt 9:1-8). Él perdona tus pecados.

3. Tiene el poder de dar vida. Solamente Dios tiene ese poder. Jesucristo también lo tiene (Jn 5:21, 26). Puede resucitar los muertos (Jn 6:39-40; 11:26) y dar vida espiritual a quienes lo reciben como Salvador (Jn 5:24).

4. Ha de ser el juez de todos los hombres. Solamente Dios, que sabe todas las cosas, puede juzgar con justicia (Jn 5:22; 2 Ti 4:1). Toda persona tiene que enfrentarse con el Señor Jesucristo. Es su Salvador o será su juez para sentenciarle al castigo en el lago de fuego.

III. Jesucristo recibe honores que pertenecen solamente a Dios.

1. Debe recibir la misma honra que el Padre (Jn 5:22-23).

2. Recibe la adoración que solamente merece Dios (Mt 4:10; 14:33; Lc 24:52).

IV. Jesucristo es llamado con títulos divinos.

1. Es llamado Dios:
   - Por Juan (Jn 1:1-2).
   - Por Pablo (Ro 9:5).
   - Por Tomás (Jn 20:28).

- Por Dios mismo (Heb 1:8).

2. Es llamado el Hijo de Dios 40 veces en las Escrituras (Mt 8:28-29; 16:16).

3. Es llamado el Santo (Hch 3:14).

4. Es llamado el Señor de gloria (1 Co 2:8).

V. Conclusión: ¿Crees que Jesucristo es Divino? (Ro 9:5).

Parte III
La humanidad de Cristo

Texto: Hebreos 2:14-15.

Introducción: La lección anterior trató de la deidad de Jesucristo. Aprendimos que él es Dios. Ahora vamos a estudiar su humanidad. Cristo tiene dos naturalezas perfectas, la divina y la humana. No es la mitad hombre y la mitad Dios (como una persona que tiene sangre de dos razas), sino que en él se manifiesta la naturaleza divina completa y la naturaleza humana perfecta.

I. Tuvo un nacimiento humano.

1. Su nacimiento fue un milagro, porque nació de una virgen (Mt 1:23).

2. Por nacer de una mujer, se sujetó a todas las limitaciones de un cuerpo humano y de una vida humana (Gl 4:4).

II. Se le dieron nombres humanos.

1. Jesús (Mt 1:21).

2. El Hijo del Hombre (Lc 19:10).

3. Jesús de Nazaret (Hch 2:22).

4. El carpintero (Mc 6:3).

III. Características físicas e intelectuales.

1. Creció como cualquier humano (Lc 2:40, 52). Hemos estudiado que Jesús es todopoderoso y que lo sabe todo. ¿Cómo es posible

que pudo crecer en estatura y sabiduría? Recuerden que ahora se trata de su naturaleza humana. Para ser un verdadero hombre tenía que experimentar y practicar la vida humana. Poseía todos los atributos divinos pero no los usó todo el tiempo. Se limitó a sí mismo. Como humano creció en sabiduría, porque sus padres le enseñaban y él estudiaba; además, creció en estatura física como cualquier persona.

- Apariencia (Jn 4:9). La mujer samaritana supo que era judío.
- Sintió cansancio (Jn 4:6).
- Durmió (Mt 8:24).
- Tuvo hambre (Mc 11:12).
- Tuvo sed (Jn 19:28).
- Sufrió (Lc 22:44).
- Lloró (Jn 11:35).
- Murió (Lc 23:46).

IV. Características morales.

Fue tentado y resistió (Heb 2:18; 4:15-17). ¡Jesús no pecó!

V. Características espirituales.

1. Oraba (Mc 1:35). Dependía de la oración, la cual le facilitaba el poder de seguir adelante.

2. Dependía del poder del Espíritu Santo para hacer la obra de Dios (Hch 10:38).

3. Tenía una relación humana íntima con Dios el Padre (Mc 15:34). Lo llamó "Dios mío".

VI. La humillación voluntaria del Hijo de Dios.

La única manera de ser igual a Dios es ser Dios. Cuando Cristo se despojó a sí mismo, no se despojó de ser Dios, sino de la forma de Dios, o sea la gloriosa manifestación divina. Siendo omnipotente tuvo el poder de no usar o no manifestar sus atributos divinos, aunque siempre los tuvo. Entonces pudo manifestarse como verdadero hombre (Flp 2:5-8).

VII. El propósito de la encarnación del Hijo de Dios.

Fue principalmente para poder sacrificarse a sí mismo por nuestros pecados (Heb 2:14-15; 9:26).

VIII. Conclusión: Después de estudiar esta lección, podemos ver la magnitud del sacrificio que hizo Cristo a favor nuestro. ¿Lo has recibido como tu Salvador?

Parte IV
La muerte de Cristo

Texto para leer: 1 Corintios 15:3-4; Mateo 27:32-50.

Introducción: En esta lección detallaremos la obra redentora de Cristo a través de su muerte, y no de su ministerio de enseñanza, prédica o milagros. Estudiaremos el significado de su muerte, tema muy apropiado durante la conmemoración de la Semana Santa.

I.   El cómo murió.

1.   La Biblia ratifica que fue crucificado (Jn 19:17-18). Esta era la manera usada por los romanos para castigar a los criminales. Fue una muerte lenta, cruel y de inconmensurable sufrimiento.

2.   El hecho de que Cristo murió en la cruz no es razón para adorar una cruz, o un crucifijo. Adoramos a quien murió en la cruz.

II. La necesidad de la muerte de Cristo.

1.   Juan 3:14 nos dice que "es necesario que el hijo del Hombre sea levantado"; es decir, levantado en la cruz para morir.

2.   Su muerte fue necesaria para cumplir las profecías del Antiguo Testamento (Lc 24:25-27). Las Escrituras que revelan este conocimiento acerca del sufrimiento y muerte de Cristo (Sal 22; Isaías 53) pertenecen al A. T., pues el N. T no había sido escrito.

3.   Su muerte fue necesaria para develar, de manera más extensa, la naturaleza de Dios (Jn 1:18).

4.   Reveló, además, la ira de Dios por el pecado, quien es Santo y Justo.

4.1. Todos los hombres han pecado contra Dios (Ro 3:23) y merecen ser castigados.

4.2. Dios ha castigado y castiga el pecado de muchas maneras; pero en la cruz, Su ira fue derramada sobre Su propio Hijo (Is 53:4, 10; Mt 27:46). Cristo fue herido y desamparado por Dios, porque llevaba nuestros pecados sobre sí mismo en la cruz.

4.3. Dios odia y castiga el pecado en cualquier persona. ¿Piensas que el pecador que no se arrepiente va a escapar de Su ira? ¡Mil veces no! Pero, Dios considera la muerte de Cristo como el castigo por los pecados de quien se arrepiente.

5. Reveló la justicia de Dios (Ro 1:17; 3:25).

5.1. La muerte de Cristo es el fundamento sobre el cual el Dios Justo y Santo puede perdonar a los pecadores sin perder Su justicia. "Jehová cargó en él el pecado de todos nosotros" (Is 53:6; 2 Co 5:21).

5.2. Cristo fue nuestro sustituto. Su muerte pagó las justas demandas de Dios contra los pecadores. Desde que Cristo fue castigado por nuestros pecados, Dios nos puede perdonar y justificar por medio de la fe en Cristo.

5.3. Sin fe en Cristo, el pecador tendrá que sufrir la ira de Dios por sus errores.

III. Los resultados de la muerte de Cristo.

1. La muerte física de Cristo no fue una derrota, sino una gran victoria. Por medio de ella, el pecado, la muerte y el diablo fueron vencidos (Heb 2:14-15).

2. Esa victoria es solamente para los que creen en él (Jn 3:18). Su muerte es efectiva solo para quienes lo reciben como su Salvador personal. Los que lo rechazan, no tienen esperanza.

IV. Conclusión: ¿Has puesto tu fe en el Cristo que murió en la cruz? (1 Co 15:3-4).

Parte V
La resurrección de Cristo

Texto: 1 Corintios 15:17.

Introducción: El Cristo ya resucitado mandó a sus discípulos a ser testigos, no solamente de su muerte, sino también de su resurrección (Lc 24:45-48). Los fundadores de otras religiones han muerto, ¡pero ninguno de ellos ha resucitado como lo hizo Jesús! Entonces, no debemos olvidar esta importante parte del evangelio: su resurrección.

I. Su resurrección prueba que realmente murió por nuestros pecados:
1. La Biblia enseña que Cristo murió por nuestros pecados (1 P 2:24). En su muerte en la cruz, sufrió el castigo que nosotros merecíamos. "Dios cargó en él el pecado de todos nosotros", "sujetándole a padecimiento" para salvación y vida eterna de los que creen en él (Is 53:4-6, 10).
2. La paga del pecado es muerte (Ro 6:23). Si Cristo no hubiera resucitado, habría que decir que el pecado y la muerte lo vencieron. Un Cristo que no podía resucitar, tampoco podría librar a los hombres del pecado (1 Co 15:17).

II. Su resurrección prueba que es el Hijo de Dios.
1. Cristo mismo dijo que su resurrección era la señal de que él era el Hijo de Dios y no un profeta falso (Jn 2:18-22; Mt 12:38-40).
2. Era una prueba de su deidad (Ro 1:4).

III. Para ser salvo, hay que creer en el Cristo resucitado.
1. La fe en un Cristo muerto es vana (1 Co 15:17).
2. Somos salvos por la fe en Cristo, que resucitó (Ro 10:9-10).

IV. Su resurrección es la base para la vida victoriosa del cristiano (Col 3:1-2).

V.   Su resurrección garantiza nuestra resurrección (1 Co 15:20-23).

VI. Su resurrección fue una resurrección corporal.

1.   Quiere decir que Cristo se levantó de los muertos en el cuerpo. Algunos dicen que resucitó en espíritu, sin cuerpo humano, pero esto es falso.

2.   Las profecías de su resurrección dijeron que resucitaría con cuerpo. Comparar el Salmo 16:10 con Hechos 13:34-37 y Juan 2:19-21. Su cuerpo no vio corrupción.

3.   El Cristo resucitado tuvo cuerpo (Lc 24:36-39; Jn 20:24-28).

4.   El Cristo resucitado tiene cuerpo en el cielo (Flp 3:20-21; Col 2:9).

VII. Conclusión: Creer en un Cristo que no murió y resucitó, conforme a las Escrituras, es creer en vano y no tener fe (1 Co 15:1-4). ¿Tu Cristo vive? (1 Co 15:17).

Parte VI
El Cristo exaltado

Texto para leer: 1 Timoteo 2:5.

Introducción: Las Escrituras presentan al Señor Jesucristo ministrando en calidad de rey, sacerdote y profeta.

I.   Jesucristo como profeta:

1.   La obra o ministerio del profeta es la de revelar a Dios y lo relativo a Su reino a los hombres. Representa a Dios y habla por Dios delante de los hombres.

2.   Cristo mismo dijo que era un profeta (Lc 13:33).

3.   Comparando Deuteronomio 18:15 con Hechos 3:22, vemos que Moisés profetizó que el Mesías sería un profeta.

4.   Juan 1:18 nos enseña que Cristo no es solamente un profeta, sino el único que conoce todo acerca de Dios, porque es el Hijo de Dios. Es la persona de la Trinidad que siempre ha revelado a

Dios a los hombres. Nadie puede conocer a Dios sino a través de Jesucristo.

II.   Jesucristo como sacerdote.

1.   La obra o ministerio del sacerdote es la de representar a los hombres ante Dios. Actúa a favor de ellos, en presencia de Dios.

2.   Cristo mismo dijo que venía a actuar a favor de los hombres (Mc 10:45).

3.   Cristo cumplió la profecía del Salmo 110:4. (Ver Heb 5:5-6).

4.   Cristo, como sacerdote, ofreció un sacrificio a Dios para los hombres:

-   Se ofreció a sí mismo (Heb 9:12; Ef 5:2).

-   Obtuvo eterna redención para los creyentes (Heb 9:12).

-   Su ofrenda nos permite una conciencia limpia (Heb 9:13-14).

-   Su ofrenda quitó el pecado que separaba al hombre de Dios (Heb 9:26).

-   Su ofrenda hizo perfectos a los que creen en él (Heb 10:14).

-   Su ofrenda fue ofrecida solo una vez, no numerosas, como los sacerdotes levitas (Heb 10:11-12).

III.   Jesucristo como sumo sacerdote.

1.   Ministra hoy, desde el cielo, a favor del creyente.

2.   Por él nos acercamos al trono de gracia (Heb 4:14-16).

3.   Él intercede por nosotros (Heb 7:25; Ro 8:34).

4.   Es nuestro defensor (1 Jn 2:1; Ap 12:10).

IV.   Jesucristo como rey.

1.   La obra o ministerio de un rey es la de regir, administrar, gobernar y conducir.

2.   Hay muchos versículos que profetizan que Cristo sería rey. Los judíos esperaban su venida como rey, pero no entendieron que primero tenía que morir por sus pecados (Sal 2:6; Is 9:6-7).

3.   En el Nuevo Testamento también es anunciado como rey:

-   Los magos buscaron al rey de los judíos (Mt 2:1-3).

- El ángel dijo a María que sería rey (Lc 1:31-33).
- Cristo dijo que era un rey ante Pilato (Jn 18:37).

4. Jesucristo es Rey en tres maneras:
    - Es cabeza o Rey sobre todas las cosas ahora (Ef 1:20-23).
    - Literalmente, reinará en su segunda venida (Hch 1:6-7; 1 Ti 6:14-15; Mt 25:31-32; Flp 2:9-11; Ap 17:14; 19:16).
    - Reina y debe reinar en el corazón del creyente (Ro 10:9-10).

V. Conclusión:

1. Como el único mediador entre Dios y los hombres, Jesucristo tiene el ministerio de profeta, sacerdote y rey (1 Ti 2:5).

2. Creemos en la preexistencia de Cristo y que él es Dios hecho hombre (Is 9:6; Jn 1:1-18; Ro 9:5; Flp 2:5-11; 1 Ti 3:16; Tito 2:13; 1 Jn 5:20).

3. Jesucristo posee los atributos divinos:
    - Eterno (Miq 5:2; Is 9:6; Jn 8:58; 17:5).
    - Santo (Mc 1:24; Lc 1:35; Heb 4:15).
    - Amoroso (2 Co 8:9; Ef 5:25).
    - Justo (Jn 5:22, 30; 1 P 3:19; 1 Jn 1:9; 2 Co 5:10).
    - Omnisciente (Lc 5:22; 6:8; Jn 21:17).
    - Omnipresente (Mt 18:20; 28:20).
    - Omnipotente (Mt 28:18; Ap 1:8; 11:16-17).
    - Inmutable (Heb 13:8).
    - Soberano (Ef 1:20,23; Ro 14:7-9; Col 1:15-18).
    - Jesucristo murió en la cruz a favor y en lugar del hombre para que este tuviera acceso al Padre (Lc 19:10; Ro 5:8).
    - Jesucristo resucitó (Mt 28:1-10; Ro 15:3), y se levantó glorioso de la tumba (Lc 24:36-43; Jn 20:26), para después sentarse a la diestra del Padre (Mc 16:19; Hch 7:56; Col 3:1), desde donde intercede a favor nuestro (Ro 8:34; Heb 7:21-28) y espera el juicio final de todos sus enemigos (Sal 110:1; Lc 20:1-44; Heb 1:13).

- Jesucristo vendrá para arrebatar a su Iglesia de la tierra y llevarla consigo al cielo, y así ella esté siempre con él, tal cual lo prometió (1 Ts 4:13-18; Jn 14:2-3).

- Señor quiere decir "soberano". Si fuiste "librado de la potestad de las tinieblas, y trasladado al reino de su amado Hijo" (Col 1:13), ¿es Jesús tu Señor y soberano de tu vida?

Parte VII
Cristo, tu sanador

Muchas personas en el mundo están buscando la verdad sobre un problema de salud y a toda costa, la sanidad. Hay quienes acuden al profesional médico y algunas buscan en lugares incorrectos, consultando hechiceros y ocultistas. Aquellas que visitan al ocultista, están consultando al diablo y muchas veces en esta búsqueda de ayuda la encuentran. El peligro está en que Satanás satisface esta primera vez, para luego dominar sus almas para siempre.

Los padres de una pequeña niña muy enferma la habían llevado a muchos médicos y todo había sido en vano. Había empeorado y le quedaban solamente unos pocos meses de vida. Al ser informados acerca de un sanador de la ciudad, decidieron llevarle la niña. Rezó por ella y le entregó un medallón para que se lo colgase alrededor del cuello. Les dijo a sus padres que la pequeña se encontraría bien siempre y cuando llevase el medallón puesto. ¡Efectivamente, la niña se encontraba bien! Todos estaban gozosos y daban la gloria a Dios. Posteriormente, la familia entera comenzó a asistir regularmente a una iglesia, donde recibieron a Jesús como Salvador y nacieron de nuevo. Al leer la Biblia, aprendieron que el método de sanidad de Dios no tenía nada que ver con medallones ni amuletos. Los padres consultaron a su pastor y acordaron que juntos le quitarían el medallón a la niña. Después de hacerlo, lo deshicieron. Dentro llevaba la inscripción: "Satanás, guarda bien a esta chica hasta que tengas su alma en el infierno". Al tirar el medallón, pidieron perdón a Dios por haber buscado la sanidad de forma errónea, rogándole que sanase a su hija y ¡Jesús lo hizo!

Muchas personas sufren artritis y tantas otras enfermedades, llevando puestos brazaletes de cobre o magnéticos en busca de un poder desconocido para curarse. Es asombroso cómo están dispuestas a hacer cualquier cosa para sanar. Consideran que todo lo que les ofrecen es bueno, que les ayudará, y creen que debe ser de Dios. Pero recordemos que todo lo que Dios hace debe estar basado en Su Palabra. Si difiere con la Biblia, no es de Dios.

La mayoría de nosotros hemos ido, en una u otra ocasión, a los médicos para buscar ayuda y nos han ayudado. Podemos alabar al Señor por los médicos y enfermeras, pero, Él ha preparado un camino para nosotros para que crezcamos espiritualmente y para que alcancemos un lugar donde no necesitemos sus servicios. Todo cristiano puede vivir en sanidad divina total y perfecta, jamás volver a estar enfermo, jamás volver a tener fiebre. Hay quien puede no creer que esto sea verdad. Mi oración es que lo analicen a través de la Palabra de Dios y descubran que la salud divina puede ser suya si creen.[15] La Palabra es verdad y es la única base de la vida, "pues nadie puede poner otra base que la que está puesta, la cual es Jesucristo mismo". 1 Corintios 3:11.

Podemos tener sanidad divina y también vivir en salud divina. Desde luego, debemos poner de nuestra parte. No podemos consumir comida chatarra, dormir poco, no hacer ejercicio y esperar que Dios nos mantenga saludables. Tenemos la responsabilidad con nuestro cuerpo y alma de mantenerlos en orden, dando por sentado que nuestro cuerpo es el

---

[15] Sanidad divina es cuando se está enfermo por cualquier enfermedad y se requiere de un milagro para sanar. Salud divina es cuando caminamos a lo largo de nuestras vidas completamente sanos.

templo del Espíritu Santo. El vivir en salud divina no es resultado de nuestra bondad o algún privilegio especial, ni el pensamiento positivo o la confesión de estar sanos. Es la gracia de Dios revelada en la Palabra a todos Sus hijos. Por ello, para vivir en salud divina siempre es ventajoso consumir la Palabra de Dios a diario.

La Biblia habla de maldiciones: "Pero acontecerá, si no oyeres la voz de Jehová tu Dios, para procurar cumplir todos sus mandamientos y sus estatutos que yo te intimo hoy, que vendrán sobre ti todas estas maldiciones, y te alcanzarán. Maldito serás tú en la ciudad, y maldito en el campo. Maldita tu canasta, y tu artesa de amasar. Maldito el fruto de tu vientre, el fruto de tu tierra, la cría de tus vacas, y los rebaños de tus ovejas. Maldito serás en tu entrar, y maldito en tu salir. Y Jehová enviará contra ti la maldición, quebranto y asombro en todo cuanto pusieres mano e hicieres, hasta que seas destruido, y perezcas pronto a causa de la maldad de tus obras por las cuales me habrás dejado. Jehová traerá sobre ti mortandad, hasta que te consuma de la tierra a la cual entras para tomar posesión de ella. Jehová te herirá de tisis, de fiebre, de inflamación y de ardor, con sequía, con calamidad repentina y con añublo; y te perseguirán hasta que perezcas". Deuteronomio 28:15-22. No vivimos bajo esta maldición, sino bajo la alianza de la gracia. Cuando tenemos fiebre, nos "sometemos a Dios; resistimos al diablo, y huirá de nosotros" (Stg 4:7). Si lo hacemos, sin lugar a dudas, Satanás nos dejará y sus obras se irán con él.

Por otra parte, la gente tiene la costumbre de juzgarlo todo desde su propio punto de vista y por su propia experiencia. Cuando oímos que es la voluntad de Dios para Sus hijos que tengan salud divina, pensamos inmediatamente en algunas personas que viven una vida santa y temerosa de Él, pero que se encuentran enfermas; preguntándonos cómo es posible. Miramos la experiencia, no la Palabra de Dios, o añadimos nuestra propia experiencia a Su Palabra, como la que dice "que los que aman a Dios, todas las cosas les ayudan a bien, esto es, a los que conforme a su propósito son llamados" (Ro 8:28). Decimos, entonces, que Dios las utilizó en el hospital o durante la enfermedad, así que debe haber sido Su voluntad el que ellas estuviesen enfermas. Nos olvidamos que vivimos en un mundo caído y que en él tendremos aflicciones. Si se lo permitimos, Dios puede sacar provecho de todas las circunstancias; pero, esto no significa que fuese Su voluntad tales circunstancias.

El plan divino de Dios

Veamos el plan de Dios a través de los siglos. Han pasado más de 2.000 años desde que Jesús vivió, dio su vida por nosotros, resucitó de los muertos y ascendió al cielo. Esto marcó el principio de la era del Espíritu Santo; era que se aproxima al fin, pues las señales de los últimos días se están cumpliendo al pie de la letra. La Palabra nos da muchas pruebas de ello.

Por ejemplo, la nación de Israel. Los israelitas perdieron su tierra en el año 70 a. D. (Anno Domini de la era cristiana), pero la recuperaron y se convirtió en una nación de nuevo en 1948. Esto estaba claramente profetizado en la Biblia y lo hemos visto en nuestra generación. Durante estos últimos tiempos, Dios no está solamente restaurando a Su nación, Israel, sino a todo Su cuerpo también, la Iglesia, y la Biblia nos enseña que la nación de Israel es una configuración para la Iglesia. Corroborado esto en Romanos 9:6-8: "Porque no todos los que descienden de Israel son israelitas, ni por ser descendientes de Abraham, son todos hijos; sino: En Isaac te será llamada descendencia. Esto es: No los que son hijos según la carne son los hijos de Dios, sino que los que son hijos según la promesa son contados como descendientes".

¿Por qué hacemos referencia a esto? Porque todo lo que le ocurrió al pueblo judío está escrito como un ejemplo para nosotros (1 Co 10:6-11), y algo nuevo está pasando entre los cristianos en todo el mundo. En algunos lugares se le llama Movimiento Carismático; pero, como la mayoría de los movimientos, si no tenemos cuidado y no permanecemos fundamentados en la Palabra, caemos en el error.

He tenido el privilegio de enseñar en distintas denominaciones en Europa, los Estados Unidos de América, y América Latina. He visto lo mismo en todas partes. Dios está restaurando la unidad y el poder en Su Iglesia. Tenemos fraternidad sin tener en cuenta la denominación. Nos amamos cuando tenemos el mismo Jesús. Nos damos cuenta de que todos pertenecemos a Su cuerpo, la Iglesia (si hemos "nacido de nuevo"). Tan solo hace veinte años esto hubiese sido imposible; sin embargo, hoy es una realidad. Nos estamos convirtiendo uno en Cristo.

No obstante, la gente del mundo ha visto la división entre los cristianos, incluso más claramente que nosotros mismos y se ha creado un estereotipo. Piensan que todo lo que hacemos es pelearnos los unos con los otros. Muchos no creen en Dios por esta razón. Nuestra división y lucha ha llevado a muchos al infierno. No seremos condenados por esto; Dios nos perdonará pues "si confesamos nuestros pecados, él es fiel y justo para perdonar nuestros pecados, y limpiarnos de toda maldad". 1 Juan 1:9. Pero bien debemos recapacitar y trabajar en la unidad del cuerpo de Cristo. Ahora, debemos fijar nuestra atención en lo que Dios está haciendo en Su Iglesia. En cuáles son Sus planes divinos. Esto es, la restauración de la sanidad. Es la sanidad y liberación que el Señor está operando hoy. "No os acordéis de las cosas pasadas, ni traigáis a memoria las cosas antiguas. He aquí que yo hago cosa nueva; pronto saldrá a la luz; ¿No la conoceréis? Otra vez abriré camino en el desierto, y ríos en la soledad". Isaías 43:18-19.

En Malaquías 4:1 leemos lo que Dios hará a los impíos: "Porque he aquí, viene el día ardiente como un horno, y todos los soberbios y todos los que hacen maldad serán estopa; aquel día que vendrá los abrasará, ha dicho Jehová de los ejércitos, y no les dejará ni raíz, ni rama". El versículo 2 de Malaquías 4 es para aquellos que aman y obedecen al Señor: "Mas a vosotros los que teméis mi nombre, nacerá el Sol de justicia, y en sus alas traerá salvación; y saldréis, y saltaréis como becerros de la manada".

La Escritura se refiere al ministerio de sanidad y liberación que el Señor está operando en Su Iglesia. Aunque ha estado siempre disponible para el creyente, la Iglesia no lo ha enseñado o practicado abiertamente durante 1.800 años. Sin embargo, cuando se da apertura a esta enseñanza sobre sanidad, todavía hay muchas personas que piensan que se hace erróneamente. Solo aquellas que creen son liberadas.

A través de los años se nos ha enseñado en nuestras iglesias que la enfermedad es inevitable y que debemos acostumbrarnos a vivir con esto. Incluso, algunos ministros dicen que debe ser la voluntad de Dios el que estemos enfermos, porque han orado y las personas no se han recuperado. Esto es basar la doctrina en la experiencia y no en la Palabra de Dios. La Palabra de Dios es verdad. ¿Por qué nos llamamos creyentes si no creemos en la Palabra? Esto es incredulidad. Si creemos en la Palabra, entonces debemos actuar según la misma, no solo hablar de la misma. No es siempre fácil, por ello tenemos que creerla en nuestros corazones y volver a programar nuestra mente para actuar según la Palabra. Cuando la Palabra no concuerde con nuestra experiencia, no podemos solamente explicarla a otros y juzgar de acuerdo con las circunstancias. ¡La Palabra de Dios es verdad!

En Malaquías 4:3 leemos: "Hollaréis a los malos, los cuales serán ceniza bajo las plantas de vuestros pies, en el día en que yo actúe, ha dicho Jehová de los ejércitos". Este pasaje habla de la autoridad restaurada del creyente como cuerpo de Cristo en la Iglesia restaurada. Obviamente, no habla del cielo, ya que los malos no estarán allí. Habla del pueblo de Dios en la tierra que tiene a su disposición la sanidad, la libertad y la autoridad en Cristo.

Las estadísticas muestran que entre los creyentes hay un buen grupo de personas enfermas mental y físicamente, lo cual no debería ser. El Señor nos ha mandado a ir por todo el mundo y predicar el evangelio, a bautizar y enseñar a que obedezcan Su Palabra. Si estamos enfermos, no podemos hacerlo y no hacerlo es desobedecer a Dios.

En Oseas 4:6 leemos: "Mi pueblo fue destruido, porque le faltó conocimiento". El Señor nos dice aquí por qué somos destruidos, por la falta de conocimiento. ¿Qué conocimiento? El conocimiento humano abunda, pero la Biblia habla del conocimiento espiritual. El mismo Oseas 4:1[b] lo responde: "porque no hay verdad, ni misericordia, ni conocimiento de Dios en la tierra".

¿Cómo nos da salud el conocimiento de Dios?

La siguiente historia explica cómo el conocimiento puede cambiar las circunstancias. Una anciana vivía sola en su casa, en el campo. Era muy pobre, no tenía recursos económicos, ni siquiera seguridad social. Un día, la visitó un amigo y al ver su difícil situación, le preguntó si su hijo le enviaba algo de dinero. La dama le dijo a su amigo que a menudo recibía cartas de él y que adjuntaba siempre un pequeño trozo de papel que se parecía a marcadores de libros, pero, jamás dinero. El amigo pidió ver uno. Era un cheque de mil dólares. Con todos estos cheques, exclamó el amigo, usted es rica. ¿Cheques? ¿Qué son los cheques?, le respondió la señora.

Podemos vivir en la pobreza, incluso siendo ricos. Todo el pueblo de Dios ha firmado cheques de salud, libertad, alegría, paz y mucho, mucho más, pero necesitamos el conocimiento acerca de cómo cobrar estos cheques. El conocimiento del cual estamos hablando es el conocimiento de Dios, no el conocimiento humano. En la actualidad, la mayoría de la gente es tan educada, que está ciega a la verdad. El conocimiento humano es bueno, pero puede hacernos quedar atrás, al no tener fe en la Palabra de Dios.

"Gracia y paz os sean multiplicadas en el conocimiento de Dios y de nuestro Señor Jesús. Como todas las cosas que pertenecen a la vida y a la piedad nos han sido dadas por su divino poder, mediante el conocimiento de aquel que nos llamó por su gloria y excelencia, por medio de las cuales nos ha dado preciosas y grandísimas promesas, para que por ellas llegaseis a ser participantes de la naturaleza divina, habiendo huido de la corrupción que hay en el mundo a causa de la concupiscencia". 2 Pedro 1:2-4.

¿Puede sanar el Señor?

Todo el que tenga cualquier conocimiento de Dios estará absolutamente de acuerdo que de verdad Él puede sanar. Tiene todo el poder en el cielo y en la tierra para hacerlo. "Y Jesús se acercó y les habló diciendo: Toda potestad me es dada en el cielo y en la tierra. Por tanto, id, y haced discípulos a todas las naciones; bautizándolos en el nombre del Padre, y del Hijo, y del Espíritu Santo; enseñándoles que guarden todas las cosas que os he mandado; y he aquí yo estoy con vosotros todos los días, hasta el fin del mundo". Mateo 28:18-20.

Aquí vemos que Jesús no tiene solamente la autoridad, sino que nos ha delegado esta autoridad. La tenemos y deberíamos ejercerla para vencer al enemigo.

¿El sanar es la voluntad de Dios?

Se le preguntó directamente a Jesús si quería sanar. Esta es su respuesta. "Sucedió que estando él en una de las ciudades, se presentó un hombre lleno de lepra, el cual, viendo a Jesús, se postró con el rostro en tierra y le rogó, diciendo: Señor, si quieres, puedes limpiarme. Entonces, extendiendo él la mano, le tocó, diciendo: Quiero; sé limpio, y al instante la lepra se fue de él". Lucas 5:12-13.

Jesús podía sanarlo, pero el hombre se preguntaba si él quería hacerlo. Jesús no dudó. Él le respondió: "Quiero". Jesús incluso sanó a quienes creyeron y que no eran de la casa de Israel. Una vez inquirió a una mujer cananea: "No está bien tomar el pan de los hijos, y echarlo a los perrillos. Y ella dijo: Sí, Señor; pero aun los perrillos comen de las migajas que caen de la mesa de sus amos. Entonces respondiendo Jesús, dijo: Oh mujer, grande es tu fe; hágase contigo como quieres. Y su hija fue sanada desde aquella hora". Mateo 15: 26-28.

La clave es la fe, creyendo que él sanará. Jesús dijo que "al que cree todo le es posible" (Mc 9:23). Algunos podrían decir que era su voluntad para aquellas personas en aquel día solamente, cuestionando que siempre sea su voluntad el sanar. Jesús vino a la tierra, no solo a dar su vida por nuestros pecados, sino a hacer la voluntad de su Padre. Dar su vida era una parte de la voluntad de Dios, como lo ratifican los siguientes pasajes bíblicos.

- "Porque he descendido del cielo, no para hacer mi voluntad, sino la voluntad del que me envió". Juan 6:38.
- "He aquí que vengo, oh Dios, para hacer tu voluntad, como en el rollo del libro está escrito de mí". Hebreos 10: 7.
- "Respondió entonces Jesús, y les dijo: De cierto, de cierto, os digo: No puede el Hijo hacer nada por sí mismo, sino lo que ve hacer al Padre; porque todo lo que el Padre hace, también lo hace el Hijo igualmente". Juan 5:19.
- "Y cuando llegó la noche, trajeron a él muchos endemoniados; y con la palabra echó fuera a los demonios, y sanó a todos los enfermos". Mateo 8:16.
- "Sabiendo esto Jesús, se apartó de allí; y le siguió mucha gente, y sanaba a todos". Mateo 12:15.

En la Biblia vemos que Jesús sanaba a todos los que se lo pidiesen. ¡A todos! Además, Jesús hizo la voluntad de Dios, entonces debe ser la voluntad de Dios sanar a todos los que se lo pidan. Alguien puede decir: "Sí, pero esto fue cuando Jesús estuvo en la tierra, ahora está en el cielo y esto ya no es aplicable". Pero, Hebreos 13:8 nos dice que "Jesucristo es el mismo ayer, y hoy, y por los siglos".

Necesitamos cambiar nuestra manera de pensar "porque las armas de nuestra milicia no son carnales, sino poderosas en Dios para la destrucción de fortalezas, derribando argumentos y toda altivez que se levanta contra el conocimiento de Dios, y llevando cautivo todo pensamiento a la obediencia a Cristo". 2 Corintios 10:4-5. Además: "No os conforméis a este siglo, sino transformaos por medio de la renovación de vuestro entendimiento, para que comprobéis cuál sea la buena voluntad de Dios, agradable y perfecta". Romanos 12:2.

La guerra está en nuestras mentes, Jesús nunca cambiará. Si su voluntad fue sanar hace más de 2.000 años atrás, ciertamente será lo mismo hoy. Necesitamos creer en la Palabra y actuar según la misma, usando la autoridad que él nos ha delegado para vencer al enemigo. No podemos negociar con el Señor. Debemos pedir con fe, creyendo, sin dudar.

"Pero pida con fe, no dudando nada; porque el que duda es semejante a la onda del mar, que es arrastrada por el viento y echada de una parte a otra. No piense, pues, quien tal haga, que recibirá cosa alguna del Señor". Santiago 1:6-7. Si oramos dudando, no podemos esperar nada del Señor, pero si oramos creyendo que lo recibiremos, será nuestro. Como dice Marcos 11:24: "Por tanto, os digo que todo lo que pidiereis orando, creed que lo recibiréis, y os vendrá".

Veamos el ministerio de la sanidad de la Iglesia primitiva. En Hechos 5:15-16 se relata "que sacaban los enfermos a las calles, y los ponían en camas y lechos, para que al pasar Pedro, a lo menos su sombra cayese sobre alguno de ellos. Y aun de las ciudades vecinas muchos venían a Jerusalén, trayendo enfermos y atormentados de espíritus inmundos; y todos eran sanados".

Todos eran sanados. ¡Cientos y cientos! Pero en la actualidad las estadísticas dicen que muchos creyentes están enfermos. Se dice que alrededor del 50 % de la Iglesia está enferma. ¿Por qué ocurre esto cuando el Señor quiere que estemos perfectamente sanos? Porque no podemos recibir la sanidad del Señor sin fe en la Palabra. No tenemos la fe porque no nos ha sido enseñada. Necesitamos enseñanza de la Escritura. "Así que la fe es por el oír, y el oír, por la palabra de Dios". Romanos 10:17. Y de lo que ya hemos aprendido, tenemos que ponerlo en práctica. La Biblia expresa: "para que se cumpliese lo dicho por el profeta Isaías, cuando dijo: El mismo tomó nuestras enfermedades, y llevó nuestras dolencias". Mateo 8:17.

Puesto que esto es un hecho, ¿por qué pensamos que debemos soportar la enfermedad? Si alguien carga a pie una maleta pesada y un amigo se ofrece a llevarla en su carro, ¿es lógico no dejarlo? Desde luego que no. Además, sería disparatado que esa persona pensase y actuase como si la cargara a pie cuando de hecho no la lleva. Es lo mismo con la enfermedad. ¿Por qué pensamos y actuamos todavía como si tuviésemos que soportarla? "Quien llevó él mismo nuestros pecados en su cuerpo sobre el madero, para que nosotros, estando muertos a los pecados, vivamos a la justicia, y por cuya herida fuimos sanados". 1 Pedro 2:24.

Comprendemos la primera parte de este versículo. Hemos recibido al Señor y su justicia. Es la última parte del versículo con la que tenemos dificultad. Considera esto: muchas personas no han recibido a Jesús como su Salvador personal. ¿Cómo puede ser posible si Jesús dio su vida por ellas hace más de 2.000 años? La respuesta es sencilla. No han creído y recibido lo que el Señor hizo por ellas. Lo mismo se aplica a la sanidad. Hay muchas personas que no han recibido la sanidad y la liberación. ¿Cómo puede ser esto si Jesús las facilitó hace más de 2.000 años? De nuevo, la respuesta es sencilla. No han creído y recibido lo que Jesús hizo por ellas.

No podemos ser salvos hasta que creamos que la salvación es nuestra y la recibamos por fe; y no podemos ser sanados hasta que creamos que la sanidad es nuestra y la recibamos por fe. La sanidad es una parte de la obra de redención. Cuando Jesús dio su vida en la cruz del Calvario, él venció a la muerte, el pecado y la enfermedad. La Iglesia primitiva sabía esto; sin embargo, a través de los siglos esta verdad ha sido atenuada. El diablo, el padre de mentiras, ha engañado al pueblo de Dios al hacernos creer que la enfermedad es algo que tiene que aceptar.

"Él ha sido homicida desde el principio, y no ha permanecido en la verdad, porque no hay verdad en él. Cuando habla mentira, de suyo habla; porque es mentiroso, y padre de mentira". Juan 8:44. "Porque el corazón de este pueblo se ha engrosado, y con los oídos oyeron pesadamente, y sus ojos han cerrado, para que no vean con sus ojos, y oigan con sus oídos, y entiendan de corazón, y se conviertan, y yo los sane". Hechos 28:27.

La palabra sanar, en este versículo, proviene de la palabra griega *sozo*. Leemos la misma palabra en Romanos 10:9: "que si confesares con tu boca que Jesús es el Señor, y creyeres en tu corazón que Dios le levantó de los muertos, serás salvo". La misma palabra griega *sozo* se traduce "salvo" en esta Escritura. Sanado y salvado es la misma palabra, que es parte de la redención. No se debe confundir con la palabra expiación del Antiguo Testamento, que significa cobertura de las culpas, purificarse de ellas por medio de algún sacrificio. La Redención de Jesús significa rescatar o sacar de esclavitud al cautivo mediante el precio de su sangre.

Algunas personas confiesan: "Oh... estoy enfermo" ¿Piensas que esto es confesar al Señor Jesús y su obra? Desde luego que no. Esto es confesar al diablo y su obra. Deberíamos confesar la verdad, confesar la Palabra de Dios. El versículo anterior apunta también: "creer en su corazón". Lo cual significa estar completamente convencido y no solo admitirlo con el pensamiento o sin la certeza plena. "Porque con el corazón se cree para justicia, pero con la boca se confiesa para salvación". Romanos 10:10.

La sanidad es parte de la salvación. Es sencillamente creer y confesar la verdad, la Palabra de Dios. No nos ayuda expresarlo si no tenemos la completa seguridad en nuestro corazón de que es verdad. La seguridad es la fe. No podemos manifestar que estamos bien y pensar todavía que estamos enfermos y así esperar sanidad. No podemos intentar embaucar a Dios con nuestra confesión incrédula. Él conoce nuestro corazón, pero cuando estamos completamente persuadidos de que Su Palabra es verdad, podemos entonces confesar que lo que nuestro corazón conoce es real y será nuestro.

¿Cómo aplico esto a mi vida?

Aplicar estos principios a nuestra vida no siempre resulta fácil. Debemos aprender a vivir (trabajar) por fe y no por las circunstancias, "porque por fe andamos, no por vista" (2 Co 5:7). "Porque en el evangelio la justicia de Dios se revela por fe y para fe, como está escrito: Mas el justo por fe vivirá" (Ro 1:17). "Porque todo lo que es nacido de Dios vence al mundo; y esta es la victoria que ha vencido al mundo, nuestra fe" (1 Jn 5:4). Aquí vemos el poder, los medios con los que Dios sana. Los médicos usan la medicina; Dios usa la fe. La fe surge del conocimiento de la Palabra de Dios. La fe es activa. "Así también la fe, si no tiene obras, es muerta en sí misma" (Stg 2:17).

La fe no es confesión sin acción. Debemos actuar con base a este conocimiento, vivirlo momento a momento. La fe sin acción no es fe. Es exactamente como el amor, que sin acción, no es amor. Jesús dijo que si le amábamos, guardáramos sus mandamientos. "El que me ama, mi palabra guardará (Jn 14:15). Y que no solo debemos conocer su palabra, sino cumplirla (v. 23). Es la obediencia. Es tan sencillo, justamente obedecer su palabra, entonces él sabrá que le amamos. Esto es práctico. Nuestra fe se expresará por medio de acciones prácticas. Cuando creemos verdaderamente y estamos completamente persuadidos de que tenemos salud, no actuaremos como una persona enferma. Hemos tenido ya bastante religión. Ahora necesitamos algo de acción: vivir por fe, tal como Jesús nos enseñó y nos lo ha demostrado. Nuestra fe es la fuerza activa. Recuerda lo que Jesús dijo: "Si puedes creer, al que cree todo le es posible". Marcos 9:23.

Veamos algunos pasajes bíblicos:

- "Pasando Jesús de allí, le siguieron dos ciegos, dando voces y diciendo: ¡Ten misericordia de nosotros, Hijo de David! Y llegando a la casa, vinieron a él los ciegos; y Jesús les dijo: ¿Creéis que puedo hacer esto? Ellos dijeron: Sí, Señor. Entonces les tocó los ojos, diciendo: Conforme a vuestra fe os sea hecho". Mateo 9:27-29.

- "Oh mujer, grande es tu fe; hágase contigo como quieres. Y su hija fue sanada desde aquella hora". Mateo 15:28.

- "Y él le dijo: Hija, tu fe te ha hecho salva; ve en paz, y queda sana de tu azote". Marcos 5:34.

- "Y Jesús dijo: Vete, tu fe te ha sanado. Y en seguida recobró la vista, y seguía a Jesús en el camino". Marcos 10:52.

En cada uno de estos versículos vemos que creyeron y luego recibieron la sanidad. Jesús dice una y otra vez que la fe sana. Muchas personas dicen: "Tengo fe, pero no sano". Bien, o la Biblia miente o no tienen fe. La Biblia dice: "Por tanto, os digo que todo lo que pidiereis orando, creed que lo recibiréis, y os vendrá". Marcos 11:24.

Una persona pasó un par de semanas en un campamento de cierto ministerio que viaja a través de distintas fraternidades para celebrar cultos y enseñar la Palabra, incluida la sanidad. Un día, uno de los miembros del equipo estaba enfermo y no podía ayudar en las tareas domésticas. Aquella persona sugirió que se reunieran y oraran para que él sanase y pudiese seguir ayudándoles. Dijeron que ya habían orado por él, pero seguía enfermo. Hasta se le preguntó directamente si creía en la Palabra y respondió que sí. Entonces se le consultó si estaba al corriente de Marcos 16:18, que dice que sobre los enfermos pondrán sus manos, y sanarán. El enfermo expresó haber oído acerca de este versículo y lo creía. Entonces, pusieron las manos sobre él y oraron para sanarle en el nombre de Jesús. Luego, se le sugirió que se levantase de la cama, se vistiese y les ayudase en las tareas domésticas, pero el joven explicó que aún no se sentía bien. A lo que le preguntaron si iba a creerle a sus impresiones o a la Palabra de Dios. Él comprendió el asunto y con las piernas temblando comenzó a trabajar. ¡Diez minutos más tarde estaba completamente bien! No sintió nada diferente cuando al principio se dispuso a trabajar, pero la Palabra dice que cuando ponemos las manos sobre los enfermos, sanarán. Si el Señor lo dijo así, entonces es verdad. No podemos confiar en nuestros sentimientos.

Creyendo y actuando en la Palabra

Echemos un vistazo a la resurrección de Lázaro. La gente pensó y dijo que si Jesús hubiese estado con Lázaro, no habría muerto; que Jesús lo habría sanado. Creyeron que Jesús estaba limitado solo a la sanidad, y no que con la misma facilidad también podía resucitar a los muertos. Jesús le dijo a Marta, la hermana de Lázaro: "¿No te he dicho que si crees, verás la gloria de Dios?" Juan 11:40.

Hoy, la gente dice a menudo: "Si veo un milagro, creeré". ¿Cuando vemos, creemos? No tenemos que usar nuestra fe para creer. Cuando no vemos, es precisamente cuando necesitamos usar nuestra fe y creer. Jesús le dijo a Tomás: "Porque me has visto, creíste; bienaventurados los que no vieron, y creyeron". Juan 20:29. En otra oportunidad, Jesús le dijo al oficial de un rey: "Ve, tu hijo vive. Y el hombre creyó la Palabra que Jesús le dijo, y se fue. Cuando ya él descendía, sus siervos salieron a recibirle, y le dieron nuevas, diciendo: Tu hijo vive". Juan 4:50-51.

Esta es la clave: debemos creer la Palabra de Dios, no las circunstancias o los asomos de algo que pudiera producirse. Esto es un problema para nosotros, pues estamos programados para creerle a nuestras impresiones. Pero cuando estas están en pugna con la Palabra de Dios, deberíamos creerle a la Palabra y no a las emociones. ¿Son los sentimientos más creíbles que la Palabra de Dios? En Hechos 14:9-10 leemos: "Este oyó hablar a Pablo, el cual, fijando en él sus ojos, y viendo que tenía fe para ser sanado, dijo a gran voz: Levántate derecho sobre tus pies. Y él saltó, y anduvo". ¿En qué creyó el hombre? Creyó en la Palabra de Dios pronunciada por Pablo. La fe en la Palabra es el único camino.

Si no tienes fe, ¿para qué orar por sanidad? Alguien podría decir: "He visto a alguien que fue sanado y no tenía fe". Sí, algunas veces Dios realiza milagros, pero estamos hablando de la sanidad como el pan de los hijos. Hay una diferencia entre sanidad y milagros con propósitos específicos.

Se relata que en un culto de Kathryn Kuhlman un hombre fue sanado y había declarado antes que no creía en Dios; sin embargo, aun así fue sanado. Cuando Dios sana a las personas que no tienen fe y que no creen, es un regalo, un milagro. La sanidad es el pan de los hijos. Observemos lo que Jesús le dijo a la mujer cananea en Mateo 15:26-28: "No está bien tomar el pan de los hijos, y echarlo a los perrillos, y ella dijo: Sí, Señor, pero aun los perrillos comen de las migajas que caen de la mesa de sus amos. Entonces respondiendo Jesús, dijo: Oh mujer, grande es tu fe; hágase contigo como quieres. Y su hija fue sanada desde aquella hora".

Lo que estoy hablando aquí trata sobre la sanidad divina que el Señor ha provisto para todos Sus hijos. Debemos aceptarla, creerla y pedir "con fe, no dudando nada; porque el que duda es semejante a la onda del mar, que es arrastrada por el viento y echada de una parte a otra. No piense, pues, quien tal haga, que recibirá cosa alguna del Señor, pues el hombre de doble ánimo es inconstante en todos sus caminos" (Stg 1:6-8).

Es muy importante mantener alejado de nuestra mente y corazón todo tipo de duda. Algunas personas parecen disfrutar el vivir en escepticismo. Dado que no tienen fe en la Palabra, justifican la falta de fe usando su intelecto. El intelecto se halla a nivel del alma o la mente y no se puede comparar con la mente del Señor. Todo lo que la ciencia médica conoce lo ha aprendido a través de los cinco sentidos, en el ámbito humano o del alma. Sin embargo, la otra manera de recibir información es por medio de la Palabra de Dios, tal como la revela el Espíritu Santo.

La revelación de la Palabra de Dios por medio del Espíritu Santo es muchísimo más valiosa. Este conocimiento no es intelectual, sino espiritual. Si creemos solamente con nuestros cinco sentidos estamos evidentemente limitados, porque los sentidos no son la única fuente de información. Además de que nos pueden acarrear confusión y limitar el alcance de lo que pudiéramos recibir espiritualmente. Los obstáculos para la sanidad pudieran ser muchos, pero entre ellos se destaca el miedo.

¿Qué es el miedo?

El miedo es lo contrario a la fe. El miedo es también una perturbación que precipita o provoca la aceleración de hechos, los médicos lo saben. Saben que el 80 % de todas las enfermedades son psicosomáticas y generalmente causadas por el miedo.

El miedo es una fuerza mental, una de las más poderosas que la mente puede producir. Comienza en los pensamientos, igual que cualquier pecado. "Entonces la concupiscencia, después que ha concebido, da a luz el pecado; y el pecado, siendo consumado, da a luz la muerte". Santiago 1:15.

Si, por ejemplo, alguien comienza a tener miedo de que pueda enfermar de cáncer, la angustia está en su mente y va provocando que bajen las defensas del organismo y se vaya quebrando la resistencia del cuerpo. Puede llevar meses e incluso años antes que células cancerígenas afecten el cuerpo, pero se desarrollan con el temor. Del mismo modo, la fe es una fuerza que trabaja en nuestra mente. La fe surge de la Palabra de Dios. Las palabras no son una fuerza física. No trabajan inmediatamente en el cuerpo, pero entran a través de nuestros oídos y ojos a nuestra mente y allí se produce la fe, la cual va germinando.

Job enfermó, perdió su familia y también todo lo que poseía. Buscó el porqué de lo que le ocurrió y el Señor se lo mostró: "Porque el temor que me espantaba me ha venido, y me ha acontecido lo que yo temía"

(Job 3:25). Su condición fue psicosomática. Fue atacado en la mente, comenzó a tener miedo y al somatizar, le aconteció lo que temía. Job conocía a su Dios. "Yo sé que mi Redentor vive" (Job 19:25ª); pero, necesitó ser enseñado y recibir el conocimiento de Dios. "Si tuviese cerca de él algún mediador elocuente muy escogido, que anuncie al hombre su deber; que le diga que Dios tuvo de él misericordia, que lo libró de descender al sepulcro, que halló redención; Su carne será más tierna que la del niño, volverá a los días de su juventud" (Job 33:23-25). Este conocimiento le dio fe a Job y la fe venció al miedo y comenzó a sanarle.

Nuestra fe aumentará, paulatinamente, a medida que nos adentremos más y más en la Palabra y comencemos a practicarla. Igual como los músculos del cuerpo crecen a medida que comemos y hacemos ejercicio, la fe crece a medida que nos alimentamos con la Palabra y actuamos según la misma. Esto no es solo pensar positivo. Es la acción basada en la verdad, la Palabra de Dios. Podemos actuar positivamente con nuestro pensamiento; pero, Dios dice: "Fíate de Jehová de todo tu corazón y no te apoyes en tu propia prudencia" (Pr 3:5). ¿Somos lo suficientemente necios para confiar en nuestras mentes en lugar de la Palabra? ¿Somos hipócritas cuando decimos que creemos en la Biblia, pero no vivimos según la misma?

Adán y Eva, en el huerto de Edén, tenían dos opciones para escoger. Podían obedecer la Palabra del Señor o confiar en su propia sabiduría, que era comer del árbol de la ciencia del bien y del mal. Escogieron seguir su propia sabiduría (sus sentimientos), en lugar de la Palabra de Dios; por consiguiente, todos pecamos de la misma manera que ellos. Adán y Eva no podían vivir más tiempo en Edén (que significa el placer de Dios), porque escogieron vivir según su propia sabiduría. Lo mismo es válido hoy. Debemos vivir según la Palabra de Dios para tener acceso a los beneficios completos que Él nos tiene dispuestos. Y esta forma de vida nos exige crecer en lo espiritual "porque esto es bueno y agradable delante de Dios nuestro Salvador, el cual quiere que todos los hombres sean salvos y vengan al conocimiento de la verdad" (1 Ti 2:3-4).

¿Cómo se produce el crecimiento espiritual?

Primero, recibimos el nuevo nacimiento; nuestro espíritu nace de nuevo, habiendo estado muertos en delitos y pecados. "Y él os dio vida a vosotros, cuando estabais muertos en vuestros delitos y pecados" (Ef 2:1). Luego, debemos alcanzar el conocimiento de la verdad. Es un proceso como el de la siembra; el nuevo nacimiento es el principio, y posteriormente debemos crecer. "Pero cuando venga el Espíritu de verdad, él os guiará a toda la verdad" (Jn 16:13). "Y conoceréis la verdad, y la verdad os hará libres" (Jn 8:32). La verdad es la Palabra de Dios. Por medio de la Palabra de Dios podemos ser liberados de las mentiras de Satanás, libres de la enfermedad, libres para vivir en el placer de Dios: el jardín o huerto de Edén.

¿Cómo funciona la fe para vivir en salud divina?

Dijimos anteriormente que había una diferencia entre los milagros y la salud divina. Como cristianos, estamos acostumbrados a buscar milagros o sanidad instantánea, cuando deberíamos vivir permanente-mente llenos de salud. En un milagro, el Señor se revela a nivel físico y es fácil para nosotros porque solo tendríamos que creer y cuando llegue la evidencia, ya no creemos más. Pero en el mundo de la fe, vivimos siempre creyendo y confesando Su Palabra.

"Envió su palabra, y los sanó, y los libró de su ruina" (Sal 107:20). Dios envió Su Palabra y los sanó. La Palabra no es una fuerza física, es una fuerza espiritual que opera en el reino físico. Hemos visto que el miedo funciona de la misma manera. Generalmente, la gente que se está muriendo de cáncer admitirá tener miedo a la enfermedad. La preocupa-ción y el miedo comienzan a quebrantar la resistencia de la mente y a la vez a quebrantar la resistencia del cuerpo. Jesús nos previno de no preocuparnos o tener miedo.

"Por tanto os digo: No os afanéis por vuestra vida, qué habéis de comer o qué habéis de beber; ni por vuestro cuerpo, qué habéis de vestir. ¿No es la vida más que el alimento, y el cuerpo más que el vestido? Mirad las aves del cielo, que no siembran, ni siegan, ni recogen en graneros; y vuestro Padre celestial las alimenta. ¿No valéis vosotros mucho más que ellas? ¿Y quién de vosotros podrá, por mucho que se afane, añadir a su estatura un codo? Y por el vestido, ¿por qué os afanáis? Considerad los lirios del campo, cómo crecen: no trabajan ni hilan; pero os digo, que ni aún Salomón con toda su gloria se vistió así como uno de ellos. Y si la hierba del campo que hoy es, y mañana se echa al horno, Dios la viste así, ¿no hará mucho más a vosotros, hombres de poca fe? No os afanéis, pues, diciendo: ¿Qué comeremos, o qué beberemos, o qué vestiremos? Porque los gentiles buscan todas estas cosas; pero vuestro Padre celestial sabe que tenéis necesidad de todas estas cosas. Más buscad primeramente el reino de Dios y su justicia, y todas estas cosas os serán añadidas. Así que, no os afanéis por el día de mañana, porque el día de mañana traerá su afán. Basta a cada día su propio mal". Mateo 6:25-34.

En estas citas bíblicas también lo revela. "Oyéndolo Jesús, le respondió: No temas; cree solamente, y será salva". Lucas 8:50. "No temáis manada pequeña, porque a vuestro Padre le ha placido daros el reino". Lucas 12:32. La Palabra de Dios penetra en la mente y empieza a hacerse realidad a medida que meditamos una y otra vez en ella. Y cuando dice que "por cuya herida fuisteis sanados" (1 P 2:24), no debemos mirar nuestro cuerpo, sino apropiarnos de la Palabra, haciéndola verdad; porque la Palabra es verdad.

Aunque no comprendemos cómo funciona la sanidad, creemos que tiene que acontecer un milagro cada vez. Esta no es la manera en que el Señor obra generalmente. Él realiza milagros ahora para revelar que Él vive. Lo importante es recibir la Palabra de Dios y actuar según la misma. Necesitamos crecer en salud divina.

En una reunión especial de cristianos, el que ministraba invitó a todos los que estuvieran deprimidos a que se levantasen para orar por ellos. Cerca del 95 % de la congregación se puso de pie. ¿No eran cristianos? ¿No sabían que Jesús dijo: "Mi paz os doy"? Podemos preguntarnos, ¿por qué están los hijos de Dios inmersos en la depresión? Porque creen más las noticias que el mundo les da y se dejan arropar por lo que la prensa escrita y audiovisual informa.

Piensa en el periódico que la mayoría de la gente lee durante el desayuno. Algunos días la prensa de la mañana está repleta, como un grueso libro, de artículos y noticias negativas sobre guerras, crímenes, catástrofes y muchas otras acerca de la inflación y el debacle económico. Inmediatamente, imaginamos un futuro oscuro, estresándonos y con miedo a lo porvenir. Cuando leemos este tipo de material, no tenemos fuerzas para leer la Palabra de Dios. El abatimiento que sentimos se convierte en un hecho. La mayoría de nosotros nos alimentamos de los periódicos, libros, revistas, además de lo que oímos en la radio y vemos en la televisión. Sin embargo, hay muchas maneras de alimentar nuestras mentes y almas. No queremos decir que es beneficioso el que estemos incomunicados y en desconocimiento de lo que acontece en nuestro entorno y el mundo, pero deberíamos tener mucho cuidado con lo que recibimos. Deberíamos comenzar cada día con la Palabra de Dios. Leer la Palabra no trae depresión, sino alegría y paz que no dependen de las circunstancias. La Palabra nos edifica. No nos hunde. La Palabra crea fe, que es la fuerza de Dios revelada que nos mantiene sanos.

Cuando escogemos nuestra propia sabiduría en vez de la Palabra de Dios, realmente nos estamos revelando contra la Palabra. Estamos envueltos en la aflicción, porque no creemos y obedecemos la Palabra. Como dice Salmos 107:10-11: "Algunos moraban en tinieblas y sombra de muerte, aprisionados en aflicción y en hierros por cuanto fueron rebeldes a la palabra de Jehová".

A imagen de Dios

En 1 Tesalonicenses 5:23 se expone que el hombre consta de tres componentes: el espíritu, el alma y el cuerpo. "Y el mismo Dios de paz os santifique por completo, y todo vuestro ser, espíritu, alma y cuerpo, sea guardado irreprensible para la venida de nuestro Señor Jesucristo".

Nuestro espíritu, que estaba "espiritualmente muerto" (Ef 2:1-4), nace por el Espíritu Santo cuando aceptamos a Jesús como nuestro Salvador. Pues, "lo que es nacido de la carne, carne es; y lo que es nacido del Espíritu, espíritu es", dice Juan 3:6. De manera que nuestro espíritu es uno con el Señor; porque "el que se une al Señor, un espíritu es con él" (1 Co 6:17). Por ello, el diablo no puede hacernos daño alguno en el espíritu, porque no puede dañar al Señor.

Nuestra alma consta de tres áreas principales: la voluntad, el intelecto y las emociones. El diablo ataca principalmente estas tres áreas. "Y él os dio vida a vosotros, cuando estabais muertos en vuestros delitos y pecados, en los cuales anduvisteis en otro tiempo, siguiendo la corriente de este mundo, conforme al príncipe de la potestad del aire, el espíritu que ahora opera en los hijos de desobediencia" (Ef 2:1-2). Satanás ataca este nivel mental con mentiras, miedo, duda y colocando todo tipo de pensamientos engañosos.

Nuestro cuerpo. Satanás ataca este nivel con mentiras físicas como el dolor, síntomas de enfermedad y otras impresiones irreales, los cuales pueden convertirse en genuinos si no los resistimos. Por medio del miedo, Satanás opera en nuestras emociones, que a la vez tiene repercusiones en nuestro cuerpo físico.

Todo lo que tenga un efecto destructor proviene del diablo. Toda enfermedad proviene de Satanás. Dios es bueno y lo bueno proviene solamente de Él. La Palabra lo ratifica: "Cómo Dios ungió con el

Espíritu Santo y con poder a Jesús de Nazaret, y cómo este anduvo haciendo bienes y sanado a todos los oprimidos por el diablo, porque Dios estaba con él" (Hch 10:38). "Amados hermanos míos, no erréis. Toda buena dádiva y todo don perfecto desciende de lo alto, del Padre de las luces, en el cual no hay mudanza, ni sombra de variación" (Stg 1:16-17). El Señor nos creó a Su propia imagen, por lo tanto, nos creó sanos; mientras que el diablo quiere destruir la imagen de Dios. Ya que "el ladrón no viene sino para hurtar, matar y destruir" (Jn 10:10[a]).

Una persona enferma no refleja la imagen de Dios, porque Dios no es enfermedad. El diablo busca distorsionar y destruir la imagen excelsa y perfecta de Dios, y nosotros no debemos permitírselo. A veces, la enfermedad termina en muerte, la muerte llega a través del pecado y el pecado a través de Satanás, porque la presencia de la enfermedad en el mundo es consecuencia del pecado de Adán. La enfermedad es muerte paulatina. Jesús es dador de vida; Juan 10:10[b] así lo dice: "yo he venido para que tengan vida, y para que la tengan en abundancia".

Determinamos cómo estamos físicamente por lo que sentimos. Cuando se nos pregunta cómo estamos, ¿confesamos nuestros sentimientos, lo que nuestro cuerpo nos dice o confesamos la Palabra de Dios? La Palabra de Dios dice que fuimos sanados y mucho más.

Un día, un famoso predicador se encontraba descansando en su cama cuando de repente experimentó un ataque al corazón. Tenía un dolor agudo en el lado izquierdo del pecho, mientras que pensamientos extraños invadían su mente. Se dijo a sí mismo: "Mi tiempo ha terminado, me voy a morir". Pero conociendo la Palabra de Dios, comenzó a reírse y en voz alta expresó: "Satanás, no lo intentes conmigo. Tú sabes que yo sé la verdad. Llévate tu inútil dolor y absurdos pensamientos. Vete ya, en el nombre de Jesús". ¡El ataque al corazón culminó inmediatamente! Alabado sea el Señor por la autoridad restaurada de Su pueblo. Cuando vivimos sometidos al Señor y Su Palabra, esta nos da el derecho de impugnar a Satanás. "Someteos, pues, a Dios; resistid al diablo, y huirá de vosotros", afirma Santiago 4:7.

Creemos que esta es la reacción natural frente a la enfermedad y que debería ser la conducta de cada uno de nosotros. Puedes pensar que es la actitud de un fanático; pero, ¿por qué estar enfermo cuando Jesús nos proporcionó la salud? Si alguien acepta una enfermedad y pide oración, la Biblia señala que sobre los enfermos pondremos las manos y estos sanarán (Mc 16:18), y que "la oración de fe salvará al enfermo, y el Señor lo levantará" (Stg 5:15).

Dice que se levantará, y no que posiblemente se levantará. Es un hecho, no un quizás. Tampoco dice que la sanidad opera físicamente de forma instantánea. Puede ser un proceso donde el enfermo, con la ayuda del Espíritu Santo, se afirme en la verdad de la Palabra, manteniendo la certeza de la sanidad lo suficientemente para que surta efecto a través del cuerpo; y así, ser finalmente sanado de todos los síntomas. Aunque muchas veces la sanación puede darse en forma instantánea, generalmente lo que sucede es que primero somos sanados desde el interior, desde la primera célula enferma, hasta la totalidad del cuerpo.

Es indispensable la credibilidad, el valerse de la fe y creer que ha sido hecho. La fe es la fuerza que llevará a la consumación. La afirmación de la verdad de la Palabra de Dios está en el corazón del enfermo. Su fe es la fuerza mental que obra desde su mente a través de su cuerpo, hasta completar la sanidad. Algunas veces, desde luego, ocurre a través de un milagro o cambio instantáneo en el mundo físico. Otras veces, habrá una señal o confirmación de la sanidad, tal como el alivio del dolor; aunque si estamos buscando señales, no estamos ejerciendo nuestra fe, ni dependiendo de la Palabra. En este caso, estamos dependiendo de nuestros sentimientos para la seguridad de nuestra sanidad. ¿Escogeremos igual que Adán y Eva al creer en nuestros sentimientos, nuestro intelecto, en lugar de la Palabra de Dios y perder lo que ya Dios nos ha dado?

El problema radica en la vieja y astuta serpiente que viene a nosotros cuestionando la Palabra de Dios. Entonces nos fijamos, como Eva, en nuestro yo y usamos los sentidos para anular la Palabra de Dios en nuestra vida. Comenzamos a dudar. Cedemos ante nuestros pensamientos, en lugar de actuar como dice la Biblia: "derribando argumentos y toda altivez que se levanta contra el conocimiento de Dios, y llevando cautivo todo pensamiento a la obediencia a Cristo" (2 Co 10:4^b-5).

Las dudas cortarán nuestra fe, que es el poder sanador. Recuerda lo dicho anteriormente, el miedo toma tiempo para quebrantar la resistencia del cuerpo y luego tomará tiempo para que la fe se edifique de nuevo. "Pero pida con fe, no dudando nada; porque el que duda es semejante a la onda del mar, que es arrastrada por el viento y echada de una parte a otra. No piense, pues, quien tal haga, que recibirá cosa alguna del Señor. El hombre de doble ánimo es inconstante en todos sus caminos" (Stg 1: 6-8). Si no comprometemos nuestros pensamientos con la Palabra, como dice Santiago, no podemos esperar nada de Dios.

Satanás nos permite alegrarnos por nuestra sanidad durante una hora, un día, una semana, un mes, un año, pero con astucia, de improviso, hará que aparezca un dolor, un síntoma, una duda, esperando que nos haga desconfiar de la Palabra de Dios y de nuestra sanidad definitiva. El miedo ataca nuestra mente. Podemos aceptarlo y volver a enfermarnos o podemos resistirlo, deponer nuestros sentimientos negativos y alinearnos con la Palabra de Dios para preservar nuestra sanidad. Necesitamos estar verdaderamente fundamentados en la Palabra. Nuestras mentes necesitan ser transformadas para que el diablo no pueda usurparnos lo que Dios de antemano ha dispuesto. ¿Cómo lograrlo? "No os conforméis a este siglo, sino transformaos por medio de la renovación de vuestro entendimiento, para que comprobéis cuál sea la buena voluntad de Dios, agradable y perfecta". Romanos 12:2.

Satanás intenta también confundirnos, haciéndonos pensar que la enfermedad es causada por el pecado en nuestras vidas, aunque algunas veces lo es. El pecado puede abrir la puerta y darle a Satanás el derecho a atacarnos. Por otra parte, además quiere que pasemos mucho tiempo concentrándonos en nuestros pecados pasados, para hacernos sentir pecadores y merecedores de la enfermedad. Necesitamos concentrarnos en la Palabra y no en nuestra desobediencia antes de conocer a Cristo. El verdadero problema es nuestra ignorancia de la Palabra. La Biblia dice que el pueblo de Dios es destruido por falta de conocimiento (Os 4:6ª). La Palabra de Dios no ha sido enseñada completamente al pueblo de Dios en cuanto a cómo resistir al diablo. Sin embargo, no podemos echarles toda la culpa a los ministros. Tenemos la responsabilidad de leer y escudriñar la Palabra nosotros mismos.

Algunos podrían preguntarse cómo puede haber muerte sin enfermedad. Es sencillo. No tenemos que estar enfermos para morirnos. Cuando el Señor se lleva a uno de Sus hijos a casa, sencillamente le retira la vida. La enfermedad nos hace morir antes, y a menudo, de que hayamos cumplido lo que el Señor tiene previsto para nosotros.

Un día, alguien estaba ejerciendo su ministerio en una ciudad y visitó a una dama de 80 años de edad que había sido una cristiana activa toda su vida, pero estaba enferma. Nunca le enseñaron que podía vivir en salud divina, así que estaba preparada para morir y estar con Dios. Alentándola le dijo que no debería estar enferma, que la gente la necesitaba para ministrarles la Palabra de Dios, que muchos no podían conocer al Señor si no les hablaba de Él. Le comenzó a enseñar acerca de las disposiciones del Señor de vivir especialmente en salud divina. La dama conocía la Biblia, recibió la Palabra y fue sanada. Pasaron once años desde entonces, el hermano se encontraba de nuevo en la ciudad y fue a visitar a la anciana. Quedó complacido de encontrarla sana y de saber que pasaba sus días yendo de puerta en puerta para hablarle de Jesús a la gente. Dios nos quiere con salud plena para poder usarnos en este mundo. Cuando sea la hora de irnos, Él puede llevarnos instantáneamente. No tenemos que sufrir enfermedad alguna para morir.

La unidad del pueblo de Dios

Otro de los impedimentos para la sanidad es la división en el cuerpo de Cristo. El propósito de Dios para la Iglesia es la unidad. "Porque de la manera que en un cuerpo tenemos muchos miembros, pero no todos los miembros tienen la misma función, así nosotros, siendo muchos, somos un cuerpo de Cristo, y todos miembros los unos con los otros". Romanos 12:4-5.

Efesios 4:11-17 enfatiza: "Y él mismo constituyó a unos apóstoles; a otros, profetas; a otros evangelistas; a otros, pastores y maestros, a fin de perfeccionar a los santos para la obra de ministerio, para la edificación del cuerpo de Cristo, hasta que todos lleguemos a la unidad de la fe y el conocimiento del Hijo de Dios, a un varón perfecto, a la medida de la estatura de la plenitud de Cristo. Para que ya no seamos niños fluctuantes, llevados por doquiera de todo viento de doctrina, por estratagema de hombres que para engañar emplean con astucia las artimañas del error. Sino que siguiendo la verdad en amor, crezcamos en todo en aquel que es la cabeza, esto es, Cristo, de quien todo el cuerpo, bien concertado y unido entre sí por todas las coyunturas que se ayudan mutuamente, según la actividad propia de cada miembro, recibe su crecimiento para ir edificándose en amor. Esto, pues, digo y requiero en el Señor: que ya no andéis como los otros gentiles, que andan en la vanidad de su mente".

La división y la contienda pertenecen al mundo y son señales de inmadurez. Esto se especifica claramente en 1 Corintios 3:3: "Porque aún sois carnales; pues habiendo entre vosotros celos, contiendas y disensiones, ¿no sois carnales, y andáis como hombres?" Muchas Escrituras se refieren a la Iglesia como los "corderos de Dios". Los corderos, en rebaño, permanecen juntos para que los lobos no los ataquen. La estrategia de supervivencia consiste en estar acompañados, y así repartir la atención del depredador entre todos, cosa que en caso de estar solos y aislados, les harían presa fácil. Su unidad es parte importante de su protección, ya que si el rebaño se encuentra esparcido, los lobos pueden introducirse a hurtadillas y devastarlo.

Esto es exactamente lo que ocurre con la Iglesia. Hay protección en la unidad de los hijos de Dios. En un sentido, la enfermedad no es un problema individual, es un problema de la Iglesia en general. Como pueblo de Dios, hemos sido desobedientes a Su Palabra. Deberíamos ser uno. Esta unidad se menciona constantemente en las Escrituras, y su alcance llega hasta la dignidad. Algunos creen que son dignos y otros que no lo son. Esta disparidad es una puerta abierta a la enfermedad. "Porque el que come y bebe indignamente, sin discernir el cuerpo del Señor, juicio come y bebe para sí. Por lo cual hay muchos enfermos y debilitados entre vosotros, y muchos duermen". 1 Corintios 11:29-30.

El asunto de "dignidad" no está relacionado con nosotros. No somos justificados por lo que hacemos o dejamos de hacer. Nuestra dignidad reposa en la fe que tenemos depositada en la obra de Cristo. Debemos unificar este pensamiento en el cuerpo de Cristo al enseñar que con base a la obra de la cruz, todos somos dignos. Debemos mantener los ojos en Jesús y no en nosotros. Entonces seremos todos sanados. "La copa de bendición que bendecimos, ¿no es la comunión de la sangre de Cristo? El pan que partimos, ¿no es la comunión del cuerpo de Cristo? Siendo uno solo el pan, nosotros, con ser muchos, somos un cuerpo; pues todos participamos de aquel mismo pan". 1 Corintios 10:16-17.

Muchas veces estamos débiles, enfermos y nos dirigimos a una muerte temprana porque no funcionamos unidos como el Señor nos ordenó. Tomemos, por ejemplo, el cuerpo de un animal. Si lo cortamos en pedazos, estos comenzarán pronto a pudrirse. Lo mismo es con el cuerpo de Cristo. La enfermedad y el deterioro llegan porque hemos separado el cuerpo. El cuerpo de Cristo, que es la Iglesia, está conformado por personas nacidas de nuevo que deben estar unidas bajo el mismo vínculo de la fe. ¡No importa a qué denominación pertenezcan!

El Señor ha fijado un cierto orden en la familia y en la Iglesia. Esto no tiene nada que ver con los valores humanos. Si rehusamos cumplir el orden de Dios en la familia y en la Iglesia, el enemigo vendrá y creará toda clase de problemas. ¿Estamos dispuestos a ocupar nuestro sitio y cumplir con nuestra responsabilidad en el cuerpo de Cristo? Igual como tenemos leyes y agentes de policía para que en la sociedad haya orden y paz, tenemos la Palabra de Dios y el liderazgo en el cuerpo para que no tengamos caos, sino paz y orden. Cuando rehusamos obedecer la ley, sufrimos las consecuencias. Abandonamos su protección. Es muy importante que comprendamos esto. Hay protección en la unidad.

Necesitamos llevarnos bien con todos los creyentes que aman a Cristo y tener fraternidad. Esto es muy importante para nuestro crecimiento y protección. Muchos de nuestros problemas se solucionarán cuando la unidad del cuerpo sea restaurada. Cuando esto ocurra, seremos como la primera Iglesia donde todos eran sanados a consecuencia (entre otras), de su unidad bajo la autoridad de Jesucristo. "Y aún de las ciudades vecinas muchos venían a Jerusalén, trayendo enfermos y atormentados de espíritus inmundos; y todos eran sanados". Hechos 5:16.

El Salmo 91 es una fotografía perfecta de la unidad en la Iglesia. Lee el capítulo entero. Medítalo. Describe un lugar muy seguro.

"El que habita al abrigo del Altísimo morará bajo la sombra del Omnipotente. Diré yo a Jehová: Esperanza mía, y castillo mío; mi Dios, en quién confiaré. Él te librará del lazo del cazador, de la peste destructora. Con sus plumas te cubrirá, y debajo de sus alas estarás seguro; escudo y adarga es su verdad. No temerás el terror nocturno, ni saeta que vuele de día, ni pestilencia que ande en oscuridad, ni mortandad que en medio del día destruya. Caerán a tu lado mil, y diez mil a tu diestra; mas a ti no llegará. Ciertamente con tus ojos mirarás y verás la recompensa de los impíos. Porque has puesto a Jehová, que es mi esperanza, al Altísimo por tu habitación, no te sobrevendrá mal, ni plaga tocará tu morada. Pues a sus ángeles mandará acerca de ti, que te guarden en todos tus caminos. En las manos te llevarán, para que tu pie no tropiece en piedra, sobre el león y el áspid pisarás; hollarás al cachorro del león y al dragón. Por cuanto en mí has puesto su amor, yo también lo libraré; le pondré en alto, por cuanto ha conocido mi nombre. Me invocará, y yo le responderé; con él estaré yo en la angustia; lo libraré y le glorificaré. Lo saciaré de larga vida y le mostraré mi salvación".

Cuando somos obedientes a la Palabra, podemos decir: "el Señor es mi Pastor; nada malo me pasará". La gente que no entiende la Palabra, piensa que estamos siendo presuntuosos, pero no lo somos. Estamos solamente confesando la Palabra. La protección que tenemos es nuestra obediencia en todos estos asuntos. Por encima de todo, necesitamos aprender a obedecer. Debemos conocer primero la voluntad del Señor por medio de Su Palabra y luego llevarla a cabo. No debemos predicarla solamente, sino vivirla también. Comenzar por nosotros mismos y después, ministrar a otros, "estando prontos para castigar toda desobediencia, cuando vuestra obediencia sea perfecta" (2 Co 10:6).

Los cristianos encuentran diferentes pretextos para sus enfermedades. Algunas expresiones favoritas son: "El Señor está probando mi fe", "el Señor me está castigando", "es una cruz que tengo que llevar" o "es mi aguijón en la carne". Son solo excusas para justificar la falta de conocimiento. Incluso dicen que la enfermedad es la voluntad de Dios o Su propósito para con ellos y corren al médico para que los sane. Esto confunde, porque si Dios permitió la enfermedad con un propósito, ¿por qué no soportarla hasta que Dios la retire y el propósito se cumpla? Esto sería lo coherente, pero la gente no piensa de esta manera. Si Dios permite la enfermedad para enseñarnos o probarnos, entonces quitarla sería trabajar contra la voluntad de Dios para con nosotros. Todos los médicos y enfermeras estarían trabajando contra Dios. ¡Qué incongruentes pueden ser nuestros pensamientos! ¡Luchar contra la enfermedad que de ninguna manera viene de Dios!

El sufrimiento del creyente

¿Qué es el sufrimiento del creyente? Es el padecimiento y la muerte de la conciencia humana (el ego, el yo), que es peor que el dolor físico. El ego o valoración excesiva de uno mismo, es muy difícil de sacrificar. Necesitamos confrontarlo para que viva Cristo. La verdad es dura, aun así, es la verdad la que nos moldea. "En quien todo el edificio, bien coordinado, va creciendo para ser un templo santo en el Señor; en quien vosotros también sois juntamente edificados para morada de Dios en el Espíritu". Efesios 2:21-22.

Somos propensos a evitar a quienes no están de acuerdo con nosotros para no enfadarnos por lo que opinan. Esto es lo que pasó en la Iglesia. Hemos fundado distintas denominaciones basadas en diferencias doctrinales, cuando deberíamos amarnos los unos a los otros y trabajar juntos en el cuerpo de Cristo.

El ego tiene que morir y el proceso duele. Esta es la razón del sufrimiento del creyente. Deberíamos hacer morir el propio yo para que Cristo viva en nosotros. "Con Cristo estoy juntamente crucificado, y ya no vivo yo, mas vive Cristo en mí; y lo que ahora vivo en la carne, lo vivo en la fe del Hijo de Dios, el cual me amó y se entregó a sí mismo por mí". Gálatas 2:20. "Así que, por cierto es ya una falta en vosotros que tengáis pleitos entre vosotros mismos. ¿Por qué no sufrís más bien el agravio? ¿Por qué no sufrís más bien el ser defraudados?". 1 Corintios 6:7.

La sumisión a la autoridad es una excelente manera de hacer morir el yo. No es mi voluntad lo que importa; es la voluntad de Dios en mi vida. Mi voluntad debería estar muerta y mi intelecto debería estar bajo Su mando. "Tú guardarás en completa paz a aquel cuyo pensamiento en ti persevera; porque en ti ha confiado", dice Isaías 26:3. Podemos tener paz perfecta y estar siempre felices, incluso cuando las circunstancias no son tan buenas, porque nuestra paz no depende de las circunstancias. Depende del Señor. Él es fiel y justo, Su Palabra jamás falla. En Hebreos

10:32-36 leemos: "Pero traed a la memoria los días pasados, en los cuales, después de haber sido iluminados, sostuvisteis gran combate de padecimientos; por una parte, ciertamente, con vituperios y tribulaciones fuisteis hechos espectáculo; y por otra, llegasteis a ser compañeros de los que estaban en una situación semejante. Porque de los presos también os compadecisteis, y el despojo de vuestros bienes sufristeis con gozo, sabiendo que tenéis en vosotros una mejor y perdurable herencia en los cielos. No perdáis, pues, vuestra confianza, que tiene gran galardón, porque os es necesaria la paciencia, para que habiendo hecho la voluntad de Dios, obtengáis la promesa".

La aflicción que refiere el pasaje anterior consiste en hacer morir nuestro ego y vivir en obediencia al Señor. No es enfermedad. La enfermedad no glorifica a Dios. Podemos sufrir de distintas maneras. Algunas veces, nos ayuda a ver en qué nos hemos equivocado y a cambiar nuestra mente o manera de pensar. "Si sois vituperados por el nombre de Cristo, sois bienaventurados, porque el glorioso Espíritu de Dios reposa sobre vosotros. Ciertamente, de parte de ellos, él es blasfemado, pero por vosotros es glorificado. Así, que, ninguno de vosotros padezca como homicida, o ladrón, o malhechor, o por entremeterse en lo ajeno, pero si alguno padece como cristiano, no se avergüence, sino glorifique a Dios por ello". 1 Pedro 4:14-16.

"Y aunque era Hijo, por lo que padeció aprendió la obediencia", dice Hebreos 5:8. No tenemos constancia registrada de que Jesús haya estado enfermo, pero sí que sufrió. Debemos someternos al Señor y obedecer Su Palabra. Es nuestra naturaleza el rebelarse y no disfrutar la sumisión. Incluso, en nuestro trabajo, cuando el jefe nos dice lo que tenemos que hacer, queremos rebelarnos, aunque tenga la autoridad para darnos órdenes. Tratamos al Señor de la misma manera. Nuestro yo es el tremendo problema. Debemos hacerlo morir. El proceso abarca el sufrimiento, pero si queremos que el Señor viva en nosotros, nuestro yo debe morir.

Vive en salud divina

Ahora sabes lo que la Palabra de Dios dice sobre la sanidad. Para el Señor, sufrir no es una enfermedad. Podemos vivir en salud divina. Debemos creerlo y recibirlo como verdad. Jesús no murió en la cruz el día que naciste de nuevo. Esto ocurrió mucho antes de que lo aceptaras como tu Salvador, pero tenías que comprender personalmente esto y ejercer tu fe para recibirlo. Lo mismo es con la sanidad. Una vez que comprendas verdaderamente la Palabra y tengas fe para recibirla, será tuya. Jesús así lo dispuso hace más de 2.000 años.

"Quien llevó él mismo nuestros pecados en su cuerpo sobre el madero, para que nosotros, estando muertos a los pecados, vivamos a la justicia; y por cuya herida fuisteis sanados". 1 Pedro 2:24. "Mas él herido fue por nuestras rebeliones, molido por nuestros pecados; el castigo de nuestra paz fue sobre él, y por su llaga fuimos nosotros curados". Isaías 53:5. El Calvario se encuentra en estos dos versículos. El pasaje, tanto en Isaías, como en Pedro, plantea el hecho milagroso de Jesús al ser flagelado y crucificado en la cruz, para abrir paso a la sanidad para todos los que creyesen por fe. Esta es la razón porque es tan fácil para nosotros recibir la sanidad. Es un regalo por el cual no hay que pagar. Si no lo tienes, el diablo te está engañando acerca de lo que Dios tiene dispuesto para ti. No permitas que esto pase. Más bien, deja que el Espíritu Santo te guíe a la verdad, pues "cuando venga el Espíritu de verdad, él os guiará a toda la verdad". (Jn 16:13ª).

Toma tiempo reprogramar tu mente. No acontece de la noche a la mañana. Lee la Palabra. Escucha la Palabra. Ora y medita sobre la Palabra. El Espíritu Santo te revelará la verdad. Tienes que decidir si quieres o no la sanidad que Dios ya te ha proporcionado. Entonces, no cedas hasta que la recibas en la dimensión terrenal. Aprópiate de ella "y conoceréis la verdad, y la verdad os hará libres" (Jn 8:32).

Lección 4

Neumatología o doctrina del Espíritu Santo

Parte I
Quién es el Espíritu Santo

Texto para memorizar: Juan 3:6.

Introducción: En las lecciones acerca de la Trinidad, aprendimos que el Espíritu Santo es la tercera persona de la Trinidad y que es igual en sustancia y naturaleza con el Padre y con el Hijo, el Señor Jesucristo. También vimos que tiene los atributos o cualidades de Dios, ya que el Espíritu Santo es Dios. En esta lección vamos a ahondar en la persona del Espíritu Santo y en su obra.

I. El Espíritu Santo es Dios.

Queremos reafirmar que el Espíritu Santo es divino. Veamos un ejemplo bíblico que lo valida, el cual se encuentra en Hechos 5:3-4. En el versículo 3 dice: "[…] mintieses al Espíritu Santo"; mientras que en el versículo 4: "No has mentido a los hombres, sino a Dios". Según este pasaje, el Espíritu Santo y Dios son la misma persona.

II. El Espíritu Santo tiene personalidad.

Algunos enseñan que el Espíritu Santo es la fuerza o influencia impersonal de Dios, manifestado en el mundo. Según este concepto, entonces sería algo y no una persona. Cualquier enseñanza que niegue que el Espíritu Santo es una persona es falsa.

1. Los nombres dados al Espíritu Santo implican que es una persona. Juan 14:16 y 16:7 nos dicen que es llamado el Consolador. Como Consolador toma el lugar de la persona de Cristo. Una influencia o fuerza no puede hacer esto.

2. El Espíritu Santo muestra que es una persona por su asociación con otros individuos.

a. "Bautizándolos en el nombre del Padre, y del Hijo, y del Espíritu Santo" (Mt 28:19). Los dos primeros nombres son de personas, también lo es el tercero.

b. "La comunión del Espíritu Santo sean con todos vosotros" (2 Co 13:14). ¿Cómo tener comunión con una influencia?

c. "Porque ha parecido bien al Espíritu Santo, y a nosotros" (Hch 15:28). Se le identifica como una persona, igual a los creyentes.

3. El Espíritu Santo tiene características personales.

a. Tiene inteligencia: 1 Corintios 2:10-11. Piensa, determina y tiene propósitos.

b. Tiene voluntad: 1 Corintios 12:8-11. Según su voluntad ("como él quiere"), le dio dones a los primeros cristianos.

c. Tiene emociones: afrenta blasfemia.

- Ama: Romanos 15:30.

- Se entristece: Efesios 4:30.

- Se ofende: Hebreos 10:29.

- Se siente injuriado: Mateo 12:31-32.

4. El Espíritu Santo actúa como una persona.

a. Habla: Apocalipsis 2:7.

b. Intercede: Romanos 8:26.

c. Enseña y recuerda: Juan 14:26.

d. Guía: Romanos 8:14; Hechos 16:6-7.

e. Llama y asigna para la obra del Señor: Hechos 13:2.

III. La obra del Espíritu Santo.

1. Entre los perdidos:

a. Contiende con ellos: Génesis 6:3.

b. Testifica de Cristo por medio de testigos: Hechos 5:32.

c. Convence al mundo de pecado, justicia y juicio: Juan 16:8-11.

2. Entre los creyentes: No hay esperanza de salvación aparte de la obra del Espíritu Santo. Las personas que llegan a creer en Cris-

to, nacen de nuevo. Es un nacimiento espiritual, porque es la obra del Espíritu Santo, tal cual dicen Juan 3:5-7 y Tito 3:5.

IV. Conclusión: El Espíritu Santo es una persona divina. Sin él no hay salvación. "Lo que es nacido de la carne, carne es; y lo que es nacido del Espíritu, espíritu es". Juan 3:6. ¿Has nacido del Espíritu?

Parte II
El Espíritu Santo y la salvación

Texto para memorizar: Efesios 5:18.

Introducción: Para ser salvo, la persona tiene que nacer de nuevo. El nuevo nacimiento es obra del Espíritu Santo, como lo indica Juan 3:5-7. Este proceso también es llamado regeneración. Seguiremos estudiando la obra del Espíritu Santo en la vida de los creyentes.

I.   El Espíritu Santo habita en los salvos.

1.   Los creyentes en Cristo ahora tienen un privilegio que ni los grandes profetas del tiempo del Antiguo Testamento tuvieron. Es tener el Espíritu Santo morando en ellos todo el tiempo. "Y estará en vosotros", es una promesa para cada creyente en Cristo (Jn 14:17).

2.   "Mas vosotros no vivís según la carne, sino según el Espíritu, si es que el Espíritu de Dios mora en vosotros. Y si alguno no tiene el Espíritu de Cristo, no es de él". Romanos 8:9.

3.   "¿O ignoráis que vuestro cuerpo es templo del Espíritu Santo, el cual está en vosotros, el cual tenéis de Dios, y que no sois vuestros?" 1 Corintios 6:19.

II. El Espíritu Santo sella a los salvos.

1.   Efesios 4:30; 1:13-14. Pertenecemos a Dios. Nadie puede romper el sello del Espíritu.

2.   Romanos 8:16. Es el Espíritu Santo quien nos da la seguridad de nuestra salvación. ¿Tienes esta seguridad en tu corazón?

III. Cada persona salva debe ser llena del Espíritu Santo.

1. Hay una diferencia entre poseer el Espíritu y ser lleno del Espíritu. El poseer el Espíritu es el privilegio de cada creyente en el momento de aceptar a Cristo como Salvador. El ser lleno del Espíritu es el deber de cada creyente. "Sed llenos" (Ef 5:18), quiere decir ser "conducido" por el Espíritu Santo (igual que el ebrio es influenciado por el vino).

2. El cristiano puede contristar al Espíritu Santo por el pecado (Ef 4:30). También puede apagar su obra al resistirle (1 Ts 5:19. Hay que apartarse del pecado y rendirse a él para que pueda trabajar en nuestras vidas. Solamente así podemos crecer espiritualmente y tener el poder de servir al Señor.

IV. El Espíritu Santo guía a los salvos.

1. Romanos 8:14. Solamente los verdaderos cristianos tienen este privilegio.

2. Gálatas 5:16-17. El Espíritu quiere guiarnos en todos los detalles de nuestra vida. Si no sabes qué hacer, "andad en el Espíritu" y él te guiará.

V. El Espíritu Santo enseña a los salvos.

1. Juan 16:13-14; 1 Juan 2:27. Aun cuando tenemos maestros y predicadores, no se puede aprender nada de la Biblia sin el divino maestro, el Espíritu Santo.

VI. El Espíritu Santo ofrece a Dios las oraciones de los salvos. Romanos 8:26-27; Judas 1:20.

VII. El Espíritu Santo produce fruto en la vida del cristiano que honra a Dios (Gl 5:22-23) ¡Que contraste con las obras de la carne! (Gl 5:19-21).

VIII. Conclusión:

1. Cada persona que es salva debe buscar ser llena (controlada) por el Espíritu Santo (Ef 5:18). Y cada persona que no es salva debe recibir a Cristo para nacer del Espíritu (Jn 3:6).

2. Creemos que el Espíritu Santo es Dios (Hch 5:3-4), porque posee los atributos divinos propios de la deidad.

    a. El Espíritu Santo es eterno (Heb 9:14).

    b. El Espíritu Santo es omnipresente (Sal 139:7-12; 1 Co 6:19).

    c. El Espíritu Santo es omnisciente (1 Co 2:10-11).

    d. El Espíritu Santo es omnipotente (Ro 15:13).

    e. El Espíritu Santo es declarado Dios en el A. T.

        -   Compárese Isaías 6:8-10 con Hechos 28:25-27.

        -   Compárese Jeremías 31:33-34 con Hebreos 10:15-17.

    f. El Espíritu Santo es declarado Dios en el N. T. Hechos 5:3-4; 2 Corintios 3:17.

3. Creemos que el Espíritu Santo es una persona, así como el Padre y el Hijo, por cuanto:

    a. Posee intelecto (Jn 14:26; 16:13; 1 Co 2:10).

    b. Posee sentimientos (Ef 4:30; Ro 15:30; Is 63:10).

    c. Posee voluntad (Hch 13:1-2; 1 Co 12:11).

    d. Las acciones que la Biblia atribuye al Espíritu Santo solo pueden ser ejecutadas por una persona. Se nos dice que el Espíritu Santo habla (Hch 8:29; Ap 2:7), enseña (Jn 14:26), guía (Ro 8:14; Gl 5:18), escudriña los corazones (1 Co 2:10) e intercede (Ro 8:26).

El Bautismo en el Espíritu Santo

El bautismo del Espíritu Santo es la investidura de poder que Cristo otorga a los creyentes para un testimonio eficaz (Hch 1:8). El bautismo del Espíritu Santo fue ofrecido inicialmente por Juan el Bautista (Mt 3:11), y posteriormente, prometido por Jesús (Lc 24:49).

Cuando la promesa del bautismo en el Espíritu Santo se manifiesta a la Iglesia se hace como una experiencia diferente y subsecuente a la salvación. Los apóstoles fueron sellados con el Espíritu Santo (Jn 20:22); pero fue hasta cincuenta días después que fueron bautizados en el Espíritu (Hch 2:1-4). Cuando Felipe predicó en Samaria, hubo muchas conversiones y bautismos en agua; pero fue después, cuando llegaron los apóstoles que recibieron el bautismo del Espíritu Santo. Específicamente, tres días después se recibió la investidura de poder (Hch 10:40,44-46).

La señal externa de haber sido bautizado en el Espíritu Santo es el hablar en otras lenguas (Hch 10:46).

Los dones del Espíritu Santo

Los dones del Espíritu Santo son capacidades sobrenaturales que Dios otorga a los creyentes para edificación de la Iglesia. Los dones del Espíritu Santo son manifestaciones completamente milagrosas, que no podían ser ejercidas sin la intervención de Dios. Esto los diferencia de cualquier habilidad humana. El talento musical, por ejemplo, no es un don del Espíritu; pues en él no hay ningún fenómeno sobrenatural. Para que un creyente pueda recibir un don espiritual necesita ser bautizado antes en el Espíritu Santo para ingresar, de esa manera, a la esfera de las experiencias sobrenaturales de Dios.

Los dones del Espíritu Santo son nueve (1 Co 12:7-11) y para su estudio se dividen en tres grupos:

I.   Dones de revelación:
1.   Palabra de ciencia.
2.   Palabra de sabiduría.
3.   Discernimiento de espíritus.
II. Dones de inspiración:
1.   Género de lenguas.
2.   Interpretación de lenguas.
3.   Profecía.
III. Dones de poder:
1.   Sanidades.
2.   Operación de milagros.
3.   Fe.

Los dones de revelación

El grupo de los dones de revelación reúne aquellos por medio de los cuales Dios comparte el conocimiento con Su Iglesia. La comunicación de este conocimiento se produce de manera sobrenatural y por instrumentalidad de la persona que posee el don. Los dones de revelación son:

- Palabra de ciencia: es el don por medio del cual Dios comparte el conocimiento de hechos que sucedieron en el pasado o que están sucediendo en el presente. Este conocimiento se adquiere de manera sobrenatural y más allá de toda posibilidad humana (Hch 5:3; 9:10-11). La revelación de este conocimiento puede recibirse a través de una visión, un sueño, una voz audible, un sentir interno; pero, siempre que se trate de la revelación de hechos pasados o presentes, estamos ante la operación de la palabra del don de ciencia.

- Palabra de sabiduría: es el don por medio del cual Dios comparte el conocimiento de hechos que acontecerán en el futuro (Hch 11:28-30; 21:10; 11:11; 27:21-24).

- Discernimiento de espíritus: es el don por el cual Dios revela qué tipo de espíritu es el que está operando en una situación determinada y momento dado. Es el don que manifiesta si un hecho natural o sobrenatural procede de Dios, del hombre o de Satanás (Hch 16:16-18).

Los dones de inspiración

También llamados de palabra, son aquellos que Dios usa para comunicar a Su Iglesia un mensaje. Los dones de inspiración se manifiestan más frecuentemente dentro de la congregación, porque son los que aportan mayor edificación a los creyentes (1 Co 14:1). La enseñanza de Dios, impartida a través de los dones de inspiración, otorga mayor instrucción a la Iglesia que cualquier milagro o revelación de hechos ocultos. Los dones de inspiración son:

- Géneros de lenguas: es el don por medio del cual Dios envía a una congregación un mensaje en lengua desconocida para ser interpretado (1 Co 14:27). Aunque las lenguas que se hablan, como resultado del ejercicio del don, son similares a las lenguas que se hablan como evidencia de haber recibido el bautismo en el Espíritu Santo. Lo cierto es que entre ambas existe una diferencia en cuanto a la función: las lenguas que se hablan como resultado del don necesitan interpretación; las que se hablan como evidencia de haber recibido el bautismo en el Espíritu son de "propósitos generales", pues el que las habla no habla a los hombres sino a Dios. El don de géneros de lenguas es, pues, diferente al hablar en otras lenguas como evidencia de haber recibido el bautismo en el Espíritu Santo. La razón por la que Dios envía un mensaje a la congregación en lengua desconocida para después ser interpretado, pudiendo hacerlo de una vez en idioma local, es para dar una señal a los incrédulos (1 Co 14:22).

- Interpretación de lenguas: es el don por medio del cual Dios otorga la interpretación de un mensaje que se dio en lengua extraña, para ser traducido al idioma local. Los dones de lenguas y de interpretación son complementarios, pues no puede ejercitarse el don de lenguas sin el de interpretación (1 Co 14:28). Por otro lado, el don de interpretación no puede operar si no hay lenguas que interpretar. El don de interpretación no "traduce" las lenguas extrañas, sino que las "interpreta"; esto trae como resultado el que, algunas veces, la interpretación resulte mucho más prolongada o más corta que el mensaje que se expresó en lenguas. De acuerdo a las Escrituras, una misma persona puede dar el mensaje en lenguas y en seguida la interpretación (1 Co 14:13).

- Profecía: es el don a través del cual Dios otorga un mensaje a la congregación, directamente en el idioma de la localidad (1 Co

14:1,3). Los dones de palabra son para ser ejercitados en la congregación cristiana, conforme al orden que las Escrituras establecen (1 Co 14:1-3).

Los dones de poder

Son aquellos por los cuales Dios realiza obras portentosas entre Sus hijos. En las Escrituras, la manifestación de los dones de poder generalmente va precedida por la operación de algún don de revelación. A través de un don de revelación, Dios manifiesta lo que va a realizar, con ello inspira la fe necesaria para la operación del don de poder. Los dones de poder son:

- Dones de sanidades: son aquellos por medio de los cuales Dios otorga la curación sobrenatural a un enfermo. Por ser esta sanidad de carácter sobrenatural, se entiende que en ella no existió la intervención de ningún medicamento, como tampoco de los procesos naturales de recuperación que Dios ha dotado al cuerpo humano. En los ejemplos de sanidades de las Escrituras, se observa la manifestación de una revelación divina antes de la operación del don de sanidad (Hch 3:1-7; 9:34; 14:8-10). La Escritura habla de estos dones de manera plural (1 Co 12:9), lo que indica que existe una variedad en la manera de operar los diferentes dones de sanidades. Es decir, que el don de sanidades de una persona puede obrar inmediatamente; el de otra, podría hacerlo progresivamente o de cualquier otra forma. El don de sanidad no opera a voluntad de la persona que lo posee, sino con base a las revelaciones que Dios otorga a tal persona (2 Ti 4:20).
- Operación de milagros: es el don por medio del cual se produce una alteración del curso ordinario de la naturaleza; una intervención temporal en el orden acostumbrado de las cosas, a fin de favorecer con los designios divinos (Hch 8:39-40; 12:7-10; 13:11-12).
- El don de fe: es aquel a través del cual Dios comparte Su fe con una persona en particular. Dotado de esta fe absoluta, la persona es ca-

paz de realizar cualquier hazaña sin importar las sanidades o milagros que se necesiten para su obtención. Ella cree lo imposible (Mt 17:20). Los resultados de una fe perseverante se describen en Hebreos 11:1-38.

Lección 5

Angelología

Parte I
Los ángeles

Texto para memorizar: Mateo 18:10.

Introducción: Existe un orden de seres celestiales muy distintos de los seres humanos y de la deidad, quienes ocupan un estado inferior al del hombre caído. Basándonos en Colosenses 1:16-17 se puede presumir que todos los ángeles fueron creados simultáneamente. De la misma manera, se presupone que la creación de los ángeles se completó en aquel tiempo y que ninguno sería añadido a ese número. Los ángeles no están sujetos a la muerte u otra forma final de existencia; por consiguiente, tampoco su cantidad disminuye.

I. El vocablo ángel, que se deriva bien del hebreo *malak* del Antiguo Testamento, o bien de *ággelos* del griego del Nuevo Testamento, simplemente quiere decir mensajero. La Biblia declara que los ángeles no solo observan los acontecimientos humanos, sino también que los ángeles buenos son ministros de los herederos de salvación (Heb 1:14) y que los ángeles malos hacen guerra contra lo que hay de Dios en el hombre (Ef 6:12).

II. Los ángeles son seres libres que tuvieron el poder de determinar su propio destino. Se revela que algunos ángeles pecaron y que no guardaron su dignidad (2 P 2:4; Jud 1:6). Según declara la Escritura, al final, estos ángeles caídos tendrán que dar cuenta a Dios por lo que ellos han desdeñado (Ez 28:16-17; Mt 25:41).

III. La Biblia declara que los ángeles tienen personalidad.

1. Pueden experimentar emociones y rinden culto inteligente (Sal 148:2).

2. Contemplan la faz del Padre con debida comprensión (Mt 18:10).

3. Saben sus limitaciones (Mt 24:36).

IV. Dios declara la inferioridad de los ángeles ante Su Hijo, Jesucristo (Heb 1:4-14).

V. En el caso de los ángeles caídos, estos conocen su habilidad para hacer el mal. Se parecen en su capacidad individual; con todo, están sujetos a distintas clasificaciones y varios rangos de importancia.

Parte II

Demonología o doctrina de Satanás y sus demonios

Texto para memorizar: Santiago 4:7.

Introducción: El diablo o Satanás, del latín *Satănas*, en la tradición judeocristiana es llamado príncipe de los demonios. Es mencionado en siete de los libros del Antiguo Testamento y los autores del Nuevo Testamento, escribieron de él en diecinueve libros. Entonces, es un personaje del cual debemos saber.

I. El origen de Satanás y su caída.

1. Ezequiel 28:12-15 revela que originalmente fue creado por Dios para propósitos santos. Notamos que fue "lleno de sabiduría y acabado en hermosura". Fue creado perfecto, es decir, sin pecado. Esto indica que Satanás tiene una personalidad propia. No es solamente una influencia o un poder maléfico.

2. Ezequiel 28:14 lo describe como un "querubín grande, protector". Era protector del trono de Dios. ¡Era considerado el segundo de Dios!

3. Ezequiel 28:15-17 declara que "se halló en ti maldad". Es decir, pecó contra Dios. Quiso ser igual a Dios. Dijo: "Seré semejante al Altísimo" y cayó de su lugar de honor. Perdió su posición, pero no su poder. Todavía quiere ser como Dios (Is 14:12-14).

II. Apostasía de Satanás. Ezequiel 28:1-19.

1. Recordemos que Satanás era lleno de sabiduría y perfecto en hermosura (v. 12).

2. Era el querubín protector (v. 14). Seguramente guardaba todo lo importante o lo secreto de Dios.

3. Estuvo en Edén, en el huerto de Dios (v. 13) y en el santo monte de Dios (v. 14).

4. Era perfecto en todo sentido, hasta que su apostasía se manifestó (v. 15).

5. Su corazón se enalteció a causa de su hermosura, su sabiduría se corrompió a causa de su resplandor (v. 17).

6. Fue expulsado del monte de Dios (v. 16).

7. Fue degradado en cuanto a su posición, y arruinado en carácter (vv. 17-18).

8. Llegó a ser enemigo del hombre (v. 19).

III. Satanás y los lugares de su obra.

1. Es activo en la atmosfera invisible (Job 1:6). Dios le permite acusar a los creyentes (Ap 12:10). Por esta razón necesitamos a Cristo como abogado (1 Jn 2:1). Satanás y sus seguidores (ángeles y demonios) son llamados "huestes espirituales de maldad en las regiones celestes" (Ef 6:11-12) y serán lanzados fuera del cielo (Ap 12:7-10).

2. Es activo en el mundo físico. Es llamado "príncipe de este mundo" en Juan 14:30; y "dios de este siglo" en 2 Corintios 4:4. Considerado un león rugiente viendo a quién hacer daño (1 P 5:8).

IV. La obra de Satanás.

1. Satanás tiene poder (2 Ts 2:9; Jud 9). No debemos subestimar su poder. Su batalla contra el reino de Dios es en serio.

2. Él está en contra de Dios y por tanto, trabaja en contra de Su plan y de Su pueblo.

3. Algunos de sus métodos:

    a. Tienta al hombre, induciéndolo a pecar (Gn 3:1-6; 1 Co 7:5).

    b. Se disfraza, imitando lo que no es para hacer caer (2 Co 11:4, 13-15). Hasta se puede presentar como "otro Jesús" o aparente salvador, para presentar "otro evangelio" con un falso plan de salvación. También se puede manifestar como "engañoso obrero y ángel de luz". Su propósito es que los hombres no sean salvos o que se aparten del evangelio.

  c. Estorba el ministerio de los cristianos (1 Ts 2:18), y la obra de Dios (Mc 4:15).

  d. Satanás promueve la falsa enseñanza (1 Ti 4:1).

  e. Causa enfermedades (Lc 13:16), y aun la muerte (Heb 2:14).

  f. Ciega el entendimiento de los incrédulos, para que no les resplandezca la luz del evangelio (2 Co 4:4).

  g. Es el acusador de los hermanos (Zac 3).

  h. Satanás y sus huestes entorpecen las oraciones del creyente (Dn 10:12-15).

  i. Es el promotor de la falsa adoración (1 Co 10:19-20).

  j. Es el padre de los incrédulos (Jn 8:41-44).

V. Sus limitaciones.

  1. Aunque Satanás es un personaje sobrenatural, sin embargo es finito; no es omnisciente, ni omnipotente, ni omnipresente.

  2. Por medio de sus muchos mensajeros (demonios) aparenta estar presente en todas partes a la vez.

  3. Huye cuando se le resiste (Stg 4:7).

  4. Cristo obtuvo la victoria sobre el diablo a través de su muerte y resurrección (Col 2:15; Heb 2:14). Está vencido.

VI. Su destino.

A nuestros primeros padres fue dada la promesa (Gn 3:15) de que la simiente de la mujer heriría la cabeza de la serpiente. La serpiente es Satanás (Ap 12:9). Observemos los siguientes pasos históricos en el cumplimiento de esa promesa:

  1. Este acto de herir la cabeza de la serpiente fue cumplido por Cristo en la cruz (Jn 12:31; Col 2:15; Heb 2:14; Jn 3:8). El diablo es un enemigo derrotado, y él lo sabe muy bien.

  2. Durante el presente siglo, su poder es restringido o limitado.

  3. Durante el milenio será confinado al abismo (Ap 20:1-3).

  4. Después del milenio será soltado "por un poco de tiempo" (Ap 20:3; 7-9).

5. Finalmente, será lanzado al lago de fuego y azufre, y allí será atormentado por siempre (Ap 20:10).

VII. La victoria del creyente sobre Satanás.

1. La victoria final sobre él es segura (Ro 16:20; Ap 20:10).
2. El cristiano puede tener la victoria sobre él por medio de Cristo. Llevando la armadura de Dios (Ef 6:11-18), estando alerta (1 P 5:8) y sometiéndose a Dios para resistirlo (Stg 4:7). Es de esperar que todos podamos tener la victoria contra Satanás.

VIII. Conclusión:

1. Las enseñanzas claras de las Escrituras no dejan lugar a dudas sobre la existencia de un ser de tinieblas llamado Satanás o Lucifer (Job 1:6-12; 2:1-7; Zac 3:1-2; Mt 4:1-11; Lc 10:18; Jn 13:2; Hch 5:3; Ef 6:11-12; 1 P 5:8; Ap 20:1-3).
2. El diablo no es una fuerza impersonal, ni tampoco el principio de maldad personificado. Es un ser angélico a quien se le atribuyen nombres y pronombres personales, así como atributos, obras y quehaceres en contra de Dios y de Su reino.
3. Con respecto al carácter y posición original de Satanás, la enseñanza de las Escrituras muestra que fue creado perfecto en sus caminos, de gran hermosura y lucidez personal, ensalzado en cuanto a posición y honra; pero como resultado de su engreimiento y autosuficiencia, se apropió para sí la adoración que solo pertenece a Dios. La consecuencia de su pecado fue ser degradado en persona, posición y poder, llegando a ser el enemigo de Dios y del hombre (Is 14:12-17; Ez 28:1-19; Col 1:16; 1 Ti 3:6; 2 P 2:4; Jud 6-9).
4. Su morada. Deducimos de las Escrituras que Satanás no está limitado a algún lugar fijo.
   a. Él tiene acceso al mundo invisible (Job 1:16; Zac 3:1; Lc 10:18; Ap 12:7-12).
   b. Tiene acceso a los lugares celestiales (Ef 6:12).
   c. Rodea la tierra y anda por ella (Job 1:7; 2:2; 1 P 5:8).
   d. Su propio lugar es el infierno (Ap 9:11; Mt 25:41).
5. Su poder y su obra.

5.1.   Satanás es el precursor del pecado en el Universo (Is 14:13-14). Todo comenzó cuando se dijo a sí mismo: "levantaré mi trono", "yo subiré", "seré semejante al Altísimo".

5.2.   Es el autor del pecado en el mundo (Gn 3:1-6).

5.3.   Es el creador de las enfermedades (Lc 13:16; Hch 10:38).

5.4.   Es el causante de la muerte (Heb 2:14).

5.5.   Tienta al hombre para que peque (1 Cr 21:1; Mt 4:1, 3, 5-6, 8-9).

5.6.   Pone pensamientos y propósitos infames en la mente de los hombres (Jn 13:2; Hch 5:3).

5.7.   Molesta a los siervos de Dios (2 Co 12:7).

5.8.   Resiste a los siervos de Dios (Dn 10:13; Zac 3:1).

Parte III
Los ángeles caídos

I.   Los ángeles fueron creados perfectos, intachables, y al igual que el hombre, fueron dotados del poder de elegir. Bajo la dirección de Satanás, muchos de ellos pecaron y fueron arrojados del cielo (2 P 2:4; Jud 6). El pecado original por el cual Satanás y sus demonios cayeron fue el orgullo.

II.   Naturaleza de los demonios.

1.   Son seres inteligentes (Mt 8:29-31).

2.   Son espíritus inmundos, viciosos y maliciosos (Mt 8:28; 10:1; 12:43; Mc 1:23; 5:2-5; 9:17-20; Lc 6:18; 9:39).

3.   Son emisarios de Satanás (Mt 12:22-30).

4.   Son tan numerosos que representativamente, a través de ellos, Satanás está presente en todas partes (Mt 12:26-27; 35:41).

5.   Algunos tienen asignaciones con responsabilidades específicas en asuntos oscuros como la guerra, el hambre, las enfermedades, la confusión y el caos.

III.   Actividad de los demonios.

1. Entran y controlan los cuerpos de hombres y bestias (Mc 5:8, 11-13).
2. Azotan con enfermedades físicas (Mt 9:33; 10:1; 12:22; Lc 9:37-42).
3. Perturban las mentes (Mc 5:4-2).
4. Engendran impureza moral (Mc 5:2).
5. Satanás no es omnisciente; pero alcanza su saber por la inteligencia y observación de sus súbditos malvados (hombres que viven sin Dios). Tampoco es omnipresente, pero puede actuar en todo lugar mediante la presencia leal de sus legiones de demonios.
6. Los demonios tienen poder para causar mudez (Mt 9:32-33), ceguera (Mt 12:22), locura (Lc 8:26-35), muerte (Mt 9:18), fuerza física descomunal (Lc 8:29), deformidades y sufrimiento (Lc 13:11-16).

Lección 6

Doctrina del hombre

Texto para memorizar: Génesis 2:7.

Introducción: El hombre no solo es la corona de la Creación, sino que es objeto de un especial cuidado de parte de Dios. El hombre originalmente fue creado puro, sin pecado.

I. La creación del hombre.

"Entonces dijo Dios: 'Hagamos al hombre a nuestra imagen, conforme a nuestra semejanza; y tenga potestad sobre los peces del mar, las aves de los cielos y las bestias, sobre toda la tierra y sobre todo animal que se arrastra sobre la tierra'. Y creó Dios al hombre a su imagen, a imagen de Dios lo creó; varón y hembra los creó". Génesis 1:26-27.

1. Hagamos al hombre: el plural es una revelación del consejo divino antes de su creación. El "nosotros" corresponde a las tres personas de la Trinidad; como "descendamos, y confundamos", en Génesis 11:7.

2. El hombre fue creado de forma diferente a los animales. Él recibió el hálito de vida directamente de Dios (Gn 2:7), mientras que los animales no. Así mismo, al hombre le fue dado dominio sobre estos. El hombre puede conocer a Dios, adorarle y amarle; los animales no. El hombre está por encima de ellos en capacidad racional, conciencia moral, uso del lenguaje y conciencia espiritual.

3. El hombre fue creado a la imagen de Dios. Esto significa que tiene capacidades morales e intelectuales similares a las de Dios, aunque no perfectas como las de Él.

4. Esta imagen y estado edénico, perdidos por el pecado de Adán y Eva, se recuperan en Cristo. "Y revestido del nuevo, el cual conforme a la imagen del que lo creó se va renovando hasta el conocimiento pleno". Colosenses 3:10.

II. La naturaleza del hombre.

¿Está el hombre hecho de dos o de tres elementos? No hay una posición oficial ortodoxa acerca de su naturaleza bipartita o tripartita. Veamos.

1. Dicotomía: es un término que significa división o separación en dos partes. El hombre tiene una naturaleza bipartita: cuerpo y alma. En cuanto a este último término, consideremos que "espíritu" y "alma" se emplean a menudo de manera intercambiable, como sinónimos el uno del otro. "Entonces María dijo: Engrandece mi alma al Señor y mi espíritu se regocija en Dios mi Salvador". Lucas 1:46-47. Otro ejemplo: "Con mi alma te he deseado en la noche y, en tanto que me dure el espíritu dentro de mí". Isaías 26:9. Para la expresión "cuerpo y alma", véase Mateo 6:25; 10:28; y para la expresión "cuerpo y espíritu", 1 Corintios 5:3-5.

2. Tricotomía: es un término que significa división en tres partes. Es la naturaleza tripartita: cuerpo, alma y espíritu. "Y el mismo Dios de paz os santifique por completo; y todo vuestro ser, espíritu, alma y cuerpo, sea guardado irreprensible para la venida de nuestro Señor Jesucristo". 1 Tesalonicenses 5:23.

Otro ejemplo: "Porque la palabra de Dios es viva y eficaz, y más cortante que toda espada de dos filos; y penetra hasta partir el alma y el espíritu, las coyunturas y los tuétanos, y discierne los pensamientos y las intenciones del corazón". Hebreos 4:12.

III. El origen del alma. Con excepción del caso de Adán, la Biblia no hace una afirmación clara concerniente al origen del alma. Existen varias concepciones al respecto.

1. El traducianismo: afirma que "las almas de los hombres se propagan juntamente con los cuerpos mediante la generación; y por lo mismo, los padres las transmiten a los hijos". L. Berkhoff, Teología Sistemática, 5ª Ed., p. 233.

2. El creacionismo: explica que "cada alma ha de ser considerada como una creación inmediata de Dios, debiendo su origen a un acto creativo directo". Berkhoff, p. 234. Con excepción del caso de Adán, la Biblia no hace una afirmación clara concerniente al origen del alma.

IV. El hombre antes de la caída.

1. La Ley estaba escrita en su corazón. Adán y Eva eran sin pecado y estaban "dotados con conocimiento, justicia y verdadera santidad según la propia imagen de Dios, con la capacidad de guardar la Ley de Dios". Confesión de Fe de Westminster, 4:2.

2. En dicho estado, el hombre tenía acceso libre y sin impedimento a Dios. Esto se ejemplifica en el relato de Génesis 3:8, donde se dice que Dios se paseaba en el huerto de Edén.

V. El hombre, la caída y sus efectos.

1. Adán y Eva se rebelaron contra Dios y pecaron al comer del fruto prohibido. "Por tanto, como el pecado entró en el mundo por un hombre, y por el pecado la muerte, así la muerte pasó a todos los hombres, por cuanto todos pecaron". Romanos 5:12.

2. ¿Cuál fue su pecado? Prestaron oídos a Satanás y comieron del fruto prohibido por Dios (Gn 3:1-13).

3. ¿Cuáles fueron las consecuencias de su pecado?

   3.1. La muerte (Ro 5:12) y la separación de la presencia de Dios (Is 59:2).

   3.2. La transmisión de la naturaleza pecaminosa a los descendientes (Sal 51:5).

   3.3. Toda la creación también cayó (Gn 3:17; Ro 8:22).

4. ¿Cómo afectó este pecado la relación con Dios?

   4.1. Se volvieron impropios para estar en presencia de Dios (Is 59:2).

   4.2. Fueron incapaces de hacer la voluntad de Dios (Ro 6:16; 7:14).

4.3. Quedaron sujetos a la maldición que describe la Ley y la muerte (Dt 27:26; Ro 6:23).

VI. El pecado original.

1. Es la doctrina que establece que heredamos de Adán nuestra naturaleza pecaminosa (Ro 5:12-21). Adán fue la cabeza de toda la humanidad; lo que quiere decir, que en el huerto de Edén él representó a toda la raza humana.

1.1. "Porque así como en Adán todos mueren, también en Cristo todos serán vivificados" (1 Co 15:22).

1.2. La frase "en Adán", indica nuestra relación con el primer hombre, con el hecho de que nos representase en Edén. De la misma forma, nuestro estar "en Cristo" indica nuestra relación con Jesús, el hecho de que él nos representase en la cruz (Ro 5:18; 6:11; 8:1; 1 Co 1:2; 15:22; 2 Co 5:19).

1.3. Nuestro pecado con Adán: "Por tanto, como el pecado entró en el mundo por un hombre, y por el pecado la muerte, así la muerte pasó a todos los hombres, por cuanto todos pecaron". Romanos 5:12.

VII. El hombre después de la muerte y antes de la resurrección física.

1. Este proceso se describe como estado intermedio, el cual consiste en la condición del alma en el intervalo entre la muerte del cuerpo y su resurrección.

2. Se habla poco de tal condición en la Biblia, pero es un estado de conciencia. Pablo dice: "habitar con el Señor" (2 Co 5:5-8).

3. Este estado donde se está "consciente" fue explicado por Jesús en una enseñanza acerca de un hombre rico y un mendigo llamado Lázaro. Ambos, después de muertos, estaban conscientes (Lc 16:19-31).

3.1. Como se ejemplifica en el mismo relato sobre el rico y Lázaro, para el injusto fue un tiempo de sufrimiento (vv. 22-24).

3.2. Para el justo, un tiempo de bendición y gozo (v. 25).

4. Durante el estado intermedio, tenemos conciencia y "estamos con el Señor". Pablo además dijo: "deseo partir y estar con Cristo" (Flp 1:21-23).

5. Hay dos perspectivas teológicas al respecto. Una de ellas, basada en el raciocinio de diferentes Escrituras, es que toda la gente va al Hades cuando muere. El Hades es entendido como la morada no antes vista de los espíritus de los muertos que esperan el retorno del Señor y la resurrección. Considérese las siguientes Escrituras, con los respectivos gráficos:

    5.1. Lucas 23:43: "Entonces Jesús le dijo: De cierto te digo que hoy estarás conmigo en el paraíso". Jesús fue al paraíso inmediatamente cuando murió, llevando con él a uno de los malhechores que estaba colgado junto a su cruz.

    5.2. Hechos 2:27, 31: "Porque no dejarás mi alma en el Hades, ni permitirás que tu Santo vea corrupción"; "viéndolo antes, habló de la resurrección de Cristo, que su alma no fue dejada en el Hades, ni su carne vio corrupción". Jesús murió y mientras su cuerpo físico reposaba en la tumba, su alma fue al Hades (mundo desconocido de los muertos). Sin embargo, él no permaneció en el Hades. Al tercer día retornó de allí, al ser levantado de la muerte.

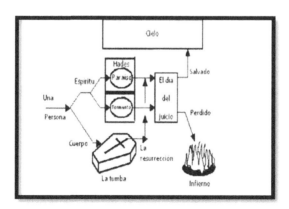

En el gráfico vemos que el paraíso no es lo mismo que el Hades, sino uno de los dos compartimientos localizados en el Hades. Lázaro murió y fue al "seno de Abraham". Eso debe corresponder al paraíso, donde fue el malhechor de la cruz cuando murió. El hombre rico fue al Hades, pero estaba en tormento y no en el paraíso. Había una sima entre los dos lugares, el tormento y el paraíso, para que ninguno pudiese pasar de uno a otro lado (Lc 16:26).

6.   La otra perspectiva teológica indica que las almas de los salvos que mueren van directo al cielo en vez de ir al Hades.

   6.1.   Mateo 16:18: "Sobre esta roca edificaré mi iglesia; y las puertas del Hades no prevalecerán contra ella". El Hades es visto como un tipo de prisión, así que quienes estén en el Hades no son libres. Jesús prometió que las puertas del Hades no prevalecerían contra la Iglesia (los salvos), entonces la Iglesia no está sujeta, atrapada o prisionera.

   6.2.   Efesios 4:8: "Subiendo a lo alto, llevó cautiva la cautividad". Jesús murió, fue enterrado y descendió al Hades, pero fue resucitado y ascendido al cielo, llevando con él a los salvados que fueron mantenidos cautivos en el Hades.

   6.3.   Filipenses 1:23: "[…] teniendo deseo de partir y estar con Cristo, lo cual es muchísimo mejor". La esperanza de Pablo al morir, no fue ir al Hades, donde no encontraría a Jesús; sino al cielo, para estar con él.

   6.4.   Basada en estas y otras Escrituras, desde la resurrección de Jesús, las almas de los salvos que mueren van directo al cielo en vez de ir al Hades. De acuerdo a esta idea, todos los salvados que ya habían muerto y estuvieron en el lado del paraíso del Hades, abandonaron el Hades y fueron con Jesús al cielo. Los perdidos se quedan en el Hades y esperan el Día del Juicio. Desde la resurrección, aquellos cristianos que mueren van directo al cielo en vez de ir al Hades. Esta representación gráfica lo ejemplifica:

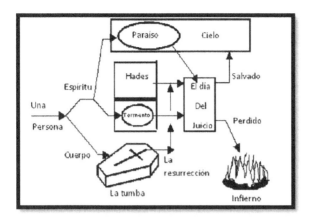

La caída del hombre

La caída de Adán y el ingreso del pecado al mundo es un hecho. Sin embargo, para un sano entendimiento de nuestra naturaleza, es primordial la necesidad de comprender que para restablecer la relación con el Creador, se debía resolver el problema del pecado, lo cual fue logrado a través del Salvador.

Registro histórico de la caída del hombre

Los capítulos 1 y 2 de Génesis nos cuentan los hechos básicos relativos a la creación por parte de Dios, tanto de Adán como de Eva. Dios creó a ambos a Su propia imagen, íntegros y libres de pecado (Gn 1:26-27, 31; Ef 4:24; Col 3:10; Ec 7:29); y los situó en un huerto, donde había abundancia de frutos buenos para comer. Ellos podían alimentarse de todos los árboles del huerto, excepto de uno (Gn 2:15-17).

El capítulo 3 relata la incursión de Satanás, quien obrando a través de una serpiente engañó a Eva para que desobedeciera a Dios; y a través de ella, a que Adán también desobedeciera. La serpiente comienza preguntándole a Eva si Dios realmente le había dicho que no comiesen de árbol alguno del huerto. Cuando ella le retransmite lo que Dios había dicho, la serpiente, que era astuta, le expone que lo dicho por Dios era incorrecto, que no morirían; sino por el contrario, que llegarían a ser como Dios, conocedores tanto del bien, como del mal (vv. 1-5). Escuchando esto, y viendo ella que el fruto del árbol era bueno para comer, que lucía delicioso y era "codiciable para alcanzar la sabiduría", lo comió y le dio a su marido, quien también comió (Gn 3:6-7). Entonces, ambos se volvieron conscientes de su propia desnudez y necesidad de cubrirse; por eso tejieron hojas de higuera para hacerse delantales. La desobediencia de Adán y Eva fue el primer pecado cometido por el hombre (Ro 5:12).

Análisis de la caída

La Biblia no nos dice por qué Satanás escogió una serpiente antes que un loro o cualquier otro animal cuando engañó a Eva. Lo que sí dice es que "la serpiente era astuta, más que todos los animales del campo que Jehová Dios había hecho" (Gn 3:1). Quizá el enemigo pensó que, siglos después, una serpiente podía ser más útil para conducir las mentes confundidas a rechazar la verdad del origen y caída del hombre. Cualquiera que sea la razón, Satanás la utilizó antes que a otro animal para engañar a Eva, y a través de ella, a Adán.

Entonces, infiriendo a que la Escritura nos dice que la serpiente era más sagaz que cualquier animal de Edén, Satanás utiliza las cualidades de la sutileza y astucia en su engaño al hombre. Quien bajo argucias se propone que veamos nuestros pensamientos impuros y deseos pecaminosos como nuestra voluntad, y no la suya. Que sintamos culpabilidad por los errores pasados, restregándonoslos cada vez que pueda, y que no terminemos de aceptar el perdón en Cristo Jesús. Así que no es probable que Satanás nos confronte y nos convenza abiertamente a pecar. En lugar de ello, podemos esperar escuchar su voz viniendo de nuestros propios deseos y voluntad (Jer 17:9; Stg 1:13-15).

La engorrosa situación del pecado nunca fue plan de Dios. A través de este, Adán y nuestra naturaleza ha sido corrompida, de modo que el hombre sin Cristo, según su misma naturaleza, es hijo de la ira (1 Jn

5:17; Ef 2:3; Ro 3:23; Gn 5:3; Sal 51:5; Ro 5:12-19; 8:7). Debido a la limitación que la caída impuso en la duración de la vida humana (Ro 5:21), la supervivencia requirió un incremento en la tasa de reproducción; y ello a su vez, en el impulso sexual (Gn 3:16). Esto, conjuntamente con la corrupción de la naturaleza acaecida por el pecado, tornó las relaciones entre hombre y mujer (al menos fuera del matrimonio ordenado por Dios) en un continuo revivir del primer pecado o de la primera tentación.

Expliquemos esto. Fuera del matrimonio, el cuerpo de la mujer es una fruta prohibida, que opera continuamente como fuente de seducción y tentación para el hombre. El hombre, a su vez, se ha vuelto una fuente de tentación para la mujer. La extendida identificación de la serpiente como símbolo fálico, revela la significación espiritual de esta tentación.

Si el registro bíblico de la Creación y la caída no tuviesen tan profundo simbolismo, los académicos del mundo lo despreciarían como demasiados simplistas para ser inspirados por Dios. Por otro lado, algunos se van al extremo opuesto y alegan que hay demasiado simbolismo para ser verdad. Esta duplicidad de pensamiento ha sido desde antaño característica de aquellos infatuados con ilusiones sobre su propia grandeza (Lc 7:32-34). No pueden encontrar siquiera un mito pagano con la profundidad de significado que se encuentra en la verdad de Génesis. Ninguno se le acerca. Toda la retórica antibíblica que fanfarronean revela solamente su propia ignorancia (1 Co 3:19).

Así como los inmigrantes en los Estados Unidos tienen hijos estadounidenses debido a una decisión que los ancestros tomaron; por aquella decisión de Adán de rendir obediencia a Satanás, es que somos todos, por nuestra propia naturaleza, ciudadanos de su dominio (Ro 5:12-14; 6:16; Ef 2:3). Como descendientes de Adán, nacimos con las cadenas del pecado. Y debido a que Adán tuvo dominio sobre la Creación visible de Dios, cuando él mismo cayó bajo el dominio de Satanás, así también cayó la Creación (Gn 1:36; 3:14-17; Ro 5:14-17; 2 Co 4:4). Como resultado, el juicio de Dios cayó sobre toda la Creación visible. La decadencia, la corrupción y la tendencia a la destrucción se hizo parte de la misma naturaleza de las cosas (Heb 1:10-12). Todo el Universo está envejeciendo, la rotación de la Tierra se hace más lenta, la Luna se aleja de la Tierra, y el Sol eventualmente se hará oscuro y frío.

De igual manera, en nuestras propias vidas vemos conflicto, corrupción, enfermedad, dolor y decadencia. La misma presencia de estas consecuencias del pecado es testimonio del hecho de que todos somos pecadores requeridos de salvación. Si quienes parecen inocentes sufren, entonces su sufrimiento debería ser visto como un testimonio del hecho de que no lo son delante de Dios (Ro 5:12-18); si lo fuesen realmente, no morirían (Ro 6:23). Nunca olvidemos que si Dios nos diera aquello que realmente merecemos, seríamos arrojados instantáneamente a las profundidades del infierno (Lm 3:22). Deberíamos, por tanto, estar agradecidos de que nuestro Dios es lento para la ira y no nos ha tratado conforme a nuestras iniquidades (Sal 103:10).

Conclusión

El conocimiento de la caída del hombre es básico para nuestro entendimiento del porqué fue imperioso para Cristo venir al mundo para que fuese nuestro Salvador (Ro 5:12-19). Por su misma naturaleza caída, todos los hombres son pecadores en necesidad del Salvador, ya que así como ningún hombre puede cambiar su propia naturaleza, ninguno puede salvarse a sí mismo (Jer 13:23). Hasta no entender esta verdad, no podemos comprender correctamente la Ley de Dios; todo lo que ella dice se relaciona con la caída del hombre y la revelación de su naturaleza pecaminosa.

Recordemos que:

1. El hombre fue creado a la imagen de Dios. En otras palabras, el hombre fue creado bueno y justo, dotado de inteligencia, conciencia y

libre albedrío, de manera que pudiera ejercer dominio sobre los seres vivientes de la tierra y pusiera en práctica la facultad de elección. Pero el hombre cayó por transgresión voluntaria, y su única esperanza reside ahora en el Señor Jesús (Gn 1:26-31; 3:1-7; Ro 5:12-21).

2. El hombre fue creado a la semejanza de Dios, es decir, el hombre es tripartito, teniendo espíritu, alma y cuerpo (1 Ts 5:23).

3. La facultad del hombre de escoger entre el bien y el mal envolvía la posibilidad de elegir la vida y no la muerte, pudiendo así llegar a obedecer o desobedecer al Creador. En virtud de su inteligencia, el hombre era responsable de todos sus actos (Lc 12:47-48; Jos 24:15).

4. El germen de la duda que implantó Satanás en el corazón de Adán y Eva, culminó en la caída de nuestros padres (Gn 3:5-6).

5. La caída del hombre dio origen al pecado, a la tristeza, a la enfermedad y a la muerte sobre el género humano (Gn 3:7-24; Ro 5:12-19; 1 Co 15:21).

5. La corrupción del hombre es confirmada no solamente por su inteligencia y conciencia, sino también por la historia de la humanidad. Al decir corrupción, queremos significar con ello que la naturaleza moral, mental y espiritual del hombre ha sido pervertida por la caída. En vez de amar la santidad, el hombre no regenerado siente una inclinación perniciosa hacia el pecado y solo la gracia de Dios podrá transformar esta naturaleza, haciendo del hombre una nueva criatura en Cristo Jesús.

6. El hombre, tal como se le conoce, no es el resultado del proceso de evolución, ya que fue creado perfecto por Dios. Debido a su caída, se encuentra sumido en la depravación, amando la rebeldía; y por el pecado, se encuentra separado de su Creador y bajo la condenación justa de un Dios bueno.

Lección 7

Hamartología o doctrina del pecado

Texto para memorizar: Romanos 5:12.

Introducción: En esta lección revisaremos la rama de la teología que estudia la doctrina del pecado. Esto incluye su origen, su naturaleza, la muerte espiritual, entre otros interesantes aspectos que comprenden la hamartología.

I. El estado original del hombre.

    1. Fue creado a imagen del Creador. "A nuestra imagen, conforme a nuestra semejanza" (Gn 1:26-27). Se refiere al hecho de que el hombre fue creado con personalidad, inteligencia, moralidad, inmortalidad y espiritualidad.

    2. Fue creado inocente. No sabía lo que era el pecado. Entonces, antes de pecar fue santo, puro, recto y justo en todo (Ec 7:29). Solamente Adán y Eva vivieron en ese estado de santidad.

II. La caída del hombre. La historia literal de la caída la encontramos en Génesis 3:1-6. Relato que no es una alegoría, sino la verdadera historia de lo que aconteció.

    1. El tentador fue Satanás (Gn 3:1; Ap 12:9). De Génesis 3:14 entendemos que fue una verdadera serpiente y que Satanás obró por medio de ella. Satanás ya había caído de su estado original por querer ser igual a Dios. Desde entonces ha luchado contra Él y Sus planes. Es todavía el tentador de los hombres.

III. El proceso de la tentación.

    1. "¿Conque Dios os ha dicho: No comáis de todo árbol del huerto?" (Gn 3:1). Con esta pregunta, Satanás insinuó que la prohibición fue injusta y sugería que Dios no les amaba tanto. Llamó la atención de la mujer a la única cosa prohibida, y esta no recordó todos los privilegios provistos por Dios en Su gran amor por

ellos. Vale la pena tener presente que las cosas prohibidas por Dios son también una demostración de Su amor y que Satanás es el padre de mentiras (Jn 8:44).

2. En Génesis 3:4-5 tenemos las promesas de Satanás a los hombres. Hoy en día sus promesas son iguales.

2.2. "No moriréis" (v. 4). Satanás inculpó a Dios de mentir. Dios sí castiga el pecado (Gn 2:17; Ez 18:20; Ro 6:23).

2.3. "Serán abiertos vuestros ojos" (v. 5). Ahora, Satanás presenta las razones que según él serían las causas por las que Dios les prohibió comer del árbol. Sugiere que Dios está reteniendo bendiciones para ellos. Eva creyó que iban a tener mucha sabiduría. En parte se cumplió (v. 7), pero lo que aprendieron les causó vergüenza.

2.4. "Y seréis como Dios" (v. 5). Les tentó con el mismo pensamiento malvado que causó su propia caída (Is 14:12-14).

2.5. "Sabiendo el bien y el mal" (v. 5). Esta parte de la promesa se cumplió. Ya sabían el bien. Comiendo conocieron el mal, que resultó en perdición. Satanás no mencionó esto.

3. En Génesis 3:6 leemos acerca de la desobediencia de Adán y Eva. "Porque todo lo que hay en el mundo, los deseos de la carne, los deseos de los ojos, y la vanagloria de la vida, no proviene del Padre, sino del mundo" (1 Jn 2:16).

3.1. Eva.

3.1.1. "Y vio la mujer que el árbol era bueno para comer". Corresponde con los deseos de la carne.

3.1.2. "Agradable a los ojos". Corresponde con los deseos de los ojos.

3.1.3. "Codiciable para alcanzar sabiduría". Corresponde con la vanagloria de la vida.

3.1.4. "Y dio también a su marido". Tras Eva ser engañada, inmediatamente se convirtió en tentadora.

3.2.   Adán.

3.2.1.   Adán deliberadamente comió.

3.2.2.   "Y Adán no fue engañado, sino que la mujer, siendo engañada, incurrió en transgresión" (1 Ti 2:14).

IV.   Los resultados de la caída. Génesis 3:7-24.

1.   Perdieron su inocencia (v. 7).

2.   Tuvieron temor de Dios (v. 8). Antes sentían gozo al estar en Su presencia.

3.   Recibieron la condena por su desobediencia (vv. 16-19).

4.   Fueron expulsados del huerto (v. 24).

V.   Los resultados para todos los humanos.

1.   Para la mujer: dolor al dar a luz y sujeción al marido (v. 16).

2.   Para el hombre: trabajo duro para sostener la familia por causa de la tierra maldita (vv. 17-19).

3.   El pecado entró en la raza humana (Ro 5:12). Como Adán es el padre de todos, todos estaban en Adán cuando él pecó. Cayendo él, caímos todos. Recibimos la naturaleza pecaminosa de Adán.

4.   El resultado del pecado es la muerte.

    4.1.   Adán murió espiritualmente en el momento de pecar (Gn 2:17; Ef 2:5).

    4.2.   Fue destituido (separado) de la gloria de Dios (Ro 3:23).

    4.3.   La muerte espiritual significa la muerte eterna para los inconversos. Muerte eterna quiere decir eterna separación de Dios (Ap 21:8).

    4.4.   Por Adán, todos los hombres son sentenciados en él a morir físicamente (Gn 3:19; Heb 9:27). Esto significa que según Romanos 5:12 somos pecadores delante de Dios y la única salvación está en Cristo.

VI.   El sistema natural del pecado.

En términos de plenitud humana, el pecado puede ser concebido como el destructor de la solidaridad. No se concibe solo como un acto o pensamiento del individuo, sino que además está incrustado en los sistemas económicos, sociales y políticos. Lo cual condiciona en la sociedad un estado de violencia. Esta vendría a ser todo lo que viola la integridad del individuo, que es también una forma de pecado. El pecado, según la perspectiva de la teología de la liberación, tiene un concepto mucho más amplio al conocido popularmente. No solo es encontrado en las noticias, está incluido en cada estructura social. Se acepta entonces que la raíz del pecado se encuentra en los sistemas e instituciones que obligan a las personas a vivir en pobreza.[16]

La situación del pecado

Ya hemos dicho que el área de la teología que trata con la doctrina del pecado se llama hamartología. Esta merece una atención especial, ya que el pecado es el problema medular del hombre.[17] No prevalece una palabra en hebreo que por sí sola pueda describir fehacientemente el concepto pleno que el Antiguo Testamento tiene del pecado. El término más común para pecado es *chattath*, que en su forma verbal significa: "no dar en el blanco, errar, pecar".[18] Existen muchas palabras hebreas y griegas que se traducen como pecado en las versiones hispanas de la Biblia. *Chattath* es la palabra hebrea más frecuente y la griega, αμαρτια,

---

[16] Gustavo Gutiérrez: *Essential Writings*, 1996, p. 232.

[17] "Ospino explica que la teología de la liberación enseña teológicamente que el pecado existe tanto a nivel personal como a nivel estructural, que hay estructuras de discriminación, que hay estructuras de marginalización, que hay estructuras que destruyen; por ejemplo, el neocapitalismo desenfrenado, el comunismo ateo, el socialismo ateo. La teología de la liberación expone que hay estructuras dañinas; por ejemplo, las estructuras en las cuales la mujer es maltratada, es utilizada por su cuerpo nada más, donde los trabajadores son explotados hasta que mueren, donde los niños son abusados. Y estas estructuras de pecado existen tanto dentro, como fuera de las iglesias, y necesitamos una reflexión teológica que las identifique, las denuncie y que muestre el camino hacia la verdad de Cristo y que Dios tiene desde un principio". Hosffman, Ospino, profesor en Boston College. Entrevista personal por Henry Álvarez, 10 de junio del 2014.

[18] C. G. Kromminga, *Diccionario de teología, Pecado*, Everett F. Harrison, Geoffrey W. Bromiley & Carl F. H. Henry, eds. Grand Rapids, MI: Libros Desafío, 2006, p. 175.

amartía.[19] Lo que expresan es "errar el blanco" o "fallar". Sin embargo, configuran distintos tonos en el significado. En el Nuevo Testamento, *amartía* [20] es usado como el término genérico básico para el pecado.[21] Las otras palabras hebreas y griegas en que se transcribe pecado, descubren su diversa naturaleza. Por ejemplo, del hebreo tenemos a *resha*, "maldad, confusión"; *avon*, "iniquidad, perversión, culpa"[22]; *pesha*, "transgre-

---

[19] La LXX, con su uso sumario de ἁμαρτία, ἀδικία, ἀνομία, etc., difícilmente hace justicia al rico y flexible original hebreo. Los términos hebreos traducidos por ἁμαρτία y otros parecidos, no tienen un uso exclusivamente religioso. En los autores del Antiguo Testamento no está presente un concepto uniforme ni delimitado del pecado. Por ejemplo, las cuatro raíces principales que portan la idea de pecado tienen los sentidos intercambiables de "pecado o negligencia". Gerhard Kittel, Gerhard Friedrich, & Geoffrey W. Bromiley, eds. *Compendio del diccionario teológico del Nuevo Testamento*. Grand Rapids, MI: Libros Desafío, 2002, p. 127.

[20] "En el Antiguo Testamento, el contraste entre el impío (*amartía*) y el justo (*saddiq*) es gigante. En ambos testamentos, el piadoso es el que vive en el temor de Dios, a quien ama y le sirve de todo corazón. Por el contrario, los impíos viven sin Dios, y hasta en contra de Dios. El fruto de los impíos es la iniquidad (Is 13:11). El inicuo se ha desviado de la justicia o la ha pervertido, respecto a Dios y los seres humanos. El que es injusto con sus semejantes (relación horizontal), lo es también ante la mirada de Dios (relación vertical). Se sobrentiende que la justicia de Yahweh no está al margen de su santidad, sino unida estrechamente a ella. Las demandas de la justicia divina son muchísimo más elevadas que las de la justicia simplemente humana. 'Sed santos porque yo soy santo', dice el Señor (Lv 11:45; 1 P 1:16)". Emilio A. Núñez. *Hacia una misionología evangélica latinoamericana*. Miami, Fl: Editorial Unilit, 1997, pp. 224-226.

[21] La palabra *amartia* es igualada a *adikia* en 1 Jn 5:17. "Adikia es 'injusticia', 'iniquidad', 'mal'. Esto se opone a *dikaiosune*, que significa 'justicia'. Ahora bien, *dikaiosune* puede definirse como 'dar tanto a Dios como al hombre lo propio de cada uno'. *Adikia* es, por lo tanto, el espíritu que se niega a cumplir con su deber para con Dios y los hombres. Pecado es lo que hace a un hombre adorar tanto a su yo, que olvida o rechaza servir a Dios y a su prójimo". William Barclay. *Palabras griegas del Nuevo Testamento - su uso y su significado*. El Paso, TX: Casa Bautista de Publicaciones, 1977, p. 211.

[22] Para una mejor comprensión del tema sobre justicia, es necesario resaltar que "la iniquidad (*avon*) puede ser individual o también colectiva. En el texto de Isaías 13:11, el Señor acusa de iniquidad a todos los impíos, sin distinción de estratos sociales. Ninguno de ellos alcanza la medida de la justicia de Dios (Ro 3:9-20). Son impíos porque no tienen en su corazón el temor de Dios. Pueden ser religiosos, pero no piadosos. Pueden tener la apariencia de piedad, y negar la eficacia de ella (2 Ti 3:5). Se hacen culpables de iniquidad. Desde el punto de vista divino, gobernados y gobernantes son inicuos o injustos, si andan lejos de Dios. En todos los niveles de la sociedad muestran el rostro de la injusticia. Los gobernantes tienen mayor responsabilidad que

sión, rebelión"; *aven,* "mal, problema, vanidad"; *shequer,* "mentir, engañar"; *ra,* "mal" (usualmente en relación a los efectos judiciales o naturales); *maal,* "infringir, abuso de confianza"; *asham,* "error, negligencia,
culpa"; y *awel,* "injusticia". Los verbos hebreos para "pecado" incluyen:
sarar, "desobedecer"; y *abar,* "transgredir". Del griego tenemos αδικια
(*adikía*), "injusticia"; ανομια (*anomía*), "sin ley"; ασεβεια (*asébeia*), "impiedad"; παραβασις (*parábasis*), "transgresión"; παραπτωμα (*paráptoma*),
"caída" de una relación recta con Dios; πονηρια (*ponería*), "depravación";

---

sus gobernados de ajustar sus actos a la justicia, por causa de la autoridad que Yahweh
les ha delegado para que conduzcan la nación por la senda de la rectitud moral. Pero
esta responsabilidad de los gobernantes no exonera a los gobernados de ajustarse ellos
mismos a las demandas de la justicia. Los profetas fieles de Yahweh denunciaron sin
rodeos las iniquidades de las grandes potencias militares, políticas y comerciales de su
época. Varios capítulos en la literatura profética del Antiguo Testamento se dedican a
esta denuncia valiente y vigorosa (por ejemplo: Is 13-24; Jer 46-51; Ez 25.1-32:32; Jl
3:1-16; Nah 1-2). El ataque al imperialismo militar, económico y religioso es frontal (Is
30:1-5; 31:1-3; Jer 2:18-36; Ez 16:1-27; Os 1:7; 8:14; Mi 5:9-10; Hab 1:16; Nah 1-2; Zac
4:6). Es posible profundizar en el tema de la idolatría y descubrir la divinización del
imperio, de las riquezas y del poder militar. Los israelitas mismos cayeron en este error
nefasto de sacralizar los poderes mundanales. La palabra castellana 'iniquidad' se deriva
del latín '*iniquitas*' (desigualdad), que tiene también la acepción de injusticia. En las
naciones que fustigaban los profetas, imperaba la injusticia social. Los líderes de esas
potencias militares eran 'tiranos' (Is 13:11), es decir, opresores. Mantenían al pueblo en
sujeción abyecta. Vivían de la guerra y para hacer la guerra. Se gozaban exhibiendo su
crueldad en el campo de batalla y en el trato que le daban a los vencidos. Invadían los
campos y ciudades, saqueaban, violaban a las mujeres, masacraban, destruían a diestra y
siniestra, y esclavizaban. Los asirios ganaron fama de pueblo bárbaro y sanguinario;
pero otras naciones, como la de los babilonios, no les iban a la zaga en perpetrar lo que
ahora llamaríamos 'crímenes de guerra', pero que en aquellos tiempos se consideraba
como lo más natural e inevitable en un conflicto armado. Lamentablemente, no
podemos decir que nuestra época es en todo sentido mejor que aquellas naciones cuyas
iniquidades denunciaron los profetas. La historia de la humanidad se ha seguido
escribiendo con la sangre derramada en la lucha del hombre contra el hombre. Las
atrocidades de los campos de concentración en pleno siglo XX no se quedan atrás de la
crueldad que sufrieron muchos seres humanos bajo los poderes imperiales de tiempos
antiguotestamentarios". Núñez, Op. cit., pp. 224-226.

επιθυμια (*epithumía*), "deseo, lujuria"; y απειθεια (*apeítheia*), que significa "desobediencia". [23]

Como podemos notar, el pecado también está relacionado con el significado de injusticia en ambos testamentos, como *awel* y *adikía*. En muchas versiones de la Biblia se hace mención de la palabra pecado, pero no se connota dentro de su distintivo y profundo significado. El apóstol Pablo registra, según la Escritura, su teología sobre *hamartía* con extensa luminosidad. Se presenta al ser humano no solo como capaz de pecar, sino actuando en él (Gn 3). Además, el pecado no es simplemente un asunto psicológico, este mantiene su correspondencia en el comportamiento del individuo. No afecta solo una parte del ser, sino su totalidad, incluyendo lo que está a su alrededor, bien sea familia, sociedad y todo lo demás.[24] Según J. Colwell, Agustín enseñó que el pecado no debe considerarse en términos positivos, sino negativamente, como una privación del bien.[25]

Aunado a lo antes dicho, la palabra "impío" es traducción del hebreo *rásaím* (Sal 140:8), que se vierte al griego *asebésin*, según la Versión de los Setenta. O sea, los que no tienen *eusébeia* (piedad, temor de Dios). En la antigüedad, los griegos podían también llamar *ádikos* (injusto, culpable de adikía) al *asebés* (culpable de impiedad o de injusticia), por la estrecha relación existente entre el Estado y el culto a los dioses. Aunque estrictamente hablando, la *eusébeia* era de carácter religioso, y la *adikía* de naturaleza social y legal. La forma negativa *asebés* es en LXX sinónimo de *adikos*, injusto, y puede designar tanto la acción individual como la

---

[23] W. R. Thompson. "Pecado", en Richard Taylor, Kenneth Grider y Willard Taylor, eds. *Diccionario teológico Beacon*. Lenexa, KS: Casa Nazarena de Publicaciones, 2009, p. 231.

[24] J. C. Cevallos. *Comentario bíblico mundo hispano. Tomo 19: Romanos*. El Paso, TX: Editorial Mundo Hispano, 2006, pp. 18-21.

[25] J. E. Colwell. "Pecado", en S. B. Ferguson, D. F. Wright & J. I. Packer, eds. *Nuevo diccionario de teología*. El Paso, TX: Casa Bautista de Publicaciones, 2005, p. 134.

postura global del hombre que está alejado de Dios. En Israel, la injusticia en la esfera interhumana es al mismo tiempo una falta contra Dios y Sus mandamientos. Esto es lo que explica que el significado de *asébeia* y de *adikia* se aproxime mucho al de *amartía*, pecado, lo que implica que el concepto de justicia social está amalgamado a la religión.[26]

Debido a la ola de injustica y violencia en Latinoamérica, se comenzó a usar un nuevo vocabulario que intentó describir la presente situación social. Por ejemplo, se comenzó a hablar de la violencia institucionalizada,[27] de una conciencia de violencia y de injustica, del pecado colectivo y crímenes de una nación. La situación de pecado se usó para referirse a las implicaciones del pecado en lo cultural, económico y social. El teólogo José Marín González Ruiz emplea por primera vez el término "hamartiosfera" (la esfera del pecado) para describir la encarnación del pecado en estructuras sociales.[28] La frase "el estado de pecado", se aplicó a la injusticia social y a la no distribución equitativa de los bienes de producción.[29]

---

[26] Núñez, Op. cit., pp. 224-226.

[27] Esta expresión se basó en la opinión de los obispos en la reunión del CELAM (1965). Ellos expresaron que la justicia es un prerrequisito para la paz. Las estructuras de esta violencia institucionalizada tienen consecuencias, que se decía, violaban los derechos fundamentales. *Pastor in the Shadow of Violence...* p. 57.

[28] José G. Ruiz. *Pobreza evangélica y promoción humana*. Barcelona, España: Editorial Nova Terra, 1966, p. 32.

[29] Gorman comenta que las enseñanzas magisteriales de la Iglesia católica sobre la estructura del mal, han contribuido de forma considerable en la comprensión de la realidad del pecado en la sociedad. El papa Juan XXIII contribuyó con una noción a favor de una eclesiástica opción preferencial por los pobres, y también con una actitud moderna hacia la Iglesia y la sociedad. *Gaudium et Spes* debió su metodología a la lectura inspirada de las señales de los tiempos a Juan XXIII. La Constitución Pastoral también postuló otra descripción sobre las dimensiones estructurales del pecado, aunque esto se mantuvo sin desarrollar. Los Padres del Concilio estaban dispuestos a utilizar términos como "pecado social" y "pecado estructural" en sus esquemas revisados, ya que había una considerable discusión teológica sobre el significado exacto de ese lenguaje. Ellos se sentían cómodos con la afirmación de que las consecuencias sociales de los pecados personales tienden a condicionar las acciones humanas. Desde entonces, el pecado podía ser llamado "social" o "estructural". Ese debate presagiaba las discusiones que habían de venir a las reuniones de los obispos de América Latina en 1968 en Medellín,

El teólogo español José María González Ruiz, quien escribió sobre el pecado colectivo en la década de 1950, publicó una interpretación de la hamartiosfera, que más tarde influyó en Gutiérrez. El estudio de González Ruiz intentó reconciliar la convocatoria de la pobreza evangélica con el mandato del evangelio de la justicia o la "promoción humana", como los teólogos liberacionistas lo expresaron en los años 60. En una interesante recuperación del mito de la caída, explicó que la raíz de la rebelión humana contra Dios se identifica con la evasión de la responsabilidad de transformar progresivamente el cosmos. González Ruiz interpretó el primer estado de pecado como un fracaso para ejercer dominio; y el segundo estado de pecado humano (en el plano de la convivencia social), como la resistencia en contra de asumir la responsabilidad por la vida de otros.[30]

Aunque el Dr. Gustavo Gutiérrez no citó esta interpretación del pecado original, lo que pareció interesarle del análisis de González Ruiz fue la ponencia sobre la esfera del pecado, lo que explica que el pecado personal abarca las estructuras humanas. González Ruiz enseñó que el pecado en la Biblia no es solo un acto moral de un individuo consciente y responsable, sino una realidad objetiva, una especie de estructura que condiciona objetivamente la misma historia humana. En este sentido, podríamos hablar de una especie de hamartiosfera. También añadió que la incorregibilidad de las estructuras ha sido producida por la libre acción

---

Colombia, y en 1979 en Puebla, México. Por otra parte, *Populorum Progressio* fue el fruto de un intercambio con líderes de países del tercer mundo. También latinos estadounidenses interpretan su propia situación a la luz de esta perspectiva. La injusticia estructural produce una violencia a las vidas humanas que es comparable a la violencia de la fuerza armada. Por otra parte, el papa no condenó todas las revoluciones, sino más bien aplicó la norma clásica de proporcionalidad. En segundo lugar, el concepto de desarrollo integral plantea un desafío a las teorías existentes sobre el desarrollo económico y político. Pablo VI argumentó que las condiciones materiales de la vida eran parte integral de la existencia verdaderamente humana, que las mujeres y los hombres están llamados a ser sujetos de la historia, y que el "valor" cultural de "querer tener más" lleva el estigma o desgracia que distorsiona y deshumaniza al ser humano. Rosemarie E. Gorman. *The Contributions of Gustavo Gutiérrez and Juan Luis Segundo to a Theology of Social Sin*. Ph.D. diss., The Catholic University of America, 1996, p. 58.

[30] Ibíd., p. 39.

individual. Luego, interpretó el pecado personal de una manera que incluye la contaminación horizontal de las estructuras reales. Un pecado personal no es solo una rebelión vertical frente a Dios, sino una contaminación horizontal de las estructuras reales. El pecado personal permanece impregnado en su estructura en la realidad histórica humana. Al trascender el pecado en el mundo, trae consigo la muerte.[31]

Según el informe de la consulta teológica sobre responsabilidad social, en la Confraternidad Evangélica Latinoamericana (CONELA),[32] el pecado es la rebelión contra Dios y Su soberanía, y la raíz de los males que afectan a todo individuo y a toda sociedad con todas sus instituciones (Gn 3:11-19; 6:5, 12; 11:1-9).[33] El pecado afecta cada nivel de la existencia humana, incluyendo la relación del pecador con Dios, con otros seres humanos y con el medio ambiente.[34]

Finalmente, observemos que:

1. El origen del pecado está envuelto en oscuridad. Es uno de los misterios bíblicos más investigados. Por ejemplo, tenemos información acerca de la entrada del pecado en el corazón de Satanás, como también su introducción en la raza humana.

2. La entrada del pecado en el corazón de Satanás la inferimos por lo siguiente. En la narración de Isaías 14:12-17 se evidencia la rebelión de Satanás contra Dios a través de las siguientes expresiones: "me sentaré", "subiré a las alturas", "seré semejante al Altísimo" (vv. 13-14). La última expresión merece especial atención. También en Ezequiel 28, en la lamentación del profeta sobre el rey de Tiro, podemos ver cómo Satanás cayó por el orgullo y la soberbia (v. 17).

---

[31] Ibíd., p. 53.
[32] Pablo A. Deiros. *Diccionario hispano-americano de la misión*. Bellingham, WA: Logos Research Systems, 2006, p. 80.
[33] Ibíd., p. 87.
[34] Guillermo Powell. (ed.) *Diccionario de temas bíblicos*. Bellingham, WA: Software Bíblico Logos, 2012, p. 123.

3. En cuanto a la introducción del pecado en la raza humana, podemos revisar el capítulo 3 de Génesis y en parte, en el Nuevo Testamento. El hecho sucedió en forma cuádruple:
    - Por engaño. 2 Corintios 11:3.
    - Por desobediencia del hombre. Romanos 5:19.
    - Por la seducción de la serpiente. Génesis 3:1-6.
    - Por la perversidad de Satanás. Apocalipsis 12:9.

Por lo que a partir de la caída del hombre, todo ser humano nace con su naturaleza inclinada al mal, como explica Romanos 5:17-19.

Lección 8

Soteriología o doctrina de la salvación

Parte I
La expiación

Texto para memorizar: 2 Corintios 5:21.

Introducción: Creemos que Jesucristo, por su obediencia personal, honró la ley divina, y que con su muerte hizo una expiación completa y vicaria por nuestros pecados. Creemos que su expiación, a través de la muerte de cruz, consistió no en dejarnos el ejemplo de un mártir, sino en ejecutar la obra de sustitución voluntaria de él mismo en lugar del pecador; del justo muriendo por el injusto.

Ya hemos estudiado acerca de la obra de Cristo en las lecciones acerca de su muerte y resurrección. En esta consideraremos el hecho de que él fue nuestro sustituto voluntario, disertando primero acerca de la doctrina de la expiación del pecado.

I.   Significado de la palabra expiación.

   1.   En sentido literal, la palabra expiar o hacer expiación quiere decir en hebreo "cubrir" y en arameo, "borrar".

   2.   Así es usada la palabra muchas veces en el Antiguo Testamento, en relación con los sacrificios de animales que se ofrecían (Lv 16:5, 15).

   3.   Aquellos sacrificios no podían quitar el pecado (Heb 10:4). La sangre de los animales cubrían los pecados de los israelitas delante de Dios, hasta que vino Cristo a quitarlos por su muerte en la cruz. Dios aceptaba aquellos sacrificios como una muestra de fe en el Salvador que iba a venir.

   4.   El diccionario dice que expiar significa: "Borrar las culpas mediante un sacrificio, sufrir el delincuente la pena impuesta".

Lección 8: Soteriología

5. En círculos cristianos, expiar y expiación son términos que han llegado a cubrir toda la obra de sacrificio y redención de Cristo.

6. Cristo hizo expiación por nuestros pecados por medio del sacrificio de sí mismo en la cruz. Su muerte dejó indemnizada la justicia de Dios y permitió perdonar a los pecadores arrepentidos.

II. La necesidad de la expiación.

1. Toda persona ha pecado contra Dios (Ec 7:20; Ro 5:12).

2. Por causa del pecado, el hombre está condenado eternamente a estar separado de Dios (Ro 3:23; 6:23; Ap 21:8). Dios es santo y justo y no puede dejar pasar por alto el pecado. El pecado tiene que ser castigado.

3. La única manera de escapar de las terribles consecuencias del pecado, es por medio de un sustituto que satisfaga las demandas de la justicia divina.

4. De esto se trata la expiación: Cristo es nuestro sustituto. Él es justo y murió por nosotros, los injustos.

III. El plan de Dios para la expiación.

1. El plan profetizado. Las ofrendas de sacrificio en el Antiguo Testamento fueron símbolos de Cristo muriendo por nuestros pecados. Señalaban hacia el Salvador venidero. En Isaías 53:10 tenemos una clara profecía: "cuando haya puesto su vida en expiación por el pecado".

2. Pasajes que explican cómo fue realizado el plan de expiación:
   - Romanos 5:6-8.
   - 2 Corintios 5:21.
   - 1 Pedro 2:24; 3:18.

IV. Conclusión.

En el uso común o vulgar de la palabra expiar, se utiliza la expresión "chivo expiatorio". Es cuando alguien, culpable de delito, echa la culpa a otro para quedar libre. Esto es precisamente lo que hace el pecador cuando acepta al Señor Jesucristo como Salvador. Él lleva la culpabilidad del pecador, y el pecador es libre, es considerado justo delante de Dios (2 Co 5:21).

Parte II
Doctrina de la nueva creación o nuevo nacimiento

Texto para memorizar: 2 Corintios 5:17.

Lectura: Juan 3:1-7.

Introducción: Creemos que para ser salvo, el pecador debe nacer de nuevo; que el nacimiento es una nueva creación en Cristo Jesús; que tal nacimiento es instantáneo y no un proceso; que en el nuevo nacimiento, el hombre, muerto en sus delitos y pecados, es hecho partícipe de la naturaleza divina y recibe vida eterna como don gratuito de Dios.

I. Lo que es el nuevo nacimiento.

1. Es un cambio divino. Juan 1:13: "los cuales no son engendrados de sangre, ni de voluntad de carne, ni de voluntad de varón, <u>sino de Dios</u>". Cuando nos arrepentimos de nuestros pecados y depositamos nuestra fe en Cristo, Dios envía el cambio a nuestra vida. Es la parte divina de la salvación.

2. Es un cambio misterioso. No podemos entenderlo completamente (Jn 3:8-9).

3. Es un cambio drástico. Aunque todavía tenemos la carne, la transformación que se efectúa en la regeneración es grande. Tenemos gozo, nuevas esperanzas, nuevos ideales, actuamos diferente, porque somos nuevas criaturas (2 Co 5:17).

II. Lo que no es el nuevo nacimiento.

1. No es una reforma. Hay quienes dicen: "Debes pasar la página y comenzar de nuevo. Debes poner fin a tu mala vida y unirte a la iglesia". Pero, si fuera posible abandonar el pecado hoy y nunca cometer otro, aún quedaría la cuenta de los pecados pasados. Y como dice Juan 1:13 al respecto:

2. No es una creencia religiosa.

3. No es por descendencia, de sangre.

4. No es resultado de propios esfuerzos, ni voluntad de hombre.

III. La necesidad de la nueva creación.

1. Es necesaria, porque todos somos pecadores (Ro 5:12; 3:23).

2. Es necesaria, porque sin ella estamos perdidos (Jn 3:3, 5, 18, 36).

IV. ¿Cómo puede una persona nacer de nuevo? Notemos una ilustración del Señor en Números 21:4-9.

1. (v. 5) – Israel pecó, como todos han pecado.

2. (v. 6) – El pecado trajo el juicio (Ro 6:23).

3. (v. 7) – Israel reconoció, confesó y buscó el perdón de su pecado. Dios demanda el arrepentimiento del pecador.

4. (v. 8) – Dios les reveló el camino de la salvación, como nos lo ha revelado a nosotros (Ro 10:9-10).

5. (vv. 8-9) – Dios dio la provisión (asta = cruz (Jn 3:14, Ro 5:8).

6. (v. 8) – Condición: "cualquiera que mirare". La salvación propone la condición de que el hombre debe reconocer a Jesús como Salvador, que él murió por sus pecados. No ha de salvar a ningún pecador, a menos que personalmente crea en él (Jn 3:16).

7. (v. 9) – Resultado: "vivía". Cuando un israelita era mordido por una serpiente, miraba la serpiente de bronce y recibía nueva vida. En un momento pasaba de la muerte a la vida. Igual en el nuevo nacimiento. No es un proceso, es instantáneo.

V. Conclusión.

La persona que solo nace de la carne (una vez), morirá dos veces: la muerte física y la muerte segunda (Ap 21:8). La persona que nace de la carne y del Espíritu (dos veces), morirá solamente una vez (físicamente). ¿Has nacido de nuevo? (2 Co 5:17).

Parte III
Doctrina de la justificación

Texto para memorizar: Romanos 5:1.

Introducción: Hace cientos de años, Bildad, un amigo de Job preguntó: "¿Cómo, pues, se justificará el hombre para con Dios? ¿Y cómo será limpio el que nace de mujer?" (Job 25:4). Este problema ha inquietado a los hombres a través de los siglos. Gracias a Dios, tenemos la respuesta en Su Palabra.

I.   La necesidad de ser justificado delante de Dios.

   1.   Cada persona tiene la necesidad de ser justificada. "Como está escrito: No hay justo, ni aun uno" (Ro 3:10). Tendríamos que ser perfectos para ser justos y ninguno ha sido justo en sí mismo. Sin la fe en el Señor Jesucristo, no se puede lograr.

   2.   David no quiso ser juzgado por Dios, porque sabía que no era perfecto (Sal 143:2). En el juicio, la persona tendría que responder por sus pecados, y ser condenada al lago de fuego.

   3.   Para ser justo, la persona tendría que ser perfecta en sus relaciones con Dios, con el prójimo, y consigo misma, desde su nacimiento hasta su muerte. Si piensas que eres justo, lee Isaías 64:6.

II.   ¿Qué es la justificación?

   1.   La justificación es el acto mediante el cual Dios declara justo al injusto por la fe en Jesucristo.

   2.   No significa hacer al pecador justo, sino declarar que es justo. Aun los justificados no son completamente perfectos en sus vidas.

   3.   La justificación es más que el perdón. El perdón libra de la condena del pecado, pero no de la culpabilidad. Los oficiales pueden perdonar a un reo, pero no significa que no sea culpable.

   4.   En la justificación, Dios no solamente perdona al pecador, sino que también lo declara justo y libre de la culpabilidad de su pecado. Delante de Dios es como si nunca hubiera pecado. Entonces, tiene paz para con Dios (Ro 5:1).

III. ¿Cómo el pecador puede ser justificado ante de Dios?
1. La justificación no es producto de uno mismo (Lc 16:15), tampoco por tratar de guardar la ley (Ro 3:20), ni por vivir piadosamente (Is 64:6).
2. La gracia de Dios es el porqué de la justificación (Ro 3:24). Recordemos que "gracia" significa "favor inmerecido".
3. La sangre de Cristo es la base de la justificación (Ro 5:9). Dios mira al pecador que acepta a Cristo como si no tuviese pecado, porque la sangre de Cristo lo limpia de toda maldad.
4. La fe es el medio de recibir la justificación. Es la fe en el Señor Jesucristo como Salvador (Ro 3:28; 4:5; 5:1). En el momento en que el pecador cree en Cristo, es justificado delante de Dios. Es un acto instantáneo, no progresivo.
IV. Reflexión: ¿Tienes paz con Dios? La única manera de tener la paz verdadera es recibir a Jesucristo como Salvador. Entonces, serás justificado delante de Dios (Ro 5:1) y podrás gozar de los beneficios de ser Su hijo.

Parte IV
Doctrina de la fe en relación con la salvación

Texto para memorizar: Hechos 20:21.
Introducción: La Biblia dice en Hebreos 11:6 que "sin fe es imposible agradar a Dios". Entonces vemos la importancia de la fe en la vida humana. Sin ella no hay salvación. Tampoco puede el cristiano recibir respuesta a sus oraciones (Mc 11:24). Si no hay fe, las promesas de la Biblia quedan nulas y no hay victoria en la vida del cristiano. (1 Jn 5:4). Todo lo que el hombre hace sin fe es pecado (Ro 14:23). Esta lección tratará fundamentalmente de la fe que conduce a la salvación del pecador.

I. ¿Qué es la fe?

1. La fe es la confianza personal puesta en Cristo como Salvador, la cual requiere del arrepentimiento. El arrepentimiento es dar la espalda al pecado y a la rebelión contra Dios para mirar a Cristo. No puede haber arrepentimiento sin fe, ni fe sin arrepentimiento. A veces oímos a alguien decir: "tengo fe en mi doctor". Quiere decir que a él le confía su cuerpo sin reserva. La fe que nos salva significa que confiamos en Cristo Jesús para salvar nuestra alma.

2. La Biblia usa mucho la palabra creer, que es igual a tener fe. Como lo vemos en Juan 3:16; 5:24.

3. La fe salvífica significa creer en una persona divina: Cristo es Dios, el Hijo.

4. Hay que creer que murió en nuestro lugar, recibiendo el castigo por nuestros pecados y que resucitó venciendo al pecado y a la muerte (1 Co 15:1-4; Ro 10:9-10).

5. Según la Biblia, podemos creer y aceptar todo esto sin creer en Cristo. Es como si creyéramos que cierto tren saldrá de la estación a las 6 de la mañana para llegar a las 8 de la noche a determinado lugar. No obstante, no hemos puesto la fe en el tren hasta el momento en que subimos al mismo. Creer en Cristo es como subir al tren. Es confiar en él para llegar a la gloria.

6. La fe en Cristo significa recibirle para que entre a nuestra vida (Jn 1:11-12). De nada le sirve a un enfermo creer que una medicina le ayudará si no la toma. Recibir a Cristo es aceptarle, es confiar en él para el perdón de pecados y la salvación del alma.

II. ¿Cuál es el objeto de la fe?

El objeto de la fe que salva es una persona.

Es únicamente el Señor Jesucristo (Hch 20:21; 16:30-31).Veamos algunos argumentos que no son elementos correctos de la fe.

1. La fe que salva no es fe en un libro, aunque sea la Biblia. Muchos dicen que creen en la Biblia, pero no aceptan a Cristo.

2. La fe que salva no es la fe en un credo.

3. La fe que salva no es la fe en los santos o ídolos.

4. La fe que salva no es la fe en una iglesia.

5. El dicho "cada quien por su oración se salva" no es cierto, a menos que en la oración se invoque el nombre de Jesús; "porque todo aquel que invocare el nombre del Señor, será salvo". Romanos 10:13.

6. Algunos dicen "la fe es lo que salva, aunque sea fe en un objeto". Esto es una mentira inventada por Satanás.

III. ¿De dónde proviene la fe?

1. La fe es un don de Dios. Dios nos da la habilidad de creer en Cristo (Ef 2:8-9).

2. Esa habilidad viene después de escuchar la Palabra de Dios (Ro 17).

IV. Conclusión: Si has escuchado y entendido la obra de Jesús en la cruz, debes aceptarlo ahora mismo, antes que se endurezca tu corazón. Jamás ha puesto alguien su fe en Cristo en vano. La persona que se arrepiente y cree en Cristo es salva. ¿Eres salvo? (Hch 20:21).

Parte V
Doctrina del arrepentimiento para salvación

Texto para memorizar: Hechos 17:30.

Introducción: El presente estudio trata del arrepentimiento y de la fe. La justificación y la regeneración son los eventos de la salvación que corresponden a Dios. Para experimentar la justificación (santificación por la gracia de Dios) y la regeneración (nuevo nacimiento), corresponde al hombre arrepentirse y creer en Cristo. Estudiemos lo concerniente al arrepentimiento.

I. La relevancia del arrepentimiento.

La Biblia llama a los hombres al arrepentimiento. Tema sumamente importante en las Escrituras.

    1. En el Antiguo Testamento (2 Cr 7:14; Pr 28:13; Is 55:7).

    2. En el Nuevo Testamento (Mt 3:1-2; Mc 1:14-15; Hch 17:30).

      2.1. Es la voluntad de Dios para todos (2 P 3:9).

      2.2. Es parte del mensaje de la Gran Comisión (Lc 24:45-47).

      2.3. Es esencial para salvarse de la ira de Dios (Ro 2:5-6).

II. ¿Qué es el arrepentimiento?

    1. Es un cambio de pensamiento y actitud hacia Dios y hacia el pecado. Una ilustración se encuentra en Mateo 21:28-29.

    2. Es sentir tristeza por haber sido rebelde contra Dios (2 Co 7:9:10).

    3. Es darle la espalda a la rebelión contra Dios y voltearse hacia Él. Ejemplo clásico es el relato del hijo pródigo, en Lucas 15:17-20.

Lo que no es arrepentimiento:

    1. No es hacer penitencia. Hacer penitencia es tratar de limpiarse a sí mismo del pecado, lo cual ¡es imposible!

    2. No es una reformación (acción de reformarse). Uno no puede dejar algunos pecados sin volverse plenamente a Dios.

    3. No es solo ser convencido de pecado. Ciertamente la convicción de que se ha pecado contra Dios es un paso hacia el arrepentimiento, y muchos, como Félix, hasta se espantan, pero no se arrepienten (Hch 24:24-25).

    4. No es meramente la confesión de haber pecado. Muchos confiesan, pero siguen pecando (Ex 9:27; 34-35).

    5. No es solamente sentir tristeza por el pecado. Es enmendar.

III. Resultados del arrepentimiento.

    1. La fe y el arrepentimiento son inseparables (Hch 20:21). Un arrepentimiento sin fe en que Dios nos va a perdonar, no es un arrepentimiento auténtico. Tampoco podemos tener fe en Cristo

sin estar arrepentidos de la rebelión contra Dios. Entonces, el resultado más importante será la salvación (2 Co 7:10). Es muy simple: sin arrepentimiento no hay salvación.

2. Una vida transformada es el resultado del arrepentimiento (Lc 3:5-8). Los "frutos dignos de arrepentimiento" reflejan el cambio en el modo de vida.

3. El arrepentimiento causa gran gozo en el cielo (Lc 15:7).

IV. Conclusión: ¿Te arrepientes de tus pecados? Recuerda que es un mandato de Dios que los hombres se arrepientan (Hch 17:30). Es necesario este acto de rendición cotidiano para el perdón de pecados y así poder ser un reflejo permanente de la presencia de Cristo en nuestras vidas, que destella refulgente en aquellos que aún no le conocen.

Parte VI
La libertad de la salvación

Texto para memorizar: Efesios 2:8-9.

Introducción: La libertad de la salvación garantiza el hecho de que la salvación es gratuita. Muchos creen, pues así lo pregonan doctrinas desacertadas, que para ser salvo se tienen que realizar buenas obras, trabajar, pagar, vivir una vida piadosa o ser miembro de cierta religión. La Biblia afirma que:

I. Por la gracia de Dios se salva el hombre.

1. Cuando se habla de la gracia de Dios, se quiere significar "el favor inmerecido de Dios hacia los hombres".

2. Toda persona (hombre, mujer, joven, niño) ha pecado contra Dios y merece el infierno (Ro 3:23; 6:23). A pesar de esto, Dios ofrece el perdón de pecados y salvación de la muerte eterna. ¡Esto es gracia! El perdón y la salvación son inmerecidos, ya que por gracia somos salvos (Ef 2:8).

II. La gracia excluye las obras y la ley como medios de salvación.

1. Si una persona pudiera obtener la salvación haciendo buenas obras, entonces la salvación sería simplemente su justo salario (Ro 4:4-5; 11:6). Somos salvos por la obra redentora de Cristo, no por nuestras obras. Significa que siendo religiosos y viviendo una vida bienhechora, al hacer obras de caridad o ayuda, no nos pueden salvar. Realmente, "no por obras, para que nadie se glo-ríe (Ef 2:9). La gracia salvífica glorifica a Dios y no a nosotros.

2. Si una persona pudiera salvarse cumpliendo la ley, entonces en vano murió Cristo (sabemos que ya estaba la ley mucho antes de la venida de Cristo). La ley revela y condena el pecado (Ro 3:19), pero no perdona y salva. "Por gracia sois salvos" (Ef 2:8).

III. La salvación por la gracia significa que es gratuita.

1. La salvación es un don de Dios (Ef 2:8-9).

2. La salvación es una dádiva o regalo de Dios (Ro 6:23).

3. La salvación es gratuita (Ro 3:24).

4. La salvación es por la misericordia de Dios (Is 55:1).

5. Si es gratis, entonces no cuesta ni un centavo, ni una lágrima, ni un esfuerzo, en fin, ¡nada! Jesucristo ya pagó el precio.

IV. La salvación por la gracia es ofrecida a todos.

1. "Porque la gracia de Dios se ha manifestado para salvación a to-dos los hombres" (Tit 2:11); "Porque todo aquel que invocare el nombre del Señor, será salvo" (Ro 10:13); "Venid a mí todos los que estáis trabajados y cargados, y yo os haré descansar" (Mt 11:28).

2. Es la responsabilidad de cada persona aceptar la salvación por medio del arrepentimiento y fe en Cristo (Is 55:5-7; Jn 3:18-19; Hch 17:30-31).

3. El más terrible pecador de la tierra puede ser salvo gratuitamente (1 Ti 1:15; 1 Co 15:9-10). La salvación es un regalo de Dios (Ef 2:8-9). ¡Acéptalo hoy!

V. Conclusión: A manera de resumen tenemos que:

1. Creemos que después del arrepentimiento, la salvación que Dios concede al hombre incluye la justificación y adopción, y la regeneración y santificación por la fe en la muerte expiatoria de Jesús (Jn 3:16; Ro 4:4-5; 8:15; Gl 4:5; Ef 2:8-10).

2. El propósito de Dios es "que todos los hombres sean salvos" (1 Ti 2:4) al recibir a Jesús como salvador y Señor (Jn 1:12; 3:16,18; Ef 1:4-5), y que al llegar a serlo, mantengan una perfecta relación con Él (Ro 8:1). El hombre pierde su relación con Dios cuando abandona la vida santa y recta que Él demanda, viviendo en pecado y desobediencia (Ez 3:20; 33:12-13; Ap 2:5; Ro 8:1; 11-14; Heb 12:14; 1 Jn 3:6).

3. La Palabra dice: "Producid, pues, frutos dignos de arrepentimiento" (Mt 3:8).

4. En las Escrituras, además, el arrepentimiento es presentado como un paso necesario para entrar en el reino de Dios. Lee: Lucas 5:32; Hechos 5:31; 11:18; 26:20; Romanos 2:4.

4. La idea que transmite el arrepentimiento es la necesidad de una conversión a Dios, la cual incluye un cambio en la manera de pensar, de sentir y de actuar.

5. En cuanto a la manera de pensar, el arrepentimiento implica una transformación en las apreciaciones que se han tenido acerca de Dios, del pecado y de sí mismo. En el caso de la parábola del hijo prodigo, él regresó a casa porque inicialmente hubo un cambio en la manera de pensar (Lc 15:17-19).

6. En cuanto al cambio en la manera de sentir, la Biblia enseña que cuando se produce un verdadero arrepentimiento, acontece en la persona una alteración emocional. Nadie puede arrepentirse y seguir indiferente como una piedra (Mt 26:75; 2 Co 7:9-10).

7. En cuanto al cambio en la forma de actuar, el arrepentimiento es el testimonio de una vida de pecado a una vida consagrada a

Dios, que da frutos dignos de esta transformación. Las Escrituras hacen gran énfasis en la verdad de que el auténtico arrepentimiento debe mostrase en hechos (Mt 3:7-8; 7:21-23; 21:28-32; Lc 6: 43-45; Ap 2:5).

8. Para que se produzca un arrepentimiento genuino, deben presentarse, de manera simultánea, los cambios en los tres aspectos señalados. Si hay un cambio en las acciones, pero no en el pensamiento ni en el sentir, tan solo se produce un acto religioso, no una conversión. Si hay un cambio en los sentimientos, pero no en la conducta, ni en la forma de pensar, solo hubo remordimiento. Si hay un cambio en el pensamiento, pero no en el actuar o en el sentir, solo se dio una inquietud intelectual.

9. El arrepentimiento es un don de gracia que Dios concede de acuerdo a Su autónoma voluntad (Hch 5:31; 11:18; Ro 2:4; 2 Ti 2:25). Pero, además, el arrepentimiento es una responsabilidad que Dios demanda a todo ser humano (Hch 17:30). De manera que si alguna persona no se arrepiente, resulta culpable de rebeldía ante Dios y es reo de condenación. Pero, por el contrario, si se arrepiente, debe alabar a Dios, quien es el único que puede conceder la gracia de experimentar arrepentimiento para vida eterna.

Justificación, regeneración y santificación

La justificación

La justificación es el acto por el cual Dios declara inocente a una persona, librándola de toda acusación que podría presentarse contra ella.

Siendo que los hombres han pecado, Dios no podría declarar a nadie justo sin romper Su ley (Ex 23:7). Y como Dios no puede hacer ningún compromiso con el pecado, preparó un fundamento eficaz sobre el que pudiera declarar justo al pecador, sin lesionar Su rectitud. Dios estableció este fundamento cuando entregó a Su Hijo para que soportara la condena que merecía el pecador (Ro 8:3). De manera que Dios sigue siendo perfectamente justo al recibir como justificados a los que se acercan a Él por medio de Jesucristo (2 Co 5:21).

La sangre de Cristo es el único medio de declarar justo a un pecador; pues, solo Cristo ofreció la propiciación adecuada para satisfacer a Dios, a la vez que fue el sustituto del creyente en el juicio. La seguridad de la justificación reside en el hecho de que el mismo Dios, quien nos había sentenciado como pecadores, ahora, en Su Hijo, nos declara totalmente justificados (Ro 5:1, 9).

La justificación se recibe por medio de la fe y únicamente pueden ser justificados los que creen (Ro 5:1). La fe consiste en creerle a Dios que Cristo hizo todo lo necesario para satisfacer las demandas de la justicia divina y presentarnos ante Él sin mancha, ni pecado (Ro 8:1). Los que han sido justificados, no solo han sido justificados de sus pecados pasados, sino también de los presentes y aun futuros. Son personas que han sido declaradas justas. La justificación es un privilegio que Dios otorga en el presente (Jn 5:24; 1 Jn 5:13-18).

Las afirmaciones de Pablo de que el hombre es justificado por fe sin las obras de la ley (Ro 3:28), no contradicen las de Santiago cuando dice que el hombre es justificado por la obras, y no solamente por la fe (Stg 2:24). Pablo habla del término justificado en el contexto legal. Una autoridad legal concede el título de "justo" al reo. Santiago habla de justificación en el contexto cotidiano del resultado de ser justo, es decir, un justo siempre demostrará con sus obras lo que le ha sido conferido por la fe, la justificación. Lo primero se obtiene por la fe en la obra de Cristo; lo segundo son obras que demuestran lo que se recibió por fe. El creyente lo demostrará con su conducta, lo cual es consecuente con su fe. No es simplemente afirmar que somos justificados. Si realmente lo somos, nuestros actos demostrarán, a los ojos de los hombres, que realmente pertenecemos al reino de Dios.

La regeneración

La regeneración o nuevo nacimiento es el acto creador de Dios, por medio del cual otorga al hombre una nueva naturaleza espiritual (Jn 3:3-8). La regeneración es necesaria a causa de la corrupción del hombre, quien muerto espiritualmente (Ef 2:5), no puede percibir las cosas de Dios (1 Co 2:14) y por tanto, no puede entrar en el reino de Dios (Jn 3:3-5).

Cuando Dios le otorga a una persona la gracia del nuevo nacimiento, esta recibe una nueva naturaleza que la lleva a la búsqueda de lo santo (2 P 1:4), es adoptada como hija de Dios (1 Jn 3:8-10), ingresa a Su familia como hija adoptada (Ef 1:5; Col 1:13) y disfruta de la vida eterna (Jn 6:63).

La naturaleza espiritual que se recibe en la regeneración no destruye ni anula la naturaleza adámica que tiene todo hombre. De manera que en el cristianismo coexisten ambas naturalezas: la carnal, heredada de Adán y la espiritual, heredada de Cristo. El antagonismo existente entre estas naturalezas contrarias, generan en el creyente un conflicto permanente (Gl 5:17). El deber del cristiano es fortalecer su nueva naturaleza para vencer a la vieja naturaleza carnal. Para ello, debe someterse a la cruz de Cristo y moverse en el Espíritu de Dios (Gl 5:16; 24-25).

La santificación

El significado básico de santificación es la acción por medio de la cual algo es separado o consagrado a Dios. En este sentido, pueden ser santificados no solamente los hombres, sino también los utensilios, los lugares, los días, etc. En el Antiguo Testamento, la santificación abarcaba los objetos y las personas, mientras que en el Nuevo Testamento está enfocada en la vida del individuo.

Los creyentes, al ser santificados, son separados para Dios; implicándose con ello las transformaciones espirituales que corresponden a su nueva relación con Él. En la santificación pueden diferenciarse tres aspectos: la santificación posicional, la progresiva y la final.

1. La santificación posicional. Es aquella santidad que el creyente hereda en virtud de su nueva posición en Cristo. Toda persona que se ha apropiado de los beneficios del sacrificio de Cristo es santa a los ojos de Dios. Esta santificación se da con base a su nueva posición de hijo de Dios y no tiene relación con sus acciones morales (Heb 13:12). La santificación posicional también es llamada instantánea, porque no depende de las obras del creyente, sino del sacrificio de Cristo y opera de manera inmediata, en el momento de creer (Hch 26:18). La santificación posicional no es susceptible al mejoramiento, pues ninguna obra humana puede ser mejor que la obra santificadora de Cristo (1 Co 1:2; Ef 1:4).

2. La santificación progresiva. Si la santificación posicional es un estado que se alcanza por un decreto de Dios, la progresiva viene a ser la aplicación diaria y práctica de la verdad de ser apartados para Dios. La vida cristiana comienza por la santificación de posición conferida por medio de la acción divina. Seguidamente, debemos buscar una santificación práctica, que sea consecuente con esta posición. La primera es para nosotros únicamente una cuestión de fe, mientras que la segunda está relacionada con nuestro comportamiento (2 Co 7:1; 1 Ts 5:23).

3. La santificación final. Es aquella que operará después de la resurrección de cada creyente en Cristo. Es pues, aquel aspecto relacionado con nuestra perfección final, y que poseeremos en la gloria. Por Su gracia y Su poder transformador, Dios nos habrá transformado de tal modo que seremos como Él es, seremos conformados a Su imagen. Entonces, nos hará entrar "perfectos" en la presencia de Su gloria. Su esposa estará libre de toda "mancha y arruga" (1 Ts 5:22-23; Ef 4:13).

Lección 9

Eclesiología

Disciplina teológica que estudia la Iglesia

Texto para memorizar: 1 Corintios 12:27.

Introducción: Eclesiología es el estudio de la doctrina de la Iglesia en sí misma. Comprenderemos lo que es la Iglesia y la importancia de ser miembros fieles de ella.

I.   ¿Qué es la Iglesia?

La palabra Iglesia es traducida de la palabra griega *ekklēsía*. El Nuevo Testamento fue escrito originalmente en griego, y para los griegos significaba una asamblea legislativa local o reunión de ciudadanos congregados, en razón de una convocatoria pública (voceada por un mensajero oficial o heraldo), para tratar asuntos, usualmente de orden político o de la ciudad, cuando fuere necesario (Hch 19:32).

Iglesia es la palabra perfecta para describir una congregación de creyentes bautizados. La Iglesia es una asamblea de personas apartadas del pecado y rebelión contra Dios, llamados a unirse en un cuerpo, con Cristo como la cabeza, por medio del bautismo (Hch 2:41; 1 Co 12:27). La Iglesia no es el edificio, sino la congregación de miembros. La palabra Iglesia es usada en el Nuevo Testamento de tres diferentes maneras:

1.   El uso abstracto: es hablar de ella como del hogar o la escuela, sin fijarnos en ninguna persona en particular (Mt 16:18).

2.   El uso particular: se refiere a un grupo de creyentes bautizados y unidos bajo un pacto que se congregan en cierto lugar. Por ejemplo: la Iglesia en América o la Iglesia en Corinto. Es el uso más común en la Biblia (Hch 11:22; 1 Co 1:2). Se usa en el plural también en Gálatas 1:2; 1 Tesalonicenses 2:14. La única Iglesia verdadera que existe es la Iglesia espiritual de Cristo.

3.   El uso místico universal: En otros pasajes de la Biblia, particularmente en las epístolas paulinas, se utiliza Iglesia para designar

aquello que los cristianos han definido a lo largo de su historia como cuerpo místico de Cristo o toda la comunidad universal de los creyentes. Así ocurre, por ejemplo, en la epístola a los Efesios, donde Pablo de Tarso explica el eterno propósito redentor de Dios realizado en una iglesia en la que participan tanto judíos como no judíos, personas de todas las naciones, tanto esclavos como hombres libres. Un verso de la epístola a los colosenses deja muy clara esta idea de iglesia (Col 3:11).

II. El origen de la Iglesia.

Hay dos corrientes al respecto: 1) Que fue fundada por Cristo mismo, en su ministerio en la tierra. 2) Que fue emprendida en el día de Pentecostés. Nosotros creemos que Jesucristo mismo instituyó la Iglesia. Aquí, algunas razones que lo respaldan.

1. "Y a unos puso Dios en la iglesia, primeramente apóstoles [...]" (1 Co 12:28). Los apóstoles fueron los precursores en tiempo y autoridad en la Iglesia. Además, fueron los primeros miembros. En Lucas 6:12-16 leemos cuando Jesús escogió a los doce discípulos.

1. Jesús dio instrucciones en disciplina a sus discípulos que demuestran que la Iglesia ya existía (Mt 18:15-17). "Si no los oye a ellos, dilo a la iglesia; y si no oye a la iglesia, tenlo por gentil y publicano" (v. 17).

2. La Iglesia tuvo reuniones para hacer planes o proyectos antes de Pentecostés (Hch 1:15-26).

3. Las ordenanzas de la Iglesia (bautismo y Santa Cena) fueron practicadas antes de Pentecostés.

4. La Gran Comisión fue antes de Pentecostés (Mt 28:18-20). Esta es la obra de la Iglesia. Si no fue encomendada a la Iglesia; entonces, ¿a quién?

5. En Mateo 16:16-18 se relata que Cristo es la roca sobre la cual la Iglesia está edificada. El hecho de que se usa el verbo "edificar" en tiempo futuro, no significa que la Iglesia no existía en ese

momento. En Pentecostés, la Iglesia ya existente en Jerusalén recibió el poder para llevar a cabo su misión. La Iglesia fue organizada bajo el ministerio de Jesús.

6. Conclusión: según 1 Corintios 12:27, cada iglesia local representa el cuerpo de Cristo, donde él es la cabeza.

Parte II
Privilegios y responsabilidades de la Iglesia

Texto para memorizar: Hechos 2:41.

Introducción: Ya aprendimos lo que es la Iglesia. Ahora vamos a estudiar las responsabilidades y los privilegios de los miembros.

I. Privilegios y responsabilidades del miembro de una iglesia local.

1. Tiene el privilegio de tener un guía espiritual en el pastor; y la responsabilidad de seguirlo e imitarlo (Heb 13:7, 17).

2. Tiene el privilegio de la comunión con otros hermanos en la fe que son miembros de la congregación; y la responsabilidad de asistir fielmente a las reuniones (Heb 10:23-25). Los que rehúsan asistir a las reuniones realmente nunca se desarrollan como parte de la asamblea (1 Jn 2:19).

3. Tiene el privilegio de participar en toda reunión en el templo y en las casas; y la responsabilidad de examinarse a sí mismo, y juzgar el pecado en su propia vida (1 Co 11:27-30).

4. Tiene el privilegio de sostener la iglesia materialmente; y la responsabilidad de dar, por lo menos, el diezmo para este propósito (Mal 3:10).

5. Tiene el privilegio de recibir las enseñanzas y el alimento espiritual en los cultos; y la responsabilidad de estudiar la Biblia diariamente y dar buen testimonio ante los demás (2 Ti 2:15).

6. También tiene el privilegio y la responsabilidad de ser defensor de la fe, rechazando las doctrinas falsas al esgrimir las doctrinas bíblicas enseñadas en la iglesia (Jud 3).

7. Tiene el privilegio de trabajar en la obra más importante de todo cristiano: llevar el evangelio a toda criatura (Mt 28:19-20). Tiene la responsabilidad de testificar personalmente a otras personas para ganarlas para Cristo, mandamiento que fue dado a la Iglesia.

8. Tiene el privilegio de buscar la guía del Espíritu Santo; y la responsabilidad de orar y buscar la voluntad de Dios en toda decisión que tome (Hch 1:21-26).

9. Como escudero de oración y finanzas, tiene el privilegio y la responsabilidad de orar por el pastor y los misioneros, sosteniéndolos con sus ofrendas.

Parte III
La misión de la Iglesia

Texto para memorizar: Efesios 3:21.

Introducción: Creemos que la misión exacta de la Iglesia está en el cumplimiento de la Gran Comisión (Mt 28: 19-28).

I. La Gran Comisión.

1. "Id".

¿A dónde? "A todas las naciones" (Hch 1:8). A Jerusalén, que representa nuestra casa, la ciudad donde vivimos; a Judea, nuestro país; a Samaria, otros Estados o países cercanos; "y hasta lo último de la tierra", a todas partes del mundo. El mundo se compone de un poco menos de 200 naciones o Estados, donde se habla más de 6.700 lenguas distintas. La comisión es la de ir a todos ellos. El plan de Dios es el de hacerlo por medio de las iglesias (Ro 10:14-15). La iglesia local debe dedicarse a Jerusalén y Judea, pero al mismo tiempo debe enviar a otros a predicar el evangelio a las naciones. Lo puede hacer con la promisión de nuestras ofrendas y con nuestras oraciones.

2. "Haced discípulos".

Un discípulo es una persona que acepta la disciplina y enseñanza de otra persona. El propósito de ir y predicar el evangelio a toda criatura es

256

la de hacer discípulos para Cristo. Antes de poder ser discípulos tienen que escuchar de su obra redentora en la cruz y de su resurrección (Ro 10:13-14). Si se humillan y aceptan a Cristo como Salvador, se convierten en discípulos de Cristo.

3.   "Bautizándolos".

Los que ponen su fe en Cristo deben ser bautizados. Es la misión de la Iglesia el bautizarlos. Cuando se bautizan obedecen a un mandato supremo y se unen a la Iglesia de Cristo, formando parte de ella, con todos los derechos y las debidas responsabilidades (Hch 2:41).

4.   "Enseñándolos".

La Iglesia es una escuela donde uno puede aprender a obedecer y a servir al Señor. Por medio de las prédicas, las lecciones, las exhortaciones y viendo el ejemplo de otros, el cristiano aprende las doctrinas, a testificar, a orar, a estudiar la Palabra, a diezmar y a hacer discípulos.

5.   "Que guarden todas las cosas que os he mandado".

Es primordial que el creyente sea un buen ejemplo ante la sociedad (2 Co 3:2-4). Nuestro testimonio personal es nuestra carta de presentación ante los demás. Este debe ser nuestro deseo como Iglesia, y que a Dios "sea gloria en la iglesia en Cristo Jesús por todas las edades, por los siglos de los siglos. Amén" (Ef 3:21).

Los ministerios de la Iglesia

Los ministros son hombres que Dios ha capacitado para realizar una tarea específica de edificación dentro de Su Iglesia. Dios ha establecido cinco ministerios, que son: apóstoles, profetas, evangelistas, pastores y maestros (Ef 4:11). El propósito de los ministerios es edificar el cuerpo de Cristo y de manera especial, capacitar a otros para que a su vez, ejerzan el ministerio (Ef 4:2). Los cinco ministerios estarán vigentes hasta que la Iglesia alcance la plenitud de Cristo, es decir, hasta el día de su glorificación (Ef 4:13).

1.   Apóstol.

El apóstol es básicamente un hombre que ha sido enviado a predicar el evangelio y que, como fruto de su labor, funda nuevas congregaciones y recibe bajo su cuidado a otras ya establecidas, forjando a su vez a los pastores que cuidarán de ellas. En el tiempo, el apóstol va edificando una serie de congregaciones locales, cuyos pastores reconocen su condición espiritual; estándoles sujetos en amor fraterno.

En la medida en la que las congregaciones tengan "mentoría", se desarrollan por sus propios ministerios, de tal forma que el apóstol puede atender periódicamente una nueva obra y cuidar de las ya establecidas. Esto, con el propósito de hacer crecer y fortalecer el área que el Señor le ha encomendado (Hch 15:36).

El verdadero ministerio de apóstol se reconoce en que es un llamado de Dios y es aceptado y declarado como tal por los pastores (Hch 13:2); además es reconocido por otros apóstoles (Gl 2:9). Otras evidencias del verdadero apóstol es que su obra posee una indudable bonanza que no puede ser negada (1 Co 9:2); se identifica completamente con cada una de las congregaciones locales (2 Co 11:28-29) y posee, así mismo, una autoridad especial para resolver controversias con respecto a doctrinas o conducta de los fieles (Hch 1:2; 2 P 3:2). En el ministerio de apóstol se suman las características de los demás ministerios (1 Ti 2:7; 2 Ti 1:11).

2.   Pastor.

Es un ministerio de múltiples aspectos, pues el pastor enseña, orienta, aconseja y preserva la salud de las almas. El ministerio de pastor no es ambulante. No obstante, no significa que en determinados momentos, y por designios divinos, el pastor no pueda acceder a alguna movilidad en su campo de trabajo.

El pastor es el responsable ante Dios por la salud espiritual de la congregación que le ha sido encomendada (Hch 13:17; Ap 2:1, 8, 12, 18). La evidencia del verdadero ministerio de pastor es la innegable prosperidad y salud espiritual de la congregación que Dios la ha encomendado a su cuidado. El pastor es reconocido como tal en toda el área de apóstol que le oficializó.

3.   Maestro.

Como su nombre lo indica, es el ministerio que capacita no solamente para comprender las verdades escriturales, sino también para darlas a conocer. El ministerio de maestro es ambulante, aunque algunas veces se combina con el del pastor y apóstol; generalmente, tendrá como base una congregación local. El maestro debe estar sujeto al pastor como también al apóstol (Hch 13:1; Ef 4:11); aunque puede ser también apóstol, como lo fueron Pablo y otros más.

La evidencia del verdadero ministerio de maestro es la de dar a comprender con gran facilidad las verdades más complejas de la Escritura, produciendo gran provecho y edificación a quienes le escuchan (Hch 5:12; Ec 12:11).

4.   Profeta.

Este ministro posee dones de revelación a través de los cuales Dios le muestra tanto hechos circunstanciales, como aspectos doctrinales (Ef 3:5). El ministerio de profeta es diferente al don de profecía. El profeta es un ministerio que también enseña a las congregaciones, en tanto que el don de profecía no está ligado a la enseñanza y es específicamente activado para circunstancias únicas y particulares. El ministerio de profeta actúa en las congregaciones que pertenecen al área de su apóstol (Hch 11:27-28). La persona que lo posee debe de ser miembro de una iglesia local y estar sujeto tanto a su pastor como a su apóstol.

Hay evidencias del verdadero ministerio de profeta, como la de ser bíblico tanto en sus relaciones, como en sus enseñanzas doctrinales, y cuando anuncia hechos futuros estos se cumplen detalladamente y sin falta.

5.   Evangelista.

Es quien anuncia las buenas nuevas de salvación. Su mensaje, por ser para los incrédulos, carece de complicaciones y se limita a la presentación de la salvación en Cristo (Hch 8:4-5). Sus predicaciones son respaldadas sobrenaturalmente con señales (Hch 8:6-7) que llevan como fin mover la conciencia de los incrédulos. Puesto que su trabajo se despliega a los no creyentes, la cantidad de las señales es mucho mayor que en cualquier otro ministerio, excepto el del apóstol.

Por su misma naturaleza, el ministerio de evangelista es también ambulante; pero, a su vez, debe estar sujeto a su pastor y poseer una congregación local en donde nutrirse durante los períodos que no está ministrando. Las evidencias del verdadero evangelista se manifiestan en el respaldo que Dios le da, concediéndole conversiones masivas y un respaldo sobrenatural especial.

Enseñanzas para la Iglesia

I. El bautismo en agua

Todo aquel que se ha arrepentido sinceramente y considera a Cristo como su Señor y Salvador, debe someterse a la ordenanza del bautismo por inmersión en agua, de acuerdo a lo que enseñan las Sagradas Escrituras. Al cumplir esta ordenanza, el creyente lava su cuerpo en agua pura como símbolo exterior de limpieza, mientras que su corazón ha sido lavado con la sangre de Cristo, como limpieza interior.

Mediante el bautismo, el creyente declara ante el mundo que ha muerto con Jesús y que ha resucitado también con él, para vivir una nueva vida (Mt 28:19; Hch 10:47-48; 20:31; Ro 6:4; Heb 10:22).

El Señor mismo dio a sus apóstoles la fórmula en Mateo 28:19, donde dice lo siguiente: "Por tanto, id, y haced discípulos a todas las naciones, bautizándolos en el nombre del Padre, y del Hijo, y del Espíritu Santo".

1. Significado del bautismo en agua.

   1.1. Es el símbolo o distintivo del discipulado, es la confesión pública de Cristo como Salvador y Señor.

   1.2. Es el signo y sello de la participación por fe en la muerte y resurrección de Cristo (Ro 6:4-5).

   1.3. Es un símbolo de la unión con Cristo e iniciación de la vida cristiana (Mc 16:15-16).

2. La forma bautismal.

2.1.   La ordenanza necesita de agua para ser sumergido (Hch 8:36; Jn 3:23).

2.2.   El bautismo requiere que tanto el que bautiza, como el bautizado, desciendan al agua (Hch 8:38).

2.3.   Al ser sumergido completamente en el bautismo, es como ser sepultado en el agua (Ro 6:4; Col 2:12).

3.   Los candidatos.

3.1.   El orden divino es muy simple: el candidato debe arrepentirse de sus pecados y creer en Jesús como Salvador (Mc 1:15; Hch 2:38).

3.2.   Solamente los creyentes deben ser bautizados (Mt 28:19; Mc 16:16).

3.3.   Esta verdad elimina el bautismo de los niños recién nacidos, aún muy pequeños para entender el arrepentimiento, ya que la salvación es personal y voluntaria (Hch 8:36-38; 19:1-7).

II.   La Santa Cena

1.   Significado de la Santa Cena.

1.1.   Es un recordatorio de Cristo y su ministerio (Mt 26:26-29; 1 Co 11:23-25).

1.2.   Es una proclamación al mundo de la muerte de Cristo, su gran significación y su segunda venida (1 Co 11:26).

1.3.   La Santa Cena refleja la unidad y comunión que existe entre los miembros del cuerpo de Cristo (1 Co 10:16-17).

2.   Requisitos de la Santa Cena.

2.1.   Para poder participar de la Santa Cena, la Biblia expresa que el cristiano debe hacer un examen sincero de su vida y arrepentirse de sus faltas (1 Co 11:28-32). Se debe orar siempre el Padre Nuestro, con énfasis en "perdón nuestras deudas como también perdonamos a nuestros deudores…".

2.2.   Dios desea que el cristiano tenga una vida reconciliada con Él y con su prójimo al momento de participar de ella.

2.3.   Creer en el poder sanador, liberador, restaurador y sobrenatural que ella representa.

2.4.   Es un punto de contacto sine qua non para liberar la fe que vence al mundo (1 Jn 5:4).

2.5.   Es una ceremonia en la que el cristiano debe participar periódicamente.

3.   El efecto de la Santa Cena en el cuerpo de Cristo.

2.1.   Al tomar la Santa Cena con fe genuina en Cristo y hacerlo correctamente (discerniendo "El Cuerpo de Señor y Su Sangre"), se desata salud, nuevas fuerzas y vida.

2.2.   Al bendecir los elementos (pan y vino) participamos directamente del Cuerpo y la Sangre del Cordero (1 Co 11:24-25).

III. Lavatorio de pies

1.   El lavatorio de pies fue instituido por Jesús la misma noche que instituyó la Santa Cena (Jn 13:4-7). Por ello, es una enseñanza para la Iglesia al igual que el bautismo en agua y la Santa Cena.

2.   Es totalmente diferente a la costumbre oriental (acto de cortesía y hospitalidad) en que un siervo lavaba los pies de las visitas a la puerta de la casa (Gn 24:32; 43:24; 1 S 25:41).

3.   Comúnmente, era oficio de los siervos y no lo hacían los anfitriones a sus invitados (Lc 7:44).

4.   Cuando Jesús lavó los pies de sus discípulos, no lo hizo a la entrada de la casa, como se acostumbraba hacer, sino que estaban en la segunda planta. Es lógico entender que los discípulos y Jesús no practicaron el lavatorio como parte de la costumbre. La orden de Jesús fue que sus discípulos se lavaran los pies los unos a los otros. "Pues si yo, el Señor y el Maestro, he lavado vuestros pies, vosotros también debéis lavaros los pies los unos a los otros". Juan 13:14.

5.   El practicar el lavatorio de pies debe nacer de una plena convicción de su significado: llegar a ser siervo del otro (servicio).

6.   Los apóstoles enseñaron esta ordenanza como algo para la Iglesia (1 Ti 5:9-10).

7. Jesucristo les dijo a los discípulos que fueran por todo el mundo "enseñándoles todas las cosas que os he mandado" (Mt 28:19-20) y por supuesto, esto incluye el lavatorio de pies; siempre y cuando sea un verdadero acto de servicio para imitar lo que Jesús hizo.

IV. El diezmo

1. El diezmo consiste en devolverle a Dios el diez por ciento de los ingresos que Él nos concede (Gn 28:22).

2. El diezmo es una práctica que se originó aun antes de la ley, como una expresión de gratitud por las bendiciones recibidas de Dios (Gn 14:18-20), y como reconocimiento a la mediación sacerdotal (Nm 18:20).

3. El diezmo se practicó mucho antes que la Ley de Moisés fuera promulgada. Tenemos el caso de Abraham, quien vivió siglos antes de la Ley de Moisés y fue justificado por la fe; al igual que los cristianos, practicó el diezmo (Gn 14:20; 28:22).

4. El diezmo fue practicado bajo la Ley de Moisés y cuando esta ley fue mejorada, continuó vigente en Cristo, de la misma manera que lo había estado antes y durante Moisés.

5. Jesús ratificó el diezmo (Mt 23:23).

6. En el Nuevo Testamento el diezmo es revalidado como una práctica para la Iglesia cristiana (Heb 7:1-12).

7. Los ejemplos bajo los cuales el diezmo fue instituido siguen estando vigentes bajo la dispensación de la gracia, es decir, la gratitud a Dios y el reconocimiento de la mediación sacerdotal. Esta última es ejercida en el presente no por un hombre mortal, sino por uno que vive para siempre (Heb 7:8), Jesús, nuestro Sumo Sacerdote.

V. Las ofrendas

1. La ofrenda demuestra la gratitud que hay en el corazón de hijo de Dios, la cual es entregada sin ninguna carga, malestar o esperanza de que se devuelva.

2. Forma de darla: se entrega sin ninguna regulación, pues la única pauta es el amor. La cantidad puede ser cualquiera, pero no es una limosna, más bien es una acción abundante de gratitud (Mc 12:41-44; 2 Co 9:6-7). Esta no debe darse como indulgencia o para disimular culpas (Mt 5:23).

3. Los efectos de darla: cuando ofrendamos, estamos honrando al Señor y Él dice que honra a los que le honran (Pr 3:9; 1 S 2:30). En fin, habrá bendición constante de parte de Dios sobre la casa del ofrendante.

VI. Las promesas de fe

1. Luego de dar los primeros pasos de fe habrá paz y prosperidad para todo lo necesario; sin embargo, podemos hacer un "voto al Señor", lo que significa hacer prometer solemnemente a Dios.

2. Es un compromiso ofrecido a Dios, es una decisión hecha en fe.

3. "Cuando a Dios haces promesa, no tardes en cumplirla; porque él no se complace en los insensatos. Cumple lo que prometes". Eclesiastés 5:4.

4. Esto no significa sacarle partido o abusar de la misericordia del Señor, sino que, con base a la fe de cada quien, se establecen metas y como gratitud de lo ya alcanzado a través de Su ayuda, se promete darle algo especial a Dios. El factor más indispensable aquí es la fe.

VII. Las fiestas solemnes y los días sagrados

La Iglesia debe considerar las ocasiones sagradas para reunirse ante el Señor, fundamentándose en Levítico 23, el cual trata de las ocasiones de reunión y celebración colectiva establecidas por Dios.

El capítulo 23 de Levítico enseña que la santidad involucra sumisión al señorío de Dios en el uso del tiempo y las expresiones regulares de aprecio. La santidad expresa, además, aprecio por todo lo que Dios es y ha hecho por nosotros. El principio fundamental para disciplinar a Su pueblo en esta área, fue el respeto por el día de reposo para adoración colectiva. Dios hizo que las personas funcionen mejor cuando toman un día a la semana para descansar y adorar juntos, de igual forma como Él reposó en el séptimo día de la Creación.

Dios estableció estas ocasiones porque deseaba encontrarse regularmente con Su pueblo y las fiestas eran momentos para que unidos recordasen y expresasen aprecio por lo que Él había hecho. Ellos combinaban la conmemoración por haberles salvado en el pasado, con la culminación de las cosechas. Así se identificaban de nuevo con las intervenciones de Dios en su historia y experimentaban corporativamente su presencia entre ellos. Estas fiestas mostraban el lado alegre y comunitario de la santidad, que también involucraban proveer para los pobres y necesitados. ¿Cuáles eran las siete reuniones santas mencionadas en Levítico 23 y qué significaban?

El día de reposo. Era la primera reunión santa, como expresión pública de la confianza de Israel en Dios, como Señor del pacto y fiel proveedor (Ex 31:12-17). Luego estaban las fiestas de la primavera, las cuales eran la Pascua, los Panes sin Levadura, las Primicias de la cosecha del grano y la fiesta de las Semanas (Lv 23:4-22). Las primeras dos fiestas celebraban la liberación de Egipto por parte de Dios y daban inicio al año religioso.

La ofrenda de las primicias mostraba gratitud por la provisión de Dios por la cosecha. Cristo fue crucificado en la Pascua. Pero, vemos que las prácticas cristianas y judías no coinciden hoy, porque los judíos usan el calendario lunar, mientras que los cristianos usan el calendario solar. De todas formas, cincuenta días después de la Pascua o siete semanas más un día después de la Pascua, Israel ofrecía las primicias de la cosecha del trigo. Este festival era llamado la fiesta de las Semanas (Lv 23:15-21). Las primicias mostraban gratitud a Dios por una buena cosecha. En esta ocasión, una hogaza de pan con levadura era presentada al sacerdote en el santuario (Lv 23:17, 20). En el judaísmo posterior, el festival llegó a estar asociado con la entrega de la Ley en Sinaí y se le llamó Pentecostés.

Es oportuno señalar que el Señor derramó Su Espíritu en la Iglesia en Pentecostés para anunciar la cosecha espiritual del mundo. En agradecimiento adicional por las provisiones del Señor, el pueblo de Dios tenía compasión por los pobres y dejaba algo de la cosecha a orillas de sus campos para que fuese recogida por ellos (v. 22).

Las fiestas del otoño están enumeradas a continuación (vv. 23-38): la Fiesta de las Trompetas, el Día de la Expiación, la Fiesta de los Tabernáculos. El año religioso concluye el mes séptimo desde la Pascua. La Fiesta de las Trompetas era la celebración del año nuevo en la forma de un día especial de día de reposo. Señalaba el nuevo año agrícola en el día de la luna nueva, empezando el mes séptimo. Después de esto, se plantaban los granos de invierno y comenzaban las lluvias. En el día décimo del mes, el Señor estableció el día más solemne del año y el único ayuno requerido, el Día de la Expiación (Lv 16). El sumo sacerdote ofrecía sacrificios para dar al pueblo un comienzo nuevo, expiando por todos sus pecados. En Cristo esto ha sido provisto una vez y para siempre (Heb 9:26-28).

Levítico 23 concluye con la semana más extensamente sacrificada y alegremente celebrada, la Fiesta de los Tabernáculos o Enramadas, comenzando en el día decimoquinto del mes séptimo. Este festival fue nombrado por los refugios temporales que Israel construyó y en los que se albergó durante la semana del festival. Era un recordatorio del cuidado del Señor de Israel durante su viaje a través del desierto, luego de la liberación de Egipto. También se le llamaba la Fiesta de la Cosecha, porque ahora las cosechas habían sido segadas. Era un tiempo de regocijo por las provisiones del Señor durante el año anterior. También esperaba las mismas bendiciones en el año que tenían por delante y por el cumplimiento futuro de todas las promesas de Dios. Después del período del Antiguo Testamento, esta fiesta incluía las ceremonias de verter agua, lo que fue el escenario para las palabras de Jesús en Juan 7:37-38. Dios es nuestro único Salvador y proveedor. Celebremos las verdades expresadas en los días solemnes para honrarle aún más.

CALENDARIO SAGRADO: FIESTAS Y DÍAS SANTOS

REFERENCIA	DÍA SANTO	FRECUENCIA	FECHA	DESCRIPCIÓN

Éxodo 16:23-30; 20:8-11; 31:13. Deuteronomio 5:12-15.	**El día de reposo**	Semanal	Séptimo día de la semana	Día sin trabajar. Conmemoraba la obra de Dios en la Creación y la Redención.
Éxodo 34:22. Números 10:10; 28:11-15.	**Fiesta de la Luna nueva**	Mensual	Luna nueva	Celebraba el comienzo del mes.
Éxodo 12:1-13. Levítico 23:4-5.	**La Pascua**	Anual (primavera)	El primer mes del año religioso Nisan o Abib marzo/abril*	Conmemoraba el éxodo. Cena. Comida: cordero, pan sin levadura y hierbas amargas. El día en que Jesús fue crucificado.
Éxodo 12:17. Levítico 23:6-8	**Fiesta de los Panes sin Levadura**	Anual (primavera)	La semana después de la Pascua.	Semana en que no se permitía la levadura. Conmemoraba la liberación de Egipto.
Levítico 23:15-22. Números 28:26. Deuteronomio 16:9.	**Fiesta de las Semanas (Pentecostés–N.T.)**	Anual (primavera)	50 días después de la Pascua. mayo/junio.	Día de adoración. Gratitud por la cosecha del trigo.
Números 29:14-7.	**Fiesta de las Trompetas**	Anual (otoño)	Primer día del séptimo mes. sept/oct.	Similar al año nuevo. Señalaba el comienzo del séptimo mes. Culminaba el año sagrado. Comenzaba el año nuevo agrícola o civil.
Levítico	**Día de la**	Anual	El décimo	Día de ayuno. Congoja por los pecados. El

---

* El calendario judío es lunar y no concuerda exactamente con nuestros meses.

16:1-34; 23:26-32. Números 29:7-11.	**Expiación (no es una fiesta)**	(otoño)	día del séptimo mes.	sumo sacerdote sacrifica para proveer un buen comienzo para la nación.
Éxodo 23:16; 34:22. Levítico 23:40-41.	**Fiesta de los Tabernácu- los. (reunión puertas adentro)**	Anual (otoño)	15 hasta 21 del séptimo mes.	Semana para vivir en enramadas. Conmemoraba la provisión de Dios en el viaje a la tierra santa y después, Acción de Gracias en EE.UU.
Éxodo 21:1-6; 23:10-11. Levítico 25:1-7. Deuteronomio 15:1-18; 31:10-31.	**Año sabático**	Periódico	Cada séptimo año.	Año de descanso. No se podía sembrar o cosechar, excepto para uso personal. La tierra se dejaba sin cultivar. Los productos pertenecían a los pobres. Las deudas eran anuladas. Los esclavos hebreos eran liberados.
Levítico 25:8-55.	**Jubileo**	Periódico	Cada 50 años.	Igual que el año sabático. La tierra restaurada a las familias a quienes se había comprado o tomado[35]

---

[35] R. Cotton, *El Pentateuco* (Libro de texto de estudio independiente). L. Gustafsson, Trans., R. Arancibia, Ed. Springfield, MO: Global University, 2009, p. 175.

Resumen Ilustrado de Fiestas Bíblicas según Levítico 23

Pesaj (Pascua):	muerte del cordero = libertad
Hag Hamatza (panes sin levadura):	salida de Egipto
Bikkurim: (primicias):	lo primero de la cosecha: cruce del mar rojo
Shavuot: (pentecostés):	Entrega de la Torah, Pacto.
Yom Teruah: (trompetas):	Convocatoria a todo Israel Llamado a meditar en nuestros actos, llamado a arrepentirse
Yom kipur: (dia de la expiación)	Confesión y perdon de transgresiones a la ley
Sukkot (tabernáculos):	Cosecha final, habitaron en tiendas: vivienda temporal en el desierto

Lección 10

Doctrina del estado de los muertos

Al estado de los muertos se le llama también estado intermedio, porque la muerte es el período que media entre la vida física y la vida de resurrección (Jn 11:25-26; Ro 6:8; Flp 1:23). La muerte física se produce en el momento en que el alma se separa del cuerpo. El cuerpo va al polvo, de donde fue tomado, y el alma pasa al estado intermedio (Gn 35:18; Ec 12:7). Para comprender lo que sucede en el estado intermedio, es importante conocer lo que ocurría antes de la muerte de Cristo y las sustanciales diferencias que se produjeron después de su resurrección.

1.   Antes de la muerte de Cristo.

El estado de los muertos fue descrito por el Señor Jesús en el relato del rico y Lázaro (Lc 16:19-31). Acá se establece que después de la muerte, las almas de los muertos eran conducidas a un lugar llamado Hades (v. 23). Este lugar, situado en el centro del planeta Tierra, estaba dividido en dos zonas separadas por un abismo (v. 26). Una parte del Hades se llamaba "seno de Abraham" (v. 22) o "Paraíso"; este era un lugar de consuelo donde reposaban las almas de los justos (v. 25). La otra parte era llamada solamente Hades y era un lugar de tormento donde eran arrojadas las almas de los injustos (v. 23). Es importante también notar en este relato que las almas de los muertos continúan en completa conciencia. Pueden reconocerse entre ellas (v. 23), poseen sensibilidad (v. 24), pueden comunicarse (v. 24), recuerdan sus vidas en la tierra (v. 25), y a sus familiares que todavía están con vida (vv. 27-28).

2.   Durante la muerte de Cristo.

Cuando el Señor Jesús murió en la cruz, su cuerpo fue sepultado; pero, su alma descendió al Hades (Hch 2:31), al lugar del consuelo donde estaban las almas de los justos (1 P 3:18-19). El propósito de descender al Hades era el de llevar a las almas de los justos la buena nueva de que las promesas de redención habían sido cumplidas en él. Otros pasajes que demuestran el descenso de Cristo al seno de Abraham o Paraíso son Mateo 12:40, Lucas 23:43 y Efesios 4:9-10. Cuando el Señor Jesús resucitó de entre los muertos, se llevó consigo las almas de los justos que durante los siglos anteriores habían aguardado su llegada en el seno de Abraham (Mt 27:52-53; Ef 4:8-10).

3.   Después de la resurrección.

Al ascender a lo alto. Jesús trasladó el Paraíso hasta el tercer cielo (2 Co 12:2-4; Ef 4: 8-10). Los injustos fueron dejados en el Hades, que continúa estando en el centro de la tierra y es el lugar donde son depositadas las almas de los incrédulos en la actualidad. Cuando una persona muere en sus pecados, su alma es llevada al Hades, donde es atormentada hasta que llegue el día del juicio final (Ap 20:13). En cuanto a los justos, cuando mueren, son llevados de inmediato a la presencia del Señor, al Paraíso (2 Co 5:6-8; Flp 1:21-24).

4.   La razón por la que antes de la muerte de Cristo las almas de los justos no pasaban a la presencia del Señor de inmediato, como sucede en el presente, era que la sangre que quita el pecado del mundo no había sido derramada. Cuando Cristo murió, descendió a dar la buena nueva a los justos, los llevó con él al tercer cielo y allí está, recibiendo a todos los que duermen en él. Su sacrificio hizo toda la diferencia.

Lección 11

Escatología
Doctrina sobre el retorno de Cristo y eventos relacionados

Parte I
El arrebatamiento

Lectura: 1 Tesalonicenses 4: 13-18.

Texto para memorizar: 1 Tesalonicenses 4:16-17.

Introducción: "Que los muertos en Cristo resucitarán primero; que los santos vivos serán cambiados en un momento" es lo que dice nuestra confesión de fe. Habla de la venida del Señor Jesucristo para arrebatar a los salvos muertos y vivos, de este mundo. Es lo que comúnmente se llama como "el rapto", aunque la palabra bíblica es "arrebatados", que leemos en 1 Tesalonicenses 4:17.

I. La promesa del arrebatamiento.

   1.   Jesús dijo a sus discípulos que iba a la casa de su Padre, al cielo, a preparar lugar para ellos (Jn 14:2).

   2.   Prometió regresar otra vez para sacarlos de este mundo y llevarlos con él (Jn 14:3).

   3.   Si no crees que Cristo cumplirá su promesa, lee 2 Corintios 1:20.

II. El propósito del arrebatamiento.

   1.   La salvación completa para los que están en Cristo.

      1.1.   Cuando aceptamos a Cristo como Señor y Salvador, somos salvos de la pena del pecado. Cristo sufrió la pena, o sea el castigo, por nuestros pecados pasados, presentes y futuros. Los salvos no seremos juzgados en el juicio del Gran Trono Blanco por nuestros pe-

cados, puesto que ya tenemos vida eterna y no perece-
remos jamás (Jn 5:24 y Ro 8:1).

1.2. Ahora, en el presente, Cristo nos está salvando en
nuestra vida diaria del poder o dominio del pecado.
No somos perfectos. Si no fuera por el Espíritu Santo
que mora en nosotros y por la obra de Cristo, como
nuestro mediador, seríamos como los del mundo en
nuestro vivir. "¿O pensáis que la Escritura dice en
vano: El Espíritu que él ha hecho morar en nosotros
nos anhela celosamente?" (Stg 4:5).

1.3. En el futuro, en el arrebatamiento, seremos salvos de
la presencia del pecado. Cristo nos llevará fuera de este mundo, fuera del alcance del pecado (Heb 9:28).
Será la salvación del cuerpo (Ro 8:23).

2. La glorificación del cuerpo del creyente (1 Co 15:51-54).

2.2. "Los muertos" (v. 52), son los muertos en Cristo, los
que aceptaron a Cristo y después murieron. Serán resucitados incorruptibles.

2.3. "Nosotros" (v. 52.) son las personas salvas, pero al
tiempo de la venida de Cristo están vivas. Serán transformadas en ese momento.

3. Todos los salvos (muertos y vivos) seremos arrebatados y
tendremos un cuerpo glorioso, semejante al cuerpo glorioso
de nuestro Señor (Flp 3:20-21).

III. El evento del arrebatamiento.

1. No sabemos cuándo viene Cristo por los suyos (Mc 13:31-
37). ¡Puede ser hoy mismo! Es el evento de profecía que está
próximo a cumplirse.

2. Será de repente (1 Co 15:52). ¿Estás preparado?

3. Los muertos en Cristo resucitarán primero (1 Ts 4:13-16).

4.   Los vivos (en Cristo) serán arrebatados juntamente con los muertos resucitados, para reunirse con el Señor (1 Ts 4:17). ¡Qué gloriosa esperanza!

5.   Mientras esperamos al Señor, la promesa de su venida es una esperanza consoladora en tiempos duros, de prueba, de muerte y desaliento (1 Ts 4:18). Es también una hermosa certidumbre que purifica, pues "todo aquel que tiene esta esperanza en él, se purifica a sí mismo, así como él es puro" (1 Jn 3:1-3).

IV.   Conclusión: Cristo prometió venir por los suyos (1 Ts 4:16-17). ¿Irás con él? ¿Te quedarás? Estar en Cristo es lo que hace la gran diferencia en la eternidad.

Parte II
El Tribunal de Cristo y las Bodas del Cordero

Lectura: 1 Corintios 3:11-15.

Texto para memorizar: 2 Corintios 5:10.

Introducción: Ya hemos explicado que Cristo vendrá un día y arrebatará a los suyos. ¡Puede ser hoy! Los salvos que han muerto resucitarán con cuerpos incorruptibles y los salvos vivos serán transformados (1 Co 15:51-52). Juntos subirán a encontrarse con el Señor (1 Ts 4:16-17).

I.   ¿Qué pasará con los que son arrebatados?

1.   Juan 5:28-29 nos dice que habrá dos resurrecciones. Los salvos resucitarán primero y aparecerán ante el Tribunal de Cristo (2 Co 5:10) y los perdidos resucitarán después para ser juzgados ante el Gran Trono Blanco (Ap 20:4-5; 11:15).

2.   Entonces, todos los que hemos aceptado a Cristo como Salvador personal, compareceremos ante el Tribunal de Cristo (2 Co 5:10).

II. ¿Qué es el Tribunal de Cristo?

1. No es para juzgar el pecado del cristiano. Los pecados del creyente en Cristo fueron juzgados con su muerte en la cruz (1 P 2:24). Dios no puede juzgar y condenar al pecador arrepentido por sus pecados, porque Cristo ya fue juzgado en su lugar (Jn 5:24; Ro 8:1). La persona es salva o está perdida antes de morir (Jn 3:18, 36).

2. El juicio del Tribunal de Cristo no es para ver si se salva o no la persona.

3. El Tribunal de Cristo es para juzgar las obras que el creyente hizo después de ser salvo (1 Co 3:11-15).

   3.1. El vivir una vida de amor y dedicación al Señor, de separación del mundo, de fidelidad a Su Palabra, es edificar con oro, plata y piedras preciosas. Resistirán el fuego del juicio y resultarán en recompensas.

   3.2. El vivir para satisfacer el yo y la carne, es el edificar en madera, heno y hojarasca. Se quemarán estas obras. El creyente no perderá su salvación, aunque sí las recompensas que hubiera recibido si hubiese edificado para el reino (1 Co 3:15).

III. Las Bodas del Cordero (Ap 19:7-8).

1. Lo que describe la visión de Juan en Apocalipsis es la celebración de las Bodas del Cordero (Jesucristo) y su novia (la Iglesia) en su tercera fase. De acuerdo a la costumbre judía en tiempos de Cristo, primeramente se hacía un contrato de matrimonio o compromiso, con pago de una dote, y un año después, el novio se aparecía a medianoche con amigos varones buscando a la novia, quien le esperaba con sus doncellas. La primera fase fue cumplida en la tierra cuando cada creyente puso su fe en Cristo como Salvador. La dote pagada al Padre del novio (Dios Padre) sería la sangre de Cristo derramada en

nombre de la novia. Entonces, la Iglesia, que se encuentra en la tierra actualmente, está "comprometida" con Cristo, y al igual que las vírgenes o doncellas, todos los creyentes deben permanecer vigilantes y en espera de la aparición del novio (la segunda venida). La segunda fase simboliza el arrebatamiento de la Iglesia, cuando Cristo viene a reclamar a su novia y la lleva a la casa del Padre. La implicación es que las dos primeras fases ya han ocurrido. La cena de las bodas será el tercero y último paso del matrimonio.

2.   Efesios 5:25-27 y 2 Corintios 11:2 se refieren a la Iglesia como la esposa de Cristo. Ahora, la Iglesia es desposada o comprometida con Cristo. La boda se celebrará en el cielo.

3.   Cristo ha de presentarse a sí mismo una Iglesia gloriosa, santa y sin mancha (Ef 5:25-27). La boda de Cristo con su Iglesia será en el cielo, después del arrebatamiento y el Tribunal de Cristo.

4.   En Apocalipsis 19:9-10 nos dice: "Bienaventurados los que son llamados a la cena de las Bodas del Cordero". Todos los salvos estarán presentes en las Bodas del Cordero.

Parte III
La revelación de las Setenta Semanas

Texto de lectura: Daniel 9:24-27.
Introducción: Existen muchas promesas dadas por Dios que solo conciernen a Israel; sin embargo, hay otras que Dios dio para Israel y consecuentemente también para la Iglesia, como desarrollaremos luego con más amplitud. La revelación profética que se llama de las Setenta Semanas (Dn 9: 24-27), nos ayudará a entender, de forma precisa, los tiempos y la actuación de Dios.

Aunque parezca extraño, el mensaje de comprensión que Gabriel le trajo a Daniel no parece tener nada que ver con el tema inmediato de la oración de Daniel. Su oración era de constante gratitud e intercesión por el pueblo cautivo en Babilonia. Él había estado pensando en la profecía de Jeremías de los 70 años y en el hecho de que el cumplimiento de ese tiempo estaba cercano. Este cumplimiento, de hecho, llegaría pronto en el edicto de Ciro y la libertad de los judíos para retornar a Jerusalén. Pero en el mensaje que le transmitió Gabriel se abre otra puerta de visión profética hacia una perspectiva más amplia de los propósitos de Dios, no solamente para Israel, sino para el mundo entero. Esta dimensión mayor de la revelación tiene que ver con la obra y el reinado del Mesías.

Este tema había sido introducido en anteriores visiones y sueños, como el de la gran estatua de Nabucodonosor (2:44-45) y la visión de Daniel de las cuatro bestias (7:13-14). Pero aquí el mensaje procede de otro ángulo y con mayores detalles, como veremos a continuación.

I.   El ministerio y la época del Mesías (9:24-25). Algunos intérpretes limitarían el alcance de las setenta semanas, y la obra en ellas incluida, al pueblo de Israel, la tierra de Palestina y la ciudad de Jerusalén. Al parecer, este mensaje tiene una pertinencia especial para esta tierra y este pueblo, pues la primera cláusula expresa: "Setenta semanas están determinadas sobre tu pueblo y sobre tu santa ciudad" (v. 24). Pero a medida que se desarrolla el mensaje, se hace evidente que la cláusula tiene una connotación más bien inclusiva, que exclusiva. El plan de Dios en el Mesías es en realidad, para Israel, y los principales acontecimientos de la redención transcurren en Palestina y en Jerusalén. Sin embargo, en la salvación para Israel hay salvación para todos (Ro 11:1, 11-12, 25-26), pues la salvación es por medio de Cristo, y solamente por él, sea para los judíos o los gentiles.

II. La séxtupla obra del Mesías (Dn 9:24). Dentro de la plenitud de las setenta semanas simbólicas se ha de hacer una obra completa de redención. Pareciera que en extensión de tiempo, esta llegaría más allá de las desolaciones "hasta la consumación" (v. 27), esto es, hasta el fin de este mundo. Además, puesto que la clave de este pasaje es el Mesías, es evidente que esta obra es la obra del Mesías. En el versículo 24 se dan seis aspectos de la obra de redención del Mesías:

1. Terminar la prevaricación.
2. Poner fin al pecado.
3. Expiar la iniquidad.
4. Traer la justicia perdurable.
5. Sellar la visión y la profecía.
6. Ungir al Santo de los santos.

Los primeros tres aspectos tienen que ver con la conquista del pecado. Los otros tres, con la terminación de la redención, poner para siempre todas las cosas bajo el justo dominio de Dios, sellar la visión y la profecía, llevándolas a su cumplimiento, y ungir al Santo de los santos, el santuario celestial que es el antitipo eterno del lugar santo terrenal.

Keil sostiene que también debemos referir esta sexta expresión (ungir al Santo de los santos), al tiempo de la consumación, y entenderla en el establecimiento del nuevo lugar santísimo que le fue mostrado al vidente de Patmos como "el tabernáculo de Dios con los hombres". En el cual Dios morará con ellos; y ellos serán Su pueblo, y Dios mismo estará con ellos como su Dios (Ap 21:3).

En esa santa ciudad que habla Apocalipsis 21 no habrá templo, porque el Señor Dios Todopoderoso y el Cordero son el templo de ella, y la gloria de Dios la iluminará (vv. 22-23). No entrará en ella ninguna cosa inmunda, o que hace abominación (v. 27), porque el pecado será encerrado y sellado, allí morará la justicia (2 P 3:13) y las profecías se acabarán (1 Co 13:8) por su cumplimiento.

III. Advenimiento del Mesías y expectación profética (Dn 9:25). Por más diversas que sean las interpretaciones de las palabras "desde la salida de la orden… hasta el Mesías Príncipe, habrá siete semanas, y sesenta y dos semanas", está bien establecido lo siguiente: en el tiempo de la primera venida de Cristo había un aumento sin precedentes en la expectación del Mesías. Los documentos de la comunidad de Qumrán de las cuevas del Mar Muerto, con su elevado tono de excitación apocalíptica, lo confirman. Juan el Bautista no fue el primero en sus días en clamar por la necesidad de preparación. ¿Y de dónde podemos suponer que los sabios del Oriente sacaron la insinuación de que en esos días habría de nacer un rey en Judá? La estrella solamente no hubiera bastado, sin alguna tradición o enseñanza que les hubiera dado la base de un tiempo aproximado de expectación. Esos hombres procedían del país de Daniel, donde estas semanas de años se conocían y discutían.

Podemos estar seguros, pues, de que el mensaje místico de Daniel, envuelto en términos de tiempos y números, hizo que los corazones ansiosos se llenaran de esperanza y expectativas mucho tiempo después de la partida de Daniel. Porque el Mesías-Príncipe, el Sacerdote y líder ungido era la esperanza de Israel y del mundo.

IV. Las semanas simbólicas (9:25-27). Las setenta semanas de Daniel han sido la roca contra la cual se han estrellado una serie interminable de sistemas de interpretación. Tal vez no haya en la Escritura un tema que haya ocasionado mayor diversidad de opiniones. Young bosqueja cuatro tipos principales de interpretación que muestran la divergencia de posiciones:

1. La interpretación mesiánica tradicional. Esta posición sostiene que las 70 semanas profetizan el primer advenimiento de Cristo, especialmente su muerte, y culminan en la destrucción de Jerusalén. Siguiendo a Agustín, quien primero describió esta interpretación, sus proponentes han incluido a Pusey, Wright, Wilson y el mismo Young.

2. La interpretación liberal. Esta posición considera las 70 semanas no tanto como una profecía, sino más bien como una descripción de los días de Antíoco Epífanes y su derrota por los macabeos. El Mesías que fue muerto es identificado con el sumo sacerdote Onías, asesinado por desafiar a Antíoco.

3. La interpretación de la Iglesia cristiana. En esta, el número siete se interpreta, no como semanas exactas de años, sino más bien como un número simbólico que abarca el período entre el edicto de Ciro para repatriar a los judíos, pasando por el primer adveni-

miento y muerte del Mesías, hasta el tiempo del anticristo y su destrucción en el tiempo de la consumación.

4.   La interpretación del paréntesis. Aquí los 70 grupos de siete años se dividen en períodos de 7 sietes, 62 sietes, y un 7 final separado del resto por un paréntesis o hiato indefinido. Los 69 sietes cubren el período hasta la primera venida y la muerte del Mesías y la destrucción de Jerusalén. El siete final es el período del anticristo al final de la era.

La mayoría de los intérpretes, desde los días de Jerónimo, excepto los de la escuela liberal, han interpretado los 70 sietes como semanas de años, totalizando 490. Jerónimo escribió: "Ahora el ángel mismo especificó 70 semanas de años, es decir, 490 años desde la salida de la orden de que fuera concedida la reconstrucción de Jerusalén. El intervalo especificado comenzó en el año 20 de Artajerjes, rey de los persas, porque fue su copero Nehemías [...] quien pidió al rey y obtuvo su permiso para que Jerusalén fuera reconstruida".

Si aceptamos el año 454 a. C. como el año 20 del reinado de Artajerjes y calculamos el 7 más 62 sietes, 69 sietes o 483 años, llegamos al año 29 d. C. Este es el año culminante del ministerio de Jesús. En la primavera de ese año, él apareció en Jerusalén como Mesías y Príncipe, cabalgando en triunfo y rodeado por una alegre multitud (Zac 9:9; Mt 21:5). Pero, Calvino insiste en que la cuenta debe comenzar con el edicto de Ciro para el retorno de los exiliados a Jerusalén, conectando así directamente la profecía de Jeremías de los 70 años con las 70 semanas de Daniel. Por este medio, Calvino identifica el bautismo de Cristo como el tiempo de su manifestación. Esto significaría que el total de los años no coincide, porque entre el edicto de Ciro en el 536 y el nacimiento de Jesús en el 4 d. C., pasaron más de 530 años, más otros 30 años adicionales hasta su bautismo. Hasta la muerte de Jesús en el 29 d. C., el tiempo se extendería a 565 años. Calvino no considera importante este dato.

Young concuerda con Calvino y sostiene que el número exacto de años no es significativo puesto que son simbólicos más que cronológicos. Dice: "Setenta series de siete"— 7 x 7 x 10 — es el período en el cual llega a la perfección la más importante obra divina. Consiguientemente, puesto que estos números representan períodos de tiempo, cuya duración no se da, y puesto que son simbólicos, no es seguro tratar de descubrir la longitud precisa de los sietes. Esto no puede hacerse, como tampoco es posible, para el caso, descubrir o determinar la duración de cualquiera de los sietes individuales. Sin embargo, una cosa debiera estar clara. Es que, según Daniel, lo importante no es el principio y el final de este período, sino los notables acontecimientos que tuvieron lugar en él [...] Creemos [...] que cuando se completaron las 70 setenta semanas, también se cumplieron los seis propósitos del versículo 24. Y esto es lo que importa. Cuando Jesucristo ascendió al cielo, la poderosa salvación que él vino a realizar estaba realmente cumplida".

Keil también sostiene la posición simbólica de esta medida de tiempo. "Por la definición de estos períodos según una medida simbólica del tiempo, el cálculo de la duración real de los períodos mencionados está más allá del alcance de nuestra investigación humana, y la definición de los días y horas del desarrollo del reino de Dios hasta su consumación está reservada para Dios, el Gobernador del mundo y Soberano del destino humano".

Pero mientras Keil sostiene que las 70 semanas abarcan la historia del reino de Dios hasta la consumación en el fin del tiempo, Young cree que con la muerte del Mesías (v. 26) culminan no solo las 69 semanas, sino también la septuagésima. El pacto que es confirmado con muchos (v. 27) es el evangelio que Cristo proclamó; y su crucifixión, a la mitad de la semana, puso fin a la validez de todo otro sacrificio y oblación. Además, hizo del templo que estaba dedicado a tales sacrificios una abominación. La desolación que cayó sobre el templo y la ciudad de Jerusalén, bajo la mano de Tito, no fue sino una representación exterior de la desolación interior que ya se había apoderado de ellos.

Pero otros insisten en que los años de las 70 semanas deben ser tomados mucho más literalmente. Pusey comienza a partir del año 457 a. C. sus cálculos e interpretación de la 7 y 62 semanas, 483 años.

Considera que esta fecha debe ser la de la primera autorización de Artajerjes Longimano a Esdras para retornar a Jerusalén. Esto nos traería al comienzo del año 27 d. C., el momento del bautismo de Jesús en el Jordán y ocasión de su unción por el Espíritu Santo. La primera mitad de la septuagésima semana de años está ocupada por el ministerio público de Jesús. Su muerte se produce en la mitad de esta semana crucial, después de tres años y medio. Durante otros tres años y medio el evangelio es predicado exclusivamente a los judíos hasta que en la casa de Cornelio se abre la oportunidad a los gentiles y termina el privilegio especial de Israel. A su tiempo, se produce la destrucción del templo y la devastación de Jerusalén.

Seiss, Gabelein y otros de la escuela dispensacional también tienen una opinión exacta sobre las 70 semanas. La característica particular de esta interpretación es el hiato o paréntesis entre la terminación de la sexagesimonovena semana, cuando es muerto el Mesías, y el comienzo de la septuagésima, que está reservada para el final de la edad y el reinado del anticristo. El príncipe que ha de venir (v. 26) no es el Mesías Príncipe (v. 25), sino el "cuerno pequeño" del capítulo 7. El pacto que él confirmará (v. 27) es un pérfido tratado por el cual gana para su lado al pueblo judío. Después de tres años y medio, a la mitad de la semana, renuncia al pacto, pone fuera de la ley a la religión, y abre las compuertas al torrente de maldad sin restricciones que constituye el "tiempo de angustia" (Dan 12:1).

Una visión celestial de los conflictos terrenales (Dn 10:1-13).

La mayoría de los intérpretes concuerdan en que los tres capítulos finales del libro de Daniel constituyen una sola unidad. Keil describe el contenido de esta sección como "la revelación acerca de la aflicción del pueblo de Dios de parte de los gobernadores del mundo, hasta la consumación del reino de Dios". Esta sección no constituye un sueño o una visión. Es una revelación, dada directamente a Daniel por Alguien glorioso que actúa como mediador de la verdad. "Cierta cosa fue revelada a Daniel" (10:1 VM). Se usa aquí la palabra *niglah*, forma pasiva del verbo que significa, "develar, descubrir, revelar".

Este descubrimiento culminante experimentado por Daniel vino a él en el más alto nivel de revelación, mediante la confrontación directa con la divinidad. Keil describe esta experiencia como una teofanía, una manifestación o aparición de Dios.

La revelación que contempló Daniel trajo una gloriosa comprensión del poder divino. Al mismo tiempo, mostró una escena de trágico conflicto a través de las edades. Moffatt traduce Daniel 10:1: "Le fue hecha a Daniel una revelación [...] la verdadera revelación de un gran conflicto". King James Bible, dice: "La cosa era verdadera, pero el tiempo asignado era largo". Esta revelación pertenece en un sentido especial al pueblo de Israel hasta el final del tiempo. En 10:14 leemos: "He venido para hacerte saber lo que ha de venir a tu pueblo en los postreros días".[36]

Las setentas semanas según Daniel 9:20-27

La abominación es presentada en la profecía de Daniel en el capítulo nueve (cf. 11:31; 12:11). Daniel había estado orando acerca del período de setenta años de cautividad babilónica. Dice: "miré atentamente en los libros el número de los años de que habló Jehová al profeta Jeremías, que habían de cumplirse las desolaciones de Jerusalén en setenta años" (9:2). El período de setenta años de cautiverio es mencionado específicamente en Jeremías 25:11-12, y 29:10. Daniel, en efecto, pone la promesa delante del Señor y reclama su cumplimiento. Su oración de confesión y petición inspira mucho, y se pueden sacar muchas lecciones espirituales de ella. Pero por ahora, debemos notar que el tema de la oración eran los setenta años de la promesa de Jeremías.

---

[36] R. E. Swim, *El Libro de Daniel.* Comentario Bíblico Beacon: Los profetas mayores, Tomo 4, Lenexa, KS: Casa Nazarena de Publicaciones, 2010, pp. 680-686.

1. Los setenta sietes.

Después de la oración, Daniel cuenta de la visita del ángel y de la predicción de los "setenta sietes". El ángel dice: "Al principio de tus ruegos fue dada la orden, y yo he venido para enseñártela, porque tú eres muy amado. Entiende, pues, la orden, y entiende la visión. Setenta semanas (sietes) están determinadas sobre tu pueblo y sobre tu santa ciudad" (vv. 23-24ᵃ).

La palabra semana, en hebreo es *shavu'a* (שבעה) y viene del número siete *seva* (שבע), ya que una semana tiene siete días. Es verdad que la palabra en hebreo a veces es traducida como "semana", pero la palabra *shabhu'im* no significa semana, excepto donde el contexto lo indica. La palabra significa simplemente "sietes". Como Daniel había estado orando acerca de los setenta años, es natural pensar que la referencia a setenta sietes significa setenta veces siete años (490 años). Además, como leeremos en la profecía dada aquí, ninguna otra interpretación armonizaría con todas las referencias.

Después de explicar lo que se cumpliría dentro de setenta años, el ángel continuó: "Sabe, pues, y entiende, que desde la salida de la orden para restaurar y edificar a Jerusalén hasta el Mesías Príncipe, habrá siete semanas (sietes), y sesenta y dos semanas (sietes); se volverá a edificar la plaza y el muro en tiempos angustiosos" (v. 25). Estas cosas no podrían cumplirse en setenta semanas de siete días, lo que sería un año, cuatro meses y medio. Parece claro que la profecía debe entenderse en términos de setenta veces siete años.

Notemos que la profecía no contempla tiempo continuo. El ángel no dijo dentro de setenta sietes "desde ahora". Los setenta sietes no comienzan hasta cierto evento designado, "la orden para restaurar y edificar a Jerusalén". Los setenta sietes, entonces, se refieren a tiempo cumplido, que no empieza inmediatamente, y que está sujeto a interrupciones.

2. Los siete sietes.

Podemos identificar el comienzo de los setenta veces siete. El libro de Esdras empieza (1:1): "En el primer año de Ciro rey de

Persia, para que se cumpliese la palabra de Jehová por boca de Jeremías, despertó Jehová el espíritu de Ciro rey de Persia, el cual hizo pregonar de palabra y también por escrito por todo su reino". (Ver 2 Cr 36:22-23).

Algunos opinan que el decreto de Ciro no fue el mandato a restaurar y reconstruir a Jerusalén, porque la construcción misma no está mencionada en el decreto, sino la construcción del templo. Yo sugiero que: (1) Esdras declaró que el decreto de Ciro era el cumplimiento de la profecía de Jeremías, y la profecía de Jeremías era el tema de la oración de Daniel, que fue contestada en parte por la profecía de los setenta veces siete. (2) La objeción de los adversarios (Esd 4:16) y la respuesta de Artajerjes (4:21) indican claramente que la ciudad estaba siendo reconstruida por la autoridad del decreto de Ciro. En la oración de Esdras, especialmente en Esdras 9:9, se refiere no solamente a la construcción de la casa de Dios, sino también de un "muro en Judá y en Jerusalén".

Se entiende del relato de Esdras que las interrupciones antes de terminar el templo (6:15) no involucraron interrupciones en los esfuerzos de la gente para continuar la construcción. Hageo y Zacarías exhortaron al pueblo y el templo fue terminado dentro de los "siete sietes". Pero cuando Esdras vino a Jerusalén, ochenta años después de la expedición guiada por Zorobabel y Jesúa, hasta los levitas se habían mezclado con el paganismo (9:1-2). Esdras hizo reformas, pero cuando llegamos al momento a que se refieren los primeros versículos de Nehemías, casi cien años después del decreto de Ciro, las cosas habían decaído. "Y me dijeron: El remanente, los que quedaron de la cautividad, allí en la provincia, están en gran mal y afrenta, y el muro de Jerusalén derribado, y sus puertas quemadas a fuego". Nehemías 1:3. El muro había sido construido, con sus puertas, pero evidentemente hubo un período de años en que todo esfuerzo efectivo había cesado.

Destacamos anteriormente que la profecía de los setenta sietes no se refiere a tiempo continuo, sino a tiempo cumplido. El comienzo de los setenta sietes ha sido determinado como el decreto de Ciro en el primer capítulo de Esdras. No quisiera discutir los detalles de la cronología. La fecha de Usher para el decreto de Ciro, 536 a. C. puede ser aceptada como aproximada.

También notamos que en la profecía de los setenta sietes, el tiempo estaba dividido en tres períodos: siete sietes, sesenta y dos sietes, y un siete final. Sugiero que el primer tiempo de los siete sietes se refiere al período de cuarenta y nueve años, comenzando con el decreto de Ciro, durante el cual había un esfuerzo genuino de parte del pueblo de Dios para reconstruir la ciudad, aun en tiempos difíciles (Dn 9:27).

No he podido descubrir ningún evento o ninguna fecha precisa para marcar el fin del período de los siete sietes, pero es claro que el esfuerzo genuino había terminado mucho antes del nuevo esfuerzo bajo el liderazgo de Nehemías. Yo pondría, entonces, los siete sietes aproximadamente en la mitad del siglo de trabajo que comenzó con el decreto de Ciro. Sabemos, de acuerdo con los registros de Nehemías, que hubo un lapso de tiempo largo en que los esfuerzos para restaurar y reconstruir habían fallado terriblemente.

3.   Los sesenta y dos sietes.

Sugiero que los sesenta y dos sietes de Daniel 9:25 comenzaron con el esfuerzo de avivamiento bajo Nehemías. Podemos fijar la fecha del decreto de Artajerjes, autorizando el trabajo de Nehemías, aproximadamente en el año 440 a. C. Recordemos que la profecía dijo: "desde la salida de la orden para restaurar y edificar a Jerusalén hasta el Mesías Príncipe, habrá siete semanas (sietes), y sesenta y dos semanas (sietes)". Si los sesenta y dos sietes (434 años) empezaran en el año 440 a. C., terminarían en el 6 a. C., aproximadamente la fecha del nacimiento de Jesús. No podemos fijar una fecha exacta del comienzo del avivamiento bajo Nehemías, pero es claro que el nacimiento de Cristo fue sesenta y dos por siete años, o 434 años, desde la iniciación de los esfuerzos de Nehemías.

4.   Se quitará la vida al Mesías.

La profecía de Daniel 9 continúa: "Y después de las sesenta y dos semanas se quitará la vida al Mesías, mas no por sí" (v. 26). Los sesenta y dos sietes llevan hasta el Mesías, el Príncipe. Notemos que no dice que el Mesías será muerto al fin del período de los sesenta y dos sietes, pero que su muerte ocurrirá después del fin del período. Es mi convicción que la traducción comunica correctamente la idea del hebreo, y que es una predicción evidente de la muerte de Cristo, no por sí mismo, sino por su pueblo.

5. La abominación.

Notemos también que la destrucción de la ciudad por "el pueblo de un príncipe que ha de venir" (Dn 9:26) no ocurre dentro del período de los sesenta y dos sietes. Tampoco dice si esta destrucción ocurre durante el septuagésimo siete. No podemos estar seguros de que la destrucción de Jerusalén por los romanos en el año 70 d. C. es el evento figurado aquí, pero sería una conjetura natural.

Ahora llegamos a la referencia específica a la abominación "desoladora" (ver Mt 24:15; Mc 13:14). La profecía sigue: "y el pueblo de un príncipe que ha de venir destruirá la ciudad y el santuario; y su fin será con inundación, y hasta el fin de la guerra durarán las devastaciones. Y por otra semana confirmará el pacto con muchos; a la mitad de la semana hará cesar el sacrificio y la ofrenda. Después con la muchedumbre de las abominaciones vendrá el desolador, hasta que venga la consumación, y lo que está determinado se derrame sobre el desolador" (vv. 26^b-27).

Dice explícitamente que el personaje llamado "el príncipe que ha de venir" viene de un pueblo que destruirá la ciudad. Si la destrucción mencionada es la del año 70 d. C., entonces el príncipe que vendrá es romano. "Y por otra semana (siete) confirmará el pacto con muchos" (v. 27). Pero a mitad del siete "hará cesar el sacrificio y la ofrenda". Obviamente el pacto mencionado es un pacto con los judíos como pueblo e involucra la adoración nacional. Se han hecho muchos acuerdos internacionales acerca de los judíos y Palestina, pero no ha existido, desde el tiempo de Cristo, un pacto o acuerdo, o un conjunto de eventos, que encaje con la descripción de Daniel 9:27.

Algunos sostienen que los eventos durante el gobierno de Antíoco Epífanes cumplieron esta profecía de la "abominación desoladora". Las palabras "prevaricación asoladora" en Daniel 8:13, que se refieren a Antíoco Epífanes no son las mismas palabras que se usan en Daniel 9:27, 11:31, y 12:11 para la "abominación desoladora". La "prevaricación asoladora" viene del hebreo *happesha' shomen*, pero la frase "abominación desoladora" viene de las dos palabras en hebreo, *shiqqutz* y *shomen*, combinadas en distintas maneras (Dn 9:27; 11:31; 12:11). En el griego del Nuevo Testamento, esta frase es *to bdelugma tes eremoseos* (Mt 24:15).

Las abominaciones cometidas por Antíoco fueron hechas en la corte exterior del templo. Cristo dijo específicamente que la abominación sería vista en "el lugar santo" (Mt 24:15). En segundo lugar, Cristo colocó el cumplimiento de esta profecía en el futuro, con referencia a él y sus discípulos. En tercer lugar, la frase de Jesús: "cuando veáis en el lugar santo la abominación desoladora de que habló el profeta Daniel", habla de algo tan singular, y tan observable, siendo la señal para huir inmediatamente. Aceptar que hay más de un cumplimiento sería una distorsión de sus palabras. De hecho, hacer que las palabras de Cristo se refieran a más de un solo evento, y plantear que los eventos del tiempo de Antíoco Epífanes cumplieron también la profecía de Daniel, sería un ejemplo pésimo de una hermenéutica del "doble cumplimiento" o del "cumplimiento múltiple".

Es verdad que el autor de 1 Macabeos 1:54 dice: "Y en el decimoquinto día de Chislev en el año 145, construyeron una abominación desoladora sobre el altar, y en las ciudades de Judea levantaron altares en todas partes". Sin embargo, usar esto para comprobar que la profecía de Daniel 9:27 se cumplió en los días de Antíoco Epífanes contradice directamente la predicción de Cristo. Daniel 12:11 confirma el hecho de que la abominación desoladora viene "en medio de los siete", es decir, en medio del período de siete años. "Y desde el tiempo que sea quitado el continuo sacrificio hasta la abominación desoladora, habrá mil doscientos noventa días". Doscientos noventa días es un poco más de tres años y medio.[37]

Visión de Daniel de las setenta semanas de la supremacía de los gentiles

Daniel 9. Este capítulo tiene lugar durante el reinado de Darío de Media.

9:1-2: Al estudiar el libro de Jeremías, Daniel se dio cuenta de que los setenta años de cautividad casi habían llegado a su fin.

9:3-19: Daniel confesó su pecado y el pecado de su pueblo (usó la palabra nuestro) y le pidió al Señor que cumpliese Sus promesas respecto a Jerusalén y al pueblo de Judá. En respuesta a sus oraciones, Dios le concedió al profeta la importante revelación de las setenta semanas, que se ha denominado como "la columna vertebral de la profecía bíblica". Las peticiones de Daniel estaban basadas en el carácter de Dios (Su grandeza, imponencia, fidelidad, justicia, perdón, misericordia), así como en Sus intereses (tu pueblo, tu ciudad, tu santo monte, tu santuario).

9:20-23: Mientras Daniel estaba orando, Gabriel, volando con presteza, vino a él como a la hora del sacrificio de la tarde. Le dijo que era muy amado, lo cual es un tributo tremendo, procediendo de Dios mismo. Entonces, le perfiló la historia futura de la nación judía bajo la figura de las setenta semanas. Cada semana representa siete años. Debido a que la profecía es tan crucial para comprender el programa de Dios, procederemos a examinarla frase por frase.

9:24: "Setenta semanas están determinadas sobre tu pueblo (Israel) y sobre tu santa ciudad (Jerusalén)". El cumplimiento histórico de la primera parte de la profecía nos muestra que las semanas son semanas de años. Setenta semanas son, por tanto, 490 años. Vimos que las setenta semanas están divididas en siete semanas más sesenta y dos

---

[37] J. O., Jr. Buswell, *Teología sistemática*, Tomo 4, Escatología. Miami, Florida: LOGOI, Inc., 2005, pp. 821-825.

semanas y entonces, tras un espacio de tiempo, una última semana. Al final de las setenta semanas, ocurrirán los siguientes seis asuntos:

1. Terminar la prevaricación y poner fin al pecado.

   Aunque esto puede referirse en un sentido general a todos los pecados de Israel, en especial, hace referencia al rechazo que la nación ha mostrado al Mesías. En la segunda venida de Cristo, un remanente se volverá a él en fe, y la prevaricación y el pecado serán perdonados.

2. Expiar la iniquidad.

   El fundamento para la expiación fue puesto en el Calvario, pero esto se refiere al momento, todavía futuro, en que el remanente creyente de la nación de Israel entrará en el beneficio y disfrute de la obra consumada por Cristo.

3. Traer la justicia perdurable.

   Esto también señala la segunda venida y el milenio, cuando el Rey reinará en justicia. Es justicia perdurable en el sentido de que continuará en el estado eterno.

4. Sellar la visión y la profecía.

   El conjunto principal de la profecía del Antiguo Testamento se centra en el glorioso retorno de Cristo a la tierra y su reino subsiguiente. Por lo tanto, la mayor parte de las profecías se habrán cumplido al término de las setenta semanas.

5. Ungir al Santo de los santos (lugar santísimo).

   Al comienzo del reinado milenario, el templo descrito en Ezequiel 40-44 será ungido o consagrado en Jerusalén. La gloria volverá en la persona del Señor (Ez 43:1-5). Daniel 9:25: "Sabe, pues, y entiende, que desde la salida de la orden para restaurar y edificar a Jerusalén". Este fue el edicto de Artajerjes en el 445 a. C. (Neh 2:1-8).

6. Hasta el Mesías Príncipe.

   No se refiere meramente a la primera venida de cristo, sino más particularmente a su muerte (v. 26ª). Habrá siete semanas (cuarenta y nueve años) y sesenta y dos semanas (434 años). Las sesenta y nueve semanas están divididas en dos períodos, siete semanas y sesenta y dos semanas. La ciudad se volverá a edificar, con la plaza y el muro, en tiempos angustiosos. Jerusalén sería reedificada (durante las siete primeras semanas) con su lugar público y protección, mas no sin oposición y confusión.

9:26: Entonces, después de las sesenta y dos semanas, esto es, después del período de tiempo de sesenta y dos semanas, que en realidad es al final de la semana sesenta y nueve, se quitará la vida al Mesías. Aquí nos encontramos con una referencia inconfundible a la muerte del Salvador en la cruz.

Hace un siglo, Sir Robert Anderson, en su libro *El Príncipe que ha de venir*, daba cálculos detallados de las sesenta y nueve semanas usando años proféticos; teniendo en cuenta los años bisiestos y el cambio de "a. C. a d. C.", llegando a la conclusión de que las sesenta y nueve semanas terminaban en el mismo día de la entrada triunfal de Jesús en Jerusalén, cinco días antes de su muerte.

- "Mas no por sí", en Daniel 9:26, o literalmente y "no tendrá nada", puede significar que no recibió nada de la nación de Israel, a la cual había venido. También puede significar que murió sin tener aparente posteridad (Is 53:8), o puede ser una declaración general de su pobreza total; no dejó más que la ropa que llevaba puesta.

- En cuanto a "y el pueblo de un príncipe que ha de venir", vemos que este príncipe que ha de venir es la cabeza del Imperio romano revivido, al cual algunos identifican como el anticristo que subirá al poder durante la tribulación. Su pueblo, por supuesto, son los romanos.

- "Destruirá la ciudad y el santuario". Los romanos, bajo el general Tito, destruyeron Jerusalén y su magnífico templo de oro y mármol en el 70 d. C.

- "Su fin será con inundación". La ciudad fue arrasada como por una inundación. La historia indica que del templo no quedó piedra sobre piedra. Tito prohibió a sus soldados prender fuego al templo de Herodes, pero para poder llevarse el oro desobedecieron, fundiéndolo. Para poder sacar el oro fundido de entre las piedras, tuvieron que separar las grandes piedras, forzándolas, cumpliendo de esta manera las palabras de Cristo en Mateo 24:1-2, al igual que la profecía de Daniel.

-   "Y hasta el fin de la guerra durarán las devastaciones". Desde entonces, la historia de la ciudad sería de guerra y destrucción. Aquí el fin significa el fin del tiempo de los gentiles.

9:27: Ahora llegamos a la semana setenta. Como ya se ha mencionado previamente, hay un espacio de tiempo entre las semanas sesenta y nueve y setenta. Este período parentético es la edad de la Iglesia, que se extiende desde Pentecostés hasta el arrebatamiento. Esto nunca se menciona en el Antiguo Testamento; era un misterio escondido en Dios desde la fundación del mundo, pero revelado por los apóstoles y profetas del período del Nuevo Testamento. De todas formas, el principio de un espacio de tiempo lo ilustró muy bien nuestro Señor en la sinagoga de Nazaret (Lc 4:18-19). El Señor Jesús citó Isaías 61:1-2ª, pero se detuvo en «el año de la buena voluntad de JEHOVÁ» (su primera venida), y no mencionó nada del juicio de su segunda venida: «y el día de venganza del Dios nuestro» (Is 61:2ᵇ). En el intervalo habría de transcurrir toda la edad de la Iglesia.

Y por otra semana (los siete años del período de la tribulación) confirmará (el príncipe romano) el pacto con muchos (la mayoría incrédula de la nación de Israel). Tal vez, se tratará de un trato amistoso, no agresivo, o una garantía de ayuda militar contra cualquier nación que quisiese atacar a Israel. A la mitad de la semana hará cesar el sacrificio y la ofrenda. El príncipe romano se volverá hostil para con Israel, prohibiendo los sacrificios y las ofrendas para Jehová; y después, la muchedumbre de las abominaciones. En Mateo 24:15 vemos que pondrá una imagen idólatra abominable en el templo y seguramente ordenará que la adoren. Otras versiones traducen «sobre el ala de las abominaciones», por lo que algunos piensan que se refiere a un ala del templo.

Vendrá el desolador. Este perseguirá y destruirá a todos los que se nieguen a adorar la imagen. Hasta que venga la consumación y lo que está determinado se derrame sobre el desolador. La terrible persecución contra los judíos continuará durante la última mitad de la semana setenta, período conocido como la Gran Tribulación. Entonces, el príncipe romano: "el desolador", será destruido tal como Dios lo ha determinado, echándole al lago de fuego (Ap 19:20).

La visión de la gloria de Dios en los eventos futuros
Daniel 10.

10:1-9: Los acontecimientos de este capítulo tuvieron lugar en el año tercero de Ciro rey de Persia. Algunos cautivos ya habían vuelto a Jerusalén, tal como lo permitía el edicto de Ciro, pero Daniel había quedado en el exilio. Después de estar afligido por tres semanas, Daniel se encontraba a la orilla del río Tigris (en hebreo Hidekel), tal vez, a causa de noticias desalentadoras de los que habían vuelto (la obra del templo se había detenido), o por la pobre condición espiritual de los que quedaban en el exilio, o porque quería conocer el futuro de su pueblo. Allí tuvo la visión de un varón glorioso vestido de lino. Esta descripción se asemeja a la del Señor Jesús en Apocalipsis 1:13-16.

10:10-14: Entonces una voz explicó por qué las oraciones de Daniel habían sufrido demora. El príncipe del reino de Persia se había opuesto durante veintiún días. ¿Quién es este príncipe (o gobernante) que impidió por tanto tiempo la respuesta a la oración de Daniel? Ya que el arcángel Miguel, protector de Israel, es llamado al combate, debe tratarse de una potestad angélica maligna; alguien más fuerte que un mero príncipe humano.

Leon Wood, en su excelente comentario de Daniel, explica: "Debido a que Grecia también tendría un 'príncipe' similar asignado a su debido tiempo (cf. v. 20), y el pueblo de Dios estaría bajo la jurisdicción de Grecia después que esta venciese a Persia, parece razonable la sugerencia de que Satanás suele asignar emisarios especiales para influir a los gobiernos contra el pueblo de Dios. Ciertamente, este capítulo contribuye mucho en lo que respecta a la naturaleza de los conflictos entre las altas potestades en referencia al programa de Dios en la tierra (cf. Ef 6:11-12)".

Pero, ¿cómo pudo el príncipe de Persia resistir con éxito al Señor durante veintiún días, y por qué necesitó el Señor la ayuda de Miguel (v. 13)? Una sugerencia es que tal vez el varón de los versículos 5 y 6 no sea el Señor sino un ser angélico, como Gabriel. En todo caso, la voz explicó por qué habían sido obstaculizadas las oraciones de Daniel. Como ya se ha mencionado, el príncipe del reino de Persia había sido el culpable. La voz también prometió revelar las cosas que habrían de venir al pueblo de Daniel, los judíos, en los postreros días, lo cual se desarrolla en los capítulos 11 y 12.

10:15-19: Existe la cuestión de si la voz procedía del varón vestido de lino o si era la voz de un mensajero angélico. Daniel quedó enmudecido y sin fuerza a causa de esta experiencia, pero uno con semejanza de hombre le fortaleció.

10:20-21: Entonces este, a quien Daniel se dirigió como mi señor, dijo que primero tenía que pelear contra el príncipe de Persia, y después encontrarse con el príncipe de Grecia. Le revelaría a Daniel más acerca de lo que está escrito en el libro de la verdad. Miguel, "vuestro" príncipe (de Daniel y su pueblo), era el único que permanecía firmemente con él en estas batallas.

Las profecías del futuro inmediato
Daniel 11:1-35.

1. Grecia conquista a los medopersas (11:1-3).

Cuando se escribieron los versículos del 1 al 35 de Daniel eran para el futuro; hoy son historia pasada. Aunque, los versículos del 36 al 45 son futuros todavía. La tercera persona del singular en el versículo 1 puede referirse a Miguel, mencionado en el versículo anterior, o a Darío. El versículo 2 narra el poder de cuatro reyes de Persia y la oposición del último de estos contra Grecia. Los cuatro reyes fueron Cambises II, Seudo-Esmerdis, Darío I (Histaspes) y Jerjes I (Asuero). Mientras que Alejandro Magno fue el rey valiente que pasó el poder mundial de Persia a Grecia.

2. El declive del Imperio griego (11:4-35). Las guerras entre Egipto y Siria (11:4-20).

11:4: Cuando Alejandro Magno murió, su reino fue repartido en cuatro partes: Egipto, Siria-Babilonia, Asia menor y Grecia. El gobernante de Egipto era el rey del sur, mientras que el gobernante de Siria-Babilonia, era el rey del norte. Los versículos del 5 al 35 describen guerras entre estos últimos dos reinos, que duraron aproximadamente dos siglos. Ninguno de los sucesores de Alejandro fue de sus descendientes, sino que fueron sus generales.

11:5-6: El primer rey del sur fue Ptolomeo I, y el que sería más fuerte que él fue Seleuco I de Siria. Estos dos, primero fueron aliados, pero más tarde contrarios. Después Berenice, la hija de Ptolomeo II, se casó con Antíoco II, rey de Siria, para lograr un acercamiento entre las dos naciones, pero la estratagema fracasó, culminando en intrigas y asesinatos.

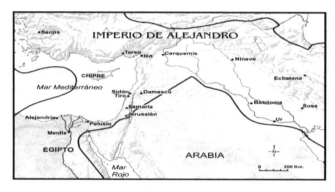

EL IMPERIO GRIEGO DE ALEJANDRO MAGNO

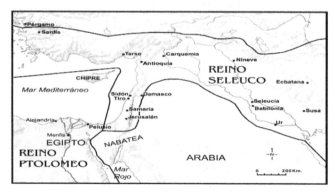

EL CONTROL PTOLOMEO EN PALESTINA

11:7-9: Ptolomeo III, hermano de Berenice, atacó con éxito el reino de Seleuco Calínico y volvió a Egipto con cautivos y un gran botín. Dos años más tarde, Seleuco emprendió un ataque infructuoso contra Egipto.

11:10-17: Sus hijos tuvieron más éxito, especialmente Antíoco III. Los versículos del 10 al 20 describen cómo vacilaba la suerte de la batalla entre el norte y el sur. El versículo 17^b cuenta del pacto que hizo Antíoco III con Egipto, dando a su hija Cleopatra (no la famosa reina de Egipto) en matrimonio a Ptolomeo V, pero ella desertó, poniéndose de parte de Egipto.

11:18-20: Antíoco III intentó conquistar Grecia, pero fue derrotado por los romanos en Termópilas y Magnesia y volvió a su propia tierra donde murió en una insurrección. Su sucesor, Seleuco Filopator, ganó para sí mala fama por sus tributos opresivos sobre la tierra más hermosa del reino, esto es, Israel. Murió misteriosamente, tal vez envenenado.

3.   El reinado del perverso Antíoco Epífanes (11:21-35).

11:21-22: El versículo 21 nos transporta al ascenso de Antíoco Epífanes, el "cuerno pequeño" de Daniel 8. Este hombre despreciable tomó por halagos el trono que le correspondía legítimamente a su sobrino. Su potencia militar inundó los reinos, y el sumo sacerdote judío Onías, el príncipe del pacto, fue asesinado.

11:23-24: Antíoco hizo pactos con varias naciones, en especial con Egipto, siempre para su propio provecho. Cuando saqueaba una provincia conquistada, usaba la riqueza para extender su dominio personal.

11:25-26: Su campaña contra Egipto recibe una mención especial y el rey del sur no fue capaz de resistirle, debido, en parte, a la traición de sus propios seguidores.

11:27-28: Después de esto, los dos reyes, el de Egipto y el de Siria, se ocuparon en conferencias hipócritas y falsas. Cuando Antíoco volvía a su propia tierra, comenzó a dirigir su hostilidad contra Israel, infligiendo muerte y destrucción.

11:29-31: La siguiente vez que Antíoco marchó contra Egipto, los romanos le hicieron retroceder (naves de Quitim) cerca de Alejandría. Atravesando Palestina cuando volvía, descargó su ira contra Israel. Algunos judíos apóstatas colaboraron con él. Hizo cesar el continuo sacrificio y ordenó que se erigiese un ídolo en el santuario. Según la historia secular, profanó el templo, sacrificando una cerda en el altar. El santo pacto (vv. 28, 30, 32) se refiere a la fe judía, con un énfasis particular en el sistema de sacrificios.

11:32-35: Estas atrocidades provocaron la revuelta macabea, dirigida por Judas Macabeo (en arameo, "el martillo"), y su familia. Los judíos apóstatas se pusieron todos a favor de Antíoco, pero los fieles se esforzaron y actuaron. Por un lado, fue un tiempo terrible de matanza, pero por el otro, de avivamiento y esplendor espiritual.

Las profecías del futuro distante
Daniel 11:36; 12:13.
1.   El anticristo (11:36-45).

11:36-39: Como se mencionó anteriormente, los versículos del 36 al 45 son todavía futuros. El versículo 36 presenta al rey voluntarioso, cuya descripción le hace parecerse mucho al anticristo. Prosperará hasta que sea consumada la ira de Dios sobre Israel. Muchos creen que será un judío, a juzgar por expresiones tales como "el Dios de sus padres" y "el amor de las mujeres" (esto es, el Mesías). Sería muy difícil que un mesías gentil engañase a los judíos. De todas maneras, extenderá ampliamente su dominio por medio del militarismo agresivo.

11:40-45: En los versículos que van del 40 al 45 nos encontramos con un problema, en cuanto a quién se refiere él: "el rey del sur contenderá con **él**; y el rey del norte se levantará contra **él** como una tempestad". Una interpretación es la siguiente: el rey del sur contiende con el rey soberbio, en batalla. Entonces el rey del norte desciende violentamente a Egipto atravesando Palestina. Pero noticias preocupantes del oriente y del norte le hacen retroceder a Palestina, donde acampa entre los mares (Mediterráneo y Muerto) y Jerusalén (monte glorioso y santo). Será destruido, sin tener quién acuda a ayudarle.

2.   La Gran Tribulación (Dn 12).

12:1-3: El versículo 1 describe la Gran Tribulación, los tres años y medio que precederán a la segunda venida de Cristo. Algunos serán resucitados para entrar con Cristo en el milenio; los muertos no salvos serán resucitados al final del milenio (v. 2; cf. Ap 20:5). Los santos de la tribulación que se mostraron entendidos, obedeciendo al Señor y conduciendo a otros a la fe y la justicia, resplandecerán en gloria eterna.

Algunos comentaristas no ven que el versículo 2 se refiera a una resurrección física, sino al avivamiento nacional y moral de Israel. Después que el antiguo pueblo de Dios sea reunido en la tierra en incredulidad, habrá un remanente que responderá al evangelio y entrará en el milenio. Estos son los que serán despertados para vida eterna. Todos los demás, que adoraron al anticristo, serán condenados a vergüenza y confusión perpetua. Habiendo estado sepultado entre los gentiles por siglos, Israel será restaurado nacionalmente y será entonces cuando el remanente creyente experimente la resurrección espiritual descrita en Isaías 26:19 y Ezequiel 37.

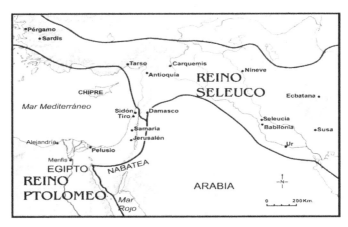

EL CONTROL SELÉUCIDA DE PALESTINA

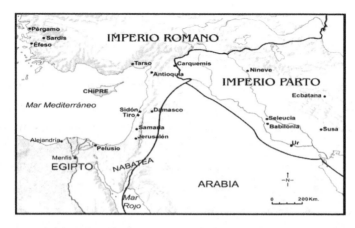

EL CONTROL ROMANO DE PALESTINA

12:4: Se le dice a Daniel que guarde las profecías en un libro. Normalmente el versículo 4 se interpreta como que está hablando de avances en el transporte y conocimiento científico, pero probablemente no significa eso. Darby traduce: "Muchos investigarán diligentemente". Y Tregelles: "Muchos escudriñarán el libro de principio a fin". Quiere decir que en la Gran Tribulación muchos estudiarán la Palabra profética y aumentará el conocimiento de la misma.

12:5-10: Estos versículos registran la conversación mantenida entre dos individuos anónimos y un varón vestido de lino, respecto a cuándo sería el tiempo del fin. El tiempo dado es de tres años y medio (un tiempo, tiempos, y la mitad de un tiempo). Al expresar Daniel su incapacidad para entender, se le dice que la visión no será completamente clara hasta que acontezca. Pero puede estar seguro de que los justos serán purificados, los impíos se mostrarán tal como son, y solo los entendidos comprenderán. Desde el comienzo de la Gran Tribulación hasta el final de la misma habrá un tiempo, tiempos, y la mitad de un tiempo (tres años y medio o 1.260 días).

12:11: Tal vez, la abominación desoladora se establezca en el templo de Jerusalén treinta días antes de que comience la Gran Tribulación. Esto explicaría los mil doscientos noventa días que se mencionan aquí.

12:12: En cuanto a los mil trescientos treinta y cinco días, se explica llevándonos más allá de la venida de Cristo y el juicio de sus enemigos, hasta el principio de su reino.

12:13: Daniel reposaría (en muerte) y se levantaría (en la resurrección) para disfrutar de su herencia: las bendiciones milenarias con su Mesías, el Señor Jesucristo.[38]

La segunda venida de Cristo

Con la excepción de la certeza de la muerte, la doctrina escatológica en la que los teólogos ortodoxos están más de acuerdo es con la segunda venida de Cristo. Esta es indispensable para la escatología. Es la base de la esperanza cristiana, el único evento que marca el inicio de la finalización del plan de Dios.

1.   Lo definido del evento.

Muchas Escrituras indican claramente que Cristo va a regresar. En su gran discurso sobre el fin de los tiempos (Mt 24; 25), Jesús mismo promete que volverá: "Entonces aparecerá la señal del Hijo del hombre en el cielo, y todas las tribus de la tierra harán lamentación cuando vean al Hijo del hombre venir sobre las nubes del cielo, con poder y gran gloria" (Mt 24:30). Varias veces, en este mismo discurso, se menciona "la venida del Hijo del hombre" (vv. 27, 37, 39, 42, 44). Hacia el final del discurso leemos: "Enviará sus ángeles con gran voz de trompeta y juntarán a sus escogidos de los cuatro vientos, desde un extremo del cielo hasta el otro" (25:31). Todas las enseñanzas de este discurso, incluidas las parábolas, dan por anunciada la segunda venida. De hecho, Jesús pronunció su discurso en respuesta a la pregunta de sus discípulos: "Dinos, ¿cuándo serán estas cosas y qué señal habrá de tu venida y del fin del siglo?" (Mt 24:3). Más tarde, esa semana, mientras declaraba ante Caifás, Jesús dijo: "Tú lo has dicho. Y además os digo que desde ahora veréis al Hijo del hombre sentado

---

[38] W. Mac Donald, *Comentario bíblico de William Mac Donald: Antiguo Testamento y Nuevo Testamento*. Viladecavalls, España: Editorial Clie, 2004, pp. 465-469.

a la diestra del poder de Dios y viniendo en las nubes del cielo" (Mt 26:64). Aunque Mateo recoge más que los otros evangelistas, Marcos, Lucas y Juan también incluyen algunos comentarios de Jesús sobre la segunda venida. En Marcos 13:26 y Lucas 21:27, por ejemplo, encontramos declaraciones casi idénticas de que la gente que viva en los últimos días verá al Hijo del hombre venir en nubes de poder y gloria. Y Juan nos dice que en el aposento alto, Jesús prometió a sus discípulos: "Y si me voy y os preparo lugar, vendré otra vez y os tomaré a mí mismo, para que donde yo esté, vosotros también estéis" (Jn 14:3).

Además de las propias palabras de Jesús, hay muchas otras declaraciones directas en el Nuevo Testamento sobre su regreso. En la ascensión de Jesús, dos hombres vestidos de blanco, probablemente ángeles, dijeron a los discípulos: "Galileos, ¿por qué estáis mirando al cielo? Este mismo Jesús, que ha sido tomado de vosotros al cielo, así vendrá como lo habéis visto ir al cielo" (Hch 1:11). La segunda venida formaba parte del *kerygma* apostólico: "Así que, arrepentíos […] para que él envíe a Jesucristo, que os fue antes anunciado. A este, ciertamente, es necesario que el cielo reciba hasta los tiempos de la restauración de todas las cosas, de que habló Dios por boca de sus santos profetas que han sido desde tiempo antiguo" (Hch 3:19-21).

Pablo escribió sobre la segunda venida en varias ocasiones. Él aseguró a los filipenses: "Nuestra ciudadanía está en los cielos, de donde también esperamos al Salvador, al Señor Jesucristo. Él transformará nuestro cuerpo mortal en un cuerpo glorioso semejante al suyo, por el poder con el cual puede también sujetar a sí mismo todas las cosas" (Flp 3:20-21). Este pasaje, en un libro que no es explícitamente escatológico, es particularmente significativo porque demuestra el efecto práctico que la segunda venida tendrá sobre nosotros. Probablemente, la declaración más clara y directa de Pablo sea en 1 Tesalonicenses 4:15-16: "Por lo cual os decimos esto en palabra del Señor: que nosotros que vivimos, que habremos quedado hasta la venida del Señor, no precederemos a los que durmieron. El Señor mismo, con voz de mando, con voz de arcángel y con trompeta de

Dios, descenderá del cielo. Entonces, los muertos en Cristo resucitarán primero" (1 Ts 4:15-16). Otras declaraciones directas las encontramos en 2 Tesalonicenses 1:7, 10 y Tito 2:13. Además, encontramos en Pablo muchas referencias a la segunda venida menos elaboradas (1 Co 1:7; 15:23; 1 Ts 2:19; 3:13; 5:23; 2 Ts 2:1, 8; 1 Ti 6:14; 2 Ti 4:1, 8). Otros autores también mencionan la segunda venida (Heb 9:28; Stg 5:7-8; 1 P 1:7, 13; 2 P 1:16; 3:4, 12; 1 Jn 2:28). Desde luego, la segunda venida es una de las doctrinas más ampliamente enseñadas en el Nuevo Testamento.

2.   Lo indefinido del momento.

Mientras que el hecho de la segunda venida se afirma de forma muy enfática y clara en las Escrituras, no ocurre lo mismo con el momento. De hecho, la Biblia deja claro que no sabemos, ni podemos descubrir el momento exacto en que Jesús regresará. Aunque Dios ha establecido un momento definido, este no ha sido revelado. Jesús señaló que ni él ni los ángeles conocían el momento de su regreso, y tampoco sus discípulos: "Pero de aquel día y de la hora nadie sabe, ni aun los ángeles que están en el cielo, ni el Hijo, sino el Padre. Mirad, velad y orad, porque no sabéis cuándo será el tiempo. Velad, pues, porque no sabéis cuándo vendrá el señor de la casa; si al anochecer, a la medianoche, al canto del gallo o a la mañana" (Mc 13:32-33, 35; ver también Mt 24:36-44).

Aparentemente, el momento de su regreso era uno de los asuntos a los que Jesús se estaba refiriendo cuando, justo antes de su ascensión, respondió a sus discípulos la pregunta sobre si ahora sería el tiempo en que restauraría el reino a Israel: "No os toca a vosotros saber los tiempos o las ocasiones que el Padre puso en su sola potestad" (Hch 1:7). En lugar de satisfacer su curiosidad, Jesús les dijo a sus discípulos que iban a ser sus testigos por todo el mundo. Que el momento de su regreso no les sería revelado, explica por qué Jesús pusiese tanto énfasis en lo inesperado del momento y por consiguiente, que era necesario estar atentos (Mt 24:44, 50; 25:13; Mc 13:35).

El carácter de la segunda venida

1. Personal.

Que la segunda venida de Cristo sea de carácter personal no es objeto de ninguna discusión extensa. Más bien, simplemente se asume en todas las referencias que hay sobre su regreso. Jesús dice, por ejemplo: "Y si me fuere y os preparare lugar, vendré otra vez, y os tomaré a mí mismo, para que donde yo estoy, vosotros también estéis" (Jn 14:3). La declaración de Pablo de que "el Señor mismo descenderá del cielo" (1 Ts 4:16), deja pocas dudas de que el regreso será de naturaleza personal. La palabra de los ángeles en la ascensión de Jesús: "Este mismo Jesús, que ha sido tomado de vosotros al cielo, así vendrá como lo habéis visto ir al cielo" (Hch 1:11), establece que su regreso será tan personal como fue su partida.

No obstante, algunos intérpretes recientes han dado a las Escrituras citadas anteriormente una interpretación diferente. Esto, en un intento por resolver lo que creen que son dos énfasis opuestos, e incluso en conflicto, dentro de las enseñanzas de Jesús. Por una parte, está el motivo apocalíptico, el reino irá precedido de un suceso cataclísmico repentino: el regreso personal de Cristo. Por otra parte, está la enseñanza de que el reino es inmanente. Ya está presente en el mundo y continuará creciendo de modo gradual.

William Newton Clarke interpreta el primero a partir del segundo: "No se puede esperar un regreso visible de Cristo a la tierra, sino un avance amplio y progresivo de su reino espiritual [...]. Si nuestro Señor simplemente completa el regreso espiritual que ha comenzado, no habrá necesidad de un advenimiento visible para hacer perfecta su gloria en el mundo". Algunas veces este enfoque se ha adoptado con la convicción de que Jesús creía y enseñaba (como lo hizo la Iglesia primitiva) un regreso a corto plazo, probablemente dentro de esa misma generación, pero es obvio que es equivocado. Una exégesis detallada de los pasajes pertinentes demuestra, no obstante, que en ningún momento Jesús enseña de forma específica que fuese a regresar pronto. Además, no existe una razón esencial para que el reino no pueda ser a la vez presente y futuro, a la vez inmanente y cataclísmico.

2. Físico.

Están aquellos que afirman que la promesa del regreso de Jesús se cumplió en Pentecostés mediante una venida espiritual. Jesús, después de todo, dijo: "Y he aquí yo estoy con vosotros todos los días, hasta el fin del mundo" (Mt 28:20). También dijo: "El que me ama, mi palabra guardará; y mi Padre lo amará, y vendremos a él y haremos morada con él" (Jn 14:23). Y Pablo habló de las riquezas de este misterio: "Cristo en vosotros, esperanza de gloria" (Col 1:27).

Algunos intérpretes dan mucho peso al uso del término παρουσία (*parousia*) para la segunda venida. Al señalar que la palabra "parusía" básicamente significa "presencia," argumentan, en las referencias a la "venida del Señor", que Jesús está presente con nosotros y no que vaya a venir en algún momento futuro. Desde Pentecostés, Cristo ha estado con y en cada creyente desde el momento del nuevo nacimiento. Sin embargo, hay varias consideraciones que impiden que consideremos esta presencia espiritual como el pleno significado de la venida que él prometió.

Aunque es cierto que el significado básico de παρουσία es "presencia," también significa "venida" y es el significado que más aparece en el Nuevo Testamento, como se puede determinar examinando el uso de la palabra dentro del contexto. Además, hay otros términos del Nuevo Testamento, en particular ἀποκάλυψις (*apokalupsis*) y ἐπιφάνεια (*epiphaneia*), que indican claramente "venida." Y la afirmación en Hechos 1:11 de que Jesús volverá de la misma manera que partió, implica que regresará corporalmente. Sin embargo, quizá el argumento más persuasivo sea que muchas de las promesas de la segunda venida de Jesús fueron hechas después de Pentecostés. De hecho, unos sesenta años más tarde, y siguen colocando en el futuro esa venida.

3. Visible.

Hay, como los Testigos de Jehová, quienes mantienen que Cristo empezó su reinado sobre la tierra el 1 de octubre de 1914. Sin embargo, no fue un regreso visible a la tierra, porque Jesús no tiene un cuerpo visible desde la ascensión. Ni siquiera fue un regreso literal, porque fue en el cielo donde Cristo ascendió al trono. Su presencia, pues, tiene la naturaleza de una influencia invisible.

Es difícil reconciliar el concepto de la segunda venida que tienen los seguidores de esta corriente con las descripciones bíblicas. Una vez más, señalamos Hechos 1:11: el regreso de Cristo será como su partida, que fue claramente visible, porque sus discípulos vieron cómo Jesús era llevado al cielo (vv. 9-10). Otras descripciones de la segunda venida dejan claro que será bastante evidente, como dice en Mateo 24:30: "cuando vean al Hijo del hombre venir sobre las nubes del cielo, con poder y gran gloria".

4.   Inesperada.

Aunque la segunda venida estará precedida de varias señales: la abominación desoladora (Mt 24:15), gran tribulación (v. 21), y oscurecimiento del sol (v. 29), estas no indicarán el momento concreto del regreso de Jesús. En consecuencia, habrá muchos para los que el regreso será inesperado. Será como en los días de Noé (Mt 24:37); y aunque Noé pasó un buen tiempo construyendo el arca, ninguno de sus contemporáneos, excepto su propia familia, se preparó para el diluvio. La gente se sentirá segura, pero la destrucción repentina caerá sobre ellos (1 Ts 5:2-3).

Las enseñanzas de Jesús sugieren que debido al gran retraso en la segunda venida, algunos estarán descuidados (Mt 25:1-13; 2 P 3:3-4). Cuando finalmente la parusía ocurra, sucederá tan precipitadamente que no habrá tiempo para prepararse (Mt 25:8-10). Como dice Louis Berkhof: "La Biblia sugiere que el grado de sorpresa ante la segunda venida de Cristo estará en relación inversa con su grado de expectación".

5.   Triunfante y gloriosa.

Varias descripciones del regreso de Cristo indican su carácter glorioso. Claro contraste con las circunstancias humildes y discretas de su primera venida, caracterizada esta en la humillación de Cristo. La segunda venida es la etapa final de su exaltación. Vendrá en las nubes con gran gloria y poder (Mt 24:30; Mc 13:26; Lc 21:27), y con voz de mando, con voz de arcángel, y con trompeta de Dios, descenderá del cielo (1 Ts 4:16). Se sentará en el trono glorioso y juzgará a todas las naciones (Mt 25:31-46). La ironía de esta situación es que quien fue juzgado al final de su estancia en la tierra, será juez de todos en su segunda venida. Está claro que será el Señor triunfante, glorioso y poderoso sobre todo y todos.

La unidad de la segunda venida

Un grupo grande e influyente de cristianos conservadores enseña que la venida de Cristo se producirá en dos etapas. Estas etapas son el arrebatamiento y la revelación, o el "venir por" los santos y el "venir con" los santos. Estos dos eventos estarán separados por la Gran Tribulación, que se cree durará unos siete años. A los que defienden este punto de vista se les denomina pretribulacionistas, y la mayoría de ellos son dispensacionalistas.

El arrebatamiento o el "venir por" será secreto; nadie se dará cuenta de ello, excepto la Iglesia. Como precede a la tribulación, no existe ninguna profecía que se tenga que cumplir antes que pueda suceder. En consecuencia, el arrebatamiento puede ocurrir en cualquier momento o como se suele decir, es inminente. Liberará a la Iglesia de la agonía de la Gran Tribulación. Después, al final de los siete años, el Señor regresará nuevamente, trayendo con él a su Iglesia para una gran llegada triunfal. Esto será un evento visible, glorioso y universalmente reconocible. Cristo establecerá después su reino terrenal del milenio.

En contraste con el pretribulacionismo, las otras teorías sobre la segunda venida de Cristo mantienen que habrá una única venida, un evento unificado. Dirigen todas las profecías sobre la segunda venida hacia un único evento, mientras que los pretribulacionistas dirigen algunas de las profecías hacia el arrebatamiento y otras, hacia la revelación.

¿Cómo resolvemos este asunto? ¿La segunda venida será un suceso de una sola etapa o de dos? Aunque examinaremos en el siguiente capítulo numerosas consideraciones que se relacionan con este tema, hay una muy importante que debemos tener en cuenta ahora. Tiene que ver con el vocabulario utilizado para designar el segundo advenimiento. Los tres términos utilizados principalmente para segunda venida son παρουσία, ἀποκάλυψις, y ἐπιφάνεια. Los pretribulacionistas argumentan que παρουσία hace referencia al arrebatamiento, la primera etapa del regreso, la esperanza bienaventurada del creyente de ser liberado de este mundo antes que llegue la tribulación. Los otros dos hacen referencia a Cristo viniendo con los santos al final de la tribulación.

Sin embargo, cuando los inspeccionamos con detenimiento, los términos que designan la segunda venida no apoyan la distinción hecha por los pretribulacionistas. Por ejemplo, en 1 Tesalonicenses 4:15-17, el término παρουσία se utiliza para denotar un evento que es difícil de entender como el arrebatamiento: "Por lo cual os decimos esto en palabra del Señor: que nosotros que vivimos, que habremos quedado hasta la venida [παρουσία] del Señor, no precederemos a los que durmieron. El Señor mismo, con voz de mando, con voz de arcángel y con trompeta de Dios, descenderá del cielo. Entonces, los muertos en Cristo resucitarán primero. Luego nosotros, los que vivimos, los que hayamos quedado, seremos arrebatados juntamente con ellos en las nubes para recibir al Señor en el aire, y así estaremos siempre con el Señor".

Como dice George Ladd: "Es muy difícil encontrar una venida secreta de Cristo en estos versículos". Además, el término παρουσία se utiliza en 2 Tesalonicenses 2:8, donde leemos que después de la tribulación, Cristo, con su venida, destruirá al anticristo, de forma pública. Además, Jesús dijo de la παρουσία: "porque igual que el relámpago sale del oriente y se muestra hasta el occidente, así será también la venida del Hijo del hombre" (Mt 24:27).

Los otros dos términos tampoco se ajustan a los conceptos pretribulacionistas. Aunque supuestamente la παρουσία, no la ἀποκάλυψις o la ἐπιφάνεια, es la esperanza bienaventurada que espera la Iglesia, Pablo agradece que sus lectores hayan enriquecido su conocimiento mientras "esperáis la manifestación [ἀποκάλυψις] de nuestro Señor Jesucristo" (1 Co 1:7). Asegura a los tesalonicenses que: "Es justo delante de Dios pagar con tribulación a los que os atribulan, mientras que a vosotros, los que sois atribulados, daros reposo junto con nosotros, cuando se manifieste [ἀποκάλυψις] el Señor Jesús desde el cielo con los ángeles de su poder" (2 Ts 1:6-7).

Pedro habla del gozo de los creyentes y de la recompensa en conexión con el ἀποκάλυψις: "Al contrario, gozaos por cuanto sois participantes de los padecimientos de Cristo, para que también en la revelación de su gloria os gocéis con gran alegría" (1 P 4:13). Con anterioridad había escrito que sus lectores tendrían que sufrir varias pruebas: "Para que, sometida a prueba vuestra fe, mucho más preciosa que el oro (el cual, aunque perecedero, se prueba con fuego), sea hallada en alabanza, gloria y honra cuando sea manifestado Jesucristo" (1:7). Estas dos referencias (también 1:13) sugieren que los creyentes a los que Pedro está escribiendo (que son parte de la Iglesia) recibirán su gloria y honor en el ἀποκάλυψις de Cristo. Sin embargo, según los pretribulacionistas, la Iglesia debería haber recibido ya su recompensa en la παρουσία.

Finalmente, Pablo habla de ἐπιφάνεια como el objeto de la esperanza del creyente. Escribe a Tito que los creyentes debemos vivir vidas santas "mientras aguardamos la esperanza bienaventurada y la manifestación gloriosa [ἐπιφάνεια] de nuestro gran Dios y Salvador Jesucristo" (Tit 2:13). Concluimos que podemos encontrar un uso similar de ἐπιφάνεια en 1 Timoteo 6:14 y 2 Timoteo 4:8 y que el uso de una variedad de términos no es indicación de que haya dos etapas en la segunda venida. Más bien, que los términos sean intercambiables, apunta claramente a un único evento.

La inminencia de la segunda venida

Una cuestión adicional que debemos tratar es si la segunda venida es inminente o no. ¿Podría suceder en cualquier momento, o hay ciertas profecías que deben cumplirse primero?

Algunos cristianos, en particular aquellos que sostienen que Cristo vendrá por los santos antes de la tribulación, creen que el regreso se producirá en cualquier momento. Según esto, debemos estar preparados, porque la segunda venida de Jesús nos podría tomar desprevenidos. Para apoyar esta proposición se utilizan varios argumentos:

1. Jesús les dijo a sus discípulos que debían estar preparados para su regreso ya que no sabían cuándo podría acontecer (Mt 24-25). Si se tienen que producir otros sucesos antes que Cristo regrese, como la Gran Tribulación, es difícil entender por qué habló de un tiempo desconocido, ya que sabríamos, al menos, que el regreso no se produciría hasta que esos otros sucesos hubiesen tenido lugar.

2. Se repite el énfasis en que debemos esperar entusiasmados porque la venida del Señor está próxima. Muchos pasajes (Ro 8:19-25; 1 Co 1:7; Flp 4:5; Tit 2:13; Stg 5:89; Jud 21) indican que la venida podría estar muy próxima y acontecer, quizá, en cualquier momento.

3. La declaración de Pablo de que esperamos nuestra esperanza bienaventurada (Tit 2:13), requiere que el siguiente evento, en el plan de Dios, sea la venida del Señor. Si en su lugar, el paso siguiente fuese la Gran Tribulación, no podríamos tener esperanza ni expectación. Al contrario, nuestra reacción sería de temor y aprensión. Ya que el retorno de nuestro Señor es el evento siguiente en el plan de Dios, no hay razón para pensar que no vaya a suceder en cualquier momento.

Sin embargo, cuando se examinan detenidamente estos argumentos, no son del todo persuasivos. ¿Los mandatos de Cristo para que estemos atentos a su regreso y las advertencias de que este puede ocurrir en un momento inesperado y sin señales claras significan necesariamente que este vaya a ser inminente? Ya ha habido un período intermedio de casi dos mil años. Aunque no sabemos cuánto durará el retraso, ni sabemos por tanto el momento preciso del regreso de Cristo, sí sabemos que no se ha producido todavía. No saber cuándo sucederá no impide saber ciertas fechas en las que no ocurrirá.

Además, las palabras de Jesús en el momento en que fueron dichas no querían expresar que la segunda venida fuera inminente o que estaba para suceder prontamente. Indicó, por medio de al menos tres de sus parábolas (el hombre noble que fue a un país lejano, Lc 19:11-27; las vírgenes prudentes y las insensatas, Mt 25:5; y los talentos, Mt 25:19), que iba a haber un retraso. De forma similar, la parábola de los siervos (Mt 24:45-51) implica un período de tiempo en el que los siervos prueban su carácter.

Además, ciertos acontecimientos tenían que suceder antes de la segunda venida. Por ejemplo, Pedro se haría viejo y enfermaría (Jn 21:18), el evangelio se predicaría a todas las naciones (Mt 24:14), y el templo sería destruido (Mt 24:2). Si estos sucesos tenían que ocurrir antes que Jesús regresara, la segunda venida no podría suceder inmediatamente. Cuando dijo: "¡Vigilad!" y "no sabéis la hora", no estaba siendo incoherente con un retraso que permitiera que ciertos sucesos ocurrieran.

Esto no quiere decir que no sea adecuado hablar de inminencia. Sin embargo, es la complejidad de eventos que rodean la segunda venida lo que es inminente, y no el evento único que es la segunda venida. Quizá deberíamos hablar de esta complejidad como inminente y de la segunda venida, como próxima.

La resurrección

El principal resultado de la segunda venida de Cristo, desde el punto de vista individual de la escatología, es la resurrección. Esta es la base para la esperanza del creyente cuando se enfrenta a la muerte. Aunque la muerte es inevitable, el creyente anticipa el ser liberado de su poder.

Enseñanza bíblica.

La Biblia promete claramente la resurrección del creyente. El Antiguo Testamento nos ofrece varias declaraciones directas. La primera la encontramos en Isaías 26:19: "Tus muertos vivirán; sus cadáveres resucitarán. ¡Despertad y cantad, moradores del polvo! Porque tu rocío es cual rocío de hortalizas, y la tierra entregará sus muertos".

Daniel 12:2 enseña tanto la resurrección del creyente como del malvado: "Muchos de los que duermen en el polvo de la tierra serán despertados: unos para vida eterna, otros para vergüenza y confusión perpetua". La idea de la resurrección también se afirma en Ezequiel 37:12-14: "Por tanto, profetiza, y diles que así ha dicho Jehová, el Señor: Yo abro vuestros sepulcros, pueblo mío; os haré subir de vuestras sepulturas y os traeré a la tierra de Israel. Y sabréis que yo soy Jehová, cuando abra vuestros sepulcros y os saque de vuestras sepulturas, pueblo mío. Pondré mi espíritu en vosotros y viviréis, y os estableceré en vuestra tierra. Y sabréis que yo, Jehová, lo dije y lo hice, dice Jehová".

Además de las declaraciones directas, el Antiguo Testamento afirma que podemos esperar la liberación de la muerte o Seol. Salmos 49:15 dice: "Pero Dios redimirá mi vida del poder del Seol, porque él me tomará consigo". Aunque no hay ninguna afirmación sobre el cuerpo en este pasaje, hay una esperanza de que la existencia incompleta en el Seol no sea nuestra condición final. Salmos 17:15 habla de despertar en presencia de Dios: "En cuanto a mí, veré tu rostro en justicia; estaré satisfecho cuando despierte a tu semejanza". Algunos comentaristas ven sugerencias semejantes en los Salmos 73:24-25 y Proverbios 23:14.

Aunque debemos ser cuidadosos y no leer demasiado de las revelaciones del Nuevo Testamento en el Antiguo Testamento, es significativo que Jesús y los escritores del Nuevo Testamento mantuvieran que el Antiguo Testamento enseña la resurrección. Cuando fue preguntado por los saduceos, quienes negaban la resurrección, Jesús les acusó de error debido a la falta de conocimiento de las Escrituras y del poder de Dios (Mc 12:24). Después siguió argumentando a favor de la resurrección, basándose en el Antiguo Testamento: "Pero respecto a que los muertos resucitan, ¿no habéis leído en el libro de Moisés cómo le habló Dios en la zarza, diciendo: 'Yo soy el Dios de Abraham, el Dios de Isaac y el Dios de Jacob'? ¡Dios no es Dios de muertos, sino Dios de vivos! Así que vosotros mucho erráis" (Mc 26-27). Pedro (Hch 2:24-32) y Pablo (Hch 13:32-37) vieron el Salmo

16:10 como una predicción de la resurrección de Jesús. Hebreos 11:19 elogia la fe de Abraham en la habilidad de Dios para resucitar a la gente de entre los muertos: "Porque pensaba que Dios es poderoso para levantar aun de entre los muertos, de donde, en sentido figurado, también lo volvió a recibir".

El Nuevo Testamento, por supuesto, enseña la resurrección con mucha más claridad. Ya hemos señalado la réplica de Jesús a los saduceos, que se recoge en tres evangelios sinópticos (Mt 22:29-32; Mc 12:24-27; Lc 20:34-38). Mientras que Juan recoge varias ocasiones adicionales en las que Jesús habla de la resurrección. Una de las declaraciones más claras es Juan 5: "De cierto, de cierto os digo: Viene la hora, y ahora es, cuando los muertos oirán la voz del Hijo de Dios, y los que la oigan vivirán [...] No os asombréis de esto, porque llegará la hora cuando todos los que están en los sepulcros oirán su voz; y los que hicieron lo bueno saldrán a resurrección de vida; pero los que hicieron lo malo, a resurrección de condenación" (vv. 25, 28-29). Otras afirmaciones de la resurrección se encuentran en Juan 6:39-40, 44, 54, y la narración de la resurrección de Lázaro en Juan 11 (especialmente vv. 24-25).

Las epístolas del Nuevo Testamento también dan testimonio de la resurrección. Pablo claramente creía y enseñaba que iba a haber una futura resurrección del cuerpo. El pasaje clásico y más extenso es 1 Corintios 15. La enseñanza es señalada esencialmente en los versículos 51 y 52: "Os digo un misterio: No todos moriremos; pero todos seremos transformados, en un momento, en un abrir y cerrar de ojos, a la final trompeta, porque se tocará la trompeta, y los muertos serán resucitados incorruptibles y nosotros seremos transformados". También se enseña con claridad la resurrección en 1 Tesalonicenses 4:13-16 y de forma implícita en 2 Corintios 5:1-10. Recordemos que cuando Pablo apareció ante el concilio, tras hacer saber que era ciudadano romano, creó disensiones entre fariseos y saduceos al declarar: "Hermanos, yo soy fariseo, hijo de fariseo; acerca de la esperanza y de la resurrección de los muertos se me juzga" (Hch 23:6); e hizo una declaración similar ante Félix (Hch 24:21). Juan también afirmó la doctrina de la resurrección, la cual está registrada en Apocalipsis 20:4-6, 13.

Una obra del Dios trino

Todos los miembros de la Trinidad están implicados en la resurrección de los creyentes. Pablo nos dice que el Padre resucitará a los creyentes mediante el Espíritu: "Y si el Espíritu de aquel que levantó de los muertos a Jesús está en vosotros, el que levantó de los muertos a Cristo Jesús vivificará también vuestros cuerpos mortales por su Espíritu que está en vosotros" (Ro 8:11). Hay una conexión especial entre la resurrección de Cristo y la resurrección general, un punto que Pablo resalta de forma especial en 1 Corintios 15:12-14: "Pero si se predica que Cristo resucitó de los muertos, ¿cómo dicen algunos entre vosotros que no hay resurrección de muertos? Porque si no hay resurrección de muertos, tampoco Cristo resucitó. Y si Cristo no resucitó, vana es entonces nuestra predicación y vana es también vuestra fe". En Colosenses 1:18, Pablo hace referencia a Jesús como "la cabeza del cuerpo que es la iglesia, y es el principio, el primogénito de entre los muertos, para que en todo tenga la preeminencia". Mientras que en Apocalipsis 1:5, Juan, de forma similar, hace referencia a Jesús como "primogénito de los muertos". Esta expresión no señala tanto a que Jesús haya sido el primero en el tiempo dentro de un grupo, como a su supremacía sobre el grupo (cf. 1:15 "el primogénito de toda la creación"). La resurrección de Cristo es la base de la confianza y esperanza de los creyentes. Pablo escribe: "Si creemos que Jesús murió y resucitó, así también traerá Dios con Jesús a los que durmieron en él" (1 Ts 4:14). Y aunque el contexto no menciona explícitamente la resurrección general, al inicio de su primera epístola, Pedro vincula el nuevo nacimiento y la esperanza de vida del creyente a la resurrección de Cristo y después toma en consideración la segunda venida, cuando la fe genuina traiga como resultado la alabanza, la gloria y el honor (1 P 1:39).

De naturaleza corporal

Varios pasajes del Nuevo Testamento afirman que el cuerpo será devuelto a la vida. Uno de ellos es Romanos 8:11: "Y si el Espíritu de aquel que levantó de los muertos a Jesús está en vosotros, el que levantó de los muertos a Cristo Jesús vivificará también vuestros cuerpos mortales por su Espíritu que está en vosotros". En Filipenses 3:20-21, Pablo escribe: "Pero nuestra ciudadanía está en los cielos, de donde también esperamos al Salvador, al Señor Jesucristo. Él transformará nuestro cuerpo mortal en un cuerpo glorioso semejante al suyo, por el poder con el cual puede también sujetar a sí mismo todas las cosas". En el capítulo de la resurrección, 1 Corintios 15, dice: "Se siembra un cuerpo natural, resucita un cuerpo espiritual. Si hay un cuerpo natural, también hay un cuerpo espiritual" (v. 44 NVI). Pablo también deja claro que es una herejía la idea de que la resurrección ya haya sucedido; o sea, en forma de resurrección espiritual (no incompatible con el hecho de que los cuerpos todavía sigan en las tumbas). Hace esto cuando condena las ideas de Himeneo y Fileto, "que se desviaron de la verdad diciendo que la resurrección ya se efectuó, y trastornan la fe de algunos" (2 Ti 2:18).

Además, hay conclusiones o evidencias indirectas de la naturaleza corporal de la resurrección. La redención del creyente se dice que implica al cuerpo y no solo al alma. "Sabemos que toda la creación gime a una, y a una está con dolores de parto hasta ahora. Y no solo ella, sino que también nosotros mismos, que tenemos las primicias del Espíritu, nosotros también gemimos dentro de nosotros mismos, esperando la adopción, la redención de nuestro cuerpo" (Ro 8:22-23).

En 1 Corintios 6:12-20, Pablo señala la importancia espiritual del cuerpo. Lo cual está en claro contraste con la idea de los gnósticos que minimizaban el cuerpo. Mientras que algunos gnósticos sacaron la conclusión de que al cuerpo, por ser malo, se le debía aplicar un ascetismo estricto, otros creían que lo que se hiciera con el cuerpo era espiritualmente irrelevante. Como resultado de ello, llevaban por un comportamiento licencioso. Sin embargo, Pablo insiste en que el cuerpo es santo. Nuestros cuerpos son miembros de Cristo (v. 15). El cuerpo es templo del Espíritu Santo (v. 19). "El cuerpo no es para la fornicación, sino para el Señor y el Señor para el cuerpo" (v. 13). A la vista del énfasis que se pone en el cuerpo, la frase que sigue inmediatamente es sin duda un argumento a favor de la resurrección del cuerpo: "Y Dios, que levantó al Señor, también a nosotros nos levantará con su poder" (v. 14). La conclusión de todo el pasaje es: "glorificad, pues, a Dios en vuestro cuerpo" (v. 20).

Otro argumento indirecto para el carácter corporal de la resurrección es que la resurrección de Jesús fue de naturaleza corporal. Cuando Jesús se apareció a sus discípulos, estos se asustaron pensando que estaban viendo un espíritu. Él les calmó diciendo: "¿Por qué estáis turbados y vienen a vuestro corazón estos pensamientos? Mirad mis manos y mis pies, que yo mismo soy. Palpad y ved, porque un espíritu no tiene carne ni huesos como veis que yo tengo" (Lc 24:38-39). Y cuando más tarde se le apareció a Tomás, quien se había mostrado escéptico ante su resurrección, le dijo: "Pon aquí tu dedo y mira mis manos; acerca tu mano y métela en mi costado; y no seas incrédulo, sino creyente" (Jn 20:27). Que Jesús fuera visto, escuchado y reconocido por sus discípulos sugiere que tenía un cuerpo similar al que poseía anteriormente. El hecho de que la tumba estuviera vacía y el cuerpo nunca fuera hallado por los enemigos de Cristo es una indicación más de la naturaleza corporal de su resurrección. La conexión especial entre la resurrección de Cristo y la del creyente es un argumento a favor de que nuestra resurrección también sea corporal.

Ahora, nos enfrentamos a la cuestión de lo que significa exactamente que la resurrección afecta al cuerpo. Hay ciertos problemas a considerar en cuanto al ver a la resurrección como una mera resucitación física. Uno es el suponer que el cuerpo estará sujeto de nuevo a la muerte. Al parecer, Lázaro y los demás resucitados por Jesús, al final acabaron muriendo otra vez y fueron enterrados. Sin embargo, Pablo habla de un nuevo cuerpo "incorruptible" en contraste con el cuerpo "corruptible" que es enterrado (1 Co 15:42).

Un segundo problema es el contraste que se hace entre "cuerpo natural" (con alma) que se siembra, y el "cuerpo espiritual" que se resucita (v. 44). Hay una diferencia significativa entre los dos, pero no sabemos la naturaleza exacta de esa diferencia. Además, hay declaraciones explícitas que excluyen la posibilidad de que el cuerpo resucitado sea puramente físico. Pablo dice hacia el final de su discurso sobre la resurrección del cuerpo "que la carne y la sangre no pueden heredar el reino de Dios, ni la corrupción hereda la incorrupción" (1 Co 15:50). La respuesta de Jesús a los saduceos de que "en la resurrección ni se casarán ni se darán en casamiento, sino serán como los ángeles de Dios en el cielo" (Mt 22:30), parece implicar lo mismo. Finalmente, está el problema de cómo un cuerpo se reconstituye a partir de las moléculas que pueden haber formado parte del cuerpo de otra persona. El canibalismo representa el ejemplo más extremo de este asunto, y los cuerpos humanos que sirven para fertilizar los campos donde crecen las cosechas y las cenizas que se esparcen por un río del cual se bebe el agua son otros casos a tener en cuenta. Una parodia absurda de la pregunta de los saduceos: "En la resurrección, ¿de cuál de ellos será ella mujer?" (Mc 12:23), podría ser: "en la resurrección, ¿de quién serán las moléculas?"

Lo que tenemos, pues, es algo más que una supervivencia después de la muerte mediante el espíritu o el alma; sin embargo, este algo más no es simplemente una resucitación física. Hay una utilización del viejo cuerpo, pero con una transformación durante el proceso. Este nuevo cuerpo tiene cierta conexión o identidad con el antiguo, pero está constituido de forma diferente. Pablo habla de él como de un cuerpo espiritual (1 Co 15:44), y utiliza la analogía de una semilla y la planta que surge de ella (v. 37). Lo que surge del suelo no es exactamente lo que se plantó. No obstante, surge de esa semilla original.

El problema filosófico aquí es la base de la identidad. ¿Qué es lo que marca a cada uno de nosotros como el mismo individuo en el nacimiento, como adulto, y en la resurrección? El adulto es la misma persona que el niño, a pesar de los cambios que se producen en el cuerpo humano. De la misma forma, a pesar de la transformación que se produce en la resurrección, sabemos por Pablo que seguiremos siendo la misma persona.

A veces, se asume que nuestros nuevos cuerpos serán como el de Jesús en el período inmediatamente posterior a su resurrección. Su cuerpo aparentemente tenía las marcas físicas de la crucifixión, y se le podía ver y tocar (Jn 20:27); y también comió (Lc 24:28-31, 42-43; Jn 21:9-15). Sin embargo, se debería tener en cuenta que la exaltación de Jesús todavía no se había completado. La ascensión, que implicaba la transición de este universo espacio-tiempo a la esfera espiritual del cielo, puede que haya producido otra transformación. El cambio que sucederá en nuestros cuerpos en la resurrección, o en el caso de los que todavía estén vivos en la segunda venida, será así: nuestro cuerpo resucitado será como el cuerpo actual de Jesús, no como el cuerpo que tuvo Jesús entre su resurrección y su ascensión. No tendremos esas características que tuvo el cuerpo terrenal resucitado de Jesús, que son incoherentes con las descripciones de nuestros cuerpos resucitados. O sea, ser físicamente tangibles y tener necesidad de comer.

Concluimos que habrá una realidad corporal de algún tipo de resurrección. Habrá cierta conexión y surgirá de nuestro cuerpo original; pero, no obstante, no se tratará de una mera resucitación de nuestro cuerpo original. Más bien será una transformación o metamorfosis. Una analogía podría ser la petrificación de un tronco o una cepa. Aunque la forma siga siendo la del objeto original, la composición es completamente diferente. Tenemos dificultades para entender ya que no sabemos la naturaleza exacta del cuerpo resucitado. Sin embargo, parece que retendrá, y a la vez, glorificará la forma humana. Estaremos libres de las imperfecciones y necesidades que tuvimos en la tierra.

Tanto de justos como de injustos

La mayoría de las referencias a la resurrección son las apuntadas a la resurrección de los creyentes. Isaías 26:19 habla de la resurrección de una manera que indica que es una recompensa. Jesús habla de "resurrección de los justos" (Lc 14:14). En sus palabras a los saduceos declaró que "los que son tenidos por dignos de alcanzar aquel siglo y la resurrección de entre los muertos, ni se casan ni se dan en casamiento" (Lc 20:35). También le dijo a Marta: "Yo soy la resurrección y la vida; el que cree en mí, aunque esté muerto, vivirá. Y todo aquel que vive y cree en mí, no morirá eternamente" (Jn 11:25-26). Mientras que en Filipenses 3:11, Pablo expresa su deseo y esperanza al respecto: "Si es que en alguna manera logro llegar a la resurrección de entre los muertos." Ni los evangelios sinópticos ni los escritos de Pablo hacen una referencia explícita a que los no creyentes sean resucitados de entre los muertos.

Sin embargo, una serie de pasajes indican una resurrección de los no creyentes. Daniel 12:2 dice que "muchos de los que duermen en el polvo de la tierra serán despertados: unos para vida eterna, otros para vergüenza y confusión perpetua". Juan narra unas palabras similares de Jesús: "No os asombréis de esto, porque llegará la hora cuando todos los que están en los sepulcros oirán su voz; y los que hicieron lo bueno saldrán a resurrección de vida; pero los que hicieron lo malo, a resurrección de condenación" (Jn 5:28-29). Pablo, en su defensa ante Félix, dijo: "Pero esto te confieso, que según el Camino que ellos llaman herejía, así sirvo al Dios de mis padres; creo todas las cosas que en la ley y en los profetas están escritas; con la esperanza en Dios, la cual ellos también abrigan, de que ha de haber resurrección de los muertos, así de justos como de injustos" (Hch 24:14-15). Y como tanto creyentes como no creyentes estarán presentes e implicados en el juicio final, concluimos que la resurrección de ambos es necesaria. Si serán resucitados simultáneamente o en momentos diferentes lo discutiremos en el capítulo siguiente.

El Juicio Final

La segunda venida también dará lugar al gran Juicio Final. Esto es para mucha gente uno de los momentos más temibles respecto al futuro; y debería serlo para aquellos que están apartados de Cristo y que por lo tanto serán juzgados entre los impíos. Sin embargo, para los que están en Cristo, es algo que pueden anticipar, porque sus vidas quedarán vindicadas. El Juicio Final no tiene la frialdad de intentar averiguar cuál es nuestra condición o nuestro estatus espiritual, porque Dios ya la conoce. Lo que hará es poner de manifiesto públicamente cuál es ese estatus.

Un evento futuro

El Juicio Final ocurrirá en el futuro. En algunos casos, Dios ya ha puesto de manifiesto Su juicio, como cuando llevó al cielo con Él a los justos Enoc y Elías, envió el diluvio (Gn 6-7) y destruyó a Coré y a todos los que participaron con él en la rebelión (Nm 16). Otra prueba, que encontramos en el Nuevo Testamento, fue cuando Dios hizo que cayeran fulminados Ananías y Safira (Hch 5:1-11).

Friedrich Schelling, entre otros, mantenía que la historia del mundo es el juicio del mundo. En otras palabras, los sucesos que ocurren dentro de la historia son, en efecto, un juicio sobre el mundo. No obstante, no es esto todo lo que la Biblia tiene que decir sobre el juicio. Un evento definitivo tiene que ocurrir en el futuro. Jesús alude a ello en Mateo 11:24: "Por tanto os digo que en el día del juicio será más tolerable el castigo para la tierra de Sodoma, que para ti". En otra ocasión habló claramente del juicio que ejecutaría en conexión con la futura resurrección (Jn 5:27-29). Hay una imagen ampliada de este juicio en Mateo 25:31-46.

Mientras predicaba en el areópago, Pablo declaró que Dios "ha establecido un día en el cual juzgará al mundo con justicia, por aquel varón a quien designó, acreditándolo ante todos al haberlo levantado de los muertos" (Hch 17:31). Más tarde, el apóstol argumentó ante Félix "acerca de la justicia, del dominio propio y del juicio venidero" (Hch 24:25). Escribió así mismo a los romanos: "Pero por tu dureza y por tu corazón no arrepentido, atesoras para ti mismo ira para el día de la ira y de la revelación del justo juicio de Dios" (Ro 2:5). Por otra parte, el autor de la carta a los hebreos lo expresó de forma clara y directa: "Y de la manera que está establecido para los hombres que mueran una sola vez, y después de esto el juicio" (Heb 9:27). Otras referencias claras están en Hebreos 10:27; 2 Pedro 3:7 y Apocalipsis 20:11-15.

Las Escrituras especifican que el juicio ocurrirá después de la segunda venida. Jesús dijo: "porque el Hijo del hombre vendrá en la gloria de su Padre, con sus ángeles, y entonces pagará a cada uno conforme a sus obras" (Mt 16:27). Esta idea también la encontramos en Mateo 13:37-43; 24:29-35 y 25:31-46. De forma similar, Pablo escribió: "Así que no juzguéis nada antes de tiempo, hasta que venga el Señor, el cual aclarará también lo oculto de las tinieblas y manifestará las intenciones de los corazones; y entonces cada uno recibirá su alabanza de Dios" (1 Co 4:5).

Jesucristo, el juez

Jesucristo se representa a sí mismo sentado en un trono de gloria y juzgando a todas las naciones (Mt 25:31-33). Aunque en Hebreos 12:23 se habla de Dios como el juez, está claro por otras referencias que delega Su autoridad al Hijo. Jesús mismo dijo que "el Padre a nadie juzga, sino que todo el juicio dio al Hijo. Y también le dio autoridad de hacer juicio, por cuanto es el Hijo del hombre" (Jn 5:22, 27). Pedro dijo a los que estaban reunidos en la casa de Cornelio: "Y [Jesús] nos mandó que predicáramos al pueblo, y testificáramos que él es el que Dios ha puesto por Juez de vivos y muertos" (Hch 10:42). Pablo informó a los atenienses que Dios "ha establecido un día en el cual juzgará al mundo con justicia, por aquel varón a quien designó, acreditándolo ante todos al haberlo levantado de los muertos" (Hch 17:31). Y le escribió a los corintios: "Porque es necesario que todos nosotros comparezcamos ante el tribunal de Cristo, para que cada uno reciba según lo que haya hecho mientras estaba en el cuerpo, sea bueno o sea malo" (2 Co 5:10). En 2 Timoteo 4:1 se establece que Cristo juzgará a los vivos y a los muertos.

Parece que los creyentes compartirán el juicio. En Mateo 19:28 y Lucas 22:28-30, Jesús sugiere que los discípulos juzgarán a las doce tribus de Israel. También se nos dice que los creyentes se sentarán en tronos y juzgarán al mundo (1 Co 6:2-3; Ap 3:21; 20:4). Aunque no se nos cuentan los detalles exactos, aparentemente Jesús permitirá que los santos compartan esta obra.

Los sujetos del juicio

Todos los humanos serán juzgados (Mt 25:32; 2 Co 5:10; Heb 9:27). Pablo advierte que "todos compareceremos ante el tribunal de Cristo" (Ro 14:10). Igualmente, todo secreto será revelado; todo lo que haya ocurrido en cualquier momento será evaluado. Algunos se han preguntado si los pecados de los creyentes se incluirán o no. Esto parecería innecesario dado que como creyentes hemos sido justificados; pero las declaraciones que hacen referencia a la revisión de los pecados son universales. La perspectiva de Louis Berkhof sobre este asunto probablemente sea correcta: "Las Escrituras nos conducen a creer que [los pecados de los creyentes] lo serán [revelados], aunque, por supuesto, serán revelados como pecados perdonados".

Además, los ángeles malos serán juzgados en ese momento. Pedro escribe que "Dios no perdonó a los ángeles que pecaron, sino que los arrojó al infierno y los entregó a prisiones de oscuridad, donde están reservados para el juicio" (2 P 2:4). Judas 6 hace una declaración prácticamente idéntica. Los ángeles buenos, por su parte, participarán en el juicio reuniendo a todos los que van a ser juzgados (Mt 13:41; 24:31).

Las bases del juicio final

Los que comparezcan serán juzgados según sus vidas terrenales. Pablo dijo que todos compareceremos en el juicio "porque es necesario que todos nosotros comparezcamos ante el tribunal de Cristo, para que cada uno reciba según lo que haya hecho mientras estaba en el cuerpo, sea bueno o sea malo" (2 Co 5:10). Jesús dijo que en la resurrección todos comparecerán "los que hicieron lo bueno saldrán a resurrección de vida; pero los que hicieron lo malo, a resurrección de condenación" (Jn 5:29). Mientras que uno podría deducir de

Mateo 25:31-46 que es el hacer buenas obras lo que marca la diferencia, Jesús indica que algunos que afirman haber hecho buenas obras y que incluso parecen haberlas hecho, serán rechazados (Mt 7:21-23).

El criterio sobre el cual se hará la evaluación, es la voluntad revelada de Dios. Jesús dijo: "El que me rechaza y no recibe mis palabras, tiene quien lo juzgue: la palabra que he hablado, ella lo juzgará en el día final" (Jn 12:48). Incluso, serán juzgados los que no hayan escuchado explícitamente la ley: "Todos los que sin la ley han pecado, sin la ley también perecerán; y todos los que bajo la ley han pecado, por la ley serán juzgados" (Ro 2:12).

Para finalizar, es necesario saber que una vez declarado el juicio será permanente e irrevocable. El justo y el impío serán enviados a su destino final respectivo. No hay alusión alguna de que el veredicto pueda cambiar. Al concluir sus enseñanzas sobre el Juicio Final, Jesús dijo que los que estaban a su izquierda irían al castigo eterno y los justos a la vida eterna (Mt 25:46).

Implicaciones y consecuencias de la segunda venida de Cristo

1. La historia no seguirá simplemente su curso, sino que bajo la guía de Dios llegará a su consumación. Sus propósitos se cumplirán al final.

2. Nosotros, como creyentes, deberíamos vigilar y trabajar con anticipación por el regreso de nuestro Señor Jesucristo.

3. Nuestros cuerpos terrenales se transformarán en mucho mejores. Las imperfecciones que conocemos ahora desaparecerán; nuestros cuerpos eternos no conocerán el dolor, la enfermedad, ni la muerte.

4. Llegará un tiempo en que se hará justicia. El mal será castigado, y la fe y la fidelidad serán recompensadas.

5. A la vista de la certeza de la segunda venida y de lo irrevocable del juicio que le sucederá, es muy importante que actuemos de acuerdo con la voluntad de Dios.[39]

Perspectivas sobre el milenio

Aunque las tres posiciones sobre el milenio se han mantenido casi a lo largo de toda la historia de la Iglesia, en diferentes momentos una u otra han predominado. Las examinaremos por orden, en cuanto a su período de mayor popularidad.

Postmilenarismo.

El postmilenarismo se basa en la creencia de que la predicación del evangelio tendrá tanto éxito que el mundo se convertirá. El reinado de Cristo, cuyo punto central es el corazón de los seres humanos, será completo y universal. La petición: "Venga tu reino. Hágase tu voluntad, como en el cielo, así también en la tierra" (Mt 6:10), se habrá hecho realidad. La paz prevalecerá y el mal, prácticamente se desvanecerá. Después, cuando el evangelio haya surtido efecto por completo, Cristo regresará. Por lo tanto, el postmilenarismo básicamente tiene una perspectiva optimista.

Los tres primeros siglos de la Iglesia estuvieron dominados, probablemente, por lo que hoy llamaríamos premilenarismo; pero en el cuarto siglo, un donatista africano llamado Ticonio propuso una perspectiva opuesta. Aunque Agustín era un oponente acérrimo de los donatistas, adoptó la perspectiva de Ticonio sobre el milenio. Esta interpretación iba a dominar el pensamiento escatológico durante la Edad Media.

El milenio no se va a producir en el futuro, sino que ya ha empezado. Los mil años empezaron con la primera venida de Cristo. En apoyo a esta perspectiva, Agustín citaba Marcos 3:27: "Nadie puede

---

[39] M. J. Erickson, *Teología sistemática*. (B. Fernández, Trans., J. Haley, Ed.) 2ª Edición. Viladecavalls, España: Editorial Clie, 2008, pp. 11881-205.

entrar en la casa de un hombre fuerte y saquear sus bienes, si antes no lo ata; solamente así podrá saquear su casa". Según Agustín, en este versículo el hombre fuerte es Satanás y sus bienes representan las personas que antes estaban bajo su control, pero que ahora son cristianos. Satanás fue atado en el momento de la primera venida de Cristo y continúa atado hasta la segunda venida. Como Satanás no puede engañar a las naciones, la predicación del evangelio tiene mucho éxito. Cristo reina en la tierra. Sin embargo, al final de este espacio milenario, Satanás será liberado durante un corto período de tiempo, siendo al final sometido.

Aunque parece difícil reconciliar esta perspectiva con lo que está pasando en nuestro tiempo, tenía más sentido en el contexto de Agustín. El cristianismo había conseguido un éxito político sin precedentes. Una serie de circunstancias habían llevado a la conversión del emperador Constantino en el 312, así que el cristianismo era tolerado en el imperio y casi se convirtió en la religión oficial. El mayor enemigo de la Iglesia, el Imperio romano, había capitulado. Aunque el progreso de la Iglesia sería gradual más que repentino, era seguro. No se establecieron fechas para la finalización del milenio y el regreso de Cristo, pero se asumía que ocurriría sobre el año 1000.

Con el fin del primer milenio de la historia de la Iglesia, por supuesto que se hizo necesario revisar en cierto modo los detalles del postmilenarismo. El milenio ya no se veía como un período de mil años, sino como toda la historia de la Iglesia. El postmilenarismo fue más popular en momentos en los que la Iglesia parecía tener éxito en su tarea de ganar el mundo. Se hizo particularmente popular en la última parte del siglo XIX, una época de gran efectividad en el ámbito de las misiones, además de un tiempo de preocupación y progreso en las condiciones sociales. En consecuencia, parecía razonable pensar que el mundo pronto sería alcanzado por Cristo.

Como hemos sugerido, la convicción principal del postmilenarismo es la difusión exitosa del evangelio. La idea se basa en varios pasajes de las Escrituras. En el Antiguo Testamento, los Salmos 47, 72 y 100; Isaías 45:22-25 y Oseas 2:23, dejan claro que todas las naciones llegarán a conocer a Dios. Además, Jesús dijo en varias ocasiones que el evangelio sería predicado universalmente antes de su segunda venida. Un ejemplo destacado de esta enseñanza lo encontramos en Mateo 24:14. Como la Gran Comisión se llevará a cabo en su autoridad (Mt 28:18-20), tendrá éxito.

A menudo, la idea de la difusión del evangelio incluye los hechos asociados a que se producirán efectos transformadores en las condiciones sociales tras la conversión de gran cantidad de oyentes. En algunos casos, creer en la extensión del reino ha tomado de alguna manera una forma más secularizada, de manera que la transformación social es lo que se considera la señal del reino y no las conversiones individuales. Por ejemplo, el movimiento del evangelio social a finales del siglo XIX, estaba dirigido a cristianizar el orden social, culminando en un cambio de las estructuras económicas. La discriminación, la injusticia y el conflicto se eliminarían y las guerras serían algo del pasado.

Esta forma de postmilenarismo iba acompañada generalmente de un concepto generalizado de providencia divina, se veía a Dios obrando fuera de los límites formales de la Iglesia. Así, en dos ocasiones en el siglo XX, un significativo número de cristianos alemanes identificaron la obra de Dios en el mundo con los movimientos políticos de su tiempo: la política de guerra del káiser Wilhelm en los años 1910 y después, el nazismo de Hitler en los años 1930. Resaltando la transformación social, los liberales que mantenían una perspectiva milenarista, eran generalmente postmilenaristas, pero desde luego no todos los postmilenaristas eran liberales. Muchos anticipaban un número de conversiones sin precedentes, la raza humana convertida en una colección de individuos regenerados.

Según el pensamiento postmilenarista, el reino de Dios es una realidad presente aquí y ahora, en lugar de en un ámbito celestial futuro. Las parábolas de Jesús en Mateo 13 nos ofrecen una idea de la naturaleza de este reino. Es como levadura, que se extiende de forma gradual, pero segura por todo el conjunto. Su crecimiento será amplio (se extenderá por todo el mundo) e intensivo (llegará a ser predominante). Su crecimiento será tan gradual que la llegada del milenio apenas si será apreciada por algunos. El progreso puede que no sea uniforme; de hecho, la llegada del reino puede que se produzca por una serie de crisis. Los postmilenaristas son capaces de aceptar lo que parecen ser pasos atrás, ya que ellos creen en el triunfo final del evangelio.

Desde la perspectiva postmilenarista, el milenio puede ser un período amplio, pero no necesariamente de mil años exactos de duración. De hecho, la perspectiva postmilenarista sobre el milenio con frecuencia se basa menos en Apocalipsis 20, donde se menciona el período de mil años y las dos resurrecciones, que en otros pasajes de las Escrituras. El mismo hecho de que la venida del reino sea paulatina, hace que sea difícil de calcular la duración del milenio. La cuestión es que el milenio será un período prolongado de tiempo durante el cual Cristo, aunque esté físicamente ausente, reinará sobre la tierra.

Una característica esencial que distingue al postmilenarismo de otras perspectivas sobre el milenio es que espera que antes del regreso de Cristo las condiciones mejoren en lugar de empeorar. Por tanto, es una visión básicamente optimista. En consecuencia, su aceptación descendió bastante en el siglo XX. Los postmilenaristas convencidos, consideran las condiciones penosas del siglo XX como una simple fluctuación temporal en el crecimiento del reino. Indican que no estamos tan cerca de la segunda venida como creíamos. Sin embargo, este argumento ha demostrado no ser persuasivo para muchos teólogos, pastores y creyentes laicos.

Premilenarismo.

El premilenarismo está comprometido con el concepto de un reinado en la tierra de Jesucristo de aproximadamente unos mil años (o al menos un período de tiempo sustancial). Al contrario que el postmilenarismo, el premilenarismo considera que Cristo estará presente físicamente durante este tiempo; cree que regresará personalmente y de forma corporal para comenzar el milenio. Siendo así el caso, el milenio debe considerarse como algo futuro todavía.

El premilenarismo fue probablemente la perspectiva dominante durante el período de la Iglesia primitiva. Los cristianos de los tres primeros siglos tenían una gran esperanza en cuanto a un pronto regreso de Jesús. En lugar de creer en un crecimiento gradual del reino, ellos esperaban que el escatón se iniciara con un suceso cataclísmico. Justino Mártir, Ireneo y otros teólogos tempranos mantenían esta teoría. Mucho del milenarismo de este período – a menudo denominado "quiliasmo", de la palabra griega para "mil"– tenía un gusto bastante sensual. El milenio sería un tiempo de gran abundancia y fertilidad, de renovación de la tierra y de la construcción de una glorificada Jerusalén. Esto tendía a ofender a la escuela alejandrina de Clemente, Orígenes y Dionisio. Un factor importante para el declive del quiliasmo fue el punto de vista de Agustín sobre el milenio, que discutimos anteriormente. En la Edad Media, el premilenarismo se hizo un tanto raro, a menudo restringido a las sectas místicas.

Hacia mediados del siglo XIX, el premilenarismo empezó a hacerse popular entre los círculos conservadores. En parte, debido al hecho de que los liberales, cuando tenían una perspectiva sobre el milenio, eran postmilenaristas; y que algunos conservadores consideraban sospechosa cualquier cosa asociada con el liberalismo. La creciente popularidad del sistema dispensacionalista de interpretación y de la escatología también dio un impulso al premilenarismo. Tiene una adherencia considerable entre los bautistas conservadores, los grupos pentecostales y las iglesias fundamentalistas independientes.

El pasaje clave para el premilenarismo es Apocalipsis 20:4-6: "Vi tronos, y se sentaron sobre ellos los que recibieron facultad de juzgar. Y vi las almas de los decapitados por causa del testimonio de Jesús y por la palabra de Dios, los que no habían adorado a la bestia ni a su imagen, ni recibieron la marca en sus frentes ni en sus manos; y vivieron y reinaron con Cristo mil años. Pero los otros muertos no volvieron a vivir hasta que se cumplieron mil años. Esta es la primera resurrección. Bienaventurado y santo el que tiene parte en la primera resurrección; la segunda muerte no tiene poder sobre estos, sino que serán sacerdotes de Dios y de Cristo y reinarán con él mil años."

Los premilenaristas observan que aquí hay evidencia de un período de mil años y dos resurrecciones: una al principio y otra al final. Insisten en una interpretación literal y consistente de este pasaje. Como el mismo verbo — ἔζησαν (*ezēsan*) — se utiliza para referirse a las dos resurrecciones, deben ser del mismo tipo. Los amilenaristas, y de hecho, los postmilenaristas, a menudo se ven forzados a decir que son de distinto tipo. La explicación que se suele dar es que la primera resurrección es espiritual, o sea, regeneración; mientras que la segunda es literal, física, o resurrección del cuerpo. Por tanto, los que toman parte en la primera resurrección también pasarán por la segunda. Sin embargo, los premilenaristas rechazan esta interpretación por considerarla insostenible. George Beasley-Murray observa que atribuye confusión y pensamiento caótico al autor bíblico.

Henry Alford hace un siglo afirmaba que si una resurrección es una vivificación espiritual y la otra es una vivificación física, "entonces se acaba todo significado en el lenguaje, y las Escrituras quedan eliminadas como testimonio definitivo de cualquier tema". George Ladd dice que si ἔζησαν significa resurrección del cuerpo en el versículo 5, de Apocalipsis 20, debe significar resurrección del cuerpo en el versículo 4. Si no es así, "hemos perdido el control de la exégesis".

Todos estos estudiosos están sensibilizados con el hecho de que el contexto puede alterar el significado de las palabras. Sin embargo, señalan que en este caso, los dos usos de ἔζησαν se dan juntos y nada en el contexto sugiere ningún cambio en el significado. En consecuencia, lo que tenemos aquí son dos resurrecciones del mismo tipo, que implican a dos grupos diferentes en un intervalo de tiempo de mil años. También parece, según el contexto, que los que participan en la primera resurrección no lo hacen en la segunda. Es "el resto de los muertos" (οἱ λοιποὶ τῶν νεκρῶν — *hoi loipoi tōn nekrōn*), los que no vienen a la vida hasta que no han pasado los mil años. Aunque no se dice que vendrán a la vida en ese momento, se implica que así será. Hay un contraste obvio entre los que están implicados en la segunda resurrección y los que están implicados en la primera.

También es importante observar la naturaleza del milenio. Mientras que los postmilenaristas creen que el milenio será introducido gradualmente, quizá incluso de forma imperceptible, los premilenaristas anticipan un suceso cataclísmico repentino. Según la perspectiva premilenarista, el reinado de Jesucristo será completo desde el principio mismo del milenio. El mal habrá sido prácticamente eliminado.

Según el premilenarismo, el milenio no será una extensión de tendencias que ya están funcionando en el mundo. Más bien, habrá una ruptura brusca con las condiciones existentes en la actualidad. Por ejemplo, habrá paz mundial. Esto está muy lejos de la situación actual, donde la paz mundial es algo raro y la tendencia no parece que vaya a mejorar. La armonía universal no estará restringida a los humanos. La naturaleza, que ha estado "gimiendo con dolores de parto," esperando su redención, será liberada de la maldición de la caída (Ro 8:19-23). Incluso, los animales vivirán en armonía unos con otros (Is 11:6-7; 65:25) y las fuerzas destructivas de la naturaleza se calmarán. Los santos gobernarán el mundo junto con Cristo en este milenio. Aunque la naturaleza exacta de su reinado no se explica, ellos, como recompensa a su fidelidad, participarán con él en la gloria que es suya.

Todos los premilenaristas anticipan también que Israel tendrá un lugar especial en el milenio, aunque no están de acuerdo en la naturaleza de ese lugar especial. Los dispensacionalistas mantienen que Dios sigue teniendo un pacto incondicional con el Israel nacional, de manera que cuando Dios haya completado sus tratos con la Iglesia, retomará de nuevo Sus relaciones con el Israel nacional. Jesús, literalmente se sentará en el trono de David y gobernará el mundo desde Israel. Todas las profecías y promesas sobre Israel se cumplirán dentro del milenio, que tendrán por tanto un marcado carácter judío. Los no dispensacionalistas ponen un énfasis mucho menor en el

Israel nacional, afirmando que el lugar especial de Israel, siendo de naturaleza espiritual, se encontrará dentro de la Iglesia. Muchos en Israel serán convertidos durante el milenio.

Los premilenaristas también sostienen que el milenio supondrá un cambio tremendo sobre lo inmediatamente anterior, es decir, la Gran Tribulación. La tribulación será un tiempo de agitación y confusión sin precedentes, con alteraciones cósmicas, persecuciones y gran sufrimiento. Aunque los premilenaristas no están de acuerdo en si la Iglesia estará presente o no durante la tribulación, sí están de acuerdo en que la situación mundial se encontrará en su peor momento justo antes de que Cristo llegue para establecer el milenio, que será, por contraste, un período de paz y rectitud.

Amilenarismo.

Literalmente, amilenarismo es la idea de que no habrá milenio, que no habrá reinado de Cristo en la tierra. El gran juicio final se producirá inmediatamente después de la segunda venida y determinará directamente cuál será el estado final de los rectos y los malvados. El amilenarismo es una perspectiva más simple que cualquiera de las otras que hemos considerado. Sus defensores mantienen que está elaborada según varios pasajes escatológicos relativamente claros, mientras que el premilenarismo se basa principalmente en un único pasaje: Apocalipsis 20:4-6.

A pesar de la simplicidad y claridad del principio central del amilenarismo, en muchas maneras es difícil de entender. En parte, porque siendo negativa su característica más destacada, sus enseñanzas positivas no siempre se explican. A veces, se ha distinguido más por su rechazo del premilenarismo que por sus afirmaciones. También, al tratar el problemático pasaje de Apocalipsis 20:4-6, los amilenaristas han sugerido una amplia variedad de explicaciones. Uno a veces se pregunta si estas explicaciones reflejan la misma perspectiva básica o son formas bastantes diferentes de entender la literatura escatológica y apocalíptica.

Finalmente, no siempre ha sido posible distinguir amilenarismo de postmilenarismo, ya que comparten muchas características comunes. De hecho, varios teólogos que no han tratado los temas particulares que sirven para distinguir las dos perspectivas —como Agustín, Juan Calvino y B. B. Warfield— han sido reclamados como predecesores por ambos bandos. Lo que las dos perspectivas comparten es la creencia en que los "mil años" de Apocalipsis 20 hay que tomarlos de forma simbólica. A menudo, ambos también sostienen que el milenio es la edad de la Iglesia. En lo que difieren es en que los postmilenaristas, al contrario que los amilenaristas, sostienen que el milenio implica que habrá un reinado de Cristo en la tierra.

A la luz de los problemas que aparecen al tratar de entender el amilenarismo, su historia resulta difícil de trazar. Algunos historiadores de la doctrina han encontrado amilenarismo en la epístola a Bernabé, pero esto es algo que otros ponen en duda. Está claro que Agustín deba o no ser clasificado como amilenarista, contribuyó a la formulación de esa perspectiva, sugiriendo que la imagen de mil años es principalmente simbólica y no literal. Es probable que el postmilenarismo y el amilenarismo simplemente no se diferenciaran durante la mayor parte de los primeros diecinueve siglos de la Iglesia. Cuando el postmilenarismo empezó a decrecer en popularidad en el siglo XX, en general fue sustituido por el amilenarismo, ya que el amilenarismo está mucho más cerca del postmilenarismo que del premilenarismo. En consecuencia, el amilenarismo probablemente ha disfrutado de su mayor popularidad recientemente, en el período iniciado en la primera guerra mundial.

Cuando los amilenaristas tratan Apocalipsis 20, normalmente tienen en mente todo el libro Apocalipsis. Consideran que este está formado por varias secciones, siendo siete el número mencionado con más frecuencia. Estas siete secciones no tratan de sucesivos períodos de tiempo; más bien, son recapitulaciones sobre el mismo período, el período entre la primera y la segunda venida de Cristo. Se cree que en cada una de estas secciones el autor recoge los mismos temas y los elabora. Si esto es así, Apocalipsis 20 no se refiere únicamente al último período de la historia de la Iglesia, sino que es más bien una perspectiva especial de toda su historia.

Los amilenaristas también nos recuerdan que el libro Apocalipsis, en su totalidad, es muy simbólico. Señalan que incluso los premilenaristas más fanáticos no toman todo el libro de forma literal. Las copas, sellos y trompetas, por ejemplo, normalmente se interpretan como símbolos. Por simple extensión de este principio, los amilenaristas afirman que los mil años de Apocalipsis 20 tampoco deban tomarse de forma literal. Además, señalan que el milenio no se menciona en ningún otro sitio en las Escrituras.

Surge la siguiente cuestión. ¿Si la imagen de los mil años hay que tomarla de forma simbólica y no literal, qué simboliza? Muchos amilenaristas utilizan la interpretación de Warfield: "El número sagrado siete, en combinación con el número igualmente sagrado tres, forman el número de la perfección santa, el diez, y cuando este diez se eleva al cubo hasta obtener mil, el profeta ha dicho todo lo que puede decir para comunicar a nuestras mentes la idea de la perfección absoluta". Las referencias a mil años en Apocalipsis 20, pues, expresan la idea de perfección o finalización. En el versículo 2, la cifra representa la victoria absoluta de Cristo sobre Satanás. En el versículo 4, sugiere la gloria y el gozo perfectos de los redimidos en el cielo, en el tiempo actual.

Sin embargo, el principal problema exegético del amilenarismo no es el de los mil años, sino el de las dos resurrecciones. Entre la variedad de las opciones amilenaristas sobre las dos resurrecciones, el factor común es una negación de la afirmación premilenarista de que Juan está hablando de dos resurrecciones físicas que afectan a dos grupos diferentes. La interpretación amilenarista más común es que la primera resurrección es espiritual y la segunda, corporal o física. Uno que ha argumentado esto con cierta amplitud es Ray Summers, quien a partir de Apocalipsis 20:6: "Bienaventurado y santo el que tiene parte en la primera resurrección; la segunda muerte no tiene poder sobre estos", concluye que la primera resurrección es una victoria sobre la primera muerte. Ya que es costumbre en las discusiones escatológicas considerar que la segunda muerte es espiritual en vez de física, la primera resurrección también debe ser espiritual. La primera muerte, que no se menciona, pero que está implícita, debe ser seguramente la muerte física. Si esto hay que relacionarlo con la segunda resurrección, al igual que la segunda muerte está relacionada con la primera resurrección, la segunda resurrección tiene que ser física. La primera resurrección es el nacimiento nuevo; los que la experimentan no serán condenados. La segunda resurrección es la resurrección corporal o física que tenemos normalmente en mente cuando utilizamos la palabra resurrección. Todos los que participan en la primera resurrección también participan en la segunda, pero no todos los que experimentan la segunda resurrección habrán participado en la primera.

La crítica premilenarista más común a la idea de que la primera resurrección sea espiritual y la segunda sea física, es que no es coherente en la interpretación de términos idénticos (ἔζησαν) en el mismo contexto. Algunos amilenaristas han aceptado esta crítica y han tratado de desarrollar una posición en la que las dos resurrecciones sean del mismo tipo. James Hughes ha elaborado una propuesta. Acepta el punto de vista premilenarista de que la primera y la segunda resurrección se deben entender en el mismo sentido. Sin embargo, sugiere una posibilidad lógica que los premilenaristas pueden haber pasado por alto: ambas resurrecciones pueden ser espirituales.

Hughes defiende que Apocalipsis 20:4-6 es una descripción de almas sin cuerpo, en un estado intermedio. Cita como evidencia el hecho de que a los que están implicados en la primera resurrección se les denomina "almas" (v. 4). Además, argumenta que ἔζησαν se debería interpretar no como un aoristo ingresivo ("¡volvieron a vivir!"), sino como aoristo constativo ("vivieron y reinaron con Cristo mil años"). Concluye que la primera resurrección es la ascensión del alma justa a los cielos para reinar con Cristo; no hay nada aquí acerca de que el cuerpo regrese a la vida. Los que participan en esta resurrección son los muertos "vivientes". En contraste, los muertos "muertos" no forman parte de la primera resurrección y sufrirán la segunda muerte (espiritual). Sus almas sobreviven a la primera muerte (física), pero nunca regresan a la vida. Aunque ambos grupos están físicamente muertos, los primeros están espiritualmente vivos durante los mil años; los últimos no. Aunque algunos comentaristas han concluido acerca del versículo 5 ("pero los otros muertos no volvieron a vivir hasta que se cumplieron mil años") que los muertos "muertos" volverán a la vida al final del milenio, Hughes interpreta la oración de la siguiente manera: "No vivieron durante los mil años, ni después". Entonces, ¿qué pasa con la segunda resurrección? Hughes considera muy significativo que el término "segunda resurrección", que tiene que ver con la supervivencia de las almas de los justos y de los injustos durante el estado intermedio, no se encuentre en Apocalipsis 20. Por lo tanto, al contrario de la primera resurrección, la segunda es casi hipotética. Sin embargo, al igual que la primera, es de naturaleza espiritual. Por tanto, Hughes ha sido capaz de interpretar las dos ocasiones en las que aparece ἔζησαν, de forma consistente.

Otra característica del amilenarismo es una concepción más general de la profecía, especialmente de la profecía del Antiguo Testamento. Hemos señalado que los premilenaristas tienden a interpretar la profecía bíblica de forma bastante literal. Mientras que los amilenaristas, con frecuencia, tratan las profecías como históricas o simbólicas y no como un evento futuro. Por regla general, la profecía ocupa un lugar mucho menos importante en el pensamiento amilenarista que en el premilenarista.

Finalmente, deberíamos observar que el amilenarismo no suele mostrar el optimismo típico del postmilenarismo. Puede que se crea que la predicación del evangelio tendrá éxito, pero un gran éxito no es necesario dentro del esquema amilenarista, ya que no se espera un reinado literal de Cristo, ni una venida del reino antes de la venida del Rey. Esto ha hecho que la perspectiva amilenarista sea más creíble que la postmilenarista en el siglo XX. Esto no quiere decir que el amilenarismo sea como el premilenarismo a la hora de esperar que se produzca un gran deterioro en las condiciones antes de la segunda venida. No obstante, no hay nada en el amilenarismo que excluya esa posibilidad. Y como no habrá ningún milenio antes de la segunda venida, el regreso del Señor puede que esté cerca. Sin embargo, en su mayor parte, los amilenaristas no se implican en ese tipo de búsqueda ansiosa de signos de la segunda venida que a menudo caracteriza a los premilenaristas.

Resolviendo problemas

Ahora vamos a tratar la cuestión de cuál es la postura sobre el milenio que debemos adoptar. Los problemas son grandes y complejos, pero analizándolos cuidadosamente se pueden reducir a relativamente pocos. Hemos señalado a lo largo de este libro que la teología, como otras disciplinas, a menudo es incapaz de encontrar un punto de vista que sea apoyado de forma concluyente por todos los datos. Lo que se debe hacer en estas situaciones es encontrar aquel que plantea menos dificultades que los alternativos.

La perspectiva postmilenarista tiene mucho menos apoyo en la época actual que la que tuvo a finales del siglo XIX y a principios del siglo XX. Esto por sí mismo no debería persuadirnos para rechazar esta posición. Sin embargo, deberíamos buscar las razones del declive del postmilenarismo, porque pueden ser determinantes para nuestras conclusiones. Aquí convendría señalar que el optimismo del postmilenarismo en cuanto a la proclamación del evangelio parece en cierta manera injustificado. Ha habido un declive en el éxito evangelístico y misionero. En algunas partes del mundo, el porcentaje de población que realmente practica la fe cristiana es muy bajo. Además, muchos países musulmanes están cerrados a los esfuerzos misioneros cristianos de tipo convencional. Por otra parte, no debemos ignorar que en algunas partes del mundo, especialmente en África y en Sudamérica, el cristianismo está creciendo y está empezando a alcanzar un nivel de mayoría. Incluso, algunos países que antes eran comunistas, ahora están abiertos a los misioneros. Quién sabe qué cambios favorables habrá para la predicación del evangelio.

También hay una sólida base bíblica para rechazar el postmilenarismo. Las enseñanzas de Jesús sobre las grandes maldades y que la fe de muchos se enfriará antes de su venida, parece estar en conflicto con el optimismo postmilenarista. La ausencia en las Escrituras de una descripción clara de un reinado de Cristo en la tierra sin su presencia física, parece ser otra importante fragilidad de esta posición.

Esto nos deja con una opción entre el amilenarismo y el premilenarismo. El tema se reduce a las referencias bíblicas sobre el milenio. ¿Hay base suficiente para adoptar la perspectiva más complicada, la premilenarista, que la más simple, la amilenarista? A menudo se argumenta que todo el concepto premilenarista se basa en un único pasaje de las Escrituras, y que ninguna doctrina debería basarse en un único pasaje. Pero, si una perspectiva puede explicar una referencia mejor que otra, y ambas perspectivas explican el resto de las Escrituras relativamente igual de bien, entonces la primera debe considerarse más adecuada que la segunda.

Señalamos que no hay pasajes bíblicos que el premilenarismo no pueda tratar, o que no pueda explicar adecuadamente. Por otra parte, hemos visto que las referencias a dos resurrecciones (Ap 20) ofrecen dificultades al amilenarismo. Sus explicaciones de que aquí tenemos dos tipos diferentes de resurrecciones o dos resurrecciones espirituales, fuerzan los principios normales de la hermenéutica. La postura premilenarista parece más fuerte en este punto.

La interpretación premilenarista tampoco se basa en un único pasaje de la Biblia. Indicio de ello se encuentra en varios pasajes. Por ejemplo, Pablo escribe: "Así como en Adán todos mueren, también en Cristo todos serán vivificados. Pero cada uno en su debido orden: Cristo, las primicias; luego los que son de Cristo, en su venida. Luego el fin, cuando entregue el reino al Dios y Padre, cuando haya suprimido todo dominio, toda autoridad y todo poder" (1 Co 15:22-24). Pablo utiliza los adverbios ἔπειτα (*epeita* v. 23) y εἶτα (*eita* v. 24), que indican secuencia temporal. Podía haber utilizado el adverbio τότε (*tote*) para indicar sucesos simultáneos, pero no lo hizo. Parece que al igual que la primera venida y la resurrección de Cristo, fueron sucesos distintos, separados por el tiempo. Así habrá un intervalo entre la segunda venida y el final.

También deberíamos observar que, aunque se habla explícitamente de las dos resurrecciones, solo en Apocalipsis 20 hay otros pasajes que insinúan bien una resurrección de un grupo selecto (Lc 14:14; 20:35; 1 Co 15:23; Flp 3:11; 1 Ts 4:16) o una resurrección en dos etapas (Dn 12:2; Jn 5:29). En Filipenses 3:11, por ejemplo, Pablo habla de su esperanza de llegar "a la resurrección de entre los muertos". Literalmente, la frase se lee "la resurrección que sale de entre los muertos" (τὴν ἐξανάστασιν τὴν ἐκ νεκρῶν — *tēn exanastasin tēn ek nektrōn*). Nótese especialmente la preposición prefijada y el plural. Estos textos encajan bien con el concepto de las dos resurrecciones. Según esto, juzgamos que la perspectiva premilenarista es más adecuada que la amilenarista.

Perspectivas sobre la tribulación

Un tema adicional es la relación del regreso de Cristo con la complejidad de eventos conocidos como la Gran Tribulación. En teoría, todos los premilenaristas mantienen que habrá un gran disturbio de siete años de duración (esta cifra no hay que tomarla en forma literal) antes de la venida de Cristo. La cuestión es si habrá una venida separada para llevarse a la Iglesia del mundo antes de la Gran Tribulación o si la Iglesia soportará la tribulación y se reunirá con el Señor después.

La idea de que Cristo se llevará consigo la Iglesia antes de la Gran Tribulación se llama pretribulacionismo; la idea de que de que se llevará la Iglesia después de la tribulación, se llama postribulacionismo. También existen ciertas posiciones intermedias que se mencionarán brevemente al final del capítulo. En la práctica, estas distinciones solo las hacen los premilenaristas, que tienden a prestar más atención a los detalles del fin de los tiempos, que los defensores del postmilenarismo o del amilenarismo.

Pretribulacionismo.

El pretribulacionismo mantiene varias ideas distintivas. La primera tiene que ver con la naturaleza de la tribulación. Será, sin duda, una gran tribulación. Mientras que algunos escatologistas ponen el énfasis en las dificultades y las persecuciones experimentadas por la Iglesia a lo largo de la historia, los pretribulacionistas resaltan lo especial de la tribulación. Será algo sin comparación dentro de la historia. Será un período de transición que concluirá los tratos de Dios con los gentiles y de preparación para el milenio y los eventos que se producirán en él. La tribulación no se tiene que entender de ningún modo como un tiempo para la disciplina de los creyentes o la purificación de la Iglesia.

Una segunda idea importante sobre el pretribulacionismo es el arrebatamiento de la Iglesia. Cristo vendrá al principio de la Gran Tribulación (en realidad, justo en el momento de empezar la misma) para llevarse a la Iglesia del mundo. Esta venida será secreta en cierto sentido. Los ojos de ningún creyente la verá. El arrebatamiento se describe en 1 Tesalonicenses 4:17: "Luego nosotros, los que vivimos, los que hayamos quedado, seremos arrebatados juntamente con ellos en las nubes para recibir al Señor en el aire, y así estaremos siempre con el Señor". Obsérvese que en el arrebatamiento, Cristo no descenderá literalmente a la tierra, como lo hará cuando venga con la Iglesia al final de la tribulación.

El pretribulacionismo, pues, mantiene que habrá dos fases en la venida de Cristo, o incluso se podría decir dos venidas. También habrá tres resurrecciones. La primera será la resurrección de los muertos justos en el arrebatamiento, porque Pablo enseña que los creyentes que estén vivos no precederán a los que estén muertos. Después, al final de la tribulación, habrá una resurrección de esos santos que han muerto durante la tribulación. Finalmente, al final del milenio, habrá una resurrección de los no creyentes.

Todo esto significa que la Iglesia estará ausente durante la tribulación. En esto consiste el arrebatamiento, en liberar a la Iglesia de la tribulación. Podemos esperar la liberación, porque Pablo prometió a los tesalonicenses que no experimentarían la ira que Dios dejaría caer sobre los no creyentes: "Dios no nos ha puesto para ira, sino para alcanzar salvación por medio de nuestro Señor Jesucristo" (1 Ts 5:9), "quien nos libra de la ira venidera". (1 Ts 1:10).

Pero, ¿qué pasa con las referencias en Mateo 24 que indican que algunos de los elegidos estarán presentes durante la tribulación? Tenemos que entender que la pregunta de los discípulos sobre cuál sería el signo de la venida de Jesús y el fin del siglo (24:3; cf. Hch 1:6) ocurrió dentro del contexto judío. Y según esto, el pasaje bíblico mencionado se refiere principalmente al futuro de Israel. Es significativo que el evangelio utilice el término general "elegidos" en lugar de "iglesia", "cuerpo de Cristo" o cualquier expresión similar. Son judíos selectos, no la Iglesia, los que estarán presentes durante la tribulación. La distinción entre Israel y la Iglesia es una parte determinante y crucial del pretribulacionismo, que está aliado muy estrechamente con el dispensacionalismo. Se considera la tribulación como la transición entre ese trato principal que Dios tiene con la Iglesia, al restablecimiento de la relación original que tenía con Su pueblo elegido, la Israel nacional.

En el pretribulacionismo también se pone un fuerte énfasis en que el regreso del Señor es inminente. Como su regreso precederá a la tribulación, nada queda sin cumplir antes del arrebatamiento. De hecho, el dispensacionalismo mantiene que todas las Escrituras proféticas que tienen que ver con la Iglesia se cumplieron en el siglo primero. Es más, algunos antecedentes generales del escatón se pueden ver ahora: la fe de muchos se está desvaneciendo y la maldad está creciendo. En realidad, estos son antecedentes de la venida de Cristo al final de la tribulación. Que algunos de ellos ya se estén produciendo sugiere un posterior incremento de estos fenómenos humanos. Su venida por la Iglesia, pues, podría ocurrir en cualquier momento, incluso en este instante.

Jesús les advirtió a sus oyentes que estuviesen alertas, porque no sabían cuándo regresaría (Mt 25:13). La parábola de las diez vírgenes expresa vívidamente este mensaje. Al igual que en los tiempos de Noé no habrá señales de aviso (Mt 24:36-39), cuando los malvados no supieron nada hasta que el diluvio llegó y los ahogó. La venida del Señor será como un ladrón en la noche (Mt 24:43), o como el hombre que regresa a su casa a una hora inesperada (Mt 24:45-51). Habrá una selección repentina. Dos hombres estarán trabajando en el campo, dos mujeres estarán moliendo en el molino; en cada caso, uno será tomado y el otro dejado. ¿Qué descripción más clara podría haber del arrebatamiento? Como podría suceder en cualquier momento, es sumamente apropiado mantener una actitud vigilante y de espera anhelante.

Hay otra base para creer que el regreso de Cristo es inminente. La Iglesia puede tener una esperanza bienaventurada (Tit 2:13) solo si el siguiente suceso importante que va a acontecer es la venida de Cristo. Si el anticristo y la Gran Tribulación fueran los siguientes puntos en la agenda escatológica, Pablo le habría dicho a la Iglesia que esperara sufrimiento, persecución y angustia. Pero en lugar de eso, instruyó a los tesalonicenses para que se alentasen mutuamente ante el hecho de la segunda venida de Cristo (1 Ts 4:18). Como el siguiente evento que la Iglesia puede esperar con esperanza es la venida de Cristo por ella, no hay nada que pueda evitar que ocurra en cualquier momento.

Finalmente, el pretribulacionismo mantiene que habrá al menos dos juicios. La Iglesia será juzgada después del arrebatamiento y se darán recompensas por la fidelidad. Sin embargo, la Iglesia no estará implicada en la separación de las ovejas y las cabras al final del milenio. Su estatus ya habrá sido determinado.

Postribulacionismo.

Los postribulacionistas mantienen que la venida de Cristo por su Iglesia no sucederá sino hasta el final de la Gran Tribulación. Evitan utilizar el término arrebatamiento porque primero, no es una expresión bíblica y segundo, sugiere que la Iglesia escapará o será librada de la tribulación; idea que va en contra de la esencia del postribulacionismo.

Una primera característica del postribulacionismo es una interpretación menos literal de los sucesos de los últimos tiempos que la que dan los pretribulacionistas. Por ejemplo, mientras que los pretribulacionistas toman la palabra שָׁבוּעַ (shabua) en Daniel 9:27 como una indicación de que la Gran Tribulación tendrá literalmente siete años de duración, la mayoría de los postribulacionistas sostienen únicamente que la tribulación durará un período sustancial de tiempo. De manera similar, los pretribulacionistas, generalmente, tienen una concepción concreta del milenio. Según su punto de vista, muchas profecías se cumplirán literalmente dentro del período de los mil años. De hecho, este período se inaugurará cuando los pies de Cristo se afirmen literalmente sobre el Monte de los Olivos (Zac 14:4). La manera que tienen los postribulacionistas de entender el milenio es de naturaleza mucho más general; como el que no durará necesariamente mil años.

Según los postribulacionistas, la Iglesia estará presente durante la Gran Tribulación y la experimentará. El término escogidos de Mateo 24:31: "Y enviará sus ángeles con gran voz de trompeta, y juntarán a sus escogidos, de los cuatro vientos, desde un extremo del cielo hasta el otro", habría que entenderlo a la luz de su uso en otras partes de las Escrituras, donde significa "creyentes". Desde Pentecostés, el término escogidos ha denotado a la Iglesia. El Señor preserva a la Iglesia durante la tribulación, pero no la excluye de ella.

Los postmilenaristas trazan una distinción entre la ira de Dios y la tribulación. En las Escrituras, la ira (ὀργή - *orgē*) de Dios recae sobre los malvados, pues "el que rehúsa creer en el Hijo no verá la vida, sino que la ira de Dios está sobre él" (Jn 3:36); "porque la ira de Dios se revela desde el cielo contra toda impiedad e injusticia de los hombres que detienen con injusticia la verdad" (Ro 1:18). Ver también 2 Tesalonicenses 1:8 y Apocalipsis 6:16-17; 14:10; 16:19 y 19:15).

Por otra parte, los creyentes no sufrirán la ira de Dios ya que "por él [Cristo] seremos salvos de la ira [de Dios]" (Ro 5:9); Jesús nos libra de la ira venidera (1 Ts 1:10); y Dios no nos ha puesto para ira (1 Ts 5:9). Sin embargo, las Escrituras dejan claro que los creyentes experimentarán tribulación. La gran mayoría de las ocasiones en que aparece el nombre θλῖψις (*thlipsis*) y el verbo correspondiente θλίβω (*thlibo*), se hace referencia a que los santos sufren tribulación. El nombre se utiliza para denotar la persecución de los santos en los últimos tiempos (Mt 24:9, 21, 29; Mc 13:19, 24; Ap 7:14). La cual no es la ira de Dios, sino la ira de Satanás, el anticristo y los malvados contra el pueblo de Dios.

La Iglesia ha sufrido tribulación a lo largo de su historia. Jesús lo dijo: "En el mundo tendréis aflicción" (Jn 16:33). Otras referencias significativas son Hechos 14:22; Romanos 5:3; 1 Tesalonicenses 3:3; 1 Juan 2:18, 22; 4:3 y 2 Juan 7. Aunque los postribulacionistas no niegan una diferencia entre la tribulación en general y la Gran Tribulación, creen que es solamente de grado y no de clase. Como la Iglesia ha experimentado la tribulación a lo largo de su historia, no es de sorprender que también experimente la Gran Tribulación.

Los postribulacionistas reconocen que las Escrituras hablan de creyentes que escaparán o serán apartados de aflicciones inminentes. En Lucas 21:36, por ejemplo, Jesús les dice a sus discípulos: "Velad, pues, orando en todo tiempo que seáis tenidos por dignos de escapar de todas estas cosas que vendrán, y de estar en pie delante del Hijo del hombre". La palabra clave aquí es ἐκφεύγω (*ekpheugo*), que significa "escapar del centro de". Una referencia similar la encontramos en Apocalipsis 3:10: "Por cuanto has guardado la palabra de mi paciencia, yo también te guardaré de la hora de la prueba que ha de venir sobre el mundo entero para probar a los que habitan sobre la tierra". La preposición traducida por "de", realmente significa "del medio de". Por tanto, los postribulacionistas argumentan que la Iglesia será apartada del centro de la tribulación, no que se le evitará la misma, ya que esto normalmente exigiría la preposición ἀπό (*apo*). A este respecto, se nos recuerda la experiencia de los israelitas durante las plagas que padeció Egipto.

De importancia adicional en Apocalipsis 3:10 es el verbo τηρέω (*tēreō* "mantener"). Cuando se tiene a la vista una situación peligrosa, significa "guardar". Aparece con la preposición ἐκ solo en el Nuevo Testamento, en Juan 17:15: "No ruego que los quites del mundo, sino que los guardes del mal". Aquí τηρέω contrasta con αἴρω (*airō*), que significa "levantar, cargar o quitar". El último verbo expresa adecuadamente lo que los pretribulacionistas sostienen que Jesús hará con la

Iglesia en el momento del arrebatamiento. Es cierto, Jesús aquí está hablando de la situación de sus seguidores en el período inmediatamente después a su partida de la tierra, no de la tribulación. Sin embargo, el caso es que si Juan hubiese deseado enseñar en Apocalipsis 3:10 que Jesús "arrebatará" la Iglesia, el verbo αἴρω estaba disponible. El apóstol, aparentemente, tenía en su pensamiento lo mismo que en Juan 17:15: guardar a los creyentes del peligro actual más que liberarlos de la presencia de tal peligro.

El postribulacionista también tiene una forma diferente de entender la referencia de Pablo en 1 Tesalonicenses 4:17, que habla de que nosotros recibiremos al Señor en el aire. Mientras que el pretribulacionista mantiene que este suceso es el arrebatamiento (cuando Cristo venga secretamente por la Iglesia), los postribulacionistas, como George Ladd, no están de acuerdo, por el uso del término ἀπάντησις (*apantēsis* "recibir") que aparece en otras partes de las Escrituras. Hay solo otras dos ocasiones indiscutibles en las que aparece esta palabra en el Nuevo Testamento. Una de estas referencias es la parábola de las vírgenes sabias e insensatas, la cual es explícitamente escatológica. Cuando viene el novio, se anuncia: "¡Aquí viene el novio, salid a recibirlo [ἀπάντησις—*apantēsis*]!" (Mt 25:6). ¿Qué significa la palabra recibir en esta situación? Las vírgenes no salen a recibir al novio y luego irse con él. Lo que hacen es salir a recibirle y luego le acompañan de vuelta al banquete nupcial. La otra aparición de la palabra (Hch 28:15) se encuentra en una narración histórica, no escatológica. Pablo y su grupo iban hacia Roma. Un grupo de creyentes romanos, oyendo que se aproximaban, salieron al Foro de Apio y las Tres Tabernas a recibirlos (ἀπάντησις). Esto animó a Pablo, y el grupo continuó luego con él hacia Roma. Basándonos en estos usos, Ladd argumenta que la palabra ἀπάντησις sugiere un grupo de bienvenida que sale a recibir a alguien de camino y luego le acompañan de vuelta al lugar desde el que salieron. Así que nuestro reunirnos con el Señor en el aire no es un caso de ser llevados, sino de encontrarnos con él e inmediatamente volver con él a la tierra, como parte de su triunfante séquito. Es la Iglesia, no el Señor, la que se dará la vuelta en el momento del encuentro.

Los postribulacionistas tienen una forma de entender los últimos acontecimientos con menor complejidad que sus homólogos los pretribulacionistas. Por ejemplo, en el postribulacionismo solo hay una segunda venida. Como no hay un interludio entre la venida de Cristo por la Iglesia y el final de la tribulación, no hay necesidad de una resurrección adicional de los creyentes. Solo hay dos resurrecciones: (1) la resurrección de los creyentes al final de la tribulación y al comienzo del milenio y (2) la resurrección de los impíos al final del milenio.

Los postribulacionistas también ven el complejo de eventos del final como básicamente unitario. Creen que este complejo de eventos es inminente, aunque no suelen pensar que la venida misma sea inminente en el sentido de que vaya a suceder en cualquier momento. Prefieren hablar de la segunda venida como próxima. Su esperanza bienaventurada no es una esperanza de que los creyentes sean apartados de la tierra antes de la Gran Tribulación, sino una confianza en que el Señor protegerá y cuidará a los creyentes, pase lo que pase. Posiciones intermedias.

Como existen dificultades vinculadas tanto al pretribulacionismo como al postribulacionismo, se han creado una serie de posiciones intermedias. Se pueden señalar tres variedades principales. La más común es la perspectiva mediotribulacionista. Esta mantiene que la Iglesia pasará por el momento menos severo de la tribulación (al inicio, o los tres primeros años), pero que después será llevada de este mundo. En una formulación de esta perspectiva, la Iglesia experimentará la tribulación, aunque será llevada antes que la ira de Dios se desate.

Un segundo tipo de posición intermedia es la idea del arrebatamiento parcial. Esta mantiene que habrá una sucesión de arrebatamientos. Cada vez que un conjunto de creyentes esté preparado, será llevado de la tierra. La tercera posición intermedia es el postribulacionismo inminente que consiste en que el regreso de Cristo no se producirá hasta después de la tribulación, y se puede esperar que esto suceda en cualquier momento, porque la tribulación puede que ya esté sucediendo. Ninguna de estas posiciones intermedias ha tenido un significativo número de defensores, en particular en los últimos años. Por ello, no las trataremos en detalle.

Resolviendo problemas

Cuando se evalúan todas las consideraciones dadas, hay varias razones por las cuales la posición postribulacionista parece ser la más probable:

1. La posición pretribulacionista hace varias distinciones que parecen bastante arbitrarias y faltas de apoyo bíblico. La división de la segunda venida en dos etapas, la postulación de tres resurrecciones y la rígida separación del Israel nacional y de la Iglesia son difíciles de sostener según una base bíblica. La perspectiva pretribulacionista de que las profecías sobre el Israel nacional se cumplirán aparte de la Iglesia y que, según esto, el milenio tendrá un carácter decididamente judío no se puede reconciliar fácilmente con la descripción bíblica de los cambios fundamentales que han sucedido con la introducción del nuevo pacto.

2. Varios pasajes, específicamente escatológicos, se interpretan mejor según el punto de vista postribulacionista. Estos pasajes incluyen las indicaciones de que individuos elegidos estarán presentes durante la tribulación (Mt 24:29-31), pero estarán protegidos de su severidad (Ap 3:10); descripciones de los fenómenos que acompañarán a la aparición de Cristo; y la referencia a la reunión en el aire (1 Ts 4:17).

3. La tendencia general de la enseñanza bíblica se ajusta mejor a la perspectiva postribulacionista. Por ejemplo, la Biblia está repleta de advertencias sobre los retos y pruebas que los creyentes tendrán que soportar. No promete que se les vaya a alejar de esas adversidades, sino que promete la fuerza para aguantar y poder superarlas.

Esto no quiere decir que no existan dificultades en la perspectiva postribulacionista. Por ejemplo, en el postribulacionismo hay relativamente poca justificación racional para el milenio. Parece ser, en cierto modo, superfluo. Pero con todo, el equilibrio de evidencias favorece al postribulacionismo.[40]

Los ángeles serán juzgados en el gran Juicio Final

Pedro dice que los ángeles rebeldes están guardados en el abismo más profundo, reservados para el juicio (2 P 2:4); y Judas indica que Dios ha encerrado a los ángeles rebeldes hasta el juicio del gran día (Jud 6). Esto quiere decir que, por lo menos, los ángeles rebeldes o demonios estarán sujetos, por igual, al juicio en ese día final.

La Biblia no indica claramente si los ángeles justos tendrán que someterse a algún tipo de evaluación de su servicio, pero es posible que queden incluidos en la afirmación de Pablo: "¿No saben que aun a los ángeles los juzgaremos?" (1 Co 6:3). Es probable que esto incluya a los ángeles justos, porque no hay indicación en el contexto de que Pablo esté hablando de demonios o ángeles caídos; y la palabra ángeles, sin otro calificativo en el Nuevo Testamento, normalmente se entendería como refiriéndose a ángeles justos. El texto no es lo suficientemente explícito como para darnos certeza.

Necesidad de un juicio final

Puesto que los creyentes pasan de inmediato a la presencia de Dios cuando mueren, y los incrédulos pasan a un estado de separación de Dios y a soportar el castigo cuando mueren, tal vez nos preguntemos por qué, después de todo, Dios ha establecido un tiempo de juicio final. Berkhof, sabiamente destaca que el Juicio Final no tiene el propósito de permitirle a Dios descubrir la condición de nuestro corazón y el patrón de conducta de nuestras vidas, porque Él ya sabe todo esto en detalle. Berkhof más bien dice del Juicio Final que "servirá al propósito más bien de exhibir ante todas las criaturas

---

[40] M. J. Erickson, *Teología sistemática* (B. Fernández, Trans., J. Haley, Ed.) 2ª Edición. Viladecavalls, España: Editorial Clie, 2008, pp. 1.208-1.226.

racionales la gloria declarativa de Dios en un acto formal, judicial, que magnifica por un lado su santidad y justicia, y por otro lado su gracia y misericordia. Es más, hay que tener en mente que el juicio del último día diferirá del de la muerte de cada individuo en más de un aspecto. No será secreto, sino público; no tendrá que ver solo con el alma, sino también con el cuerpo; no tendrá referencia a un solo individuo, sino a todos los hombres".

La justicia de Dios en el Juicio Final

La Biblia afirma claramente que Dios será completamente justo en Su juicio y nadie podrá quejarse contra Él en ese día. Dios es el "que juzga con imparcialidad las obras de cada uno" (1 P 1:17), y "con Dios no hay favoritismos" (Ro 2:11; cf. Col 3:25). Por esto, en el día último "toda boca se cerrará", todo el mundo quedará convicto delante de Dios (Ro 3:19), y nadie podrá quejarse de que Dios le ha tratado injustamente.

Por cierto, una de las grandes bendiciones del Juicio Final será que los santos y los ángeles verán demostrada la justicia absolutamente pura de Dios, y esto será una fuente de alabanza a Él por toda la eternidad. En el momento del juicio habrá una gran alabanza en el cielo, porque Juan dice: "Después de esto oí en el cielo un tremendo bullicio, como el de una inmensa multitud que exclamaba: ¡Aleluya! La salvación, la gloria y el poder son de nuestro Dios, pues sus juicios son verdaderos y justos" (Ap 19:1-2).

Aplicación moral del Juicio Final

La doctrina del juicio final tiene varias influencias morales positivas en nuestra vida.

1. Satisface nuestro sentido interno de necesidad de justicia en el mundo. El hecho de que habrá un juicio final nos da la seguridad de que, a fin de cuentas, el universo de Dios es justo, porque Él tiene las riendas, lleva cuentas exactas y dicta juicios justos. Cuando Pablo pide a los esclavos que se sujeten a sus amos, les asegura que "el que hace el mal pagará por su propia maldad, y en esto no hay favoritismos"

(Col 3:25). Cuando el cuadro de un juicio final menciona el hecho de que "se abrieron los libros" (Ap 20:12; cf. Mal 3:16), recordamos (sea que los libros sean literales o simbólicos), que Dios ha estado llevando un registro permanente y exacto de todas nuestras obras, y al final, todas las cuentas quedarán saldadas.

2. Nos permite, libremente, perdonar a otros. Nos damos cuenta de que no nos corresponde vengarnos de quienes nos han hecho mal; y ni siquiera pensar hacerlo, porque Dios se ha reservado ese derecho. "No tomen venganza, hermanos míos, sino dejen el castigo en las manos de Dios, porque está escrito: 'Mía es la venganza; yo pagaré', dice el Señor" (Ro 12:19). Así que, siempre que nos hagan daño, podemos entregar en las manos de Dios cualquier deseo de venganza o desquite, sabiendo que un día toda maldad que se haya hecho en el universo se pagará. Bien sea porque se pague por medio de Cristo y su muerte en la cruz (si el que hizo el mal se entrega a Cristo), o en el Juicio Final (si no es salvo). En cualquier caso, dejemos la situación a Dios y luego oremos para que el ofensor acepte a Jesús como Salvador y reciba así el perdón de pecados. Este pensamiento evitará que guardemos amargura o resentimiento en nuestros corazones por las injusticias que hemos sufrido y que no han sido pagadas. Dios es justo y un día dará recompensas absolutamente justas y castigos, también absolutamente justos.

De esta manera estamos siguiendo el ejemplo de Cristo, quien "cuando proferían insultos contra él, no replicaba con insultos; cuando padecía, no amenazaba, sino que se entregaba a aquel que juzga con justicia" (1 P 2:22-23). Y hasta oró por ellos: "Padre, perdónalos, porque no saben lo que hacen" (Lc 23:34); dando ejemplo a seguir, como Esteban, quien también rogó por quienes lo apedrearon hasta matarlo (Hch 7:59-60).

3. La doctrina del juicio final constituye un motivo para una vida santa. Para los creyentes, el Juicio Final es un incentivo para la fidelidad y las buenas obras; no como medio de obtener perdón de pecados, sino como forma de ganar una recompensa eterna mayor. Es un motivo saludable y bueno para nosotros. Jesús nos insta:

"Acumulen para sí tesoros en el cielo" (Mt 6:20); aunque esto va contra las creencias populares de nuestra cultura secular, cultura que en realidad no cree ni en el cielo ni en recompensas eternas.

De todos modos, para los incrédulos, la doctrina del juicio final constituye cierto freno moral en su conducta. Si en una sociedad hay un reconocimiento ampliamente extendido de que un día todos daremos cuenta al Creador del Universo de lo que hemos hecho en la vida, algo de "temor a Dios" caracterizará la vida de muchos. En contraste, los que no tengan una conciencia profunda de un juicio final, se entregarán cada vez más al pecado, demostrando así que "no hay temor de Dios delante de sus ojos" (Ro 3:18). Pedro dice que los que niegan el Juicio Final, en los últimos días serán "gente burlona que, siguiendo sus malos deseos, se mofará: ¿Qué hubo de esa promesa de su venida?" (2 P 3:3-4). El concepto del juicio final es a la vez consuelo para los creyentes y advertencia para los incrédulos, para que no continúen en sus caminos de maldad.

4. La doctrina del juicio final constituye un gran motivo para la evangelización. Las decisiones que toman las personas en esta vida afectarán su destino por la eternidad, y es correcto que nuestros corazones sientan y nuestras bocas hagan eco del sentimiento de Dios al apelar por medio de Ezequiel: "¡Conviértete, pueblo de Israel; conviértete de tu conducta perversa! ¿Por qué habrás de morir?" (Ez 33:11). Verdaderamente, Pedro indica que la demora del regreso del Señor se debe al hecho de que Dios tiene paciencia, "no queriendo que ninguno perezca, sino que todos procedan al arrepentimiento" (2 P 3:9).

El infierno y el Juicio Final

Es apropiado considerar la doctrina del infierno en conexión con la doctrina del juicio final. Podemos definir el infierno como un lugar de castigo consciente y eterno para el impío. La Biblia enseña en varios pasajes que hay tal lugar. Al final de la parábola de los talentos, el amo dice: "Y a ese siervo inútil échenlo afuera, a la oscuridad, donde habrá llanto y rechinar de dientes" (Mt 25:30). Esta es una de las varias indicaciones de que habrá conciencia del castigo después del Juicio Final. De modo similar, en el juicio, el Rey les dirá a algunos: "Apártense de mí, malditos, *al fuego eterno* preparado para el diablo y sus ángeles" (Mt 25:41), y a los condenados "irán al *castigo eterno*" (Mt 25:46). En este pasaje, el paralelo entre vida eterna y castigo eterno indica que ambos estados no tienen fin.

Jesús se refiere al infierno como "el fuego [que] nunca se apaga" (Mc 9:43), a un lugar donde "el gusano no muere, y el fuego no se apaga" (Mc 9:48). El relato del rico y Lázaro también indica una conciencia horrible de tormento. "Aconteció que murió el mendigo, y los ángeles se lo llevaron para que estuviera al lado de Abraham. También murió el rico, y lo sepultaron. En el infierno, en medio de sus tormentos, el rico levantó los ojos y vio de lejos a Abraham, y a Lázaro junto a él. Entonces alzó la voz y lo llamó: Padre Abraham, ten compasión de mí y manda a Lázaro que moje la punta del dedo en agua y me refresque la lengua, porque estoy sufriendo mucho en este fuego" (Lc 16:22-24). Luego, suplica a Abraham que envíe a Lázaro a la casa de su padre para que advierta a sus cinco hermanos y no caigan ellos también en ese lugar de tormento (Lc 16:28).

Cuando pasamos a Apocalipsis, vemos que las descripciones del castigo eterno también son muy explícitas. El pasaje (14:9-11), afirma muy claramente la idea de castigo consciente eterno de los incrédulos: "Si alguien adora a la bestia y a su imagen, y se deja poner en la frente o en la mano la marca de la bestia, beberá también el vino del furor de Dios, que en la copa de su ira está puro, no diluido. Será atormentado con fuego y azufre, en presencia de los santos ángeles y del Cordero. El humo de ese tormento sube por los siglos de los siglos. No habrá descanso ni de día ni de noche para el que adore a la bestia y su imagen, ni para quien se deje poner la marca de su nombre.

Con respecto al juicio de la perversa ciudad de Babilonia, una gran multitud en el cielo clama: "¡Aleluya! El humo de ella sube por los siglos de los siglos" (Ap 19:3). Después que la rebelión final de Satanás es aplastada, leemos: "El diablo, que los había engañado, será arrojado al lago de fuego y azufre, donde también habrán sido arrojados la bestia y el falso profeta. Allí serán atormentados día y noche por los siglos de los siglos" (Ap 20:10). Este pasaje es también significativo en conexión con Mateo 25:41, en donde los incrédulos son enviados al fuego eterno preparado para el diablo y sus ángeles. Estos versículos deben hacer que nos percatemos de la inmensidad del mal que se halla en el pecado y la rebelión contra Dios, así como de la magnitud de Su santidad que con justicia asigna esta clase de castigo.

Algunos teólogos evangélicos han negado recientemente la idea de que habrá un castigo eterno consciente en los incrédulos. Ya antes lo negó la Iglesia Adventista del Séptimo Día y varios individuos a través de la historia de la Iglesia. Los que niegan el castigo eterno, consciente a menudo aducen el aniquilacionismo, que enseña que después que los malos han sufrido el castigo de la ira de Dios por un tiempo, Dios los aniquilará para que ya no existan más.

Aniquilacionismo

Es la creencia de que los incrédulos no experimentarán un sufrimiento eterno en el infierno, sino más bien serán "extinguidos o aniquilados" después de su muerte. Muchos que creen en el aniquilacionismo también sostienen la realidad del Juicio Final y el castigo del pecado, pero arguyen que después que los pecadores hayan sufrido por un cierto período de tiempo, recibiendo la ira de Dios contra su pecado, finalmente dejarán de existir. El castigo será, por consiguiente, "consciente", pero no "eterno". Los argumentos que se presentan a favor del aniquilacionismo son:

1. Las referencias bíblicas a la destrucción de los malos, que según algunos, implica que ya no existirán después que los hayan destruido (Flp 3:19; 1 Ts 5:3; 2 Ts 1:9; 2 P 3:7 et ál.).

2. La aparente incongruencia del castigo eterno consciente con el amor de Dios.

3. La injusticia que representaría el castigo eterno consciente, dada la desproporción existente entre el pecado temporal y el castigo eterno.

4. El hecho de que la perpetua presencia de criaturas perversas en el universo de Dios mancharía eternamente la perfección que Él creó para reflejar Su gloria.

En respuesta a estos planteamientos hay que decir que:

1. Los pasajes que hablan de la destrucción (tales como Flp 3:19; 1 Ts 5:3; 2 Ts 1:9; 2 P 3:7) no necesariamente implican la cesación de la existencia, porque en ellos, los términos que se traducen para destrucción no implican forzosamente cesación de la existencia ni la aniquilación, sino que pueden referirse a los efectos dañinos y destructivos del Juicio Final sobre los incrédulos.

2. Con respecto al argumento del amor de Dios, la misma dificultad para reconciliar el amor de Dios con el castigo eterno parece estar presente para reconciliar el amor de Dios con la idea del castigo eterno. Y al contrario, si (como la Biblia abundantemente testifica) es lógico que Dios castigue a los malos por un cierto período de tiempo después del Juicio Final, no parece haber razón para pensar que es ilógico que Dios aplique el mismo castigo por un período de tiempo interminable.

Esta clase de razonamiento puede llevar a algunos a adoptar otro tipo de aniquilacionismo, en el que no hay sufrimiento consciente en lo absoluto, ni siquiera por un breve tiempo; y que el único castigo es que los incrédulos dejarán de existir al morir. Pero, en respuesta, habría que preguntarse si esta clase de aniquilación inmediata se podría realmente llamar castigo, puesto que no habría conciencia del dolor. Realmente, la garantía de que habría una cesación de existencia parecería a muchos, en alguna manera, una alternativa deseable, especialmente a los que están sufriendo o en dificultad en esta vida. Y si no hay ningún castigo para los incrédulos, personas como Hitler y Stalin no recibirían lo que merecen, y no habría justicia suprema en el mundo. La gente tendría gran incentivo para ser tan perversa como les placiera en esta vida.

3. El argumento de que el castigo eterno es injusto (porque hay una desproporción entre el pecado temporal y el castigo eterno) da por sentado erróneamente que sabemos el alcance del mal que se hace

cuando los pecadores se rebelan contra Dios. David Kingdon observa que "el pecado contra el Creador es atroz a un grado completamente más allá de lo que nuestra imaginación torcida por el pecado puede concebir [...] ¿Quién tendría la temeridad de sugerirle a Dios qué debe ser el castigo?" También responde a esta objeción, sugiriendo que los incrédulos en el infierno pueden seguir pecando y recibiendo castigo por su pecado, pero nunca arrepintiéndose. Observa, además, que Apocalipsis 22:11 señala en esta dirección: "El que es injusto, sea injusto todavía; y el que es inmundo, sea inmundo todavía".

4. Respecto al cuarto argumento, si bien el mal que queda sin castigo le resta gloria a Dios en el universo, también debemos darnos cuenta de que cuando Dios castiga el mal y triunfa sobre él, se ve la gloria de Su justicia, rectitud y poder para triunfar sobre toda oposición (cf. Ro 9:17, 22-24). La profundidad de las riquezas de la misericordia de Dios también serán reveladas, porque todos los pecadores redimidos reconocerán que ellos también merecen tal castigo de Dios y no lo recibieron por Su misericordia a través de Jesucristo (cf. Ro 9:23-24).

Sin embargo, habiendo dicho todo esto, tenemos que reconocer que la resolución definitiva a las profundidades de este asunto está mucho más allá de nuestra capacidad de entender, y queda oculta en los dictámenes de Dios. Si no fuera por los pasajes bíblicos citados antes, que tan claramente afirman el castigo eterno consciente, el aniquilacionismo nos parecería una opción atractiva. Aunque el aniquilacionismo se puede refutar con argumentos teológicos, es a fin de cuentas la claridad y fuerza de los pasajes bíblicos en sí mismos los que nos convencen de que el aniquilacionismo es incorrecto y que la Biblia, en efecto, enseña el castigo consciente eterno de los malos.

¿Qué debemos pensar en cuanto a esta doctrina? Es difícil para nosotros considerarla, y debe serlo. Si nuestros corazones no se conmueven con profunda aflicción cuando contemplamos la realidad del castigo eterno, hay una seria deficiencia en nuestra sensibilidad espiritual y emocional. Cuando Pablo piensa en la perdición de sus compatriotas los judíos, dice: "Me invade una gran tristeza y me embarga un continuo dolor" (Ro 9:2). Esto es congruente con lo que

Dios nos dice de Su propia tristeza por la muerte del malvado: "Tan cierto como que yo vivo, afirma el Señor omnipotente, que no me alegro con la muerte del malvado, sino con que se convierta de su mala conducta y viva. ¡Conviértete, pueblo de Israel; conviértete de tu conducta perversa! ¿Por qué habrás de morir?" (Ez 33:11). Y la agonía de Jesús es evidente cuando exclamó: "¡Jerusalén, Jerusalén, que matas a los profetas y apedreas a los que se te envían! ¡Cuántas veces quise reunir a tus hijos, como reúne la gallina a sus pollitos debajo de sus alas, pero no quisiste! Pues bien, la casa de ustedes va a quedar abandonada" (Mt 23:37-38; cf. Lc 19:41-42).

Para nosotros es difícil pensar en esta doctrina del infierno, porque Dios ha puesto en nuestros corazones una porción de Su amor por quienes creó a Su imagen; incluso, Su amor por los pecadores que se rebelan contra Él. Mientras estemos en esta vida, y veamos y pensemos en otros que necesitan oír el evangelio y aceptar a Cristo como Salvador, debe causarnos gran aflicción y agonía de espíritu por quienes asumen el castigo eterno. No obstante, debemos comprender que lo que Dios en Su sabiduría ha ordenado y enseñado en la Biblia es correcto. Por tanto, debemos tener cuidado en no detestar esta doctrina ni rebelarnos contra ella, sino procurar, en todo lo que nos sea posible, llegar al punto en que reconocemos que el castigo eterno es justo y es correcto, porque en Dios no hay ninguna injusticia.

Puede sernos de ayuda darnos cuenta de que si Dios no ejecutara el castigo eterno, Su justicia no alcanzaría satisfacción y Su gloria no avanzaría de la manera en que Él lo consideró sabio. Tal vez, nos ayudará también darnos cuenta de que desde la perspectiva del mundo venidero hay un reconocimiento mucho mayor que el nuestro de la necesidad y rectitud del castigo eterno. Juan oyó que los creyentes martirizados, que ya están en el cielo claman: "¿Hasta cuándo, Soberano Señor, santo y veraz, seguirás sin juzgar a los habitantes de la tierra y sin vengar nuestra muerte?" (Ap 6:10). También, en la destrucción final de Babilonia, la voz fuerte de una gran multitud en el cielo entona alabanzas a Dios por la rectitud de Su juicio al ver la atroz naturaleza del mal, tal cual es en realidad: "¡Aleluya! La salvación, la gloria y el poder son de nuestro Dios, pues sus juicios son verdaderos y justos: ha condenado a la famosa prostituta que con sus adulterios corrompía la tierra; ha vindicado la sangre de los siervos de Dios derramada por ella [...] ¡Aleluya! El humo de ella sube por los siglos de los siglos" (Ap 19:1-3). Tan pronto como esto sucedió, "los veinticuatro ancianos y los cuatro seres vivientes se postraron y adoraron a Dios, que estaba sentado en el trono, y dijeron: ¡Amén, Aleluya!" (19:4). No podemos decir que esta gran multitud de redimidos y de seres vivientes del cielo tengan juicio moral incorrecto cuando alaban a Dios por ejecutar justicia sobre el mal, porque están libres de pecado y sus juicios morales agradan a Dios. Deben ver cuán terrible es el pecado y mucho más claramente de lo que lo vemos nosotros hoy con nuestros ojos físicos.

En esta época presente, sin embargo, debemos abordar tal celebración del castigo del mal cuando meditamos en el castigo eterno impuesto a Satanás y sus demonios. Cuando pensamos en ellos, instintivamente no los amamos, aunque a ellos también los creó Dios. Pero, ahora están plenamente dedicados al mal y fuera del potencial de la redención. Así que no podemos anhelar su salvación como anhelamos la redención de toda la humanidad. Debemos creer que el castigo eterno es verdadero y justo, aunque también debemos anhelar que incluso los que más severamente persiguen la Iglesia abracen la fe de Cristo y escapen así de la condenación eterna.

Para culminar esta sección meditemos en Apocalipsis 20:11-13.

"Luego vi un gran trono blanco y a alguien que estaba sentado en él. De su presencia huyeron la tierra y el cielo, sin dejar rastro alguno. Vi también a los muertos, grandes y pequeños, de pie delante del trono. Se abrieron unos libros, y luego otro, que es el libro de la vida. Los muertos fueron juzgados según lo que habían hecho, conforme a lo que estaba escrito en los libros. El mar devolvió sus muertos; la muerte y el infierno devolvieron los suyos; y cada uno fue juzgado según lo que había hecho".

El nuevo cielo y la nueva tierra

Viviremos eternamente con Dios en un cielo nuevo y una tierra nueva. Después del Juicio Final, los creyentes entrarán para siempre en el pleno disfrute de la vida en la presencia de Dios. Jesús nos dirá: "Vengan ustedes, a quienes mi Padre ha bendecido; reciban su herencia, el reino preparado para ustedes desde la creación del mundo" (Mt 25:34). Entraremos en un reino en donde "no habrá más maldición; y el trono de Dios y del Cordero estará en ella, y sus siervos le servirán" (Ap 22:3).

Al referirse a este lugar, los creyentes suelen hablar de vivir con Dios en el cielo para siempre. Lo cual no es errado, aunque la verdad de la enseñanza bíblica es mucho más rica que esto, pues nos dice que habrá un nuevo cielo y una nueva tierra, una creación renovada por entero, y allí viviremos con Dios. El Señor promete por medio de Isaías: "Presten atención, que estoy por crear un cielo nuevo y una tierra nueva. No volverán a mencionarse las cosas pasadas, ni se traerán a la memoria" (65:17), y dice que "los cielos nuevos y la nueva tierra que yo hago permanecerán delante de mí" (66:22).

En 2 Pedro 3:13 dice que "según su promesa, esperamos un cielo nuevo y una tierra nueva, en los que habite la justicia". Mientras que Juan, en su visión acerca de los eventos que siguen al Juicio Final, dijo: "Después vi un cielo nuevo y una tierra nueva, porque el primer cielo y la primera tierra habían dejado de existir, lo mismo que el mar" (Ap 21:1). Luego pasa a decirnos que también habrá una nueva clase de unificación del cielo y la tierra, porque ve a la ciudad santa, la "nueva Jerusalén, que bajaba del cielo, procedente de Dios" (Ap 21:2), y oye una voz que proclamó: "¡Aquí, entre los seres humanos, está la morada de Dios! Él acampará en medio de ellos, y ellos serán su pueblo; Dios mismo estará con ellos y será su Dios" (v. 3). Así que habrá una unión del cielo y la tierra en esta nueva creación, y allí viviremos en la presencia de Dios.

¿Qué es el cielo?

La Biblia llama con frecuencia "cielo" al lugar donde vive Dios. El Señor dice: "El cielo es mi trono" (Is 66:1). Jesús, al enseñarnos a orar expresó: "Padre nuestro que estás en el cielo" (Mt 6:9), y "habiendo subido al cielo está a la diestra de Dios" (1 P 3:22). De hecho, se puede definir el cielo como el lugar donde Dios da a conocer más plenamente Su presencia para bendecir.

Examinamos anteriormente cómo Dios está presente en todas partes, pero especialmente cómo manifiesta Su presencia para bendecir en ciertos lugares. La mayor manifestación de la presencia de Dios para bendecir se ve en el cielo, en donde Él da a conocer Su gloria, y en donde los ángeles, otras criaturas celestiales y los santos redimidos le adoran.

El cielo es un lugar. No simplemente un estado mental.

Alguien pudiera preguntarse cómo el cielo se puede unir con la tierra. Claramente, la Tierra es un lugar que existe en cierta ubicación de espacio y tiempo en nuestro Universo; pero, ¿puede también decirse que el cielo es un lugar que puede unirse con la Tierra?

Fuera del mundo evangélico se suele negar la idea de que el cielo es un lugar, principalmente sobre la base de que solo se sabe de su existencia a través del testimonio de las Escrituras. Recientemente, algunos eruditos evangélicos han titubeado al afirmar que el cielo es un lugar. ¿Debe el hecho de que solo sabemos del cielo lo que dice la Biblia, y que no podemos dar ninguna evidencia empírica del mismo, ser una razón para no creer que exista tal lugar?

El Nuevo Testamento enseña de varias maneras y muy claramente que el cielo existe. Cuando Jesús ascendió al cielo, el hecho de que él fue a "un lugar" parece ser esencial en el relato, y esto es lo que Jesús quiso que sus discípulos entendieran al ascender gradualmente mientras les hablaba. "Mientras ellos lo miraban, fue llevado a las alturas hasta que una nube lo ocultó de su vista" (Hch 1:9) "Sucedió que mientras los bendecía, se alejó de ellos y fue llevado al cielo" (Lc 24:51). Los ángeles exclamaron: "Este mismo Jesús, que ha sido tomado de vosotros al cielo, así vendrá como le habéis visto ir al cielo" (Hch 1:11). Es difícil enseñar más claramente el hecho de la ascensión de Jesús a un lugar.

Claro, no podemos ver dónde está Jesús, pero esto no se debe a que haya ido a algún estado etéreo que no tiene lugar en ningún sitio en el Universo espacio temporal. Se debe a que nuestros ojos no pueden ver el mundo espiritual invisible que existe alrededor de nosotros. Hay ángeles que nos rodean, pero no podemos verlos porque nuestros ojos no tienen esa capacidad. Eliseo estaba rodeado de un ejército de ángeles y carros de fuego que lo protegía de los sirios en Dotán, pero el criado de Eliseo no pudo ver a esos ángeles sino hasta que Dios le abrió los ojos para viera las cosas que existían en esa dimensión espiritual (2 R 6:17).

Una conclusión similar se puede derivar del relato de la muerte de Esteban. Poco antes de ser apedreado, "Esteban, lleno del Espíritu Santo, fijó la mirada en el cielo y vio la gloria de Dios, y a Jesús de pie a la derecha de Dios. ¡Veo el cielo abierto, exclamó, y al Hijo del hombre de pie a la derecha de Dios!" (Hch 7:55-56). No vio simples símbolos de un estado de existencia que no está en ninguna parte. Parece más bien que sus ojos le fueron abiertos para que viera una dimensión espiritual que Dios nos ha ocultado en esta época presente. Dimensión que, sin embargo, existe en nuestro Universo de espacio-tiempo y en la cual Jesús ahora vive en su cuerpo físico resucitado, en espera del momento de volver a la Tierra. Es más, el hecho de que tendremos cuerpos resucitados como el cuerpo resucitado de Cristo indica que el cielo será un lugar, porque en tales cuerpos físicos (perfeccionados, para nunca más debilitarse ni morir) habitaremos en un lugar determinado en un momento dado, tal como Jesús ahora lo hace en su cuerpo resucitado.

La idea del cielo como un lugar, también es el argumento más fácil con el que podemos entender la promesa de Jesús: "Voy a prepararles un lugar" (Jn 14:6). Él hablaba muy claramente de regresar de su existencia en este mundo al Padre, y luego volver a la tierra otra vez: "Y si me fuere y os preparare lugar, vendré otra vez, y os tomaré a mí mismo, para que donde yo estoy, vosotros también estéis" (Jn 14:3).

No podemos decir exactamente dónde está el cielo. La Biblia habla de personas que ascienden al cielo como Jesús, y como también Elías lo hizo (2 R 2:11), o bajan del cielo como los ángeles en el sueño de Jacob (Gn 28:12). Así que hay justificación para pensar que el cielo está en alguna parte arriba de la tierra. Claro, la Tierra es redonda y gira, así que no podemos decir con precisión dónde está el cielo, la Biblia no nos lo dice. Pero el énfasis repetitivo de que Jesús se fue a algún lugar (y lo mismo Elías), y el hecho de que la nueva Jerusalén bajará del cielo de Dios (Ap 21:2), indican a las claras que el cielo está ubicado en el universo espacio-tiempo.

Los que no creen en la Biblia pueden mofarse de tal idea y preguntarse cómo puede ser. Como lo hizo el primer cosmonauta ruso cuando regresó del espacio y declaró que no vio a Dios, ni el cielo, en ninguna parte. Pero eso denota la ceguera de sus ojos hacia el mundo espiritual invisible, no que el cielo no exista en algún lugar. Contrario a los pasajes bíblicos que nos llevan a concluir que el cielo existe en un lugar, aunque por ahora, su ubicación nos es desconocida y somos incapaces de percibir su existencia con nuestros sentidos naturales. Sí creemos en la existencia de este lugar de morada de Dios, el que de alguna manera será renovado durante el tiempo del juicio final y unido con una tierra renovada también.

La creación física será renovada y continuaremos existiendo y actuando en ella.

Además de un cielo renovado, Dios hará una tierra nueva (2 P 3:13; Ap 21:1). Varios pasajes indican que la creación física será renovada de una manera significativa. "La creación aguarda con ansiedad la revelación de los hijos de Dios, porque fue sometida a la frustración. Esto no sucedió por su propia voluntad, sino por la del que así lo dispuso. Pero queda la firme esperanza de que la creación misma ha de ser liberada de la corrupción que la esclaviza, para así alcanzar la gloriosa libertad de los hijos de Dios" (Ro 8:19-21).

Pero, ¿será la tierra simplemente renovada, o será completamente destruida y reemplazada por otra tierra totalmente nueva que Dios creará? Algunos pasajes parecen hablar de una creación enteramente nueva. Por ejemplo, el autor de Hebreos, citando el Salmo 102, nos habla de cielos y tierra: "Ellos perecerán, pero tú permaneces para siempre. Todos ellos se desgastarán como un vestido. Los doblarás como un manto, y cambiarán como ropa que se muda; pero tú eres siempre el mismo, y tus años no tienen fin" (Heb 1:11-12). Más adelante nos dice lo que Dios ha prometido: "Una vez más haré que se estremezca no solo la tierra sino también el cielo [...] para que permanezca lo inconmovible" (Heb 12:26-27). Pedro dice: "Pero el día del Señor vendrá como un ladrón. En aquel día los cielos desaparecerán con un estruendo espantoso, los elementos serán destruidos por el fuego, y la tierra, con todo lo que hay en ella, será quemada" (2 P 3:10). Un cuadro similar se encuentra en Apocalipsis, en donde Juan certifica: "De su presencia huyeron la tierra y el cielo, sin dejar rastro alguno" (Ap 20:11). Es más, Juan dice: "Después vi un cielo nuevo y una tierra nueva, porque el primer cielo y la primera tierra habían dejado de existir, lo mismo que el mar" (Ap 21:1).

Dentro del mundo protestante hay discrepancia en cuanto a si la tierra va a ser completamente destruida y reemplazada, o simplemente cambiada y renovada. Berkhof dice que los eruditos luteranos han enfatizado el hecho de que habrá una creación enteramente nueva, mientras que los doctos reformados tienden a enfatizar los versículos que se limitan a decir que la creación presente será renovada. La posición reformada parece preferible, porque es difícil pensar que Dios destruirá por entero Su Creación original, dándole, al parecer, al diablo la última palabra y eliminando la Creación que originalmente fue "muy buena" (Gn 1:31).

Los pasajes mencionados que hablan de estremecer y quitar la tierra y de que la primera tierra pasará, solo se refieren a su existencia en forma presente, no a su existencia misma. Incluso, 2 Pedro 3:10, que habla de que los elementos se fundirán y la tierra y todo lo que hay en ella se quemará, tal vez no esté hablando de la Tierra como planeta, sino más bien de las cosas superficiales de la tierra. Es decir, el suelo y las obras que hay en la tierra.

Nuestros cuerpos resucitados serán parte de la creación renovada.

En el nuevo cielo y la nueva tierra habrá lugar y actividades para nuestros cuerpos resucitados, que nunca envejecerán, ni se debilitarán, ni se enfermarán. Una fuerte consideración a favor de esto es el hecho de que Dios hizo la creación física original "muy buena" (Gn 1:31). No hay nada inherentemente pecaminoso, malo y ni siquiera no espiritual en el mundo físico que Dios hizo, en las criaturas que puso allí y en el cuerpo físico que nos dio al crearnos. Aunque todo esto ha sido estropeado y distorsionado por el pecado, Dios no destruirá por completo el mundo físico (lo que sería un reconocimiento de que el pecado ha frustrado y derrotado los propósitos de Dios), sino más bien perfeccionará la Creación entera y la pondrá en armonía con los propósitos para los que la creó originalmente. Por tanto, podemos esperar que en el cielo nuevo y la tierra nueva haya una tierra plenamente perfecta que será de nuevo muy buena. Podemos esperar que tengamos cuerpos físicos que de nuevo serán muy buenos a la vista de Dios, y funcionarán para cumplir con los propósitos originales cuando puso al hombre en la Tierra.

Por eso, no debe sorprendernos que algunas de las descripciones de la vida en el cielo incluyan rasgos que son parte propia de la creación física o material de Dios en la tierra. Comeremos y beberemos en la cena de las Bodas del Cordero (Ap 19:9). Jesús, de nuevo beberá vino con sus discípulos en el reino celestial (Lc 22:18). El río "de agua de vida" saldrá "del trono de Dios y del Cordero" y correrá "por el centro de la calle principal de la ciudad" (Ap 22:1-2). "El árbol de la vida" producirá "doce cosechas al año, una por mes" (Ap 22:2). Aunque, por supuesto, hay descripciones simbólicas en el libro de Apocalipsis. Sin embargo, no hay razón fuerte para decir que tales expresiones son solo simbólicas, sin ningún sentido directo. ¿Son banquetes simbólicos, vino simbólico, ríos y árboles simbólicos, de alguna manera superior a banquetes verdaderos, vino verdadero y ríos y árboles verdaderos en el plan eterno de Dios? Estos son apenas unos cuantos de los excelentes rasgos de perfección y bondad definitiva del universo material que Dios ha hecho.

Por tanto, a pesar de que podemos tener alguna incertidumbre en cuanto a nuestro entendimiento de ciertos detalles, no parece ser incongruente con este cuadro decir que comeremos y beberemos en el cielo nuevo y la tierra nueva, y seguiremos realizando también otras actividades físicas. La música, por cierto, es prominente en las descripciones del cielo en Apocalipsis, y podemos imaginarnos que habrá actividades musicales y artísticas que se realizarán para la gloria de Dios. No es improbable que la gente continúe trabajando en una amplia variedad de investigación y desarrollo de la creación mediante medios tecnológicos, creativos y de inventiva, haciendo gala de haber alcanzado su potencial como seres excelentes, creados a imagen de Dios.

Todavía más, puesto que Dios es infinito, que nunca podremos agotar Su grandeza (Sal 145:3), y puesto que somos criaturas finitas que jamás igualaremos Su conocimiento, ni seremos omniscientes, podemos esperar que por toda la eternidad podremos seguir aprendiendo más de Él y de Su relación con Su Creación. De esta manera, seguiremos el proceso de aprender lo que Él empezó en esta vida. Para que andemos como es digno del Señor, agradándole en todo, llevando fruto en toda buena obra, y creciendo en Su conocimiento (Col 1:10).

La doctrina de la nueva Creación provee una gran motivación para almacenar tesoros en el cielo antes que en la tierra.

Cuando consideramos que esta creación presente es temporal y que nuestra vida en la nueva creación dura por toda la eternidad, tenemos una fuerte motivación para vivir en santidad y de tal manera que almacenemos tesoros en el cielo. Al reflexionar sobre el hecho de que el cielo y la tierra serán destruidos, Pedro dice: "Ya que todo será destruido de esa manera, ¿no deberían vivir ustedes como Dios manda, siguiendo una conducta intachable y esperando ansiosamente la venida del día de Dios? Ese día los cielos serán destruidos por el fuego, y los elementos se derretirán con el calor de las llamas. Pero, según su promesa, esperamos un cielo nuevo y una tierra nueva, en los que habite la justicia" (2 P 3:11-13). Y Jesús, muy explícitamente nos señala: "No acumulen para sí tesoros en la tierra, donde la polilla y el óxido destruyen, y donde los ladrones se meten a robar. Más bien, acumulen para sí tesoros en el cielo, donde ni la polilla ni el óxido carcomen, ni los ladrones se meten a robar. Porque donde esté tu tesoro, allí estará también tu corazón" (Mt 6:19-21).

La nueva creación será un lugar de gran belleza, abundancia y gozo en la presencia de Dios.

En medio de todas las preguntas que naturalmente tenemos respecto al cielo nuevo y la tierra nueva, no debemos perder de vista el hecho de que la Biblia siempre describe esta nueva creación como un lugar de gran belleza y gozo. En la descripción del cielo que hallamos en Apocalipsis 21 se afirma repetidamente este tema. Es una "ciudad santa" (v. 2), y está "preparada como una novia hermosamente vestida para su prometido" (v. 2). En ese lugar "ya no habrá muerte, ni llanto, ni lamento ni dolor, porque las primeras cosas han dejado de existir" (v. 4). Allí podremos beber "gratuitamente de la fuente del agua de la vida" (v. 6). Es una ciudad que "resplandecía con la gloria de Dios, y su brillo era como el de una piedra preciosa, semejante a una piedra de jaspe transparente" (v. 11). Es una ciudad de tamaño inmenso, sea que las medidas se entiendan como literales o simbólicas. Su longitud mide "doce mil estadios" (v. 16), o sea, como dos mil doscientos kilómetros, y "su longitud, su anchura y su altura eran iguales" (v. 16). Partes de la ciudad están construidas de inmensas piedras preciosas de varios colores (v. 18-21). Estará libre de todo mal, porque "nunca entrará en ella nada impuro, ni los idólatras ni los farsantes, sino solo los que tienen su nombre escrito en el libro de la vida, el libro del Cordero" (v. 27). En esa ciudad también tendremos cargos de gobierno sobre toda la creación divina, porque "reinarán por los siglos de los siglos" (22:5).

Pero más importante que toda la belleza física de la ciudad celestial, más importante que la comunión que disfrutaremos eternamente con todo el pueblo de Dios de todas las naciones y de todos los períodos de la historia, más importante que nuestra libertad del dolor, aflicción y sufrimiento físico, y más importante que reinar en el reino de Dios, mucho más importante que todo, será el hecho de que estaremos en Su presencia y disfrutaremos con Él de comunión sin estorbos. "¡Aquí, entre los seres humanos, está la morada de Dios! Él acampará en medio de ellos, y ellos serán su pueblo; Dios mismo estará con ellos y será su Dios. Él les enjugará toda lágrima de los ojos" (Ap 21:3-4).

En el Antiguo Testamento, cuando la gloria de Dios llenó el templo, los sacerdotes no podían entrar y ministrar (2 Cr 5:14). En el Nuevo Testamento, cuando la gloria de Dios rodeó a los pastores en los campos fuera de Belén, "se llenaron de temor" (Lc 2:9). Pero aquí, en la ciudad celestial, podremos contemplar el poder y la santidad de la presencia de la gloria de Dios, porque viviremos continuamente en la atmósfera de la gloria de Dios. "La ciudad no necesita ni sol ni luna que la alumbren, porque *la gloria de Dios la ilumina*, y el Cordero es su lumbrera" (Ap 21:23). Esto será el cumplimiento del propósito de Dios al llamarnos "por su propia gloria y potencia" (2 P 1:3). Entonces moraremos continuamente "con gran alegría ante su gloriosa presencia" (Jud 24; cf. Ro 3:23; 8:18; 9:23; 1 Co 15:43; 2 Co 3:18; 4:17; Col 3:4; 1 Ts 2:12; Heb 2:10; 1 P 5:1, 4, 10).

En esa ciudad viviremos en la presencia de Dios, porque "el trono de Dios y del Cordero estará en la ciudad. Sus siervos lo adorarán" (Ap 22:3). De tiempo en tiempo, aquí en la tierra, experimentamos el gozo de la adoración genuina a Dios, y nos damos cuenta de que es nuestro mayor deleite darle gloria. Pero en esa ciudad, este gozo se multiplicará, acrecentándose muchas veces, y conoceremos el cumplimiento de aquello para lo que fuimos creados. Nuestro mayor gozo será ver al mismo Señor y estar con Él para siempre.

Cuando Juan habla de las bendiciones de la ciudad celestial, la culminación de esas bendiciones viene en una afirmación breve: "Lo verán cara a cara" (Ap 22:4). Cuando veamos la cara de nuestro Señor, veremos allí el cumplimiento de todo lo que sabemos que es bueno, recto y deseable. Veremos cumplido cualquier anhelo que jamás hayamos tenido de conocer el amor, la paz y el gozo perfecto, y conocer la verdad y la justicia, santidad y sabiduría, bondad y poder, gloria y belleza. Al contemplar la cara de nuestro Señor, conoceremos más plenamente que nunca lo que el Salmo 16:11 expresa: "Me llenarás de alegría en tu presencia, y de dicha eterna a tu derecha". Entonces, se cumplirá el anhelo que hemos expresado al decir:

Una sola cosa le pido al Señor,
y es lo único que persigo:
habitar en la casa del Señor
todos los días de mi vida,
para contemplar la hermosura del Señor
y recrearme en su templo. Salmo 27:4 NVI.

Cuando por fin veamos al Señor cara a cara, nuestro corazón no querrá nada más. "¿A quién tengo en el cielo sino a ti? Si estoy contigo, ya nada quiero en la tierra" (Sal 73:25). Con gozo en el corazón, uniremos nuestras voces a la de los redimidos de todas las épocas y con los poderosos ejércitos de los cielos cantaremos: "Santo, santo, santo es el Señor Dios Todopoderoso, el que era y que es y que ha de venir". Apocalipsis 4:8.[41]

Parte IV
El Gran Trono Blanco

Texto: Apocalipsis 20:11-15.
Introducción: Ya hemos estudiado que los salvos (vivos y muertos) serán arrebatados por Cristo con cuerpos glorificados. Nuestras obras serán juzgadas y recibiremos o perderemos recompensas delante del

---

[41] W. Grudem, *Doctrina bíblica: Enseñanzas esenciales de la fe cristiana*. Miami, FL: Editorial Vida, 2005, pp. 457-470.

Tribunal de Cristo. Pero, ¿qué pasará con las personas que no fueron salvas? Habrá un juicio para ellos también.

I.   El Gran Trono Blanco.

V. 11: el trono es blanco y sin ninguna mancha, para revelar la santidad y perfección de Dios. El que se sentará en el trono para juzgar será Jesucristo (Jn 5:22-23) Toda persona se humillará delante de él en esta vida, recibiéndole como Señor y Salvador, o tendrá que hacerlo en este juicio (Flp 2:9-11).

II.   Los perdidos serán resucitados y juzgados.

V. 12: Ya hemos estudiado de la resurrección de los salvos (1 Ts 4:13-17; Ap 20:12). "Y los muertos, grandes y pequeños", es decir, ni los reyes, ni los mendigos escaparán. Y "los libros fueron abiertos".

1.   Dios tiene apuntada la biografía de los hombres. ¡No hay pecados secretos para Dios! ¡Él lo ve todo! No habrá errores en el Juicio del Trono Blanco.

2.   Sin duda, los libros de la Biblia serán abiertos también para mostrar, con toda claridad, los pecados.

"Y después otro más, que es el libro de la vida". El libro de la vida contiene los nombres de los salvos (Ap 21:27; 20:15). "Los muertos juzgados conforme a sus obras y conforme a lo que estaba anotado en los libros". Habrá grados de castigo (Lc 12:47-48).

III.   Los perdidos serán resucitados con cuerpo.

V. 13: Cuando muere una persona salva, su cuerpo es enterrado y su alma va a la gloria con el Señor (2 Co 5:6-8). Su alma será reunida con su cuerpo glorificado en la resurrección. Cuando muere una persona perdida, su cuerpo es enterrado y su alma va al Hades o lugar de los muertos en pecado (Lc 16:22-23). Su cuerpo será resucitado de donde quiera que esté, en el mar o en la tierra, y será reunido con su alma para ser "juzgado conforme a sus obras".

IV.   Todos los perdidos serán lanzados al lago de fuego.

V. 14-15: "La muerte segunda" se refiere al perdido. Su alma estuvo en el Hades. La segunda muerte es cuando el hombre es juzgado por sus obras, y por ellas es condenado y lanzado al infierno (lago de fuego). El hombre completo, con cuerpo y alma, será lanzado al lago de fuego.

Con respecto a la muerte segunda, aclaremos que la primera muerte es la separación del alma del cuerpo (muerte física). La segunda muerte es la separación eterna de la persona perdida de la gloria de Dios y de toda esperanza. No quiere decir que deja de existir, sino que será castigada según sus malas obras, por toda la eternidad (Ap 14:9-11).

V.   Conclusión.

Si has recibido a Cristo como Señor y Salvador, tu nombre está escrito en el libro de la vida y no tendrás parte en la muerte segunda. Como dice Apocalipsis 20:6: "Bienaventurados y santos son los que tienen parte en la primera resurrección, pues la segunda muerte no tiene poder sobre ellos; al contrario, serán sacerdotes de Dios y de Cristo, y reinarán con él durante mil años".

Resumen lección 11
Escatología

Doctrina del arrebatamiento de la Iglesia

En el retorno de Cristo a la tierra habrá dos apariciones: la primera, para arrebatar a su Iglesia y la segunda, para establecer su reino milenial. Ambas apariciones están separadas por un período de siete años y poseen características muy diferentes. La primera aparición o arrebatamiento de la Iglesia es inminente y ha de ocurrir de manera sorpresiva. En 1 Tesalonicenses 4:15-17 se nos ofrece una breve descripción de lo que sucederá ese día: Cristo descenderá de los cielos y resucitarán los muertos en Cristo (v. 16). Y los creyentes que estén con vida serán arrebatados juntamente con los que hayan resucitado y todos los justos recibirán en el aire a Jesús (v. 17). Jesús no pondrá sus pies sobre la tierra. En 1 Corintios 15:51-53 se describen otros sucesos que sucederán el día del arrebatamiento:

1. Será tocada la trompeta que anunciará el levantamiento de la Iglesia.

2. Los muertos en Cristo resucitarán con cuerpos incorruptibles. Es la primera resurrección (1 Co 15: 20, 23).

3. Los creyentes que están con vida experimentan la glorificación de sus cuerpos, para recibir uno semejante al de los resucitados (Flp 3:20,21)

4. Otro elemento digno de ser considerado como parte del día del arrebatamiento es que el Espíritu Santo se irá de la tierra justo con la Iglesia (2 Ts 2:7).

Los objetivos que Dios persigue con el arrebatamiento de la Iglesia son: primero, desposar a Su Hijo con la Iglesia y celebrar las Bodas del Cordero (Ap 19:7-9). Segundo, librar a Su Iglesia de la Gran Tribulación, cuyo inicio, posterior al arrebatamiento, queda establecido en 2 Tesalonicenses 2:7-12.

Algunas de las características del arrebatamiento son:

1. No será visible al mundo (1 Ts 5:2; Ap 16:15). Notarán la desaparición de los santos; pero no sabrán lo que sucedió.

2. Será instantáneo (1 Co 15:51-52).

3. Será inesperado (Mt 24:22-44; 25:13; Mc 13:32-33).

4. Será selectivo, en el sentido de que únicamente serán arrebatadas aquellas personas que hayan experimentado una sincera conversión y un nuevo nacimiento en Cristo (2 P 2:9; Ap 3:10).

El Tribunal de Cristo

Cuando la Iglesia sea arrebatada se realizará el Tribunal de Cristo (Mt 16:27; Ap 22:12), en el cual serán juzgadas las obras del creyente.

El juez en este tribunal será el Señor Jesús (2 Co 5:10) y la finalidad del juicio es la de determinar si un creyente merece recibir o no algún galardón. El pasaje de la Biblia que más extensamente habla sobre el Tribunal de Cristo es 1 Corintios 3:8-15. En este pasaje podemos notar enseñanzas importantes:

1. Los ministros del evangelio han de ser juzgados no solo con respecto a su vida privada, sino también con respecto a la manera en que ejercitaron su ministerio (v. 8-9, cf. Heb 13:17).

2. Cada creyente será juzgado de acuerdo al papel que Dios le confió dentro de Su obra (vv. 10-11).

3. Las obras del creyente pueden ser buenas (oro, plata, piedras preciosas) o malas (madera, heno, hojarasca), y Cristo será quien determine la calidad de las mismas (v. 12). Lo hará no solo por las obras en sí, sino por los motivos que las produje-ron (1 Co 4:5). El Tribunal de Cristo no es para determinar quién es o no salvo, sino para distinguir quién merece o no recompensas.

4. Las obras que resulten aprobadas serán recompensadas (v. 14).

5. Aquellos creyentes cuyas obras no resulten aprobadas, no re-cibirán ningún galardón. No obstante, ellos serán siempre sal-vos pues su salvación no depende de sus obras, sino de los méritos de Cristo (v. 15).

En la Biblia se habla de diferentes galardones que Dios dará; entre ellos se mencionan las coronas que se otorgan por méritos específi-cos:

1. La corona de vida para quien soporta las pruebas (Stg 1:12; Ap 2:10).

2. La corona de justicia para quienes aman la venida del Hijo de Dios (2 Ti 4:8).

3.   La corona de gloria para los ministros fieles (1 P 5:4).

Puesto que los galardones son recompensas que se reciben de acuerdo a las obras del creyente, es necesario recordar que si el cristiano descuida su trabajo en el Señor puede perder los galardones a que se haya hecho acreedor en el pasado (2 Jn 8).

La Gran Tribulación

La Gran Tribulación es un período de aflicción sin precedentes que vendrá sobre todos los moradores de la tierra (Ap 3:10); pero, en especial, sobre Israel (Jer 30:7). La Gran Tribulación tendrá una duración de siete años (Dn 9:27), los cuales están divididos en dos partes: tres años y medio que serán de paz aparente y los otros tres años y medio de gran aflicción y juicio. Los eventos más importantes que sucederán durante la Gran Tribulación son los siguientes:

1.   Aparición del inicuo, el anticristo o encarnación de Satanás (2 Ts 2:7-10; Ap 13:1-4).

2.   Aparición del falso profeta (Ap 13:11-14).

3.   La bestia establece pacto de amistad con Israel (Dn 9:27), Israel le recibe como si fuese el Mesías. Les da una paz aparente.

4.   Con gran ira, Satanás otorga gran autoridad a la bestia y se desatan los días difíciles de la Gran Tribulación. Israel es invadido y la bestia profana el templo, sentándose en este para ser adorado como Dios (Dn 7:24-25; 2 Ts 2:4).

5.   Se inicia la persecución contra el pueblo judío y contra los que conservan el testimonio de Cristo (Ap 13:5-8).

6.   Dos terceras partes del pueblo judío es eliminado (Zac 13:8-9).

7.   La gran ramera (unidad mundial de religiones) es destruida (Ap 17: 1- 6; 16-17).

8. Dios derrama Sus juicios sobre la tierra (Ap 15:5-8; 16:1-12; 17-21).

9. Hacia el final de los siete años se desata la batalla de Armagedón (Ap 16:13-16).

10. Los ejércitos de la bestia se congregan en el valle de Meguido a fin de enfrentar al Hijo de Dios (2 Ts 2:8; Ap 19:11-19).

11. La bestia es destruida junto con sus ejércitos (Ap 19:20-21).

12. La gran tribulación, además de ser un período de juicio, es también un período de salvación, tanto para el pueblo judío (Ap 7:1-4) como para las naciones gentiles (Ap 7:9-14).[42]

Para complementar lo anteriormente expuesto, es oportuno decir que la Trinidad (Dios Padre, Hijo y Espíritu Santo) es comparable con el trío malvado: Satanás, anticristo y falso profeta. En este trío malvado, el anticristo es la contraparte de Cristo en la Trinidad. El anticristo (quien procura deliberadamente imitar al verdadero Cristo) es una bestia salvaje; en cambio, Cristo es el Cordero inmolado. Durante su ministerio terrenal, Cristo recibió poder del Padre (Mt 28:18); el anticristo recibirá su poder de Satanás (Ap 13:2). El anticristo será "un rey altivo de rostro y entendido en enigmas. Y su poder se fortalecerá, mas no con fuerza propia; y causará grandes ruinas, y prosperará, y hará arbitrariamente, y destruirá a los fuertes y al pueblo de los santos. Con su sagacidad hará prosperar el engaño en su mano; y en su corazón se engrandecerá" (Dn 8:23-25).

En el Nuevo Testamento, tomado ya como el último tiempo (1 Jn 2:18), el anticristo se perfila como una figura siniestra, mezcla de rey usurpador y falso profeta.

---

[42] Z. Bicket, *Escatología: Un estudio de las cosas por venir* (Libro de texto de estudio independiente), (D. Gómez, Ed., N. Gallardo, Trans.). Springfield, MO: Global University, 2008, pp. 95-96.

En 2 Tesalonicenses 2:1-12, se describen las características de este malvado, a quien se denomina "el hombre de pecado, el hijo de perdición" y se insinúa su conexión con "el misterio de la iniquidad". Junto al dragón (Satanás), aparecen dos bestias: en la primera, la bestia por excelencia es el anticristo; la segunda aparece con su nombre, "el falso profeta" (Ap 13:1 ss.). Por última vez, aparecen en su derrota final la bestia y el falso profeta (Ap 19:20), quedando solo el dragón que mil años después será lanzado en el lago de fuego y azufre, donde estaban la bestia y el falso profeta.

Las Bodas del Cordero

En muchos pasajes del Nuevo Testamento, la relación entre Cristo y la Iglesia se revela mediante el uso de las figuras del esposo y la esposa (Jn 3:29; Ro 7:4; 2 Co 11:2; Ef 5:25-33; Ap 19:7-8; 21:1; 22:7). En la traslación de la Iglesia, Cristo aparece como un esposo que toma a su esposa para sí mismo, para que de tal forma pueda consumarse la relación que fue prometida y los dos puedan llegan a ser uno.

1.	El tiempo de las bodas:

Se produce al final de los siete años de la Gran Tribulación y antes de la segunda venida de Cristo. Se ve que estas bodas siguen a los eventos del Tribunal de Cristo, porque cuando aparece la esposa, lo hace con las "acciones justas de los santos" (Ap 19:8), que solo pueden referirse a aquello que ha sido aceptado en el tribunal de Cristo. De esta manera, las bodas mismas deben colocarse entre el Tribunal de Cristo y la segunda venida del Señor.

2.	El lugar de las bodas:

El lugar de las bodas solo puede ser el cielo, por cuanto estas siguen al Tribunal de Cristo, el cual sucederá en el cielo, y es desde el aire que la Iglesia viene cuando el Señor regrese (Ap 19:14). Las bodas deben tener lugar en el cielo, ya que ningún otro lugar sería adecuado para personas celestiales (Flp 3:20).

La segunda venida de Cristo

Al final de la Gran Tribulación se producirá lo que propiamente se designa como la segunda venida de Cristo. Las señales que precederán la segunda venida son: la congregación de los ejércitos de la bestia en el valle de Meguido (Ap 19:9), y fenómenos en el cielo y en el mar (Jl 2:30-31; Lc 21:25,28; Ap 6:12-13).

La segunda venida de Cristo es diferente a su primera aparición, cuando vino a levantar su Iglesia, y se caracteriza por:

1. Será corporal: Jesús volverá con el mismo cuerpo glorificado con que fue tomado a los cielos (Hch 1:9-11; Zac 13:6).

2. Será visible: todo ojo le verá desde el oriente hasta el occidente (Mt 24:27; Mc 13:26; Ap 1:7).

3. Será gloriosa: sin relación a la bajeza de un cuerpo de pecado (Heb 9:28).

4. Jesús vendrá como Rey (Sal 72:11; Mt 25:31; 2 Ts 1:7).

5. Vendrá sobre las nubes (Mt 24:30).

6. Vendrá con los ejércitos celestiales, conformados por sus ángeles (Mt 25:31; 2 Ts 1:7).

7. Vendrá con la Iglesia, su esposa (Zac 14:5; 1 Ts 3:13).

8. Vendrá con poder y gloria (Mc 13:26; Lc 21:27).

Los objetivos que Cristo persigue en su segunda venida son tres:

1. Traer juicio contra la bestia (2 Ts 2:8; Ap 19:19-20), contra el sistema mundano (Dn 2:31-35, 40-45), y contra los incrédulos (2 Ts 1:7- 10).

2. Resucitar a los mártires de la Gran Tribulación (Ap 20:4-6).

3. Establecer su reino milenial (Ap 20:1-3).

Las principales diferencias que se presentan entre el arrebatamiento de la Iglesia y la segunda venida de Cristo son las siguientes:

1. En el arrebatamiento, Cristo desciende hasta las nubes (1 Ts 4:16-17) y no toca la tierra; en la segunda venida, él desciende hasta la tierra (Zac 14:4).

2. En el arrebatamiento, Cristo viene a recoger a sus santos (1 Ts 4:16-17); en la segunda venida, él viene acompañado de sus santos (Jud 14).

3. No se dice que la venida de Cristo para levantar a su Iglesia será precedida de señales en los cielos; pero, la segunda venida sí será anunciada por señales en los cielos (Mt 24:29-30).

4. El arrebatamiento será invisible al mundo, será como ladrón en la noche; en cambio, en la segunda venida, todo ojo le verá (Ap 1:7).

5. El arrebatamiento es un trato exclusivo con la Iglesia; en cambio, la segunda venida es parte del trato con Israel y con las naciones gentiles.

6. Aparte de estas diferencias, es conveniente recordar que entre el arrebatamiento y la segunda venida se interpone un período de siete años, durante los cuales se producirán los eventos de la Gran Tribulación.

El reino milenial de Cristo

Cuando Cristo regrese a la tierra establecerá su reino milenial, el cual será literalmente un reino en el planeta, en donde Jesús será el Rey Soberano. El reino de Cristo tendrá una duración de mil años (Ap 20:1-6). Los eventos que precederán a la plenitud del reino milenial son:

1. Descenso de Cristo (Zac 14:4).

2. Apresamiento de Satanás (Ap 20:1-3).

3. Resurrección de los mártires de la Gran Tribulación y de los justos del Antiguo Testamento (Ap 20:4).

4. Retorno del Espíritu Santo (Ez 36:26-27).

5. Conversión de Israel (Zac 12:10-12).

6. Restauración de Israel (Is 11:11-12; 35:10; Miq 4:6-7; Zac 8:7-8).

La Iglesia participará del reino milenial en su calidad de esposa del Cordero. Los cristianos fungirán como jueces, reyes y sacerdotes (Ap 2:26-27). Con respecto a las características geográficas del reino milenial tenemos los siguientes datos:

1. La extensión será toda la tierra (Sal 2:8; 72:8; Zac 8:20-23; 14:16).

2. La capital será Jerusalén (Is 2:2-3; Zac 8:3).

3. El centro de adoración mundial estará en Jerusalén (Zac 8:20-23; 14:16).

Las principales características del reino milenial son:

1. Será supremo (Miq 4:1).

2. Será justo (Sal 72:2-4, 12-14; Jer 33:15).

3. Será pacífico (Is 2:4; Miq 4:3-4; Zac 9:10).

4. Será venturoso (Is 35:10; 65:18-19).

5. Será seguro (Is 32:1-2, 18; Ez 28:25-26).

6. Habrá conocimiento de Dios (Is 11:9; Jer 31:34; Hab 2:14).

Merece especial mención las profundas transformaciones que se producirán en la naturaleza durante el reino milenial.

1. Las bestias habitarán pacíficamente (Is 11:6-8; 65:25).

2. Reverdecerá el desierto (Is 32:15; 35:1-2, 7; 41:18-20).

3. La tierra aumentará su fertilidad (Ez 36:29-30).

4. Será restaurado el tiempo del proceso de envejecimiento humano (Is 65:20, 22; Zac 8:4-5).

Cuando las bendiciones del reino sean cumplidas y termine el período de mil años, las naciones serán probadas una vez más. Satanás será soltado de su prisión y engañará a muchos, pero al final será consumido por el fuego de Dios (Ap 20:7-10).

Los juicios finales

Después del reino milenial de Cristo se producirán tres eventos que merecen especial atención: el juicio de los ángeles caídos, el juicio del Gran Trono Blanco o Juicio Final y la destrucción del Universo actual.

1. El juicio de los ángeles caídos: será posterior al reino milenial, cuando Satanás sea lanzado al lago de fuego (Ap 20:10). El juicio de Satanás se ha realizado con anterioridad (Jn 16:11), ahora, procede el juicio de sus ángeles (2 P 2:4).

2. El Juicio Final: también se le llamaba el juicio del Gran Trono Blanco. En él serán juzgados los incrédulos de todos los tiempos. El juez del Gran Trono Blanco será el Señor Jesús (Jn 5:22; Hch 10:42; 17:30-31). El Señor Jesús será ayudado por su Iglesia para juzgar al mundo (1 Co 6:2).

3. Para comparecer en el Juicio Final, los incrédulos serán resucitados en la segunda resurrección (Ap 20:11-13), la cual es una resurrección de condenación. Ninguno de los que sean juzgados en el Juicio Final tiene oportunidad de alcanzar la salvación. El propósito de este juicio es solamente determinar el grado de castigo que cada incrédulo soportará en el lago de fuego (Mt 11:22; Lc 12:47-48).

4. Las bases del juicio son las obras (Ec 12:14; Mt 12:36-37; Ap 20:12-13). Después de ser juzgadas las almas, serán lanzadas al lago de fuego (Ap 20:15) donde sufrirán el mayor o menor grado de castigo que el juez justo haya determinado.

5. Destrucción del Universo actual: inmediatamente antes del juicio final, la actual creación será destruida (2 P 3:10-12). Esta destrucción acontecerá el mismo día del juicio (2 P 3:7; Ap 20:11).

La eternidad futura

Después del juicio final, el tiempo será absorbido por la eternidad. Tanto justos como injustos entrarán en la eternidad; pero sus estados serán diferentes:

I.   Los incrédulos:

1.   Su lugar: serán arrojados a un sitio especial que en las Escrituras es llamado de las siguientes formas: infierno (Mt 13:42), eterna perdición (2 Ts 1:9), tinieblas eternas (Jud 13), muerte segunda (Ap 20:14) y lago de fuego (Ap 20:15).

2.   Su condición: en la segunda resurrección recibirán sus cuerpos para los tormentos en el lago de fuego. Estarán excluidos de todo favor divino (2 Ts 1:9) y serán atormentados (Ap 14:10). Satanás será atormentado juntamente con ellos (Ap 20:10). Por la naturaleza del carácter de Dios (2 Co 6:14-15) y Su santidad, Él se apartará de ellos, o sea, estará lejos.

3.   Su duración: el castigo de los incrédulos dentro del lago de fuego es tan eterno como la gloria de los justos (Mt 25:46; Mc 9:43-44; Ap 14:10-11). La enseñanza de la destrucción de las almas es desmentida por las Escrituras al comparar Apocalipsis 19:20 con 20:10 y considerar que entre ambos pasajes media un período de mil años.

II. Los justos:

1.   Su lugar: al final del sistema actual, Dios creará un cielo nuevo y una tierra nueva (Ap 21:1). Los justos tendrán un lugar, tanto en la nueva tierra, como en el nuevo cielo, ya que heredarán todas las cosas (Ap 20:7). Algunos elementos de la nueva creación son descritos en Ap 20:1, 9-11; 22-23; 22:1-5.

2.   Su condición: tendrán el cuerpo y la mente de Cristo (1 Jn 3:2). Será inmortales (Ap 21:4) y no sufrirá más (Ap 21:4; 22:3).

3.   Su duración: la condición de gozo, paz y felicidad de los justos será eterna (Ap 22:5).

Lección 12
Doctrina de la Creación

Texto para memorizar: Hebreos 11:3.

Introducción: Nuestra confesión de fe incluye que creemos en la historia de la Creación dada en Génesis (la cual ha de aceptarse literalmente y no alegórica o figuradamente), donde dice que el hombre fue creado directamente a imagen y semejanza de Dios. Creemos que la creación del hombre no fue un asunto de evolución, de cambio revolucionario de las especies o desarrollo a través de períodos interminables de tiempo, desde las formas inferiores hasta las superiores. Sino que todos los animales y la vida vegetal fueron hechos directamente, y que la ley establecida por Dios fue que ellos se reproducirían según su especie.

I.   El Creador, Dios: Génesis 1:1.

La Biblia no trata de probar la existencia de Dios. Los hombres saben que hay un Dios. Solamente los necios dicen que no lo hay (Sal 14:1). Las primeras palabras de la revelación de Dios a los hombres explican el origen del Universo: Dios es Su Creador (Gn 1:1).

La palabra Dios en el hebreo es Elohim. Es un nombre plural y significa que hay un solo Dios compuesto de tres personalidades: Dios el Padre, Dios el Hijo y Dios el Espíritu Santo. Son tres en uno, la Trinidad. Por esta razón, en Génesis 1:26 Dios dijo: "Hagamos al hombre a nuestra imagen".

   1.   El Padre decretó la Creación - dio la orden ejecutiva (1:26).

   2.   El Hijo ejecutó la Creación - fue el agente (Jn 1:1-3; Heb 1:1-2).

   3.   El Espíritu Santo fue el poder de la Creación (Gn 1:2).

II. La Creación: "Lo que se ve fue hecho de lo que no se veía" (Heb 11:3). Un carpintero puede hacer una mesa de madera, pero solamente Dios puede crear la madera. Crear significa hacer algo de la nada. La Creación fue un acto libre de Dios mediante la cual trajo a existencia, inmediata e instantáneamente, todo el Universo. Dios habló y existió. "Y dijo Dios" (Gn 1:3; Sal 33:6, 9). Significa que no usó materiales ya existentes o recursos secundarios (Heb 11:3). Significa que en "seis días hizo Jehová los cielos y la tierra, el mar y todas las cosas que en ellos hay" (Ex 20:11). Creemos que se trata de 6 días de 24 horas cada día, igual como lo tenemos ahora. Significa que la Creación fue "según su género" o "según su especie" (Gn 1:11-12, 21, 24-25). Dios creó toda clase de vida, sea vegetal, animal y al hombre para que se reprodujese según su especie. No hay lugar aquí para la teoría de la evolución que enseña que hubo una célula original de la cual se ha desarrollado toda forma existente de vida, ya sea una ballena o una mosca, un ave o un elefante, o el mismo hombre.

Según la teoría de la evolución, el hombre proviene del Homo sapiens, del latín homo, "hombre" y sapiens, "sabio", perteneciente a la familia de los homínidos, hasta que después de millones de años llegó a ser el primer hombre. ¡La Biblia rechaza esta teoría humana!

III. La creación del hombre: "Hagamos al hombre a nuestra imagen" (Gn 1:26-27). La creación del hombre fue la culminación y consumación de toda la Creación. Esto demuestra que el hombre fue creado con personalidad, inteligencia, moralidad, inmortalidad, y otras cualidades como las de Dios. Los animales no tienen estos atributos. Al respecto, tenemos que Dios creó al hombre así:

1. "Entonces Jehová Dios formó al hombre del polvo de la tierra, y sopló en su nariz aliento de vida, y fue el hombre un ser viviente". Génesis 2:7.

2. Como un ser tripartito, con cuerpo (del polvo de la tierra), espíritu (soplo) y alma (ser viviente). 1 Tesalonicenses 5:23.

3. Hizo a la mujer del hombre. Génesis 2:21-23.

4. Cesó toda la Creación al terminar con la creación del hombre. Génesis 2:2.

Lección 13

Doctrina de los apóstoles

Texto para memorizar: Hechos 2:42.

Introducción: El mundo está repleto de personas, millones con creencias religiosas teístas; otros tantos ateos, que niegan la existencia de Dios. Algunas religiones consisten en especulaciones e ideas abstractas, otras en ceremonias y tradiciones. Algunas religiones mueren, otras se crean constantemente. Pero, lo cierto es que pululan las religiones en el mundo que están fundamentadas en interpretaciones humanas.

Sin embargo, no hay creencia en la tierra como la cristiana, ya que al ser el cristianismo una forma de vida que sigue los lineamientos de Cristo, sobresale muy por encima de todos los insignificantes sistemas de este mundo. A diferencia de las religiones, las doctrinas básicas y el sistema teológico del cristianismo no consisten en ideas inventadas por intelecto humano, sino en hechos y basamentos históricos escritos por Dios en las páginas del tiempo que están registrados en la Biblia. Hay siete eventos históricos que constituyen el fundamento cristiano:

1. La Creación del mundo por Dios en seis días.
2. La caída del hombre en el pecado.
3. El nacimiento virginal de Cristo.
4. La muerte de Cristo en la cruz.
5. La resurrección de Cristo de entre los muertos.
6. La ascensión de Cristo al cielo.
7. El retorno de Cristo para juzgar al mundo.

Estos siete eventos históricos formaron la base de la doctrina de los apóstoles, que fueron formulados por ellos en una declaración de fe antes de 150 d. C. Esta declaración de fe se nos ha transmitido como "Credo de los Apóstoles". Seis de esos siete eventos históricos son pasados; y uno de ellos, el retorno de Cristo para juzgar tanto a los vivos como a los muertos, está en el futuro. Cada uno de tales eventos posee, además, una significación espiritual establecida simple y llanamente en las Palabras de la Escritura. Desglosémoslos:

1. La constancia o registro histórico de la Creación del mundo por Dios en seis días. Es básica para nuestro conocimiento de quién es Dios, Su relación con nosotros y nuestra responsabilidad hacia Él. De este modo, la historia de la Creación pone la base para todo lo demás que dice la Biblia.

2. La constancia de la caída del hombre en el pecado. Revela el estado espiritual del hombre, el hecho de que todos los hombres son pecadores, y el que ningún hombre puede salvarse a sí mismo. Todo lo que dice la Ley de Dios se relaciona con la caída del hombre; la Ley de Dios revela la naturaleza humana caída. En consecuencia, el registro de la caída explica por qué fue necesario para Cristo venir al mundo, y por qué necesitamos un Salvador (Ro 5:12, 19).

3. La constancia del nacimiento virginal de Cristo. Es básica para nuestro conocimiento de quién es él, cómo pudo nacer sin pecado y cómo pudo ser a la vez Dios y hombre. Este conocimiento de Cristo, es a su vez esencial para saber cómo triunfó sobre el pecado, la muerte y Satanás, a fin de ganar la vida eterna para nosotros. De este modo, el registro del nacimiento virginal es fundamental para entender el mensaje de salvación (Mt 1:23).

4. La constancia de la muerte de Cristo en la cruz no puede separarse del hecho de que él murió por nuestros pecados y de que a través de su muerte en lugar nuestro, nosotros obtenemos perdón, reconciliación con Dios y vida eterna. El propósito mismo de Dios para la Escritura fue que sirviera para testificar de Cristo (Jn 5:39); y el propósito mismo de la llegada de Cristo al mundo fue salvarnos a nosotros de la muerte eterna por nuestros pecados (1 Ti 1:15). Por estas razones, el registro de la muerte de Cristo en la cruz, en lugar nuestro, es primordial para una apropiada comprensión de todo lo que dice la Biblia (1 Co 15:3).

5. La constancia de la resurrección de Cristo de entre los muertos. Es fundamental para nuestro conocimiento de su éxito en derrotar a Satanás y ganar perdón y salvación para nosotros. La resurrección de Cristo de entre los muertos es uno de los hechos mejor establecidos de la historia, y es capital para nuestra fe en él como la fuente de nuestro perdón y como nuestro Salvador (Ro 4:25).

6. La constancia de la ascensión de Cristo al cielo. Es radical para nuestro conocimiento de que tenemos un abogado con el Padre (1 Jn 2:1), y de que él retornará para juzgar a los vivos y a los muertos. Se relaciona estrechamente con el derramamiento del Espíritu Santo en Pentecostés, porque Jesús dijo a sus discípulos que si él no se iba, el Espíritu Consolador no vendría (Jn 16:7).

La obra del Espíritu Santo no es testificarse a sí mismo, sino testificar de Cristo (Jn 15:26; 16:13-14). Este testimonio de Cristo es triple:

a. Él reprueba al mundo de pecado, porque los del mundo no se dirigen a Cristo por perdón. El registro histórico de la Creación y la caída es elemental en la obra del Espíritu Santo para convencer al mundo de pecado (Jn 16:8-9).

b. Él reprueba al mundo de rectitud o justicia, porque Cristo, fuente de toda verdadera justicia, no está presente de modo visible. Los registros históricos del nacimiento virginal, la muerte de Cristo en la cruz, y su resurrección de entre los muertos, son primordiales en la obra del Espíritu Santo para convencer al mundo de la necesidad de buscar a Cristo por justicia (Jn 16:8, 10).

c. Él también reprueba al mundo de juicio, porque el príncipe de este mundo ya ha sido juzgado, y solo aquellos que buscan a Cristo por perdón permanecerán el día en que el juicio sea revelado. El registro histórico de la ascensión de Cristo al cielo y de su futuro retorno para juzgar al mundo, es esencial en la obra del Espíritu Santo para convencer al mundo de que solo aquellos que buscan a Cristo por perdón escaparán de la ira de Dios (Jn 16:8, 11).

7. La constancia del aún futuro retorno de Cristo para juzgar, tanto a los vivos como a los muertos, graba en nosotros la importancia del arrepentimiento, y de estar preparados para su retorno, porque él puede volver en cualquier momento. El conocimiento de que Cristo regresará es un terror para los no arrepentidos, pero es una fuente de gozo y esperanza para el creyente humilde, que ansiosamente aguarda su venida (2 Ti 4:1; 1 P 4:5).

Lección 14

La Trinidad

Texto para memorizar: Mateo 28:18-19.

Introducción: La Trinidad es una doctrina trascendental. El tema es, en efecto, sumamente importante y constituye uno de los fundamentos básicos de nuestra fe. Puede decirse que sin la Trinidad de Dios resultaría incomprensible, por no decir imposible, lo que la Escritura nos enseña acerca de nuestra salvación. No es un tema para especular, sino para adorar.

Parte I

La doctrina de la Trinidad se halla claramente contenida en la Biblia. Es cierto que no aparece, ni una sola vez, la palabra "Trinidad" en los textos sagrados; pero la Trinidad divina está intrínsecamente presente en sus páginas, donde no es demostrada, sino mostrada.

Esta doctrina ha sido enseñada y sostenida por la Iglesia cristiana desde los primeros tiempos, siendo normalmente expresada en la siguiente fórmula: Dios es uno en esencia, pero subsiste en tres personas: el Padre, el Hijo y el Espíritu Santo. Dicho de otra forma: Dios es único, pero existe eternamente con tres distinciones, bajo la figura de personas.

Debe admitirse que la palabra "persona", en el sentido trinitario, no está enteramente libre de objeción; pero, parece asunto entendido por los escritores ortodoxos que no hay una palabra mejor. La objeción es que no puede aplicarse en su acepción común a como se aplica a los seres humanos. Por ejemplo, persona, en el uso ordinario del término, significa un ser distinto e independiente. Así es, que una persona es un ser, y cien personas son cien seres. Pero en la Divinidad hay tres personas y un solo ser.

Además, el vocablo persona expresa, por lo general, la idea de personalidad o individuo, aunque la palabra griega para persona, significa simplemente apariencia, aspecto exterior visible de un ser humano, animal o cosa. Es decir, no se trata del ser mismo, sino de la apariencia o aspecto exterior visible de ese ser. Dicho de otro modo: el Padre, el Hijo y el Espíritu Santo son tres manifestaciones o revelaciones que Dios hace de sí mismo al mundo y por medio de las cuales el mundo puede conocerlo.

Todas las ilustraciones para explicar racionalmente la Trinidad se prestan a establecer conceptos pobres e inadecuados. Es verdad que el hecho sobrepasa a nuestra comprensión, pues no se conoce nada comparable en el mundo de nuestra experiencia. Por eso es muy fácil caer en ideas confusas y errores. Pero, el hecho de que la doctrina de la Trinidad esté por encima de nuestra comprensión, no significa que esté en contra de nuestra razón. Solo como ejemplo de la posibilidad de combinar las ideas de unidad y pluralidad, pensemos en el rayo de luz único, que al atravesar el prisma del cristal se descompone en los siete colores del arco iris.

La Trinidad y las ciencias exactas

Consideremos ahora el Universo físico que debería reflejar a su Creador de una manera muy íntima, y descubriremos que toda la naturaleza parece haber sido diseñada para revelarnos la Trinidad. Todo lo conocido del Universo puede ser clasificado bajo los títulos de espacio, materia y tiempo. Ahora bien, el espacio, por lo menos en la medida en que lo comprendemos, consiste exactamente en tres dimensiones, cada una igualmente importante y absolutamente esencial. No habría espacio, ni realidad alguna, si hubiera solamente dos dimensiones. Existen tres dimensiones distintas y con todo, cada una de ellas abarca la totalidad del espacio; sin embargo, hay un solo espacio.

Notemos que para calcular el contenido cúbico de cualquier espacio limitado no se suma la longitud más el ancho y más la profundidad, sino que se multiplican esas medidas. De modo análogo, la matemática de la Trinidad no es 1 + 1 + 1 = 1, como pretenden los Testigos de Jehová, sino 1 x 1 x 1 = 1.

El doctor Nathan Wood, antiguo presidente del Colegio Gordon (de Teología), ha demostrado que la doctrina de la Trinidad no solo es matemáticamente cierta, sino que está reflejada en toda ciencia exacta de una manera maravillosa. Y con un espíritu científico libre de las restricciones del átomo materia, él propuso lo que llamó la Ley de la Triunidad Universal. Se trata de un estudio muy interesante. La ley que propone, reconoce que existe una estructura básica en la creación universal. Se ve obligado a aceptar el ente físico y el espiritual y a establecer entre ambos una estructura común obvia. La ciencia, anteriormente, había insistido en la existencia de una sustancia común, pasando por alto la posibilidad de que esa estructura común fuera la clave más segura para la exploración de lo desconocido. Sin dejar de ser simple, ni universal, la Ley de la Triunidad satisface cualquier demanda intelectual. He aquí en su expresión más simple.

Concepto: 1 x 1 x 1 = 1
Concepto: 1 x 1 x 0 = 0
APLICACIÓN
Largo x Ancho x Alto = Espacio
Energía x Movimiento x Fenómeno = Materia
Futuro x Presente x Pasado = Tiempo
Espacio x Materia x Tiempo= Universo
Padre x Hijo x Espíritu Santo = Dios

Como puede verse, cada unidad es absoluta en sí misma, pero ninguna podría existir por sí misma. Esta es la Ley de la Triunidad absoluta. Así como Dios es tres en uno, Él ha implantado esta uniformidad en sus creaciones. No cabe duda de que esta estructura es la huella de Dios.

Apelando a la Biblia

Para descubrir claramente la Trinidad divina hemos de recurrir a la Biblia. En el Antiguo Testamento se enfatiza mucho la idea de un Dios único, en contraste con los múltiples dioses falsos de los gentiles. En el Nuevo Testamento se corrobora este aspecto de la unicidad de Dios. El énfasis de la Biblia en este punto ha llevado a los Testigos de Jehová a rechazar la idea de la Trinidad; sin embargo, esta aparece en la Biblia con la misma claridad que la unicidad de Dios.

Estudiando el asunto a la luz de las Escrituras, encontramos que desde el principio del texto sagrado, Dios se revela como un ser único pero a la vez plural. Es innegable para todo conocedor de la lengua hebrea, que Elohim, el primer nombre con que se designa a la Divinidad, es un plural. Esta palabra, que en efecto aparece ya en el primer versículo de Génesis, es ciertamente la forma plural del término Elohim. La mayor parte de los teólogos, eminentes por su piedad y por su saber, han visto en este vocablo un indicio de pluralidad de personas en la naturaleza divina.

El rabino judío Simeón ben Joachi, en su comentario sobre la sexta sección del Levítico, explica en estos notables términos: "Observemos el misterio de la palabra Elohim; encierra tres grados, tres partes; cada una de estas partes es distinta y es una por sí misma, y no obstante, son inseparables la una de la otra; están unidas juntamente y forman un solo todo".

Análisis de un texto revelador

En Deuteronomio 6:4 encontramos esta declaración notable que cada judío temeroso de Dios está obligado a repetir cada día: "Oye,

Israel: el Señor nuestro Dios, el Señor uno es". Expresión citada, tanto por los judíos, como por los "Unitarios" y los "Testigos de Jehová", cual prueba absoluta contra los Trinitarios. Pero precisamente, estas mismas palabras leídas en hebreo, constituyen toda una revelación y contienen la más segura y clara prueba que pueda hallarse en toda la Biblia a favor de la Trinidad: *Schema Israel, Adonai Elohenu, Adonai Ejad*.

En efecto, al analizar por vía de exégesis el texto original, descubrimos tres partículas claves e importantísimas que arrojan una luz reveladora para captar el profundo sentido de esta solemne declaración. Lo cual nos demuestra que Dios sabía lo que hacía cuando inspiró a Moisés a escribir estas palabras y no otras. Veamos:

- *Adonai*: literalmente significa "mis señores" (*Adon*, señor, y *ai*, mis).
- *Elohenu*: conjunción posesiva del pronombre de la primera persona del plural que se designa, significando "nuestros dioses".
- *Ejad*: expresa la idea de unidad colectiva.

En hebreo se usan dos palabras para indicar el significado de uno. La palabra uno, en el sentido de único; es decir, que se emplea para designar una unidad absoluta, es *Jachid* (Jue 11:34). Este término nunca es usado para designar la unidad divina. En cambio, cuando dos o varias cosas se convierten en una, por una íntima unión o identificación, el vocablo hebreo que se emplea en la Sagrada Escritura es *Ejad*, que significa una unidad compuesta de varios (Gn 2:24; Jue 20:8). Esta palabra es la que siempre se usa para designar la unidad divina. Por lo tanto, nuestro texto, literalmente vertido del original hebreo, quedaría traducido correctamente así: "Escucha Israel: mis señores, nuestros dioses, mis señores uno [compuesto] es".

Símbolos y figuras de la Trinidad

Encontramos en casi toda la Biblia la idea de la pluralidad de personas divinas, lo cual significa que la doctrina de la Trinidad tiene su apoyo en las Sagradas Escrituras desde el Génesis hasta el Apocalipsis. Tres veces —nada menos que tres veces— se usa en los once primeros capítulos de la Biblia el plural *nos* para designar a la Divinidad. La primera vez se habla de la pluralidad de personas divinas en relación con la creación del hombre (Gn 1:26); la segunda vez, en relación con el pecado del hombre (Gn 3:22); y la tercera vez, en relación con el juicio de los hombres (Gn 11:7).

Resulta instructivo distinguir que las tres grandes fiestas religiosas, celebradas tres veces al año por el pueblo judío, muestran también un símbolo de la gloriosa Trinidad. La Fiesta de los Tabernáculos: Dios Padre; la Fiesta de la Pascua: Dios Hijo; y la Fiesta de Pentecostés: Dios Espíritu Santo. Veamos aquí algunos textos que nos iluminan y son muy convincentes en los que se mencionan claramente las tres divinas personas juntas:

- Génesis 1:1-3; Salmos 33:6; Isaías 48:16; comparados con 1 Corintios 12:3-6 y Efesios 4:4-6.
- Isaías 61:1-2 comparado con Lucas 4:16-21; Mateo 3:16-17; 28:19; 2 Corintios 13:14; Efesios 2:18; y Apocalipsis 1:4-5.

Pero, lo que no dice un escritor lo agrega otro y arroja más luz sobre el tema. Así, Oseas nos muestra la curiosa experiencia de Jacob en aquel combate que sostuvo cuerpo a cuerpo con Dios. Jacob vio al Señor cara cara en una teofanía bajo la apariencia de un ángel, y habló con Él. El contexto del episodio de la lucha de Jacob con Jehová nos dice: "Venció al ángel, y prevaleció; lloró, y le rogó; en Bet-el le halló, y allí habló con nosotros" (12:4). Notemos el extraño plural. ¿No nos sugiere otra vez la pluralidad de personas divinas en la Trinidad?

La Trinidad en acción

El Padre es toda la plenitud de la divinidad invisible (Jn 1:18), el Hijo es toda la plenitud de la divinidad manifestada (Jn 1:14-18; Col 2:9), el Espíritu Santo es toda la plenitud de la divinidad, obrando directamente sobre la criatura humana (2 Co 2: 9-16). En Efesios 1:3 al 14 vemos a la Trinidad actuando para el hombre:

1. La obra del Padre: bendice (v. 3), escoge (v. 4), predestina (v. 5). ¿Para qué? Para alabanza de Su gloria (v. 6).

2. La obra del Hijo: redime por su sangre (v. 7), perdona los pecados (v. 7), descubre el secreto de su voluntad (v. 9), reúne todas las cosas en él (v. 10). ¿Para qué? Para alabanza de Su gloria (v. 12).

3. La obra del Espíritu Santo: sella (v. 13). ¿Para qué? Para alabanza de Su gloria (v. 14).

Por lo tanto, el Padre ejerce la soberanía y decreta los consejos determinados por la Trinidad (1 Co 15:24-28; Ef 1:3-6), el Hijo ejecuta los consejos divinos (Heb 10:7), y el Espíritu Santo los desarrolla y aplica. Lo expuesto se pone de manifiesto tanto en la Creación como en la redención.

Considerando un texto clave

Se impone aquí un pequeño comentario en torno al texto de Mateo 28:19: "Bautizándolos en el nombre del Padre, y del Hijo, y del Santo Espíritu". Notemos que el bautismo cristiano está conectado con el nombre de cada persona de la Divinidad. No hay una interpretación propia de este lenguaje que no coloque en igualdad al Padre, al Hijo y al Espíritu Santo.

Si se reconoce la Deidad de una de estas personas, queda reconocida la de las tres. Es imposible hacer una distinción válida con respecto a la igualdad y semejanza de ellas. Si todos los que creen que hay un Dios reconocen la Deidad del Padre con respecto al Hijo y al Espíritu, ¿quién podría oír sin horrorizarse que el nombre de un profeta o un ángel sustituye al de uno de ellos? Es una inconsecuencia impía el exaltar a una criatura igualándola con Dios. Es como formular el canon bautismal así: "Bautizad en el nombre del Padre, y de Moisés, y de una fuerza activa". ¿No sería esto peor que una blasfemia?

Pero el nombre del Hijo y el nombre del Espíritu Santo están juntos con el del Padre, y la unión es tan importante que la validez del bautismo es inseparable de ella. Si el Padre es Dios, el Hijo y el Espíritu deben ser Dios también, porque de lo contrario, el texto pierde su sentido propio.

Así mismo, si el Padre y el Hijo tienen personalidad, debe igualmente tenerla el Espíritu, pues sería absurdo bautizarse en el nombre de una "fuerza" o de una simple "influencia", en conexión con el nombre del Padre y del Hijo. Por tanto, está clarísimo que en la última comisión de Cristo, la referencia al Padre, al Hijo y al Espíritu Santo, es a personas y no a "energías activas", puesto que las influencias, por carecer de personalidad, no pueden tener nombre propio.

Que el Espíritu Santo tiene atributos de personalidad propia es una verdad irrefutable a la luz de los textos bíblicos, pues lo que hace el Espíritu no puede hacerlo una mera influencia impersonal. Al Espíritu Santo se le atribuye una mente (Ro 8:7, 27); habla y comisiona (Hch 10:19-20; Ap 2:7); intercede y ayuda (Ro 8:26; Heb 7:25); llama, selecciona y da órdenes (Hch 13:2, 4); aprueba decisiones (Hch 15:28).

Igualmente, prohíbe y cuida (Hch 16:6-7); dirige (Hch 20:28); enseña y recuerda (Jn 14:26); redarguye al mundo de pecado (Jn 16:8); distribuye dones según su voluntad (1 Co 12:11); puede ser afligido (Ef. 4:30); resistido (Hch 7:51); insultado (Heb 10:29); engañado (Hch 5:3); blasfemado y ofendido (Mt 12:31-32).

Ahora bien, si el Espíritu Santo puede expresarse hablando, es porque tiene personalidad; si distribuye dones como él quiere, denota voluntad; si enseña, indica que posee inteligencia; si consuela, denota emociones; si recuerda, indica conocimiento; si redarguye, es porque tiene sensatez y discernimiento; y si está dotado de la capacidad de amar (Ro 15:30), es porque posee sentimientos. ¿Puede una fuerza impersonal tener todas estas facultades?

Comparando las tres Divinas personas a un nivel de igualdad

Finalmente, consideremos algunos de los títulos personales, obras y hechos atribuidos igualmente a cada una de las tres personas de la Trinidad Divina. Creemos que con ello la evidencia trinitaria se hace irrefutable a la luz de la Palabra de Dios.

1. Los cristianos tenemos un Padre que es llamado Dios (Ro 1:7; Ef 4:6); un Hijo que es llamado Dios (Ro 9:5; Tit 2:13; Heb 1:8); un Espíritu Santo que es llamado Dios (Hch 5:3-4; 28:25-27; cf. Is 6:8-10). Y si son llamados Dios es porque los tres son el mismo Dios.

2. El nombre de Dios el Padre es Jehová (Neh 9:6), el Hijo es llamado también Jehová (Jer 23:5-6), y el Espíritu Santo igualmente es identificado con el nombre de Jehová (Heb 3:7-9; cf. Ex 17:7).

3. El Padre como Jehová Dios (2 S 7:22), el Hijo como Jehová Dios en Juan 20:28 es significativo. Al dirigirse a Cristo con esta reverente expresión, Tomás le está aplicando el título y el nombre sagrado que únicamente pertenecen a Jehová Dios, tal cual dice en Isaías 41:13. El Espíritu Santo como Jehová Dios (Hch 7:51 cf. 2 R 17:14).

4. El Padre es el Dios de Israel (Sal 72:18). El Hijo es el Dios de Israel (Lc 1:17; 68 cf. Zac 2:10; Jn 1:14). El Espíritu Santo es el Dios de Israel (2 S 23:2-3). En efecto, los judíos ya creían en Jehová Dios, pero no creían en Jesucristo; por lo tanto, necesitaban convertirse al Mesías. Recalquemos en el versículo 17 de Lucas 1, donde se observa una identidad entre Jesús Mesías y Jehová. Lo que en la profecía se dice de Jehová, aquí Lucas lo aplica al Mesías.

5. El Padre es nuestro Señor (Gn 15:2; Mc 12:29), el Hijo es nuestro Señor (Hch 10:36; 1 Co 8:6; Flp 2:11), el Espíritu Santo es nuestro Señor (2 Co 3:16-17). Entonces, de acuerdo a esto, ¿cuántos Señores tenemos los creyentes? Leer Mateo 4:10; 6:24; y Efesios 4:5.

6. El Padre es eterno (Sal 90:2; 93:2; Heb 1:10-12), el Hijo es eterno (Pr 8:22-23; Jn 1:1, 8:58; Heb 7:3; 13:8), el Espíritu Santo es eterno (Heb 9:14).

7. El Padre es omnipotente (Gn 17:1; 2 Cr 20:6; Ef 1:19), el Hijo es omnipotente (Mt 28:18; Ef 1:20-23; Ap 1:8; cf. vv. 7, 11, 17, 18; Ap 3:7 cf. 19:11-13; Hch 3:14), el Espíritu Santo es omnipotente (Is 30:27-28; Zac 4:6; Ro 15: 13-19).

8. El Padre es omnipresente (Jer 23:23-24; Heb 4:13), el Hijo es omnipresente (Mt 18:20; 28:20; Jn 3:13), el Espíritu Santo es omnipresente (Sal 139:7-12; Jn 14:17; 1 Co 3:16).

9. El Padre es omnisciente (Sal 139:1-6; Dn 2:20-22), el Hijo es omnisciente (Jn 16:30; 21:17; Col 2:2-3), el Espíritu Santo es omnisciente (Jn 14:26; 1 Co 2:10-11; Jn 2:20-27).

10. El Padre es la vida (Sal 36:9; Hch 17:25-28), el Hijo es la vida (Jn 1:4; 11:25; 1 Jn 5:12), el Espíritu Santo es la vida (Job 33:4; Ro 8:2-11).

11. El Padre es el Creador (Gn 1:1, 26; 2:7; Is 45:12-18; 48:12-13; Neh 9:6), el Hijo es el Creador (Col 1:15-17; Sal 33:4; Heb 1:2; 11:3; cf. Gn 1:3 —Y dijo Dios— la Palabra, el Verbo eterno; y cf. Gn 1:26). El Espíritu Santo es el Creador (Gn 1:2, 26; 2:7; Mal 2:15; Job 33:4; 26:13; Sal 104:27-30). Así pues, en el gran escenario de la Creación encontramos a Dios el Padre, creando; a Dios el Hijo, hablando; a Dios el Espíritu Santo, actuando.

12. El Padre es el Salvador (Is 43:3, 11; 45:21; Tit 3:4), el Hijo es el Salvador (Mt 1:21; Lc 2:11; 2:13). el Espíritu Santo es el Salvador (1 Co 6:11; cf. 1 Jn 1:7; Heb 9:14; Tit 3:5). La salvación es, pues, atribuida a cada una de las personas de la Deidad (2 Co 1:21-22).

13. El Padre es el Pastor (Sal 23:1; Ez 34:11-12), el Hijo es el Pastor (Jn 10:11, 14-16), el Espíritu Santo es el Pastor (Is 63:14). ¿Podría pastorear una fuerza impersonal?

14. El Padre es el autor de la regeneración (Jn 1:12-13), el Hijo es el autor de la regeneración (1 Jn 2:29), el Espíritu Santo es el autor de la regeneración (Jn 3:5-6). En la operación del nuevo nacimiento espiritual interviene, por tanto, la Trinidad (Tit 3:4-6.)

15.   El Padre obró la resurrección de Jesucristo (1 Co 6:14), el Hijo obró su propia resurrección (Jn 2:19-22; 10:17-18), el Espíritu Santo obró la resurrección de Cristo (Ro 8:11; 1 P 3:18).

16.   Los hijos de Dios tenemos comunión con cada una de las personas de la Trinidad. Nuestra comunión es con el Padre y el Hijo (l Jn 1:3), y con el Espíritu (Flp 2:1 y 2 Co 13:14).

17.   El Padre y el Hijo habitan en los creyentes y nuestro cuerpo es templo de Dios y de Cristo (Jn 14:23; Ap 3:20; 1 Co 3:16; 2 Co 6:16; Gl 2:20; Ef 3:17), el Espíritu Santo habita en los creyentes y nuestro cuerpo es su templo (Jn 14:16-17; Ro 8:9; 1 Co 3:16; 6:19; 2 Ti 1:14).

Conclusión final

Quiera el Espíritu Santo, quien vive en cada creyente nacido de nuevo, y que está presente en la tierra para glorificar a nuestro Señor Jesucristo, iluminar con este estudio las almas extraviadas en errores perniciosos, para que puedan así participar del verdadero conocimiento de Dios y gozar de la posesión de la vida eterna por la fe que es en Cristo Jesús.

Como conclusión, citaremos 1 Corintios 12:4-6: "Ahora bien, hay diversidad de dones, pero el Espíritu es el mismo. Y hay diversidad de ministerios, pero el Señor es el mismo. Y hay diversidad de operaciones, pero Dios, quien hace todas las cosas en todos, es el mismo". [42]

---

[43]Es muy interesante saber que uno de los libros sagrados de los judíos, El Zohar (Esplendor), libro escrito por Moisés de León, base de la Qabbalah (Tradición), hace el siguiente comentario acerca de Deuteronomio 6:4: "¿Por qué hay necesidad de mencionar el nombre de Dios por tres veces en este versículo? La primera vez, Jehová, porque es el Padre de los cielos; la segunda vez, Dios, porque es un título del Mesías, la vara del tronco de Isaí que ha de venir por David, de la familia de Isaí; y la tercera vez, Jehová, porque es el que nos enseña a caminar aquí en la tierra. Y estos tres son uno".

Parte II
La Trinidad de Dios

La Biblia presenta indiscutibles evidencias que revelan que Dios es uno en esencia; igualmente, el Hijo y el Espíritu Santo son constantemente mencionados y distinguiéndose claramente el uno del otro. Así mismo, tanto el Espíritu como el Hijo son diferenciados del ser que el texto bíblico llama Padre.

Esta revelación de Dios en tres personas es aparentemente incomprensible a la mente humana. Quizás a ello se deba la no aceptación de dicha doctrina por parte de los que no entienden esta enseñanza. Los sabelianistas acusan a los trinitarios de enseñar que "son tres y a la vez son uno" y que en esto hay contradicción. Pero, la enseñanza es que un ser puede ser singular en su esencia, a la vez que es plural en su modo de subsistencia. En la constitución de cada individuo vemos una unidad plural en elementos materiales e inmateriales combinados para conformarlo como ser humano. En el caso del hombre hay una conciencia con dos naturalezas. En el caso de la Deidad hay tres conciencias y una sola naturaleza, la Divina. Es pertinente aclarar el significado exacto de los términos naturaleza y persona, tal como se usan en este contexto. Naturaleza denota la suma total de todas las cualidades esenciales de algo o alguien, cualidades que la hacen ser lo que es. El término persona denota una sustancia completa capacitada con la razón, y consecuentemente, con responsabilidad propia de sus acciones. En resumen, la doctrina de la Trinidad afirma la triple unidad de Dios y no es una contradicción: Dios es uno en esencia y tres en persona.

1. La Biblia declara tanto la unicidad de Dios como el carácter divino del Padre, del Hijo y del Espíritu Santo.

2. La Trinidad se distingue por la obra asumida por el Padre, el Hijo y el Espíritu Santo.

3.   La doctrina de la Trinidad fija los límites de la especulación humana con respecto a la naturaleza de Dios.

La Escritura abunda en pasajes que hablan de la singularidad de Dios: "A ti te fue mostrado, para que supieses que Jehová es Dios y no hay otro fuera de él" (Dt 4:35); "Ved ahora que yo soy yo, y no hay dioses conmigo" (Dt 32:39); "Porque tú eres grande y hacedor de maravillas; solo tú eres Dios" (Sal 86;10); "No hay Dios sino yo, no hay fuerte, no conozco ninguno" (Is 44:8); "Bien, Maestro, verdad has dicho, que uno es Dios, y no hay otro fuera de él" (Mc 12:32); "El Señor nuestro Dios, el Señor uno es" (Mc 12:29).

A lo largo y ancho de la Biblia aparece un solo Dios que demanda adoración. Decir que son tres dioses sería entonces antibíblico. Por eso, nuestra enseñanza no es que son tres dioses, sino uno en esencia, pero que subsiste en tres personas.

1.   La pluralidad de personas.

No obstante la Biblia presentar solo un Dios verdadero. No es menos cierto, que nuestro Dios se revela en tres personas y no deja de ser único. Veamos la pluralidad de personas en el Antiguo Testamento, donde se usan pronombres plurales que señalan la pluralidad del único Dios verdadero.

a.   Se usa la palabra "Elohim" más de 2.000 veces para referirse a la Deidad. Lo que llama la atención de este término es que es un plural aplicado a Dios. Por qué no se usa el singular "*Eloah*", ha sido una pregunta que muchos estudiosos se han hecho.

b.   Los sabelianistas dicen que este plural es de intensidad y no de número. Pero, la gramática hebrea usa plurales de intensidad solo con aquellas palabras de género masculino que no tienen singular. Y Elohim tiene su respectivo singular (*Eloah*).

c.   En Génesis 1:26 tenemos: "Entonces dijo Dios (*Elohim*) hagamos al hombre a nuestra imagen y semejanza". En Génesis 3:22: "Y dijo Jehová Dios (Elohim) he aquí el hombre es como uno de nosotros sabiendo el bien y el mal". En Génesis 11:6-7: "Y dijo Jehová (Elohim) ahora descendamos y confundamos allí su lengua". En Isaías 6:8 "Después oí la voz del Señor, que decía: ¿A quién enviaré, y quién irá por nosotros?"

d. Tenemos otras evidencias que demuestran la pluralidad de personas en la Deidad en el Antiguo Testamento. Escrituras que hacen una definida distinción entre el Padre y el Hijo: Sal 2:7-9; 45:6-7; cf. Heb 1:8-9; Dn 7:9-14.

Parte III
Referencias trinitarias primitivas

Existen grupos sectarios como los Testigos de Jehová, el Camino Internacional, los Cristadelfianos y otros, que niegan la Trinidad y afirman que la doctrina no fue mencionada hasta después del tiempo del Concilio de Nicea (325 d. C.). Este concilio, primero ecuménico, fue convocado por el emperador Constantino para tratar el error del arrianismo el cual amenazaba la unidad de la Iglesia cristiana. Las siguientes referencias muestran que la doctrina de la Trinidad, de hecho, estaba vigente y generalizada mucho antes del concilio de Nicea.

Policarpo (70-155/160). Obispo de Esmirna, discípulo del apóstol Juan, dijo: "Señor Dios omnipotente: Padre de tu amado y bendecido siervo Jesucristo [...]. Yo te bendigo, porque me tuviste por digno de esta hora, a fin de tomar parte [...] en la incorrupción del Espíritu Santo [...]. Tú, el infalible y verdadero Dios. Por lo tanto, yo te alabo [...] por mediación del eterno y celeste Sumo Sacerdote, Jesucristo, tu siervo amado, por el cual sea gloria a ti con el Espíritu Santo, ahora y en los siglos por venir". Martirio de San Policarpo, 14:1-3, en D. Ruiz Bueno, Ed., Padres apostólicos, p. 682.

Ignacio de Antioquía (aprox. 35-107). Obispo de Antioquía. En su camino al martirio, escribió varias cartas en defensa de la fe cristiana.

- "Sois piedras del templo del Padre, preparadas para la construcción de Dios Padre, levantadas a las alturas por la palanca de Jesucristo, que es la cruz, haciendo veces de cuerda el Espíritu Santo". Carta a los Efesios, 9: 1; Ruiz Bueno, pp. 452-453.

- "La verdad es que nuestro Dios Jesús, el Ungido, fue llevado por María en su seno conforme a la dispensación de Dios [Padre]; del linaje, cierto, de David; por obra, empero, del Espíritu Santo". Carta a los Efesios 17:2; Ruiz Bueno, Padres apostólicos, p. 457.

Justino Mártir (aprox. 100-165). Fue un maestro, apologista y mártir, discípulo de Policarpo.

- "Él [el Dios verdadero] y al Hijo, que de Él vino y nos enseñó todo esto [...] y al Espíritu profético, le damos culto y adoramos, honrándolos con razón y verdad". Primera Apología 6:2; Ruiz Bueno, Padres apologetas griegos, p. 187.

- "Entonces toman en el agua el baño en el nombre de Dios, Padre y Soberano del universo, y de nuestro Salvador Jesucristo, y del Espíritu Santo". Primera Apología 61:3; Ruiz Bueno, Padres apologetas griegos, p. 250.

Ireneo (115-190). Originario de Asia Menor, de niño fue discípulo de Policarpo. Llegó a ser obispo de Lyon, en Galia. Fue el principal teólogo del segundo siglo.

- "La Iglesia, aunque dispersa en todo el mundo, hasta lo último de la tierra, ha recibido de los apóstoles y sus discípulos esta fe: [...] un Dios, el Padre Omnipotente, hacedor del cielo y de la tierra y del mar y de todas las cosas que en ellos hay; y en un Jesucristo, el Hijo de Dios, quien se encarnó para nuestra salvación; y en el Espíritu Santo, quien proclamó por medio de los profetas las dispensaciones de Dios y los advenimientos y el nacimiento de una virgen, y la pasión, y la resurrección de entre los muertos, y la ascensión al cielo, en la carne, del amadísimo Jesucristo, nuestro Señor, y su manifestación desde el cielo en la gloria del Padre, a fin de 'reunir en uno todas las cosas', y para resucitar renovada toda carne de la entera raza humana, para que ante Jesucristo, nuestro Señor, y Dios, y Salvador, y Rey, según la voluntad del Padre invisible, 'se doble toda rodilla, de las cosas en los cielos, y las cosas en la tierra, y las cosas debajo de la tierra, y que toda lengua le confiese, y que él ejecute un justo juicio sobre todos". Contra todas las herejías, I, 10:1; Ante-Nicene Fathers, vol. 1.

Teófilo de Antioquía (segunda mitad del siglo II). Obispo de Antioquía y apologista. Presentó la doctrina cristiana a los gentiles. Es el primero en utilizar el término Trinidad (griego, *trias*).

- "Igualmente, también los tres días que preceden a la creación de los luminares son símbolos de la Trinidad, de Dios, de su Verbo y de su Sabiduría [el Espíritu]". Tres libros a Autólico 2.15; Ruiz Bueno, Padres apologetas griegos, p. 805.

Atenágoras de Atenas (segunda mitad del siglo II). Defensor de la fe cristiana. Dirigió una legación o defensa de los cristianos al emperador Marco Aurelio y su hijo Cómodo, hacia 177.

- "¿Quién, pues, no se sorprenderá de oír llamar ateos a quienes admiten un Dios Padre y a un Dios Hijo y un Espíritu Santo, que muestran su potencia en la unidad y su distinción en el orden?" Legación a favor de los cristianos, 10; Ruiz Bueno, Padres apologetas griegos, p. 661.

Tertuliano de Cartago (160-215). Apologista y teólogo africano. De profesión abogado, escribió elocuentemente en defensa del cristianismo.

- "Definimos que existen dos, el Padre y el Hijo, y tres con el Espíritu Santo, y este número está dado por el modelo de la salvación [el cual] trae unidad en trinidad, interrelacionando los tres, el Padre, el Hijo y el Espíritu Santo. Ellos son tres, no en dignidad, sino en grado; no en sustancia sino en forma; no en poder, sino en clase. Ellos son de una sustancia y poder, porque hay un Dios de quien estos grados, formas y clases se muestran en el nombre del Padre, Hijo y Espíritu Santo". Contra Praxíteles, 23; PL 2, p. 156.

Orígenes (aprox. 185-254). Teólogo de Alejandría, crítico y exegeta bíblico, teólogo, prolífico escritor. Discípulo de Clemente de Alejandría.

- "Si alguno dijese que el Verbo de Dios o la sabiduría de Dios tuvieron un comienzo, advirtámosle no sea que dirija su impiedad también contra el ingénito Padre, ya que negaría que Él fue siempre Padre y que Él ha engendrado siempre al Verbo, y que siempre tuvo sabiduría en todos los tiempos previos o edades, o cualquier cosa que pueda imaginarse previamente. No puede haber título más antiguo del Dios omnipotente que el de Padre, y es a través del Hijo que Él es Padre". Sobre los principios 1.2; Patrología Greca 11.132.

- "Pues si este fuera el caso que [el Espíritu Santo no fuese eternamente como él es, y hubiese recibido conocimiento en algún momento y entonces llegado a ser el Espíritu Santo] el Espíritu Santo nunca hubiese sido reconocido en la unidad de la Trinidad, es decir, junto con los inmutables Padre e Hijo, a menos que él siempre hubiese sido el Espíritu Santo [...]. De todos modos, parece apropiado inquirir cuál es la razón por la cual quien es regenerado por Dios para salvación tiene que ver tanto con el Padre y el Hijo como con el Espíritu Santo, y no obtiene la salvación sino con la cooperación de toda la Trinidad; y por qué es imposible tener parte con el Padre y el Hijo, sin el Espíritu Santo". Sobre los principios I, 3:4-5, en Alexander Roberts and James Donaldson, eds., The Ante-Nicene Fathers, Grand Rapids: Eerdmans, Reimpr. Vol. 4, 1989, p. 253.

- "Más aún, nada en la Trinidad puede ser llamado mayor o menor, ya que la fuente de la divinidad sola contiene todas las cosas por Su palabra y razón, y por el Espíritu de Su boca santifica todas las cosas dignas de ser santificadas [...]. Habiendo hecho estas declaraciones concernientes a la unidad del Padre, y del Hijo y del Espíritu Santo, retornemos al orden en el cual comenzamos la discusión. Dios el

Padre otorga, ante todo, la existencia; y la participación en Cristo, considerando que Su ser es la palabra de la razón, los torna seres racionales [y] es la gracia del Espíritu Santo presente por la cual aquellos seres que no son santos por esencia, pueden ser tornados santos por participar de ella". Sobre los principios I, 3: 7-8, en Roberts and Donaldson, p. 255.

Si es cierto, como sostienen los antitrinitarios, que la Trinidad no es una doctrina bíblica, ni que nunca fue enseñada hasta el Concilio de Nicea en 325, ¿por qué existen estos textos? La respuesta es simple. La Trinidad sí es una doctrina bíblica y sí se enseñó antes del Concilio de Nicea. Podría agregarse que el Concilio de Nicea no hizo más que poner en claro, de manera consensuada, lo que ya era, hace tiempo, la doctrina ortodoxa enseñada y aceptada por los cristianos.

En parte, el hecho de que la doctrina de la Trinidad no hubiese sido oficialmente enseñada hasta el tiempo de Nicea, se debe a que el cristianismo era ilegal hasta poco antes del concilio. En realidad, no era posible que los grupos cristianos se reuniesen oficialmente para discutir la doctrina. La mayor parte, y por buenas razones, temía hacer declaraciones públicas concernientes a su fe.

Por lo demás, si alguien hubiese atacado la persona de Adán, probablemente la Iglesia primitiva hubiese respondido con la doctrina ortodoxa sobre quién era Adán. Lo que ocurrió fue que se atacó la persona de Cristo. Cuando la Iglesia defendió la divinidad de Jesucristo, ello contribuyó a definir más claramente la doctrina de la Trinidad. Como se evidencia de las citas o referencias transcritas arriba, la Iglesia primitiva creía en la Trinidad, y no era realmente necesario efectuar declaraciones oficiales. No fue sino hasta que se introdujeron errores, que los concilios comenzaron a reunirse para tratar la Trinidad, como también sobre otras doctrinas que fueron atacadas.

La Biblia

Palabras finales

Como planteamos en el prefacio de esta obra, la teología o la doctrina de Dios provienen de la Biblia. Así mismo, en forma práctica, la Biblia es simplemente el manual de instrucciones de Dios para que los seres humanos puedan tener una vida mejor ahora y disfrutar de una vida con Él para siempre. Escrita miles de años atrás, tiene un mensaje para hoy, para el futuro y de cómo prepararnos para ese futuro. Demos, como epílogo, una última ojeada a algunos aspectos que queremos queden arraigados.

Autenticidad de la Biblia

¿Cómo sabemos que los libros que están en la Biblia son los verdaderos? ¿Cómo sabemos que esos son los que tienen que estar? Se sabe que hay más de 50 libros en tiempos del Antiguo Testamento y más de 30 libros en tiempos del Nuevo Testamento, escritos sobre temas bíblicos y por personajes bíblicos, que no están en la Biblia. Así, los evangelios de San Pedro, de Santiago, de San Felipe, de San Bartolomé, de San José el Carpintero; los Hechos de San Andrés, de San Pablo, de San Juan, el Apocalipsis de San Pablo, entre otros, no están en la Biblia.

Respondamos, pues, las preguntas: ¿Cómo sabemos que los libros que están en la Biblia son los verdaderos y son los que tienen que estar? El Espíritu Santo está a cargo de la Iglesia. Él la dirige a toda verdad. Bajo la guía del Espíritu Santo, la lista de libros del Nuevo Testamento la hizo la Iglesia en el Concilio de Roma, en el año 382. Se consideró entre otros asuntos, la influyente lista del Nuevo Testamento de San Atanasio. Posteriormente, los concilios regionales de Hipona del 393, de Cartago en 397 y en 419, en los cuales participó San Agustín, aprobaron definitivamente dicho canon. La lista del Antiguo Testamento la hicieron los doctores del pueblo de Dios, Israel.

Libro bien documentado

La Biblia es el libro antiguo y actual mejor documentado que posee la humanidad. Por ejemplo, de las obras de Platón y Aristóteles se conservan unas docenas de manuscritos; de la Biblia, unos 6.000 en los idiomas originales, hebreo y griego, y unos 40.000 en idiomas antiguos, como el copto, latín, armenio, y se ha traducido a 1.600 idiomas, con billones de ejemplares.

Los manuscritos en hebreo de Qumran, del Mar Muerto, son importantísimos por ser del siglo II a. C. Antes de su descubrimiento, únicamente se contaba con copias en hebreo del siglo IX d. C. que fueron escritas por los masoretas, expertos judíos escribas con la responsabilidad de hacer copias fidedignas de las escrituras sagradas y que inventaron un sistema para poner vocales al antiguo idioma hebreo que no las tenía. Los manuscritos más antiguos del Antiguo Testamento son de la Septuaginta, escritos en griego en los siglos III a. C.

En cuanto al Nuevo Testamento, solo se tienen copias en griego; pero, se conservan 4.500 manuscritos desde el año 125 d. C., 67 papiros, 2.578 pergaminos, 1.603 leccionarios, entre otros. Los códices o grupos más importantes se conservan en el Vaticano, Londres, París, Cambridge y Washington.

La primera Biblia que se tradujo al idioma popular fue la Vulgata de San Jerónimo, traducida directamente de la Septuaginta (Antiguo Testamento); y el Nuevo Testamento del original griego, para que pudieran leerlo más fácilmente todos los cristianos. La Biblia fue el primer libro que imprimió Gutenberg en 1452.

Cómo leer la Biblia

Toda la Biblia es Palabra de Dios. Como dice 2 Timoteo 3:16: "Toda la Escritura es inspirada por Dios", y como nos lo asegura la tradición eclesiástica, "la Biblia contiene la Palabra de Dios y por ser inspirada, es en verdad Palabra de Dios".

Hay que leerla con mucha humildad y más que leerla, ¡hay que orarla, cantarla y confesarla cuando la leemos! Hay que pedir la ayuda del Espíritu Santo porque fue él quien la inspiró (2 P 1:21). Hay que leerla con mucho interés, porque es el testamento que Dios nos ha dejado. Si un familiar muriera y el abogado nos llamara y dijera que en su testamento ha dejado cosas muy valiosa, ¿verdad que lo leeríamos con mucho interés? Pues, la Biblia es el testamento del Padre y en ella hay más de 600 promesas, dádivas, dones y regalos del Padre para ti. Hay que escudriñarla con mucho amor, porque en ese testamento el Padre expone sus últimos deseos para que puedas vivir en amor.

En cuanto a Jesucristo se refiere, la Biblia son sus dos testamentos. El nombre Nuevo Testamento está tomado de sus palabras cuando instituyó la Santa Cena, en Mateo 26:28, donde Jesús es a la vez, el testador y el testamento. ¡Él mismo es la herencia esencial que nos deja! Además, él es quien lo garantiza, firmado y sellado con su propia sangre, "pues un testamento solo adquiere validez cuando el testador muere, y no entra en vigor mientras vive" (Heb 9:17).

En cuanto al Dios Padre se refiere, la Biblia son sus dos pactos o contratos. Testamento significa "convenio" o "contrato". En el Antiguo Pacto, dado en el monte Sinaí, Dios se autoimpone la obligación de premiar a quienes cumplen Su Ley; luego, para mejorar lo anterior, anunció un Nuevo Pacto, lo cual hizo mucho más fácil y justo el cumplir Sus preceptos. En este mejoramiento del viejo pacto con el nuevo (Heb 7:22), Dios se autoimpone la obligación de perdonar y premiar gratis, por gracia, al que tenga fe en Su Hijo, Jesucristo. Es la culminación de la promesa de salvación hecha en Génesis 3:15, y de los pactos hechos con Noé, Abrahán, Isaac, Jacob, Moisés y David.

En cuanto al Espíritu Santo se refiere, la Biblia son sus alianzas o sus compromisos de ayuda. En la alianza antigua, el Espíritu guía y ayuda entre el pueblo, desde afuera; en la nueva alianza, guía, ayuda y santifica desde dentro, con la ley del amor de Cristo escrita en nuestras mentes y en nuestros corazones (Jer 31:33; Ez 36:26-27).

La Biblia
Una biblioteca políglota

Para finalizar y afianzar, recordemos que la Biblia es una biblioteca de 66 libros encuadernada en uno solo. Escrita en un período de 1.600 años por más de 40 personas: reyes, pastores, profesionales, pescadores agricultores, gente capitalina y pueblerina. Y algo sumamente importante, es políglota, porque escrita originariamente en hebreo, arameo y griego, hoy es traducida a variados idiomas y dialectos para ser leída y disfrutada por toda la humanidad. Circunstancias estas, sumamente valiosas para comprender e interpretar su mensaje.

Aunque es innegable que la Biblia tiene mucho de historia política, cultural y social de las naciones del Oriente Medio y que las investigaciones arqueológicas han demostrado que la historia y la Biblia no se contradicen, no es un libro de historia. Sin embargo, narra la historia de la salvación del hombre por Dios. Es la más sublime memoria de Su amor misericordioso. Así que no debe leerse solo como un libro de historia, sino como el relato más importante para nuestra vida, ya que se refiere a nuestra salvación temporal y eterna.

La Biblia tampoco es un libro de ciencia, aunque tiene mucho de ciencia, pues jamás contradice a la ciencia verdadera. Tampoco es un libro de santos, a pesar de estar atiborrada de relatos de hombres y mujeres que en obediencia apartaron sus vidas al servicio a Dios; pero abundan más las reseñas de pecadores que por la gracia divina encontraron el camino de la verdad y el perdón salvífico.

En fin, es un libro que refleja al hombre tal como es y cómo es capaz de ser, con sus virtudes y defectos; mostrando al desnudo el drama del hombre y la mujer que se rebelan y huyen de Dios, pero en contrapartida, del Dios compasivo que los busca con empeño amoroso para salvarlos. No te escandalices cuando encuentres adulterios, poligamia, crímenes y guerras cruentas y sanguinarias, porque esto solo demuestra que los siervos escogidos por Dios son hombres y mujeres como tú y como yo y que la enseñanza y disciplina de Dios solo es por amor a Su Creación desde el inicio de los tiempos hasta el día de hoy.

La regla de oro de la lectura de la Biblia es entender que en sus páginas la revelación divina es progresiva, al no revelar Dios todo desde un principio, sino poco a poco, acomodándose al lento progreso de Su pueblo. Que hay que leer el texto dentro de su contexto y reconociendo la cultura e idiosincrasia de los protagonista y personajes involucrados y no interpretando frases sueltas, pues llevaría a las conclusiones más contradictorias.

Gozando de paz interior y viviendo feliz

Cada ser humano posee una necesidad interna de paz y felicidad. ¿Estarán estas en los intereses materiales, las diversiones, los honores, el éxito, el sexo, las drogas, o el alcohol? ¡No! Estos son falsos paliativos para intentar satisfacer esa insuficiencia interna o vacío interior.

La famosa Marilyn Monroe dijo en una ocasión a un periodista: "Soy admirada por mi belleza, tengo dinero, no me falta nada, pero nunca fui feliz". Millones como ella, no solo en el medio hollywoodense, sienten, aunque no lo sepan, que la paz y la felicidad no se encuentran en el mundo material.

En un concurso pictórico sobre el tema de la paz, fueron exhibidos diversos cuadros; representándola uno, en una mañana apacible; otro, en una silenciosa puesta de sol; y otros tantos temas similares. Sin embargo, el premio fue otorgado a un cuadro que representaba una furiosa catarata que precipitándose en un acantilado de rocas, levantaba hacia lo alto densas nubes de espuma y vapor, pero en la rama de un árbol que se extendía por encima de la catarata, un petirrojo había construido su nido y parecía gorgorear con alegría.

Ciertamente, el mejor concepto de paz es el que puede obtenerse y deleitarse, no en circunstancias favorables, sino en medio de la confusión de la tempestad. El petirrojo estaba en una rama que tenía su raíz en la roca y se extendía por encima de la furia de la catarata; en aquellas alturas, nada podía ocurrirle. Así es la paz de los que han puesto su confianza en el Dios de los cielos, porque saben que con Él tienen:

1. Fuerzas para vivir, al sentirse amados y poder confiar en Alguien que no los defraude.
2. Su guía y ayuda en las decisiones personales.
3. Paz, al estar reconciliados con Él.

4. La seguridad de Su perdón que les otorga el gozo de la paz espiritual.

5. Una esperanza firme y reconfortante.

6. La seguridad de que al morir poseen la vida eterna.

7. La certeza de ser hijos de Dios.

8. El gozo de la salvación.

¿Cuál es la llave en la búsqueda de paz y felicidad? Se denomina fe y es que sin fe es imposible agradar a Dios (Heb 11:6). La fe no es:

1. La sospecha dudosa, o el creo que… sin la certeza plena.

2. Un mero asentimiento.

3. Tener algo por cierto, pues esto es solamente una parte de la fe.

4. Un sentimiento pasajero.

La verdadera fe "es la certeza de lo que se espera, la convicción de lo que no se ve" (Heb 11:1). Es:

1. Confiar sin vacilación en las promesas de Dios.

2. Afianzarse en Dios por medio de Su Palabra.

3. Conocer, confiar y entregarse a Él.

4. Creer la Palabra de Dios sin el uso de la razón.

5. Una acción.

Un hombre que estaba durmiendo, despertó de repente con dolor de cabeza. En la oscuridad, tomó una pastilla que creyó era aspirina y la ingirió; pero, tal pastilla no era para el dolor de cabeza, sino veneno para ratas. El hombre murió. Murió por creer en algo equivocado. En su epitafio podría haberse colocado: "Murió por fe". En lo que refiere a nuestra salvación, existe un solo camino: tener fe genuina en Cristo, el consumador de la redención para salvación y vida eterna.

Cuatro pasos para tener paz y felicidad

- Primer paso: conocer a Jesús.

"Y esta es la vida eterna, que te conozcan a ti, el único Dios verdadero y a Jesucristo, a quien has enviado". Juan 17:3. ¿Cómo lo puedo conocer? Por su Palabra. "El que oye mi palabra y cree, al que me envió, tiene vida eterna; y no vendrá a condenación, mas ha pasado de muerte a vida". Juan 5:24.

¿Quién es Jesús?

1. El eterno Hijo de Dios. "Tú eres el Cristo, el Hijo del Dios viviente". Mateo 16:16.

2. Nuestro creador. "Porque en él fueron creadas todas las cosas, las que hay en los cielos y las que hay en la tierra". Colosenses 1:16 (Jn 1:1-3,14).

3. Nuestro legislador. "Y sobre el Sinaí descendiste, y hablaste con ellos desde el cielo, y les diste juicios rectos, leyes verdaderas, y estatutos y mandamientos buenos". Nehemías 9:13.

4. Nuestro Salvador. "Porque el Hijo del Hombre ha venido para salvar lo que se había perdido". Mateo 18:11.

5. Nuestro amigo. "Vosotros sois mis amigos, si hacéis lo que yo os mando. Ya no os llamaré siervos, porque el siervo no sabe lo que hace su Señor, pero os he llamado amigos". Juan 15:14-15.

6. Nuestro mediador. "Porque hay un solo Dios, y un solo mediador entre Dios y los hombres, Jesucristo hombre". 1 Timoteo 2:5.

7. Nuestro Señor y Rey. "Porque él es Señor de señores y Rey de reyes". Apocalipsis 17:14.

8. Nuestro juez. "Él es el que Dios ha puesto por Juez de vivos y muertos". Hechos 10:42.

¿Qué hizo Jesús por ti?

1. Se hizo hombre. "Se despojó a sí mismo tomando forma de siervo, hecho semejante a los hombres". Filipenses 2:7.

2. Vivió sin pecado. "Porque no tenemos un sumo sacerdote que no pueda compadecerse de nuestras debilidades, sino uno que

fue tentado en todo según nuestra semejanza, pero sin pecado". Hebreos 4:15.

3. Tomó tu culpa sobre sí. "Mas él herido fue por nuestras rebeliones, molido por nuestros pecados; el castigo de nuestra paz fue sobre él, por su llaga fuimos nosotros curados. Todos nosotros nos descarriamos como ovejas, cada cual se apartó por su camino; mas Jehová cargó en él el pecado de todos nosotros". Isaías 53:5-6.

En cierta escuela un niño hizo una travesura, manchó con tinta los papeles del maestro que estaban en su escritorio. Cuando este llegó y descubrió el daño, exigió a todos los alumnos que dijesen quién era el culpable.

-¡López! –gritó, entre todos, un chiquillo.

-¡López, aquí! -ordenó el maestro tomando una palmeta.

Había en el aula dos alumnos con aquel apellido y eran hermanos. Se adelantó entonces el mayor, quien recibió estoicamente el fuerte y doloroso castigo. De repente, el menor, llorando, se adelantó gritando:

-¡Señor maestro, no le pegue más! ¡No fue él, yo soy el culpable!

El maestro dejó de pegarle e intrigado, pidió explicaciones.

-A ver tú, López, el mayor, ¿por qué te has adelantado para ser castigado sin protestar, siendo inocente? Habla.

-Porque él es más pequeño, menos fuerte, y además está un poquito enfermo - contestó el niño.

El maestro maravillado, le apretó sobre su pecho, y le dijo:

Muchacho, nunca serás en tu vida más cristiano que hoy. Esto hizo Cristo por ti y por mí. Dios te bendiga, hijito.

4. Murió en tu lugar, por tus pecados. "Cristo murió por nuestros pecados, conforme a las Escrituras". 1 Corintios 15:3.

5. Resucitó de entre los muertos. "Mas ahora Cristo ha resucitado de los muertos; primicias de los que durmieron es hecho". 1 Corintios 15:20.

6. Intercede por ti. "Abogado tenemos para con el Padre, a Jesucristo el justo". 1 Juan 2:1.

7. Prometió regresar a buscarte. "Y si me fuere y os preparare lugar, vendré otra vez, y os tomaré a mí mismo, para que donde yo estoy, vosotros también estéis". Juan 14:3.

- Segundo paso: confiar en Jesús.

"Porque de tal manera amó Dios al mundo, que ha dado a su Hijo Unigénito, para que todo aquel que en él cree, no se pierda, mas tenga vida eterna". Juan 3:16. La demostración de su amor redarguye mi corazón para que yo confíe en él. ¿Qué es confiar? Es abrirme totalmente a Jesús, decirle todas mis preocupaciones, penas y problemas.

Un barco navegaba en alta mar, bamboleándose vacilante en medio de una fuerte tormenta. En el rostro de cada pasajero se veía reflejado el miedo, la angustia y el terror. Unos lloraban, otros se encontraban descompuestos. En medio de este trance, un niño jugaba tranquilamente en una escalinata. Parecía que nada lo inquietaba, que ignoraba por completo lo que ocurría a su alrededor. Uno de los viajeros, al verlo, deseoso de saber el secreto de su serenidad se acercó a él y le preguntó:

- Oye, muchacho, ¿no tienes miedo de esta tormenta? - El niño respondió: "No, señor, pues mi padre está en el timón".

Cuando conocemos al Señor Jesús, aprendemos a confiar en él. En las horas críticas de la vida, no perderemos la fe, y estaremos dispuestos a confiarle nuestros fracasos y nuestros pecados.

- Tercer paso: reconocer tu pecado.

1. Su benignidad te guía al arrepentimiento. "¿O menosprecias las riquezas de su benignidad, paciencia y longanimidad, ignorando que su benignidad te guía al arrepentimiento?" Romanos 2:4.

2. Estarás dispuesto a confesarle tus pecados. "Si confesamos nuestros pecados, él es fiel y justo para perdonar nuestros pecados, y limpiarnos de toda maldad". 1 Juan 1:9.

3. Estarás dispuesto a abandonarlos. "Buscad a Jehová mientras puede ser hallado, llamadle, en tanto que está cercano, deje el impío su camino y el hombre inicuo sus pensamientos, y vuélvase a Jehová, el cual tendrá de él misericordia, el Dios nuestro, el cual será amplio en perdonar". Isaías 55:6-7.

4. Para recibir el perdón de Dios, no son necesarios grandes sacrificios físicos, ni peregrinaciones. Él solo desea que le des tu corazón. Pues él dice: "Dame, hijo mío, tu corazón, y miren tus ojos por mis caminos". Proverbios 23:26.

- Cuarto paso: Aceptar a Jesucristo como Señor y Salvador.

"He aquí, yo estoy a la puerta y llamo; si alguno oye mi voz y abre la puerta, entraré a él, y cenaré con él, y él conmigo". Apocalipsis 3:20.

¿De qué forma debes aceptar a Jesucristo? Debe ser como Salvador y como Señor de tu vida. ¿Cuál es la diferencia? Aceptarlo como Salvador, es creer que murió en tu lugar y que por su sangre vertida, eres declarado justo. Aceptarlo como Señor es reconocerlo y confesarlo como dueño, jefe y gobernante de tu vida. Eso significa obedecerle. Cuando Jesús se le apareció a Pablo por perseguir a sus discípulos, comprendió su error al escuchar que Cristo le dijo: "Saulo, Saulo, ¿por qué me persigues?" Este, temblando y temeroso, le formuló inmediatamente la pregunta: "Señor, ¿qué quieres que haga?" (Hch 9:5-6).

Fe genuina y fe temporal

Cierta persona consulta con un médico cirujano que conoce de mucho tiempo y a quien considera un buen profesional. Después de una serie de exámenes recibe el diagnóstico: un tumor en la cabeza. Él le explica que debe operarlo. Cuando el hombre sale del consultorio, le dice a su esposa: Este no me va a tocar.

¿Tenía fe genuina? ¡Claro que no! No estaba dispuesto a entregarse en las manos del médico que siempre había considerado era un buen profesional. Creyó en el diagnóstico, creyó que debía operarse, pero no estaba dispuesto a permitir que el cirujano lo interviniese. No tenía fe genuina. Es verdad que podemos llegar a dudar del ser humano en muchas ocasiones, pues es falible y tiene limitaciones, pero en Jesucristo podemos confiar plenamente. Podemos entregarle toda nuestra vida, pues él desea lo mejor para nosotros: darnos la paz interior, la felicidad y la vida eterna.

La fe genuina significa entregarnos a Jesús

No necesitamos ser perfectos para ir a Jesús. Vayamos a él como somos. Repletos de defectos, para que él nos limpie y nos cambie (Jn 6:37). Alguien dijo que fe es la mano extendida del mendigo para recibir el regalo del rey. El mendigo es el pecador que nada merece. El rey es Jesucristo. El regalo, su gracia inmerecida, su perdón, la salvación, la vida eterna. Cuando Jesús entra a nuestra vida, cambian nuestros intereses. Normalmente, giran todos nuestros intereses alrededor del ego, el yo. Pero, cuando nos entregamos a Jesús, lo colocamos sobre el trono de nuestro corazón, y nuestros intereses estarán fijados en Dios. La fe genuina comprende hacer un pacto de amor, como en el matrimonio. Es darle nuestro corazón, para hacer nuestras sus maravillosas y seguras promesas.

Ahora mismo puedes hablarle a Dios en oración. Confiésale tus fracasos del pasado. Entrégale tu corazón y pídele que habite en tu vida. El resultado: mediante Jesucristo llegarás a ser una nueva criatura. "De modo que si alguno está en Cristo, nueva criatura es; las cosas viejas pasaron, he aquí todas son hechas nuevas". 2 Corintios 5:17.

La fe genuina incluye todo tu ser, pues somos tridimensionales. Así que debes creer con:

1.   La razón.

Es creer con la mente. Es tener algo por verdadero. Esto equivale al primer paso que vimos antes: "Conocer a Jesús".

2.   El corazón.

Es creer con el sentimiento. Es confiar en Jesucristo y abrirle el corazón, confesarle tus pecados y amarle. Esto equivale al segundo y tercer paso que vimos anteriormente.

3.   La voluntad.

Es creer con decisión. Estar dispuesto a obedecerle. Equivale al cuarto paso visto en el capítulo *Cuatro pasos para tener paz y felicidad.*

¿Quién es una nueva criatura?

Alguien perdió una medalla valiosa. Cayó en el fango y allí fue pisoteada durante mucho tiempo, deteriorándose hasta que fue hallada totalmente estropeada. Para poder restaurarla había dos procedimientos: enderezarla y rellenar sus abolladuras, y la otra era fundirla de nuevo. ¿Cuál de las dos formas sería la más conveniente? Si tratamos de enderezar nuestras vidas con nuestras propias fuerzas, siempre se verán las huellas de nuestros extravíos. Pero, si nos entregamos a Jesucristo, él hará de nosotros, nuevas criaturas.

Dios promete perdonar todos nuestros pecados. "¿Qué Dios como tú que perdona la maldad y olvida el pecado del remanente de su heredad? No retuvo para siempre su enojo, porque se deleita en misericordia. Él volverá a tener misericordia de nosotros; sepultará nuestras iniquidades y echará en lo profundo del mar todos nuestros pecados". Miqueas 7:18-19. Podemos gozarnos en la salvación. "Os alegraréis con gozo inefable y glorioso, obteniendo el fin de vuestra fe, que es la salvación de vuestras almas". 1 Pedro 1:8-9. Y tendremos paz interior, así lo dice Juan 14:27: "La paz os dejo, mi paz os doy, yo no os la doy como el mundo la da, no se turbe vuestro corazón, ni tenga miedo".

¡Qué felices podemos sentirnos de estar reconciliados con Dios! Estar preparados para encontrarnos definitivamente con el Señor cuando Él nos llame. Dios desea perdonar tus pecados y darte la salvación. Hoy desea llamarte hijo Suyo. La pregunta es: ¿Dejarías que lo haga? ¿Aceptas a Jesús en tu vida como Salvador y Señor? Díselo en oración ahora mismo. No lo dejes para más tarde.

Hace algunos años tuvo lugar, en una ciudad de Inglaterra, un incendio en unas casas de madera. En el piso superior de una de estas estaba un niño, de unos seis años, llorando con desesperación y gritando aterrorizado para que subieran a salvarle, pero era imposible. La escalinata al segundo piso estaba totalmente destruida por el fuego. Las llamas que salían por la ventana impedían apoyar una escalera de emergencia para socorrer al niño. El único recurso era que atravesase el humo y las llamas y se lanzara por la ventana, ya que en su rápido descenso nada le ocurriría, pues las manos profesionales de los bomberos estaban prontas a impedir que su cuerpo chocara con el suelo. Pero, ¿cómo persuadir al niño de seis años a tal acto de heroísmo? Ante el silencio del público impresionado por la escena, se levantó la voz del padre, ordenando y rogando al niño a lanzarse sin temor y sin perder un momento más. El niño titubeó diciendo:

- Papá, te oigo, pero no te veo. ¿Dónde estás?

- Hijo, aquí. Te estoy esperando. ¡Lánzate!

- ¡No veo más que humo papá, no puedo verte!

- ¡No importa, lánzate enseguida!

- ¡Tengo miedo papá! Pero si tú lo ordenas, me lanzo. ¡Recíbeme!

Así lo hizo el pequeño, y unos instantes más tarde estaba sano y salvo en los brazos de su padre. Del mismo modo, Dios nos invita a tener fe en Su bendita Palabra, a reconocer como Suyas las poderosas promesas que contiene, y a dar el salto de fe, aceptando Su oferta de salvación en Cristo Jesús.

¿Te das cuenta de lo que Cristo quiere hacer por ti? Cristo Jesús dejó el cielo y murió en la cruz para darte el regalo de la vida eterna ¿Quieres recibir ese regalo? Haz un acuerdo con Jesús ahora mismo; acéptalo como Salvador personal y Señor de tu vida, y recibirás grandes bendiciones. ¿Quieres abrirle la puerta de tu corazón y darle la bienvenida? Entonces, dile al Señor lo que sientes. Si deseas, puedes utilizar palabras como estas:

"Señor Jesús, quiero que vengas a mi vida ahora mismo. Soy un pecador. Reconozco que no puedo salvarme a mí mismo. No puedo ser lo suficientemente bueno para merecer el cielo o la vida eterna. Ahora pongo mi confianza en ti. Te acepto como mi Salvador personal; creo que tú moriste por mí, y te recibo como mi Señor y maestro. ¡Ayúdame a abandonar mis pecados y a seguirte a solo ti! Acepto tu regalo de la vida eterna y te agradezco por él. Amén".

Todas las promesas de Dios son tuyas.

- "De cierto, de cierto os digo: El que cree en mí, tiene vida eterna". Juan 6:47.
- "Más a todos los que le recibieron, a los que creen en su nombre, les dio potestad de ser hechos hijos de Dios". Juan 1:12.
- "El que tiene al Hijo, tiene la vida". 1 Juan 5:12.

¡Estas y muchísimas más son las promesas seguras de Dios para ti! Ahora eres un hijo de Dios y puedes apropiarte y confiar en ellas.

Cuestionario de repaso
Gozando de paz interior y viviendo feliz

1. Podemos agradar a Dios, solo por medio de la _____
2. ¿Qué es fe?
R:
a) Confianza propia.
b) Saber que existe Dios.
c) Confianza plena en Dios.
3. Solo por su _____ podemos conocer y relacionarnos con _____.
4. Para ir a Jesús necesitamos:
R:
a) Ser perfectos.
b) Guardar la ley.
c) Ir tal cual somos.
5. Ante tan grande amor, le abriré mi _____ y _____ a él mis problemas.

6. Aceptaré su _____ y confesaré mis

_____, seré limpio de mi maldad.

7. Aceptar a Jesús como Salvador es:

R:

a) Creer que existió.

b) Aceptar su sacrificio.

c) Decir que es mi Salvador.

8. Aceptarlo como Señor, es obedecer a sus _____

y su Palabra.

9. Por su medio seremos hechos _____ y no

habrá memoria de nuestros _____.

10. ¿Qué otorga Jesús a quien lo acepta?

R:

a) Paz.

b) Riquezas.

c) Honores.

d) Fama.

11. Decisión personal:

Acepto a Jesucristo como Salvador y Señor de mi vida, y deseo

seguir sus pasos.

R:

a) Sí.

b) No.

Acerca del autor

El Dr. Henry Álvarez nació en Venezuela y es el segundo hijo de Ramón V. Álvarez y Lesbia M. de Álvarez. Durante los veranos de 1983 a 1985, asistió a la Instituto Bíblico Central de las Asambleas de Dios en Barquisimeto. En 1987, se graduó en la Universidad de Zulia, Venezuela, obteniendo el título profesional de Doctor en Medicina, equivalente internacional certificado a World Education Services, Inc. En 1999 se graduó en la Escuela de Evangelización, JSM, en Crowley, Texas. En el 2005 ingresó a la Universidad Oral Roberts, donde alcanzó el Master of Divinity, Master of Arts en Literatura Bíblica (Concentración Literatura) y Master of Arts en Consejería Cristiana (Concentración en Terapia Familiar y Matrimonial). Además, obtuvo un doctorado en educación (E.d.D.) y un doctorado en teología pastoral (P.h.D) alcanzado en la Universidad Interamericana de Puerto Rico.

Desde 1991 ha estado en el ministerio a tiempo completo y ha servido como misionero, pastor, maestro de la Palabra, evangelista, conferenciante y mentor de pastores y líderes en diferentes países. En 1987 fue ordenado al ministerio del Evangelio en Venezuela y desde 1997 mantiene credenciales de ordenación como pastor y ministro del evangelio por medio de Faith Christian Fellowship International Church, Inc., en Tulsa, Oklahoma. En Toronto, Canadá, fue ordenado por medio de la Asociación Evangélica para la Educación y Evangelismo. Actualmente, es presidente y fundador de Moedim Ministries and Academic Association, Inc; igualmente es fundador y presidente de la Universidad Cristiana Internacional El Shaddai, en Estados Unidos.

Esta publicación ha sido posible gracias a

MOEDIM MINISTRIES

AND

ACADEMIC ASSOCIATION, INC.

Oficinas en los Estados Unidos

McAllen, Texas

P.O. Box 3468

McAllen, Texas 78502, USA.

Email: alv36588@oru.edu

Visítanos en nuestra página web: http://moedim.com

También en: www.Facebook.com/moedimministries

Oración para recibir a Cristo como Salvador personal

Si deseas recibir a Cristo como tu único Salvador y comenzar una nueva vida, repite esta oración con fe y en voz alta:

"Hoy vengo ante ti, Dios Creador, en el nombre de tu Hijo, Jesús. Tu Palabra dice que todo el que invoque su nombre será salvo (Ro 10:13). Y en este momento, creo en mi corazón y por ello, confieso, que Jesús es el Señor, quien murió por mis pecados, por los cuales te pido perdón. Dirige, Señor mi vida de ahora en adelante, pues quiero servirte. Amén".

Para más información, ofrendas, preguntas y sugerencias escribe a

Moedim Ministries and Academic Association, Inc.

P.O. Box 3468

McAllen, Texas 78502

USA

o

E-mail: alv36588@oru.edu

Vista http://moedim.com

También www.Facebook.com/moedimministries

Otras obras del autor

- Nuevas perspectivas de la cultura cristiana y el ministerio: Una guía sobre espiritualidad en el cristianismo.

- Prédicas y mensajes que transforman vidas: Una herramienta milagrosa para ministros, líderes y discípulos del Mesías y Señor Jesús de Nazaret.

- Shalom y las buenas noticias al hombre: Un mensaje que libera.

- Conociendo nuestras raíces judeocristianas. Vol. 1: El shofar.

- Conociendo nuestras raíces judeocristianas. Vol. 2: El talit.

- The historical background of the Lord's Supper and its observance in the early Christian community.

- A historical analysis of the Apostle Paul's education and his leadership style from a higher education perspective.

- El poder milagroso del altar familiar y la Cena del Señor.

- Historia de la Iglesia desde un contexto espiritual y carismático.

- Manual de ceremonias para la ordenación al ministerio pastoral.

- Compendio teológico de la acción pastoral: Una sinopsis teológico pastoral enfocada en la praxis ministerial para equipar a los ministros del evangelio del siglo XXI.

Para una lista más actualizada, ir a Amazon.com y colocar en el señalador *Dr. Henry Álvarez* y aparecerán todos los libros y estudios del autor.

Mas la senda de los justos es como la luz de la aurora,
que va en aumento hasta que el día es perfecto.

Proverbios 4:18.

Bibliografía

Arminius, James. The Writings of James Arminius. 3 vols. 1 y 2 trad. por James Nichols. El vol. 3 traducido por W. R. Bagnell. Grand Rapids: Baker, 1956.

Bavink, Herman. The Doctrine of God. Trad. por William Hendriksen. Grand Rapids: Eerdmans, 1951. Reimpresión: Carlisle, Pa.:Banner of Trhth, 1977.

————. Our Reasonable Faith. Trad. por Henry Zylstra. Grand Rapids: Eerdmans, 1956. Reimpresión: Grand Rapids: Baker, 1977.

————. The Philosophy of Revelation. Trad. por Geerhardus Vos, Nikolas Steffens, y Henry Dosker. Reimpresión de Grand Rapids: Baker, 1979.

Berkhof, Louis. Introduction to Systematic Theology. Reimpresión: Grand Rapids: Baker, 1979. Publicada primero por Eerdmans, 1932.

————. Systematic Theology. Cuarta edición, Grand Rapids: Eerdmans, 1939.

Berkouwer, G. C. Studies in Dogmatics. 14 vols. (1952–1976).

————. The Church. Trad. por James E. Davidson. Grand Rapids: Eerdmans, 1976.

————. Divine Election. Trad. por Hugo Bekker. Grand Rapids: Eerdmans, 1960.

————. Faith and Justification. Trad. por Lewis B. Smedes. Grand Rapids: Eerdmans, 1954.

————. Faith and Perseverance. Trad. por Robert D. Knudsen. Grand Rapids: Eerdmans, 1958.

————. Faith and Sanctification. Trad. por John Vriend. Grand Rapids: Eerdmans, 1952.

————. General Revelation. [No se menciona al traductor]. Grand Rapids: Eerdmans, 1955.

————. Man: The Image of God. Trad. por Dirk W. Jellma. Grand Rapids: Eerdmands, 1962.

————. Holy Scripture: Trad. edit. por Dirk W. Jelima. Grand Rapids: Eerdmans, 1975.

————. The Person of Christ. Trad. por John Vriend. Grand Rapids: Eerdamans, 1954.

————. The Providence of God. Trad. por Louis B. Smedes. Grand Rapids: Eerdmans, 1952.

————. The Return of Christ. Trad por James Van Oosterom. Edit. porMarlin J. Van Elderen. Grand Rapids: Eerdmans, 1972.

————. The Sacraments. Trad. por Hugo Bekker. Grand Rapids: Eeerdmans, 1969.

————. Sin. Trad. por Philip C. Holtrop. Grand Rapids: Eerdamas, 1971.

————. The Work of Christ. Trad. por Cornelius Lambregtse. Grand Rapids: Eerdmans, 1965.

Bloesch, Donald G. Essentials of Evangelical Theology. 2 vols., New York: Harper & Row, 1978–79.

Boice, James Montgomery. Foundations of the Christian Faith. Edición revisada de un volumen. Downers Grove, Ill.: InterVarsity Press, 1986.

Boyce, James Pettigru. Abastract of Systematic Theology. Reimpresión: Christian Gospel Foundation, s. f. Publicada primero en 1887.

Buswell, James Oliver, Jr. A Systematic Theology of the Christian Religion. 2 vols. Grand Rapids: Zondervan, 1962–63.

Calvin, John. Institutes of the Christian Religión. 2 Vols. Edit. por John T. McNeill.

Carter, Charles W., ed. A Contemporary Wesleyan Theology: Biblical, Systematic, and Practical. 2 vols. Grand Rapids: Francis Ausbury Press (Zondervan), 1983.

Chafer, Lewis Sperry. Systematic Theology. 7 vols. más un vol. Índice. Dallas Seminary Press, 1947–48.

―――. Systematic Theology: Abridged edition. 2 vols. Ed. Por John Walvoord, Donald K. Campbell, y Roy B. Zuck. Wheaton: Victor, 1988.

Cottrell, Jack. What the Bible Says About God the Creador. Joplin, Mo.: College Press, 1983.

―――. What the Bible Says About God the Ruler. Joplin, Mo.: College Press, 1984.

―――. What the Bible Says About God the Redeemer. Joplin, Mo.: College Press, 1987.

Dabney, Robert L. Discussions: Evangelical and Theological. London: Banner of Truth, 1967. Reimpresión de la edición de 1890.

―――. Systematic Theology. Edinburgh: Banner of Truth, 1985. Reimpresión de la edición de 1878.

Edwards, Jonathan. The Works of Jonathan Edwards. 2 vols. Revisados y corregidos por Edward Hickman. Banner of Truth, Edinburgh, 1974. Reimpresión de la edición de 1834.

Ericsson, Millard. Cristian Theology. Grand Rapids: Baker, 1985.

Finney, Charles G. Finney's Lectures on Systematic Theology. Ed. por J. H. Fairchild. Eerdmans, Grand Rapids, 1953. Reimpresión de la edición de 1878.

Garret, James Leo. Systematic Theology: ver p. 1230.

Gil, John, Complete Body of Doctrinal and Practical Divinity. 2 vols.

Grand Rapids: Baker, 1978. Publicada primero como A Body of Doctrinal Divinity (1767) y A Body of Practical Divinity (1770).

Henry, Carl F. H. God, Revelation, and Authority. 6 vols. Word, Waco, TX, 1976–83.

Heppe, Heinrich. Reformed Dogmatics: Set Out and Illustrated From the Sources. Rev. y ed. por Ernst Bizer. Trad. por G. T. Thompson. Reimpresión. Baker, Grand Rapids, 1978.

Hodge, Charles. Systematic Theology. 3 vols. Reimpresión, Eerdmans, Grand Rapids, 1970. Publicado primero en 1871–73.

Lewis, Gordon R., y Bruce Demarest. Integrative Theology. 3 vols. Zondervan, Grand Rapids, 1987–94.

Litton, Edgard Arthur. Introduction to Dogmatic Theology. Nueva edición, ed. por Philip E. Hughes. London: James Clarke, 1960.

McBrien, Richard P. Catholicism. 2 vols. Minneapolis: Winston Press, 1980.

Miles, John. Systematic Theology. 2 vols. Library of Biblical and Theological Literature, vols. 5–6. Eaton and Mains, New York, 1892–94. Reimpresión: Hendrickson, Peabody, MS, 1989.

Milne, Bruce. Know the Truth. Leicester: InterVarsity Press, 1982.

Mueller, John Theodore. Christian Dogmatics. Concordia, St. Louis, 1934.

Mullins, Edgar Young. The Christian Religion in Its Doctrinal Expression. Philadelphia: Judson, Press, 1917.

Murray, John. Collected Writings of John Murray 4 vols. Banner of Truth, Carlisle, PA, 1976–82.

————. The Imputation of Adam's Sin. Reimpresión: Presbyterian and Reformed, Nutley, NJ, 1977. Publicado primero por Eerdmans, Grand Rapids, 1959.

————. Principles of Conduct. Grand Rapids: Eerdmans, 1957.

————. Redemption Accomplished and Applied. Eerdmans, Grand Rapids, 1955.

Oden, Thomas. The Living God. Teología Sistemática, Vol. 1. San Francisco: Harper & Row, 1987.

Olson, Arnold T. This We Believe: The Background and Exposition of the Doctrinal Statement of the Evangelical Free Church of America. Free Church Publications, Minneapolis, MN, 1961.

Ott, Ludwig. Fundamentals of Catholic Dogma. Ed. por James Canon Bastible. Trad. por Patrick Lynch. Herder, St. Louis, 1955. Publicado primero en alemán en 1952.

Packer, J. I. Concise Theology: A Guide to Historic Christian Beliefs. Tyndale House, Wheaton, IL, 1993.

Pieper, Francis. Christian Dogmatics 4 vols. Trad. por Theodore Engelder y otros. St. Louis: Concordia, 1950–57.

Pope, William Burt. A Compendium of Christian Theology. 2da. Ed. 3 vols. New York: Phillips and Hunt, s. f.

Purkiser, W. T., ed. Exploring our Christian Faith. Beacon Hill Press, Kansas City, MO, 1960.

Ryrie, Charles. Basic Theology. Wheaton, Ill.: Victor, 1986.

Sed, William G. T. Dogmatic Theology. 3 vols. en cuatro reimpresiones. Klock and Klock, Minneapolis, 1979.

Strong, Augustus H. Systematic Theology. Valley Forge, Pa.: Judson Press, 1907.

Thiessen, Henry Clarence. Introductory Lectures in Systematic Theology. Rev. por Vernon D. Doerksen. Eerdmans, Grand Rapids, 1977. Publicado primero en 1949.

Thomas, W. H. Griffith. The Principles of Theology: An Introduction to the Thirty-Nine Articles. Quinta edición revisada. Church Book Room Press, London, 1956. (Publicado primero en 1930.)

Thornwell, James Henley. The Collected Writings of James Henley Thornwell. 4 vols. Ed. por John B. Adger. Robert and Brothers, New York, 1871–73.

Turretin, Francis. Institutes of Elentic Theology. 3 vols. Trad. por George Musgrave Giger. Edit. por James T. Dennison, Jr., Presbyterian and Reformed, Phillipsburg, NJ, 1992.

Van Til, Cornelius. In Defense of Faith, Vol. 5: An Introduction to Systematic Theology. N.p.: Presbyterian and Reformed, 1976.

Warfield, Benjamín B. Biblical and Theological Studies. Philadelphia: Presbyterian and Reformed, 1976.

———. Christology and Criticism. London and New York: Oxford University Press, 1929.

———. The Inspiration and Authority of the Bible. Edit. por Samuel G. Craig. Introducción de Cornelius Van Til. Presbyterian and Reformed, Philadelphia: 1967.

———. The Lord of Glory. American Tract Society, New York, 1907.

————. Perfectionism. Philadelphia: Presbyterian and Reformed, 1958.

————. The Person and Work of Christ. Presbyterian and Reformed, Philadelphia, 1950.

————. The Plan of Salvation. Rev. edit. Eerdmans, Grand Rapids, 1942.

————. Selected Shorter Writings of Benjamin B. Warfield. 2 vols. Nutley, N.J.: Presbyterian and Reformed, 1970–73.

————. Studies in Theology. Oxford University Press, New York, 1932.

Watson, Richard. Theological Institutes. 2 vols. G. Lane and P. Sandford, New York, 1843. Publicado primero en 1823.

Wiley, H. Orson. Christian Theology. Tres volúmenes. Nazarene Publishing House, Kansas City, MO, 1940–43.

Williams, J. Rodman. Renewal Theology: Systematic Theology From a Charismatic Perspective. 3 vols. Zondervan, Grand Rapids, 1988–92.

Garret, James Leo. Systematic Theology: Biblical, Historical, Evangelical. 2 vols. Eerdmans, Grand Rapids, 1990, 1995.

Grudem, W. (2007). Teología Sistemática: Una introducción a la doctrina bíblica (pp. 1297–1306). Miami, FL: Editorial Vida.

Made in the USA
Columbia, SC
09 June 2019